U0526051

胡塞尔文集

倪梁康 主编

被动综合分析
1918—1926年讲座稿和研究稿

李云飞 译

商务印书馆
创于1897 The Commercial Press

Edmund Husserl
ANALYSEN ZUR PASSIVEN SYNTHESIS
AUS VORLESUNGS-UND FORSCHUNGSMANUSKRIPTEN
1918/26
Edited by Margot Fleischer
The Hague, Netherlands: Martinus Nijhoff, 1968

本书根据荷兰海牙马尔梯努斯·奈伊霍夫出版社
1966年德文考证版译出

国家社会科学基金重大项目成果

《胡塞尔文集》总序

随着胡塞尔1900年发表《逻辑研究》以来,现象学自始创至今已百年有余。"面对实事本身"的治学态度、本质直观的方法原则以及"工作哲学"的操作方法赋予了胡塞尔的现象学以一种特殊的气质。"现象学"不应当仅仅被理解为二十世纪欧洲哲学的一个重要流派或思潮的称号,由胡塞尔首创,而后扩展至以德法哲学为代表的欧陆哲学,进而再遍及整个世界哲学领域;而是应当在留意作为哲学流派的"现象学"的同时也关注"现象学"的一个更为根本的含义:作为思维方式的现象学。胡塞尔的现象学如今已经成为历史的经典。但由于他的研究所涉及的领域极为广泛,而且也因为他所给出的意识现象学的研究结果极为丰富,所以当代人仍然在不断地向他的思想回溯,一再地尝试从中获得新的启示。

胡塞尔著作等身,除生前出版的著作外,由于他长期的研究中始终以笔思维,以速记稿的方式几乎记下了他毕生所思,因此他去世后留下了四万页的速记手稿。出于对当时纳粹统治者的担心,这些手稿随后被人秘密带至比利时鲁汶隐藏起来,二次大战后才由设在比利时鲁汶大学的胡塞尔文库陆续编辑整理,作为考证版《胡塞尔全集》(*Husserliana*)于1950年出版了第一卷,现已刊行四十多卷。而另一包含十卷本《胡塞尔书信集》以及《胡塞尔年谱》

等文献在内的《胡塞尔全集－文献编》(Husserliana-Dokumente)至此也已出版十多卷。此外，胡塞尔的另外一些讲稿和手稿还被收到《胡塞尔全集－资料编》(Husserliana-Materialien)中，这个系列目前也已出版了八卷。如今还有多卷胡塞尔的文稿正在编辑之中。伽达默尔认为："正是这一系列伟大著作的出版使得人们对胡塞尔思想的哲学兴趣经久不衰。"可以预见，胡塞尔研究在今后的很长时间里都会成为国际－国内哲学界所关注的一个课题。

汉语领域对胡塞尔思想的介绍由来已久，尤其是自八十年代以来，在大陆和台湾陆续出版了一批胡塞尔的译著和关于胡塞尔思想的研究著作。近几年已经有相当数量的关于胡塞尔现象学的博士论文和硕士论文完成和发表，而且许多迹象表明，这方面的研究方兴未艾。对此，胡塞尔文字的中译已经提供了并且还应当进一步提供基础性的支持。

2012年，由中山大学现象学研究所组织实施、由笔者担任首席专家的"《胡塞尔文集》中译"项目被立为国家社科基金重大项目。这里陆续出版的胡塞尔主要著作集便是这个重大项目的阶段性成果。

相信并祝愿这些著作的出版可以对汉语学界的现象学研究起到实实在在的推进作用！

倪梁康

2016年5月3日

目　　录

编者引论 ……………………………………………………… 1

导言：感知中的自身给予 ………………………………………… 17
　第 1 节　原本意识与空间对象的透视性映射 …………… 17
　第 2 节　感知过程中充盈和空乏的关系与获知 ………… 22
　第 3 节　对已知之物进行自由支配的可能性 …………… 25
　第 4 节　在进行内在感知和超越感知时，存在与被感知的
　　　　　关系 ……………………………………………… 32

第一部分　变　　式

第一章　否定样式 ………………………………………… 45
　第 5 节　失实：与充实的综合相反的事件 ……………… 45
　第 6 节　局部充实——由非期待的感觉素材产生的冲突——
　　　　　重新产生的一致性 …………………………… 48
　第 7 节　回溯性地抹掉仍以滞留的方式被意识到的以前的
　　　　　预示，因此回溯性地抹掉以前总的感知立义 …… 51

第二章　怀疑样式 ………………………………………… 55
　第 8 节　具有相同原素成分的两个被叠置在一起的感知
　　　　　立义的冲突 …………………………………… 55

第9节 通过过渡到已确认了的确然性或否定而对怀疑的裁定 …………………………………………………… 59

第三章 可能性样式 …………………………………………… 63
  第10节 开放的可能性作为意向预示的不确定性范围 … 63
  第11节 诉求性的可能性作为怀疑的信仰倾向 ………… 66
  第12节 开放的可能性与诉求性的可能性之对照 ……… 67
  第13节 在与诉求性的可能性和开放的可能性的对照中的确然性诸样式本身 ………………………………… 69

第四章 被动的变式与主动的变式 …………………………… 78
  第14节 自我的执态作为对被动信念之样态变样的主动回应 …………………………………………………… 78
  第15节 疑问作为经由判断裁定对克服变式的多层级追求 …………………………………………………… 86

第二部分 明见性

第一章 充实的结构 …………………………………………… 95
  第16节 充实：空乏表象与相应直观的综合 …………… 95
  第17节 对可能的直观类型的描述 ……………………… 99
  第18节 对空乏表象之可能类型的描述 ………………… 102

第二章 被动的意向及其证实的诸形式 …………………… 111
  第19节 直观化的综合中的描绘、澄清和证验 ………… 111
  第20节 对充实的意向是对自身给予的意向 …………… 116
  第21节 认识追求与现实化追求 ………………………… 121
  第22节 意向与被意指的自身的各种不同关系・第二性的证实 …………………………………………………… 127

第三章 经验的最终有效性问题 ·················· 137
第 23 节 一种对一切意向的可能的证实的成问题性及其
对经验信仰的后果 ·················· 137
第 24 节 内在领域的自在问题的开显 ············ 147
第 25 节 再回忆:对象之自在的源泉 ············ 150

第三部分 联 想

第一章 原现象与被动综合的秩序形式 ············ 157
第 26 节 联想的现象学学说的论题设置和论题界定 ······ 157
第 27 节 联想综合的前提:原初时间意识的综合 ········ 166
第 28 节 在一个流动的当下的统一性中各种同质性的综合
·················· 171
第 29 节 秩序的诸原形式·对前述的补充:诸对照现象 ··· 177
第 30 节 相继和并存中的个体化 ··············· 187
第 31 节 感性领域的现象学的问题 ············· 191

第二章 触发现象 ····························· 196
第 32 节 触发作为对自我的刺激作用·对照作为其基本
条件 ······························ 196
第 33 节 触发的传递规则 ····················· 199
第 34 节 触发与统一性形成的关系问题 ············ 207
第 35 节 活的当下中触发的等级性与滞留的过程中触发的
等级性 ···························· 215

第三章 触发性唤起的成就与再造的联想 ·········· 223
第 36 节 活的当下中唤起的功能 ················ 223

第 37 节　对远领域的空乏表象的回射性唤起 ………………… 228
第 38 节　被唤起的空乏表象转变成再回忆 …………………… 232
第 39 节　连续的唤起与不连续的唤起的区别 ………………… 234

第四章　期待现象 …………………………………………… 237
第 40 节　期待的动机引发的因果性 …………………………… 237
第 41 节　期待信仰的强化和阻碍·期待对于构形的形成的功能 …………………………………………………………… 241

第四部分　意识流的自在

第一章　再回忆领域中的假象 ……………………………… 247
第 42 节　对于不同的过去的回忆的搭叠、融合和争执 …… 247
第 43 节　一个被抑制的回忆突破到直观的可能性·通过转入更高级的明晰性层级揭示假象 ……………… 253

第二章　内在的曾在性的系统的真实存在 ………………… 257
第 44 节　自身给予的证验：一方面通过其伸展进外视域；另一方面通过逼近绝对明晰性的观念 ………… 257
第 45 节　意识过去的原超越及其完全的自身给予的观念 …………………………………………………………… 261

第三章　意识未来的真实存在的问题 ……………………… 270
第 46 节　可失实性作为期待的一个本质要素 ………………… 270
第 47 节　客观世界的构造对于未来意识的确定预示的意义 …………………………………………………………… 272

结论性思考 …………………………………………………… 278
第 48 节　意识作为构造性成就的层级建构·其系统性研究的学科 ……………………………………………… 278

增补文本

A 第12节与第40节之间的文本关联的第一稿(1920—1921)

1. 逻辑学家和认知心理学家对于存在样式的误解 ………… 287
2. 意义和存在样式对于意识的不凸显性和凸显 ………… 291
3. 内在对象的变式 ………… 293
4. "体验类型"不是经验性的事实,而是意识生活一般的形式结构 ………… 295
5. 当下化作为感知体验的必要成分 ………… 297
6. 当下化作为独立的(具体的)体验·具体的滞留及其变式 ………… 298
7. 空乏的具体期待·它的变式 ………… 301
8. (时间性的)当下之物之具体的、空乏的当下化·它的变式 ………… 303
9. 甚至当下之物的当下化也是普遍的意识事件 ………… 304
10. "表象"的基本类型 ………… 305
11. 充实的直观与单纯揭示性的直观 ………… 309
12. 对充实与揭示之间区别的进一步澄清 ………… 313
13. 被动的经验过程 ………… 316
14. 超越论的逻辑(全面重申) ………… 318
15. 确证与证实 ………… 322
16. 关于经验信仰的可证实性的问题 ………… 324
17. 本己的过去之自在的问题·再回忆的明见性 ………… 332
18. 对回忆幻觉的意识 ………… 334

- 19. 再回忆与联想 ········· 337
- 20. 康德关于生产性的想象力的综合的学说 ········· 342
- 21. 内在领域的自在问题的开显 ········· 344
- 22. 再回忆, 对象之自在的源泉 ········· 347
- 23. 直接的唤起与间接的唤起 ········· 351
- 24. 印象领域内的联想·它对于再回忆和类比性的前摄的意义 ········· 353
- 25. 滞留的合规则性 ········· 356
- 26. 期待与联想 ········· 358

B 论　文

感知及其自身给予 ········· 359

- 1. 内在的感知与超越的感知 ········· 359
- 2. 时间的透视性与空间的透视性 ········· 363
- 3. 作为个体化原则的时间和空间 ········· 370

意识与意义——意义与意向相关项 ········· 374

- 1. 感知与回忆 ········· 374
- 2. 当下化与映像 ········· 375
- 3. 自身遗忘的回忆 ········· 376
- 4. 自我的多层次性 ········· 380
- 5. 前回忆与当下回忆 ········· 381
- 6. 对回忆之内在的意义结构的阐明 ········· 382
- 7. 时间作为一切对象意义的形式 ········· 383
- 8. 现在与原本性 ········· 384
- 9. 时间意识 ········· 385

10. 感知结构与意识一般 ································· 390
11. 意向相关项的描述方向与意向活动的描述方向 ········· 392
12. 同一的意义与意向相关项的样式 ····················· 393
13. 原印象、滞留、前摄 ······························· 395
14. 滞留与再回忆 ····································· 396
15. 再回忆与客体化·"对象" ··························· 399
16. 对象的时间性延展作为意义延展 ····················· 400
17. 再造的意义与过去样式 ····························· 403
18. 意向相关项学说 ··································· 406
19. 对象极·对象的意义是否是观念上同一的 ············· 408

静态的现象学方法与发生的现象学方法 ····················· 409

C 附 录

附录一 （附于第6—8节）对冲突现象的描述，不考虑
执态 ··· 421

附录二 （附于第8—11节）感知和再回忆中的意义与
存在样式 ··· 428

附录三 （附于第11节）可能性本身的明见性与样态上的
无穷变样 ··· 433

附录四 （附于第14和15节）裁定的层级·接受性与
自发性 ··· 437

附录五 （附于第16节）直观性表象与空乏表象 ············· 443

附录六 （附于第16节）意义与直观 ······················· 445

附录七 （附于第20节）信仰与意向 ······················· 447

附录八 （附于第24和25节）再回忆的绝然性 ············· 449

    1. "再回忆是可疑的"这一假定的后果 ··············· 449

2. 在再回忆上的两种超越论还原 ………… 451

   3. 感知流中的各种明见性和附属的表述的明见性 …… 453

   4. 再回忆作为再造及其与滞留的关系 ………… 457

   5. 再回忆的明晰性层级 ………… 459

   6. 再回忆中的错觉和绝然性 ………… 460

   7. 重复的被回忆物的过去样式 ………… 462

   8. 再回忆及其期待视域 ………… 463

   9. 对远过去的再回忆 ………… 464

   10. 超越论自我的不死性——不可能的事:超越论自我是出生的 ………… 466

   11. 一方面,再回忆的绝然性;另一方面,期待的绝然性 …… 471

   12. 扼要重述 ………… 472

附录九 (附于第 25 节)被给予性方式的两种变更 ……… 474

   1. 在明晰性范围内的近和远的变更 ………… 474

   2. 作为遮蔽、模糊性的不明晰性的变更 ………… 474

附录十 (附于第 25 节)自身拥有与再回忆中的隐藏·
       再造与滞留 ………… 476

附录十一 (附于第 26 节)联想的因果性的概念 ……… 478

附录十二 (附于第 27 节)关于原初时间意识的学说之
        原则性奠基的注释 ………… 480

附录十三 (附于第 27 节)原当下与滞留 ………… 481

附录十四 (附于第 27 节)同时性联想的成就 ……… 483

附录十五 (附于第 27 节)统一性意识和它的相关项:
        同一的对象 ………… 488

附录十六 （附于第28节)论相似性联结 ·················· 493
附录十七 （附于第28节)感性的相似性联结·感性的
相同性与埃多斯 ·················· 497
附录十八 （附于第28节)联想与综合 ·················· 508
附录十九 （附于第28、29、31—36节)论联想的现象学 ··· 515
附录二十 （附于第30节)时间作为个体性的形式和主观的
变化 ·················· 523
附录二十一 （附于第33和34节)感性的、多重射束的
触发·感性的组——本真的集合对象性 ··· 525
附录二十二 （附于第35节)空乏视域和关于它的知识 ··· 528
附录二十三 （附于第35节)空乏视域的潜能性问题 ······ 535
附录二十四 （附于第37节)唤起的结果和原因 ·········· 536
附录二十五 （附于第40节)动感和潜在的期待 ·········· 540
附录二十六 （附于第45节)再回忆的重复和本质同一性 ··· 542
附录二十七 （附于第45节)两个基本的明见性概念：
自身给予一般与纯粹的自身给予 ············ 543
附录二十八 （附于第47节)世界之明确的可确定性问题 ··· 547

概念译名索引 ·················· 555
人名译名索引 ·················· 587
译后记 ·················· 589
修订后记 ·················· 595

编者引论

手头的《胡塞尔全集》第 11 卷将一个讲座的绝大部分提供为主体文本,这个讲座胡塞尔在弗莱堡(布莱斯高)做过三次:1920—1921 年冬季学期,1923 年夏季学期和 1925—1926 年冬季学期。在两次重复的讲座中,胡塞尔对文本做了修订。主体文本付印了 1925—1926 年的讲座稿。随后是由编者重订的第 12 节至第 40 节文本的第一稿(1920—1921)作为"增补文本"的 A 部分。

与这个文集的第 7、8 两卷和第 9 卷的做法——即总把胡塞尔的讲座稿完整出版——不同,第 11 卷是对讲座稿的一个选编。这种背离以前诸卷做法的理由在于这里提交出版的这一卷的主要意图:使人们在这一卷中能够理解胡塞尔关于一个十分明晰而本身极其丰富多彩的论题域的论述,这个论题域就是该卷的标题称为"被动综合"的论题域,或者说,胡塞尔也标以"原构造"之名的论题域。在现存遗稿有关这个论题的丰富材料中,上述讲座的中间部分宜另行出版。①

该卷的标题并非胡塞尔本人所定。1920—1921 年的讲座,胡

---

① 关于讲座文本的选择和处理,参见关于"主体文本"的总说明,第 443 页以下(凡原注释所标页码均为原著页码,即中译本边码;"关于'主体文本'的总说明"和"考证性注释"本书均未译出,可参见原书。——译者注)。

塞尔用的标题是"逻辑学",1923年的标题是"现象学问题精选",1925—1926年的标题是"逻辑学的基本问题"。这些标题尽管从胡塞尔的意义上理解是对的,但其对于充分标识这一卷的内容来说还是显得太宽泛。更准确的固然是胡塞尔所赋予手稿的标题:《超越论的逻辑》(F I 38 的三束手稿全都附配了"原构造"的标签)。[①] 但这个标题似乎也还不是足够准确的。因为胡塞尔后来在 F I 38 这束手稿——它提供了主体文本的绝大部分——的标题上,亦即在上述标题的"逻辑"上加了引号。不难发现使他做此改动的可能原因。这个标题——就它应标识这束手稿的内容而言——中的"逻辑"可以"感性论"代之,这已指示着前述的附加标题"原构造"。就像胡塞尔在讲座中多次不加考虑地把"超越论的感性论"的名称用于其论述那样,例如,在作为《论文 I》付印的一段文字中:"此外,我们对超越论的感性论实行限制,我们排除一切合判断的知识,一般而言是整个建基于直观之上的规定性的和述谓性的思想领域。这样,我们将自己仅仅限制在直观上,进而限制在感知上,因此,也可以说限制在世界现象上,仅就它是感知现象而言。"[②] 如果我们在非常宽泛的意义上看待感知——这是胡塞尔在此处所指的意义——也就是说,它还包括再回忆和期待连同所

[①] 在提及这个讲座时,胡塞尔也称其为"发生性的逻辑"(参见对第411页的考证性注释第4条)和"超越论的分析论"(参见关于"附录 XIV"的全部考证性注释,第521页及下页)。

[②] 第295页;此外参见第361页"附录 IV"中引自此讲座手稿的文字和附属于《论文 I》的、对第303页的考证性注释第31条,以及第362页"附录 V"中引另一份手稿的文字。——而著作的准备版则将"超越论的感性论"看作这一卷的著作标题;W. 比梅尔(Walter Biemel)在《胡塞尔全集》第 IX 卷第 XIII 页的提示中所指的就是我们在此呈现的这一卷。

有的附属现象,那么这段引文相当精辟地标明了这一卷所包含的研究。诚然,有一点令人感到缺憾的是:它不容许将这种超越论的感性论看作超越论的逻辑。但在另一处对此写道(作为已付印的讲座文本《论文 II》中的一段):"但感知及其平行的直观的意识方式是意识的第一性的基本形态,这些基本形态适合于种属性的逻辑意识的建构,它们在逻辑的构造中是必须被铺设和被理解的第一性的基础。因此,我们绝没有离题,毋宁说,我们在这里已是逻辑学家,而没有认识到这一点。"①在这一卷出版的讲座稿同时是超越论的逻辑和超越论的感性论,而且恰恰是在胡塞尔于《形式逻辑与超越论逻辑》的"结束语"中业已阐明的那种意义上。那里在回顾著作本身:"我们在这篇论文中已试图描绘从传统逻辑通向超越论逻辑的道路——关于超越论逻辑,它不是第二性的逻辑,而是只有通过现象学方法才产生的、根本的和具体的逻辑本身。然而严格说来,我们作为这种超越论逻辑所想到的东西恰恰只是传统上那种有限的逻辑,即分析的逻辑,诚然,由于其空乏的—形式的普遍性,它囊括一切存在领域和对象领域,或更确切地说,一切认识领域。"②"分析的逻辑"及其"空乏的—形式的普遍性"可以被等同于一种"世间的(mundane)存在论"、一种"世界逻辑"(Welt-Logik):"当然,在相当于存在论的逻辑的标题下,在恰当的意义上也包括所有那些有待论证的、含有实事的—先天的学科—— 一种起先直接建基于超越论的'素朴的'实证性之上的、世间的存在论的诸学科。在我们的关联中已变得显而易见的是,它开显了一种

---

① 第 319 页,脚注。
② 埃德蒙德·胡塞尔:《形式逻辑与超越论逻辑》,哈勒,1929 年,第 256 页。

在纯粹可能的世界一般的意义上的普遍的先天,这种普遍的先天作为埃多斯(Eidos)必须具体地通过本质的变更的方法产生,这种本质的变更从事实性地被给予我们的世界——作为指引性的'范例'——出发。一种有待彻底论证的世界逻辑、一种真正的世间存在论的诸层级的重大的问题性就肇始于这个思想,其中有一些已被点明。"① 而且在此特别令人感兴趣的是,胡塞尔现在指出了超越论的感性论在这种逻辑中的位置:"在一种新的意义上的'超越论的感性论'作为基础层级起作用(这样称谓是由于其与康德做了狭隘地限定的超越论的感性论有一种易于理解的关系)。它探讨一个作为'纯粹经验'的世界的可能世界一般的本质问题,它先于一切'高级'意义上的科学,因此,它对普遍的先天进行本质的描述,而没有这种普遍的先天,客体就不可能在单纯的经验中先于范畴行为(在我们的意义上,不应把它与康德意义上的范畴行为相混淆)统一地显现,同样,自然的统一性、世界的统一性也根本不可能作为被动综合的统一性被构造起来。"②

原本可以赋予眼前这一卷以"超越论的感性论"的标题。但这个标题在任何未想到上述引文中所展示的超越论逻辑与超越论的感性论的关系的人那里都将会唤起一种错误的期待,亦即由"超越论的感性论"这个名称所留有的康德(Kant)的烙印而产生的期待。在胡塞尔看来,康德的超越论的感性论不仅是"做了狭隘地限定的",亦即局限于对空间和时间的展示——而且它不可能是超越论逻辑的一部分。因此,为了避免混淆,逻辑上的关涉必须一同被

---

① 埃德蒙德·胡塞尔:《形式逻辑与超越论逻辑》,第256页。
② 同上,第256页及下页。

纳入"超越论的感性论"的标题;由此尚不足以——尽管这仍是必要的——界定"超越论的感性论"的标题,因为空间和时间在这一卷中恰恰不是论题,而且将来有可能用关于空间构造(Raumkonstitution)的文本出版的一卷和用关于世界统觉的文本出版的另一卷会有同样的理由冠以"超越论的感性论"。总之,一个"超越论的感性论"的标题必定会成为一个巨兽。因此,编者决定放弃它而听凭读者在文本自身中去发现《被动综合分析》的超越论的—逻辑上的关涉或超越论的—感性上的关涉。目前的标题也有将所有附录都一式地统一于自身之中的优点,单从其中的一些附录看,无论如何也不容看清讲座的研究所处的更大范围。——关于副标题还应说的是,为准确起见,应说1918年是最早的年份,因为就其中一个附录("附录 VI")而言,不能排除1918年作为它可能的产生年份。但其他所有文本的产生都不早于1920年。

讲座的论题是"感知及其平行的、直观的意识方式"[①],再回忆和期待。胡塞尔在这里分析被动综合的编织物(Geflecht),这些形形色色流动着的事件,而没有这种意识就不会有意识。这些分析通过启动讲座的、关于意识流的自在的问题而联成一个整体,或者,通过与此不可分离的、关于经验世界的可能性的问题而联成一个整体。这个导言的任务不可能是:以简要的形式反映这些分析的进程,甚或将其结果当作现成的东西来传达。这与现象学工作——它把甘于耐心从事现象研究奉为最高条件——的意义相抵

[①] 参见第 XIV 页。

触。因此,代替对讲座做一种详尽的通观,剩下的就只能做一点说明,而且这一点说明涉及这些分析与讲座的问题的关系。

　　问题性的完整维度在第23、24节中被获得,换句话说,这些分析本身被推进得足够远,迫使胡塞尔面对这个问题。如果真理不是论题,被动综合将根本不可能得到描述:"我们已经明察到,在纯粹的被动性层级内,信念的生活一再呈现出被动的意向形态、一种指向状态的形态,这种指向状态在作为不受阻碍的趋向起作用时转化为自身给予。因此,贯穿被动生活的是不断被重新编织起来的充实的综合。持续不断地有一种对直观的追求,而直观使被意指的自身得以实现——"持续不断地",这个词总是令我们不由得想到'证验'。充实性的自身作为意向谋求的目标确实具有那种对主体是真的和从此以后永久有效之物的特征。"① 胡塞尔在被动性内遇到一种低级形态的明见性。"但是,明见性有什么不同于对被意指物的自身观视或在自身拥有中进行充实的现实化呢?有什么不同于单纯先行把握的意指与充实性的自身之同一性相合的综合呢?'证实为真',亦即对意指之正确性的证实的确就是以此方式进行的。它取决于意识上被实现的自身;因此,证实性的明见性据此恰恰是那种在自身拥有的原初性中所发生的、知与物相合的意识。"② 但现在先行的分析业已表明,在被动性领域内不仅已有明见性被给予,而且同样也有变式被给予。明见性与变式,二者合起来看产生真理问题。"明见性、直接被看到的相合已产生充分意义上的真理了吗?真理毕竟是最终有效性。但自身拥有、经验可能

---

　① 第101页及下页。
　② 第102页。

与经验发生争执,可能发生变式。"①问题的答案似乎是世界,"同一个延绵不断的世界":"我们意识到我们本己的生活作为一种无限流逝着的生活,我们在这种生活中持续不断地拥有经验着的意识,而与此相连,我们在最广阔的范围内拥有对一个周围世界的空乏表象性的意识——这是各种各样的意向的统一性成就,即各种各样不断更迭的但却相互协调一致的直观性的和非直观性的意向的统一性成就:各种各样的意向,它们一再分别组合成各种具体的综合。但这些合成性的综合不可能保持孤立状态。所有这些个别的综合——通过它们,我们以感知、回忆等等方式意识到事物——被一个普遍的环境所包围,这个普遍的环境由各种不断被重新唤起的空乏意向构成,但这些空乏意向并非孤立地充溢其中,而是本身相互综合地交织在一起。对我们来说,各种意向综合协调一致的普遍综合相当于'这个'世界,它包含一个普遍的信仰确然性。但正如已经提到的那样,在有些地方存在着断裂、不一致性,一些局部信仰被抹掉了,变成了不信仰,一些怀疑产生了,而且一段段地保持为不可消解的,等等。但最终,每一个不信仰都包含一个对新的实事性意义的肯定性信仰,每一个怀疑都包含一个实事性的解答,而且如果现在世界按照一些个别的综合而获得一种改变了的意义的话,那么尽管存在这样一些变化,仍有一个综合的统一性贯穿普遍的世界意指的相继性序列——它是同一个延绵不断的世界,只不过就像我们所说的那样,它在细节上被修正了,摆脱了'各种虚假的立义',就像后来所称的那样——本身是同一个世界。"②

---

① 第102页。
② 第101页。

但进一步的观察表明了为解决真理问题而回返到世界这一做法的素朴性。这种回返不是取消真理问题,而恰恰是使其彻底化。因为就世界而言,变式必须被认为可能"无限地"①继续下去,因此就"绝不会达到一种最终有效性"②。只有活的当下中内在的被给予物仍保持不可抹掉性。"让我们直接就内在发问:自身给予在这里是否不可能是一种完全相对的东西,这种东西根本不包含最终有效的自身或在其背后根本没有作为支撑性标准的最终有效的自身。难道情况不可能是:任何一个自身给予都可能由于与其他自身给予的冲突而失效,而这些其他自身给予重又可能由于与其他自身给予的冲突而失效,如此以至无穷?更确切地说,难道情况不可能是:如果某个表象在一个相应的自身给予上得到证实,而这个相应的自身给予随即通过否定被消除,那么被表象之物也因此作为非现实之物被给予;但后来连这个作为标准起作用的自身给予又被消除了,因此,现实之物与非现实之物始终只是一种瞬间之物,亦即某种属于偶然的充实过程的东西?或者情况是:如果我们接受某个表象,那么这本身就决定了,有一个最终有效的自身存在作为真的和永远不可抹掉之物与其被意指的存在,亦即在其中以信仰确然性的样式被给予之物相应?诚然:我们最初从本质上认识到,在其活的当下中内在地被构造起来的存在不仅作为存在着的东西自身被给予,而且这种存在是不可抹掉的。一旦我们假定情况不是这样——我们常会做此假定——我们就会看到,这个假定由于被给予物而绝然地被注销了。无可置疑而且不可注销的有

---

① 第102页。
② 同上。

效性在这里是清楚明白的。但因为它只是一种瞬间的有效性,有何用呢?内在之物流逝而去。"①瞬间的有效性绝不会让我们获得有根基的(gegründet)对象意识,遑论有根基的世界意识了。因为:"但在我们谈论一个真实的自身和一个最终得到证实的表象的地方,我们通过再回忆越出瞬间的意识,在再回忆中,我们一再回到同一表象,回到自同的被意指对象;另一方面,在再回忆中,我们能够一再保证或有可能保证证实性的自身是一个同一的而且不可抹掉的自身。"②首要的任务必然是,通过分析以确保再回忆。不幸的是,在再回忆中也同样会产生变式现象。再回忆可能弄错,事后被摆明是错觉。如果在再回忆中没有什么是不可抹掉的,如果再回忆在最好的情况下也将被看作无限地可揭示的错觉,那么情况会怎样呢?"我们从这种考察中认识到,关于对象性——自在存在着的对象性——如何被构造起来的问题,关于它如何能原初地证明自身是这种对象性的问题,在一切领域而且完全在原则上首先导向再回忆的自在的构造问题,因此,导向这样一个问题:再回忆如何辨明自身,它在何种程度上能成为最终有效性的一个源泉。我们必须首先弄清这个问题。"③如果说先前的分析导入真理问题,那么现在紧接着对联想现象的描述就应当准备好这种可能性,即再从真理问题中导出。尤其是对唤起的分析和对再回忆领域内的搭叠、融合和争执的说明使胡塞尔得以可能解决意识过去的问题,亦即指明"内在的曾在性的系统的真实存在"(第四部分第二

---

① 第 109 页及下页。
② 第 110 页。
③ 第 110 页及下页。

章)。然而,意识未来却保留着疑难问题的特征,而且 30 年代的手稿(尤其是出自 A VII 组的"关于世界统觉的理论"的手稿和 E III 组中关于目的论的手稿)仍证明胡塞对那些因这一疑难问题而中断了的问题的持续探讨。

随着《被动综合分析》的出版,眼前这一版的第 7—9 卷已能提供的胡塞尔那时尚未发表的 20 年代作品的形象变得完整了。就与作为这一卷的主体文本出版的胡塞尔讲座的时间关系而言,则不仅 1923—1924 年冬季学期的《第一哲学》(《胡塞尔全集》第 7 卷和第 8 卷),而且 1925 年夏季学期的《现象学的心理学》(《胡塞尔全集》第 9 卷)都处于绝大部分已刊于这第 11 卷中的讲座——胡塞尔首次于 1920—1921 年举行的讲座——的第一次与第二次的重复和修改(1923 年夏季学期和 1925—1926 年冬季学期)之间。如果回忆一下这一卷的内容,那么就证明具有上述非同寻常的时间跨度的材料支配着胡塞尔的思想。

关于这里作为主体文本出版的讲座在由路德维希·兰德格雷贝(Ludwig Landgrebe)编辑的那卷《经验与判断》中的使用情况,可以参照那里的兰德格雷贝的《导言》。① 在其中②兰德格雷贝还报告了存在于那些讲座的分析或者说对这些分析的重新斟酌与

---

① 埃德蒙德·胡塞尔:《经验与判断:关于逻辑的系谱学的研究》,由路德维希·兰德格雷贝编辑和出版,Academia-Verlag,Plag,1939;影印的再版本,Claassen & Goverts,Hamburg,1948(和 1954),第 VIII 页以下;兰德格雷贝在第 VIII 页所说的"胡塞尔自 1919—1920 年冬季学期起在弗莱堡一再举行的、关于'发生的逻辑'的讲座"指的是首次于 1920—1921 年举行的、现在绝大部分公布于眼前这一卷中的讲座,这一点已为鲁道夫·伯姆(Rudolf Boehm)在这个文集的第 8 卷(第 XXXV 页,注释 5)中所纠正。

② 同上,第 VI 页和第 VIII 页。

《形式逻辑与超越论逻辑》的形成之间的紧密关联。①

在此不可能指明《被动综合分析》与胡塞尔全部著作相联系的内部关系网。指出这点应足够了,即几乎在所有已出版的著作中都能发现这样的关系,从《逻辑研究》(尤其是"第六研究")开始,经过《内时间意识现象学的讲座》、《观念 I》和《观念 II》、《第一哲学 II》和《现象学的心理学》,直到《形式逻辑与超越论逻辑》和《笛卡尔式的沉思》。

在尚未出版的手稿中,主要是四组手稿与《被动综合分析》具有一种令人瞩目的关联:所谓的"贝尔瑙(Bernau)手稿"(关于时间构造和个体化问题的研究手稿,1917 年和 1918 年形成于贝尔瑙)和所谓的"摩根(St. Märgen)手稿"(关于原构造和空间构造的研究手稿,1920 年和 1921 年写于摩根);此外,还有业已提及的"关于世界统觉理论的手稿"(出自 20 年代和 30 年代,主要是 30 年代;这组手稿的编号是:A VII)和"关于目的论的手稿"(出自 30 年代;这组手稿的编号是:E III)。贝尔瑙手稿、摩根手稿和 A VII 组手稿的重要部分已列入这一版的出版计划。

与在《胡塞尔全集》其余各卷中的情况一样,主体文本补以论文和附录("增补文本"B 部分和 C 部分)。被置于论文前面的是(作为"增补文本"A 部分)——就像已提到的那样——"第 12 节至第 40 节文本的第一稿"。把 1920—1921 年的第一稿与刊于主体文本中的 1925—1926 年的最后一稿并刊,编者遵循的是胡塞尔的

---

① 参见《形式逻辑与超越论逻辑》,第 15 页,此外,也可参见这里关于"主体文本"的总说明,第 443 页及下页。

一个注释。这个注释写在 F I 37 束手稿的封皮上:"1920—1921 年超越论逻辑讲座。1923 年夏季重讲(可惜做了修改),1925—1926 年再次重讲(有的改好了,有的改糟了)。"①

XXIII 编者对论文和附录的编选负责,同样,也对附录在主体文本章节中的归属负责。② 但编者在编选这些文本时受到一种约束:他得顾及《胡塞尔全集》后续各卷的出版计划,以免抢了它们的先。因此,未动用上面已提到的贝尔瑙手稿、摩根手稿和 A VII 组手稿。"增补文本"的手稿选自剩下的材料,这些手稿形成于 1918 年或 1920 年③与 1926 年之间。附录中有相当一部分取自 D 19 束手稿和 F I 29 束手稿。后者包含胡塞尔 1922—1923 年冬季学期在弗莱堡以"哲学导论"为标题举行的讲座的大部分。胡塞尔本人已把 1922—1923 年的讲座与这里出版的讲座联系起来。④ D 19 束手稿是这两个讲座的附录的一个汇集。——关于所有在这一卷付印的手稿或手稿各部分,"考证性补遗"中各自的编者的总说明提供了进一步的说明。

关于文本的版本处理还应说明的是,主体文本的总体编排以及第一稿和论文在段落上的划分都出自编者之手。对于取自讲座的文本,章节或段落的划分不可能以各讲的既有划分为基础,因为

---

① 参见主体文本的总说明,"考证性补遗",第 445 页;此外,也可参见第 326 页第 17 行的考证性注释,尤其是被剔除的手稿的封皮上的题词,"考证性补遗",第 480 页。
② 有一个例外:"附录 XXVII"。
③ 参见前面第 XVII 页。
④ 在 D 19 束手稿第 91 页上写着:"但 1922—1923 年导论讲座的附录也——就像这整个讲座本身一样——属于原构造的学说,这是 1920—1921 年和 1925—1926 年超越论逻辑讲座的论题。"

各讲开头只有在极少的情况下才能识别出来。大多数标题由编者拟就（因此在付印时被置于尖括号内）。在速记手稿中自然很少顾及的标点被补上了，部分做了改动；偶尔在原件文本延续过长而没有分段的地方另起一段。　XXIV

我在科隆大学胡塞尔档案馆的合作研究以这一卷的出版而告结束。在此我想向科隆和鲁汶胡塞尔档案馆主任路德维希·兰德格雷贝博士教授、福尔克曼-施卢克(K. H. Volkmann-Schluck)博士教授（科隆）和牧师范·布雷达(Pater H. L. Van Breda)博士教授（鲁汶）等先生们的信任表示感谢，他们以授权这个版本的编辑表示了对我的信任，此外，还以委托我主持科隆档案馆表示了对我的信任。我也感谢科隆和鲁文胡塞尔档案馆的全体同事的支持，这一卷的出版应归功于他们。尤其感谢潘策尔(Ursula Panzer)博士小姐（科隆），她在付印文本的外观设计和校样校对上给了我极为耐心的帮助。我要感谢德国科学研究会，它一年来用专职津贴使这一卷的工作得以可能。

玛格特·费莱舍尔
科隆，1965年夏

被动综合分析

1918—1926年讲座稿和研究稿

导言：感知中的自身给予

第1节 原本意识与空间对象的透视性映射

外感知（Wahrnehmung）是一种持久的伪称，即伪称自己能做一些按其本质（Wesen）来说无法做到的事情。因此，在某种程度上，它的本质中包含一个矛盾。这指的是，一旦您凝神注目，您随即就会明白，客观的意义（Sinn）如何〈在〉无限多样性（Mannigfaltigkeiten）的可能显现（Erscheinungen）中作为统一性（Einheit）展示出来；连续的综合（Synthese）切近的情况如何，它作为相合统一性（Deckungseinheit）如何能显现同一个意义；面对这些事实性的、有限的显现过程，如何还持久地存在一个对超出这些过程伸展的、不断更新着的显现可能性的意识（Bewußtsein）。

我们首先要注意的是，任何空间对象都必定在其中显现的视角（Aspekt）、透视性的（perspektivische）映射（Abschattung）始终只是使它达到单面的显现。无论我们可能如何充分地感知某物，那些应归于它并且构成它的感性事物性的特性绝不会全部落入此感知之中。谈论对象的这个和那个面——它们真正被感知到——是不可避免的。每一个视角、每一个无论持续进行多远的、各别映射的连续性都只给出了各个面,而正如我们确信的那样,这并非单纯的事实(Faktum):穷尽了其被感知物的感性—事物性内涵(Gehalt)的外感知是不可想象的,一个在最严格意义上的独立感知中能全面地,亦即其全部感性直观特性都被给予的感知对象是不可想象的。

4　　因此,在本真的被感知物与本真的未被感知物之间的这种基本区别属于外感知与物质"对象"之间相关性的原始本质(Urwesen)。如果我们看这张桌子,那么我们是从某一个面来看它,这个面在此是本真的被看之物;它还有其他的面。它有一个看不见的背面,它有看不见的里面,而桌子这一称呼实际上是诸多面的称呼,亦即诸多可能的可见性全体的称呼。这是一个十分奇特的本质状况。因为属于每一个感知的本己意义的是作为其对象意义的被感知对象,亦即这个物:这张被看到的桌子。但这个物不是现在本真地被看到的面,而(根据感知的本己意义)就是整体物,这整体物还有其他的面,这些面不会在这个感知中,而将在其他感知中获得本真的感知。总的说来,感知是原本意识(Originalbewußtsein)。但在外感知中,我们却看到一种奇特的分裂:这种原本意识只能以现实地和本真地原本意识到某些面并且一同意识到其他恰恰非原本在此的面的形式存在。我说"一同意识到",是因为那些看不见的面对意识来说确实仍以某种方式在此作为共当下的"一同被意指"。但它们实际上并没有显现出来。这里根本不存在作为展示它们的直观(Anschauung)的再造性的(reproduktive)视角,我们只能随时产生这种直观性的当下化(Vergegenwärtigung)。在看桌子的前面时,只要我们愿意,我们能策动一个直观的表象进程、一个诸视角的再造性的进程，借此进程，这个物的看不见的面便被表象出来。但我们这里所做的无非是将一个感知进程当下化，在此进程中，我们在从感知过渡到新感知时会在原本的（original）视角中从不断更新的各个面看对象。但这种情况只是例外。显然，有一种非直观的超越指向或指示使我们把真正被看到的面标识为单纯的面，并且使我们不把这个面当作这个物，而是将某种超出它之外的东西意识为被感知物，其中正好只是这个面真正被看到。从意向活动的（noetisch）方面看，感知是现实的展示（Darstellung，它使被展示物以原本展示的方式直观化）与空乏的指示（它指向可能的新感知）的一种混合。从意向相关项的（noematisch）方面看，被感知之物是以这样一种映射的方式被给予，以致各自被给予的〈面〉指明了其他未被给予的〈面〉，亦即同一个对象的未被给予的〈面〉。对此需明了。

首先我们注意到，任何感知，或者从意向相关项方面说，对象的任何个别视角本身都指向一种连续性，是的，指向可能的新感知的各个连续统（Kontinuum）。正是在这些连续统中，同一个对象将会不断地崭露新的面。被感知物存在于其显现方式之中，在每一个感知瞬间，它本质上是一个指明（Verweisen）系统，具有一个诸显现立足于其上的显现核。在这些指明中，被感知物似乎在向我们召唤：这里还有更多可看的，将我转一圈，同时用目光遍历我、走近我、打开我、解剖我。一再地打量我，并全面地翻转我。这样你便会认识我的所有内涵，认识我所有的表面特性和我所有的内部感性特性等。你们知道，这种提示性说法应当意味着什么。在各个现时的（aktuell）感知中，我恰恰具有这些而不是其他的视角和视角变化，而且通常只是有限的视角变化。就全然的对象而言，亦即就被意指的对象而言，对象的意义在每一瞬间都是相同的，并且在瞬间显现的连续序列中是相合的。例如，这里的这张桌子就是这样。但这个同一之物是一个持久不变的 X，是一个真正显现的桌子—瞬间的持久不变的基底（Substrat），但也是指明（Hinweisen）尚未显现的桌子—瞬间的固定基底。这些指明同时也是趋向（Tendenzen），是进一步引发未被给予的显现的指明趋向。但它们不是个别的指明，而是整个指明系统（Hinweissysteme），亦即指明的射束系统，它们指向各个相应的显现系统。它们是指向空乏（Leere）的指针，因为，未被现时化的显现当然不是作为现实的显现被意识到，也不是作为被当下化的显现被意识到。换言之，所有真正的显现者只有以此方式才是物的显现者：它被一个意向的（intentional）空乏视域（Leerhorizont）所编绕和混杂，被显现上空乏的晕（Hof）所包围。存在一种空乏，这种空乏不是无，而是一种可被充实的空乏，它是一种可确定的不确定性。——因为意向的视域（Horizont）不是随意可充实的；它是一种意识视域（Bewußtseinshorizont），这种意识视域本身具有作为关于某物的意识的意识的基本特征。这种意识晕尽管空乏，却以预示（Vorzeichnung）的形式具有其意义，这种预示规定了向新的现时化的显现过渡的规则。在看桌子的前面时，它的背面、它的所有看不见的面都以空乏前指的形式被意识到，尽管相当不确定；但无论怎样不确定，仍存在对某种物体的形态、某种物体的色泽的前指（Vorweis），等等。而且只有这样映射出来的显现，亦即在这种预示范围内进一步规定不确定之物的显现，才能和谐一致地嵌入；只有它们才能把同一的

(identisch)X规定作为在此重新和进一步被规定的同一之物坚持始终。在流动着的感知的每一个感知相位（Wahrnehmungsphase）上，在每一个新的显现那里，这同一之物始终有效，只是意向的视域已变化和移动了。每一个感知相位上的每一个事物显现者都包含一个新的空乏视域，包含一个新的可确定的不确定性的系统，包含一个进展趋向以及相应的可能性（Möglichkeiten）的新系统，这些可能性是进入可能显现的确定有序的系统的可能性，是进入可能的视角进程及其不可分割的所属视域的确定有序的系统的可能性，这些可能显现和可能的视角进程将在一致的意义相合（Sinnesdeckung）中使同一个对象作为不断被重新规定的对象达到现实的、充实的被给予性（Gegebenheit）。正如我们看到的那样，这些视角本身什么也不是，它们只有借助与它们不可分割的意向视域才是关于……的显现。

我们在此区分各个视角显现的内视域（Innenhorizont）和外视域（Außenhorizont）。亦即应当注意，本真被感知物与只是共当下之物之间的区分使对象的内容上的规定性区别开来：一方面是现实地和切身地（leibhaft）显现的规定性，另一方面是在完全空乏中仍模糊地被预示的规定性；也应当注意，现实的显现者自身也带有一种类似的区别。的确，在已真正被看到的面那里也发出这种召唤：走近些，再走近些，然后在改变你的位置、改变你看的方式等等情况下凝神注目我，你会在我身上看到许多新东西，看到不断更新的局部色泽，等等。你会看到，这片先前只是一般地、不确定地被看到的树林具有刚才还看不见的结构，等等。因此，这已被看到之物也带有先行把握的意向（Intention）。已被看到之物对于不断更新的规定来说始终是一个预示性的范围,是一个对进一步规定而言的 X。始终存在预期和先行把握。而除了这种内视域外,还有各种外视域,即对这种尚缺乏任何直观性范围的东西的预示,而直观性范围只需要更细化的充填(Einzeichnungen)。

第2节 感知过程中充盈和空乏的关系与获知

现在,为了获得更深入的理解,我们必须注意,充盈(Fülle)与空乏在每一瞬间彼此处于怎样的关系中,而在感知进程中,空乏是如何获得充盈,而充盈又是如何变成空乏的。我们必须理解每一显现的关联结构和那种统合所有显现系列的结构。在连续的感知进程中,就像在每一个感知那里一样,我们也具有前摄(Protentionen),这些前摄在以原印象(urimpressionalen)的现在(Jetzt)形式出现的新出现者中不断被充实。这里的情况也是如此。在每一个外感知进程中,前摄都具有不断被充实的前期待(Vorerwartung)的形态,而这表明:某些指明线路不断地从视域的指明系统中被现时化为期待(Erwartungen),这些期待在切近规定的视角中不断被充实。

在上一讲,我们学会了从各个不同的方向理解每一个外感知的统一性。外感知是一条时间性的体验流,在这条体验流中,显现和谐一致地相互过渡,形成与一个意义的统一性相应的相合统一性。我们学会把这条流理解为意向的进展性充实(Erfüllung)的一种系统组构,当然,另一方面,与意向的进展性充实相伴的是已充满的意向的清空。感知的每一瞬间相位本身都由部分充满的意向和部分空乏的意向组成。因为,在每一个相位(Phase)上,我们都拥有真正的显现,这是充实的意向,但只是渐次充实的意向,因为这里还有不充实性(Unerfülltheit)和一个仍可确定的不确定性的内视域。此外,每一个相位都包含一个完全空乏的外视域,它趋向于充实,并且是在向一个确定的进展方向的过渡中以空乏的前期待方式去获得充实。

但更严格地说来,我们还必须(以如下方式)区分充实与切近规定,而且现在必须把感知过程描述为一个获知(Kenntnisnahme)的过程。当空乏视域——外视域和内视域——在感知的进展中获得其随之而来的充实时,这种充实不仅在于,空乏地被意识到的意义预示(Sinnesvorzeichnung)经历了一种直观的描绘。空乏的前示(Vordeutung)可以说是对将来之物的预感(Vorahnung),正如我们所说,它本质上包含不确定性,我们所说的是可确定的不确定性。不确定性是一般性(Allgemeinheit)的一种原形式,一般性的本质在于:它只有通过"特殊化"(Besonderung)才能在意义相合中获得充实;这种特殊化本身一般具有不确定性的特征,但这种特殊的不确定性与前面的一般的不确定性不同,它在新的进程中有可能获得进一步的特殊化,如此等等。但现在应注意,这种充实——这是特殊化的充实——的过程也是一种进一步获知的过程,而且它不只是一种转瞬即逝的获知,而同时是一种永久的、习性化的获知过程。我们很快就会更清楚地领会这一点。我们事先已注意到,总是一同起作用的滞留(Retention)是这种成就(Leistung)的发源地。首先请大家回想一下,连续进展的充实同时也是连续进展的清空。因为,当一个新的面变得可见时,刚才看得见的面就逐渐变得看不见了,最终变得完全看不见了。但就我们的知识(Kenntnis)而言,却并未丧失那个已看不见的面。论题性地(thematisch)进行的感知的目的不只是,在从一个瞬间到另一个瞬间的进展中总是直观地拥有对象的新面,好像旧面会滑脱兴趣(Interesses)的把握似的;而是在此进程中形成本原的(originär)获知的统一性,通过这种本原的获知,对象按其确定的内容(Inhalt)成为原初的(ursprünglich)获得物,并由此而成为永久的知识财富。① 事实上,我们在理解原初的知识获得物时,注意到这样一种情况:借充实进行的切近规定带着一个新的确定的意义要素(Sinnesmoment),这个意义要素虽然在进展到新感知时从本真的感知领域中消失了,但仍以滞留的方式保持着。(这已前论题性地发生了,在背景感知中就已发生了。在论题性感知中,滞留具有"仍保持在手"的论题性特征。)因此,这个新的意义要素现在借滞留而进入一个空乏视域,这个空乏视域具有不同于在这个新的意义要素本原地出现以前的感知段之空乏视域的特征。如果某个时候我看到一个不熟悉的对象的背面,当我转到它的正面进行感知时,那么现在对背面的空乏前示就具有一个确定的预示,而此前它没有这个确定的预示。在感知过程中,一个不熟悉的对象就这样变成一个熟悉的对象;虽然,在结束时恰好就像在开始时一样,我只具有一个单面的显现,而如果客体(Objekt)甚至完全逸出我们的感知领域,那么,我们对它一般也具有一个完全空乏的滞

---

① 不变的事物的任何内涵都能一再通过感知获得,我能围着表面走,事物可以在思想上被切分,并能一再从所有的表面被看到,等等。

留。但尽管如此,我们仍具有这整个的知识获得物,并在论题性的感知中仍将它保持在手。我们的空乏意识(Leerbewußtsein)现在具有一个分段的、系统的意义充填,此前,尤其在感知开始时,没有这个意义充填。那时只有一个意义范围、一个宽泛的一般性,现在则有一个充满意义的、分段的特殊性,这个特殊性当然期待进一步的经验(Erfahrung),以便能获得更丰富的、作为确定内涵的知识内涵。如果我再返回以前确定的感知,那么这些感知现在就会在重新认出的意识中进行,即在这样一种意识中进行:"所有这些我都已知道。"现在进行的是单纯的直观化(Veranschaulichung),而且随之进行的是对那些空乏意向的充实性的确认(Bestätigung),而不再是切近规定的活动。

第3节 对已知之物进行自由支配的可能性

当感知获得原初的知识时,它也就获得了一种被永久赢得的财产、一种随时可支配的财产。这种自由的可支配性何在?尽管已成空乏之物,但是,就遗存的空乏滞留随时可自由地得到充实、随时可以通过具有再认识特征的再感知(Wiederwahrnehmung)而被现时化而言,这种已知之物是可被自由支配的。我可以绕着圈走,可以走近些,可以用手触摸,如此等等,因此,我可以重新看到、重新经验到所有已知的面,它们已预备被感知;以后的情况也是如此。这标明了超越的(transzendent)感知的基本特征,正是由于这种基本特征,一个永久的世界才能为我们存在那里,预先被给予我们,而且恰恰是自由支配的现实性(Wirklichkeit)。对超越

(Transzendenz)来说,一个再感知,亦即对同一个东西的再度感知是可能的。

但还应进一步做一个根本性的补充。如果我们已熟悉一个事物,而另一个事物又进入我们的视野,这个事物的真正被看到的面与以前那个熟悉的事物相一致,那么根据一个意识的本质规则(Wesensgesetz,由于这个事物与那个借助"相似性联想"[Ähnlichkeitsassoziation]被唤起的以前的事物有一种内在的相合[Deckung]),这个新事物便从以前的事物那里获得了所有的知识预示。就像我们说的那样,它像前一个事物那样被统摄,具有相同的看不见的特性。此外,这种预示、这种内在的传统的获得物也以现时化的感知形式供我们自由支配。

但这种自由支配进一步看情况如何呢?什么东西造成对我们的完全由各种预期所织就的世界的自由侵入呢?什么使所有现存的认识和新的认识成为可能呢?我们在此优先考虑外部此在(Dasein)的构造的正常情况和基本情况,亦即不变的空间事物的构造(Konstitution)。对这样一种可能性——事物可能发生变化,而没有被感知到,但其所有未被感知到的部分(Stück)却能在随后的各色感知和经验中被获知——的阐明是一个高层次的论题(Thema),这个论题已经以对静止的此在之认识(Erkenntnis)的可能性的说明为前提了。

因此,为了至少能理解构造问题性的这个基础部分,我们要问,对于这种我已具有的、无论多么不完善的知识的自由支配的情况如何?而且在不变的事物性(Dinglichkeit)的情况下,这种自由支配的情况如何?什么使它得以可能?

从迄至目前的论述中我们看到,每一个感知都隐含地(implicite)带有一个完整的感知系统,每一个在感知中出现的显现都带有一个完整的显现系统,亦即处于意向的内视域和外视域的形式中。因此,任何一种可想象的显现方式都没有完全给出一个显现对象,在任何一种可想象的显现方式中,对象都不处于最终的切身性(Leibhaftigkeit)中,而最终的切身性将会带来对象之完全被穷尽了的自身,每一个显现都在空乏视域中带有一个剩额(plus ultra)。而且由于在每一个显现那里,感知都伪称其切身地给出了对象,因此,它实际上持久地伪称自己比按其本质来说所能给予的更多。每一种感知被给予性(Wahrnehmungsgegebenheit)都以奇特的方式是已知性(Bekanntheit)和未知性的一种持久的混合,这未知性指明着将使其成为已知性的新的可能感知。而且这在一种不同于迄今所显露的新的意义上仍将有效。

我们现在来看一下,在从一个显现到另一个显现的过渡中,例如,在走近时,在绕行时,在转动眼睛时,基于意义的相合统一性情况如何。在这种运动的过渡中,基本关系是意向和充实之间的关系。空乏的前指(Vorweisung)获得与它相应的充盈。它与或多或少丰富的预示相符合,但是,由于它的本质是一种可确定的不确定性,致使切近规定也与充实同步。因此,借助切近规定而完成了一个新的"原创立"(Urstiftung),在此我们又可以说,一个原印象(Urimpression),因为产生了一个原初的原本性(Originalität)。这种已经以原印象的方式被意识到的东西通过它的晕前指新的显现方式,当进入这些新的显现方式时,它们部分是作为确认性的显现方式,部分则是作为切近规定性的显现方式。由于那些未充实的而现在正被充实的内意向（Innenintentionen），这个自身业已显现者变得丰富起来。此外，在这个进程中，与显现交织在一起的空乏的外视域获得了进一步的充实，至少是一种部分的充实。视域中仍未被充实的部分则变成了新的显现的视域，如此持续进行下去。与此同时，对象中已显现的东西在此进程中又部分地丧失了显现的被给予性，可见者又变得不可见了。但它并未丧失掉。它仍以滞留的方式被意识到，并且是以这样一种形式：那个现时正发生的显现的空乏视域现在获得了一个新的预示，它确定地指明先前那个已被给予的作为共当下之物的曾在（Gewesene）。如果我看到了背面并返回正面，那么感知对象对我来说便获得了一个意义规定（Sinnesbestimmung），这个意义规定也空乏地指明先前被看到之物。它仍为这个对象所独有。感知的过程是一个不断获知的过程，它用意义记录下被获知之物，以此方式产生了一种愈益更新和愈益丰富的意义。这种意义在持续的感知过程中被附加在那个臆指性地被切身把握的对象自身上。

既然在未被充实的意向系统中哪些线路获得充实取决于感知过程的方向，因此，在对象的整个可能显现的系统中哪些连续的可能显现的系列被实现也取决于感知过程的方向。在这条线路的进展中，相应的空乏意向（Leerintentionen）转变成期待。一旦线路被选定了，那么显现系列就会按照期待进展，这些期待不断从现时的动感（Kinästhese）中产生并且不断获得充实，而余下的空乏视域仍停留在僵死的潜能性（Potentialität）中。最后还须提及的是，那些按照意向和充实而相互过渡的映射显现（Abschattungserscheinungen）之相合的共属性不仅涉及所有这些显现，而且涉及它们的所有可区分的要素和部分。因此,在连续相互过渡的显现的整个线路上,与对象的每一个充实的空间点相应,都有某种相应物,在这些显现中,这个空间点表现为显现着的空间形态的要素。

如果我们最后问,在瞬间显现的每一个时间点之内,是什么提供了统一性,即作为在其中展现出各个面的全方位的统一性,那么我们在这里还会碰到交互的意向,这些交互的意向同时也交互地被充实。在接续的显现的过渡中,所有这些意向都处于变动性的位移、丰富和贫乏化中。

在意向和充实的这些极其复杂而又奇特的系统——它们构成显现——中,这种不断更新、不断变化地显现着的对象作为同一之物被构造起来。但它绝不是完结了的,绝不是固定不变地封闭了的。

我们在此必须指明一个对于感知对象的客体化来说是本质性的意向相关项的构造的方面,指明动感的动机引发(Motivation)的方面。我们曾一再附带谈到,显现进程随着身体(Leib)的策动性的运动而发生。但这不应是一个偶然的附带话题。身体作为感知器官始终一同起作用,同时,它自身又是由各个相互协调的感知器官所组成的一个完整的系统。身体本身具有感知身体(Wahrnehmungsleib)的特征。为此,我们把它纯粹看作一个主观运动的身体,而且是在感知行动中主观运动着的身体。就此而论,它不应被看作被感知的空间事物,而应被看作所谓"运动感觉"(Bewegungsempfindungen)的系统。在感知进程中,这些"运动感觉"在眼睛、头部等等的运动中进行,而且它们不只是与在那里进行着的显现平行,而是相关的动感系列与感知显现(Wahrnehmungserscheinungen)在意识上彼此关涉。如果我看一个对象,那么我就具有对我眼睛位置的意识,同时,以一种新的、系统的空乏视域的形式,具有对我可以自由支配的、可能的眼睛位置的整个系统的意识。现在,这个在既定的眼睛位置上被看见的东西便与整个系统联结在一起,以至于我可以明见地说:如果我让眼睛朝某个方向运动,那么某些视觉显现就会依此以一定的秩序(Ordnung)进行;如果我让眼睛朝另一个方向运动,那么相应地就会有另一个在期待中的显现系列进行。这对刚好处于这种运动可能性的系统中的头部运动也同样有效,如果我把走动等等也纳入进来的话,这还是同样有效。动感的每一条线路都以本己的方式进行,它的进行方式与感性素材(Daten)系列的进行方式完全不同。它的进行可被我自由支配,可被我自由阻止,可被我自由地重新策动,作为原初主观的实现进行下去。因此,身体运动的系统事实上以特殊的方式在意识上被标识为一个主观—自由的系统。我在自由的"我能"(Ich kann)的意识中遍历它。我也许不自觉地徜徉其中,我的眼睛也许不自觉地转向这里或那里;但我随时都可以任意选取这样一条和随便哪一条运动线路。然而,只要我在这样一个位置具有一个事物显现,那么在连续的原初意识中,一个同一事物的多样性显现的所属性系统便因此被预示出来。就显现而言,我是不自由的:如果我在"我运动"的自由系统中实现一条线路,那么将来的显现事先便被预示出来。这些显现构成不独立的系统。只有作为依赖于动感的东西,显现才能连续地相互过渡,而且构造起一个意义的统一性。只有在这种进程中,它们才能展示其意向的指明。只有通过不独立的和独立的可变项之间的这种协作,显现者才能作为超越的感知对象被构造起来;而且作为一个对象,它比我们直接感知到的要多;作为一个对象,它能从我的感知中完全消失,但也能延续下去。我们也可以说,对象之所以作为这样的东西被构造出来,只是由于它的显现是以动感的方式被动机引发的,因而我具有这方面的自由,即我能根据已获得的知识随意地使显现作为原本的显现在其一致性的系统中进行。通过相应的眼睛运动和其他的身体运动,对于一个已知的对象,我可以随时回返从前的显现,它们把这个对象的各个相同的面重新给予我,或者我可以通过自由地回返适当的位置而重新感知一个不再被感知到的对象,重新认同它。因此,我们看到,在每一个感知过程中都在上演一种构造上的二重奏。作为一种实践性的动感视域而在意向上被构造起来的是:1) 我的自由运动的可能性的系统,它在每一个现时的遍历(Durchlaufen)中——沿着各条具有已知性特征,亦即充实特征的运动线路——被现时化。我正具有的每一个眼睛位置、每一个身体位置这时不只是作为瞬间的运动感觉被意识到,而是作为在一个位置系统中的位置被意识到,亦即与一个空乏视域一同被意识到,这个空乏视域是一个自由的视域。2) 视觉领域中出现的每一个视觉感觉(Empfindung)或视觉显现,触觉领域中出现的每一个触觉感觉或触觉显现,都在意识上被归入肢体瞬间的意识处境,并且产生一个被汇编起来的进一步的可能性的视域、可能的显现系列的视域,这些可能的显现系列归属于自由的可能的运动系列。鉴于超越的时间性(Zeitlichkeit)的构造,在此还应注意:我们在实现这种自由时实际选取的每一条现时化(Aktualisierung)的线路,都提供了对象的各个连续的显现系列,所有这些显现系列全都会在同一个时间段展示这个对象,也就是说,它们全都会在同一段绵延（Dauer）中展示同一个对象，只是从不同的方面展示它。根据被构造物的意义，所有在此情况下被认识的规定都将是并存的。

第4节 在进行内在感知和超越感知时，存在与被感知的关系

所有这些都只对超越的对象有效。一个内在的（immanent）对象，例如，一个黑色—体验，显示为绵延性的对象，而且以某种方式也通过"各种显现"显示出来，但只是像任何一个时间对象（Zeitgegenstand）一般那样显示。时间性地延展着的绵延要求被给予性方式按照时间性定向（Orientierung）的显现方式不断地变样（Abwandlung）。现在，空间对象也是一种时间性对象，因此，上述情况也适用于它。但空间对象还应有另一种特殊的显现方式。而如果我们注意到时间充盈（Zeitfülle），特别是注意到各个原印象的相位，那么我们就会发现超越对象的显现与内在对象的显现之间的根本区别。内在对象在每一个现在都只能有一种可能的原本地被给予的方式，因此，每一个过去样式也只有唯一一个时间样态的变样的系列，即当下化连同在当下化中以不断变化的方式被构造起来的过去之物的系列。但空间对象却有无限多的方式，因为它能按其各个不同的面在现在中，亦即以原本的方式显现。尽管它事实上是从这个面显现的，却还能从其他的面显现，因此，它的每一个过去相位（Vergangenheitsphasen）都有无限多的方式能展示其过去已充实了的时间点。据此，我们也可以说，就超越对象而言，显现概念有一种新的、独特的意义。

如果我们只考察现在相位(Jetztphase),那么就它处于内在对象的情况下而言,显现与显现者是无法区分的。以原本的方式新出现的东西是各个新的黑色相位本身,而没有展示。而显现在这里只不过意味着一种不带有任何超越意指的展示的"去-存在"(Zu-sein)和原本地"去-意识到"(Bewußt-zu-sein)。但另一方面:关于超越对象,情况显然是,这种在新的现在中作为物被切身意识到的东西只有透过一个显现才能被意识到,也就是说,展示与被展示物、映射与被映射物区分开来。如果我们以意向活动的观点(Einstellung)替换迄今所偏好的意向相关项的观点,而在这种观点中,我们将反思的目光转向体验(Erlebnis)及其实项的(reell)内涵,那么我们也可以说:一个超越对象,例如,一个物,只能以此方式被构造起来,即一个内在的内涵作为基底被构造起来。这个内在的内涵现在可以说从它那方面替代了"映射"的特有功能、一种展示性的显现的功能、一种透彻展示这个内涵的功能。如果我们不是注意显现着的事物对象,而是注意视觉性的体验本身,那么在每一个现在中新出现的事物显现,我看就是视觉性的显现,就是一个这样或那样铺展着的颜色表面要素的复合体,这些颜色表面要素是内在的素材,因而它们在自己自身中大约就像红或黑那样原本地被意识到。那些杂多地更迭着的红素材——例如,在其中一个红骰子的某个侧面及其不变的红展示出来——是内在的素材。但另一方面,事情并不止于这种纯粹内在的此在。在这些内在的素材中有某种不是它们本身的东西以奇特的映射方式展示出来,在视觉领域被内在地感觉到的颜色的变化过程中,一个自同之物(Selbiges)展示出来,即一个空间上延展的同一的物体颜色。所有这些意向相关项的要素——我们在意向相关项的观点中指向对象并把它们看作对象上的要素——都是借助内在的感觉素材(Empfindungsdaten)和那个仿佛赋予它们以灵魂的意识而被构造起来的。有鉴于此,我们把立义(Auffassung)看作超越的统觉(Apperzeption),超越的统觉恰恰标明意识成就(Bewußtseinsleistung),这种意识成就赋予感性素材之纯粹的内涵,亦即所谓的感觉素材或原素性的(hyletischen)素材之纯粹的内在内涵以展示客观的"超越之物"的功能。这时谈论代现者(Repräsentanten)与被代现者(Repräsentiertem)、谈论对感觉素材的释义(Deuten)、谈论一种通过这种"释义"而形成的超越意指的功能是危险的。在感觉素材中被映射出来、被展示出来,完全不同于符号性的释义。

因此,"内在"的对象性(Gegenständlichkeit)本身不是通过统觉被意识到的;"原本地被意识到"与"存在"、"被感知"(percipi)与"存在"(esse)在内在的对象性那里重合。而且对每一个现在来说,情况都是如此。相反,这些内在的对象性在很大程度上是统摄性(apperzeptiv)功能的载体,因而一个非内在之物就通过它们并在它们之中展示出来。现在,存在(就超越对象而言)原则上就与被感知区分开来。在外感知的每一个现在中,我们虽然都有一个原本意识,但在这个现在中,本真的知觉,亦即其中的原印象(而不仅仅是对感知对象之过去相位的滞留性意识)是对原本的(originaliter)映射者的意识。① 它不是对对象的一种素朴的拥有,在其

---

① 感知是对一个个体对象、一个时间性对象的原本意识,而对于每一个现在来说,我们在感知中都有其原印象,在原印象中,对象在现在中、在其瞬间的原本性点上被原本地把握到。但必须指出的是,原本的映射必然伴随着共现。

中"意识到"与存在(Sein)彼此相合；相反，只要直接被拥有的只是一种统觉，它就是一种间接的意识，一种关涉着动感素材的感觉素材的持存(Bestand)，以及一种展示性的显现得以构造起来的统摄性立义。透过显现，超越对象就作为原本地映射着或展示着的对象被意识到。在连续感知的过程中，我们在每一个现在中都一再具有这种事况，原则上始终存在这种情况：在任何一个瞬间，外部对象都不会在其原本的自身性(Selbstheit)中被素朴地拥有。它原则上只有通过统摄性的展示并且在不断更新的展示中才能显现出来，这些展示在进展过程中不断地从其空乏视域中把新东西原本地展示出来。然而，对于我们的目的来说，更重要的是应注意到：无论是对人的智性还是对超人的智性而言，我们都无法想象，一个像空间对象那样恰恰只有通过作为映射性感知的外感知而获得其原初意义的东西将会通过内感知被给予。但这本身包含着：我们无法想象，一个空间对象，所有诸如自然意义上的世界对象的东西，能够从一个时间点到另一个时间点完结性地被展示出来，带有其全部特征内涵（作为完全确定的内涵），这种特征内涵在这个现在中构成其时间性的内容。有鉴于此，我们也说相即的(adäquat)被给予性，它与不相即的(inadäquat)被给予性相对。说白了而且用神学的措辞来说，如果有人认可上帝可以马马虎虎而且能把任何谬误都变成真理(Wahrheit)，那么他恰恰在给上帝帮倒忙。本质上属于空间事物性的是不相即的被给予方式，别的被给予方式则是荒谬的。在感知的任何一个相位上都无法想象对象被给予而不带有空乏视域，而这等于说，不带有统摄性的映射和随映射一道的超越意指，即超越本真展示物的意指。本真的展示本身又不是按内在（Immanenz）的方式——由于它的存在＝被感知——的素朴拥有，而是局部被充实的意向，因此，〈它〉包含未被充实的超越指向。超越之物之切身展示的原本性必然包含这一点：作为意义的对象具有统摄性充实的原本性，这种原本性本身包含一种不可分离的混合，即真正充实的意义要素与尚未被充实的意义要素的混合，无论超越之物只是按一般的结构得到预示而其余仍是开放地不确定的和可能的，还是已通过特殊预示被突出。因此，那种关于不相即性（Inadäquation）的说法，即认为不相即性本质上是一种能被更高级的智性所克服的偶然缺陷，是不恰当的，甚至是完全错误的。

　　我们在此可以提出一个命题（Satz），这个命题在我们的进一步分析中会达到愈益纯粹的明晰性（Klarheit）：无论我们在哪里谈论对象，无论它们可能属于何种范畴，这个对象说法的意义原初地来自感知，即原初地构造意义，因而构造对象性的体验。但是，一个作为意义的对象的构造是一种意识成就，就对象的每个基本种类而言，这种意识成就都是一种原则上独特的意识成就。感知不是对一个蕴藏在意识中而且是通过某种荒谬的奇迹而被塞进意识中的东西的空乏的凝视，就好像先有某种东西在那里，然后意识以某种方式裹住它似的；毋宁说，对于每一个可想象的自我主体（Ichsubjekt）来说，每一个对象的此在连同某种意义内涵（Sinnesgehalt）都是一种意识成就，对于每种新的对象来说，都必然存在一种新的意识成就。对象的每个基本种类都需要一种原则上不同的意向结构。若说存在一个对象，但它又可以不是而且原则上可以不是一个意识的对象，则是无稽之谈。但是，一个可能意识的每一个可能对象也是一个可能的、本原地给予性的意识的对象，而我们把这种可能的、本原地给予性的意识称为"感知",至少就个体对象而言。希望对一个物质对象的感知具有内感知的一般结构,反之,希望对一个内在对象的感知具有外感知的结构,都是荒唐的。意义给予(Sinngebung)与意义本质上相互需要,这涉及它们的相关性结构的本质类型学(Wesenstypik)。

因此,属于外感知所实行的、原初超越的意义给予的本质还有:在从一个感知段到另一个感知段的进展中,同样,在感知过程的任意延续中,这种原本的意义给予的成就绝不是一种完结了的成就。这种成就不仅在于,它不断地把具有固定地预先被给予的意义的新东西直观化,就好像这种意义从一开始就已现成被预示了似的;而且还在于,在感知过程中,这种意义本身继续被扩充,因而实际上处于持续的变化中,而且不断向新的变化敞开。

在此应注意的是,在一个一致性地、综合地进展着的感知的意义中,我们始终能区分不断更迭的意义与连贯同一的意义。每一个感知相位都具有其意义,因为它已经以原本性展示之规定的方式、以视域的方式给出了对象。这种意义是流动的,它在每一个相位上都是一个新意义。但贯穿这种流动的意义,贯穿所有这些"处于规定方式中的对象"的样式(Modus)的,是在持续的相合中一以贯之、愈益丰富地得到规定的基底 X 的统一性、对象自身的统一性,它就是感知过程和所有进一步的可能的感知过程规定和将会规定的东西。因此,每一个外感知都包含着一个处于无限之中的观念(Idee)、充分被规定了的对象的观念,亦即对象将完全被规定了、完全被认识了,而且对它的每一个规定都不掺杂任何不确定性;而充分的规定本身没有任何剩额尚待规定、尚未解决。我说的是一个处于无限之中的观念,亦即达不到的观念,因为感知本身的本质结构排除了这种情况:可能存在一个感知(作为一个连续相互过渡的显现进程的完结了的过程),它将获得一种对对象的绝对知识,在这种绝对的知识中,处于不断变化的、相对的和不完全的规定性方式中的对象与对象自身之间的张力将不再存在;因为显而易见的是,原则上绝不会排除一种剩额的可能性。因此,这个观念是对象之绝对自身(Selbst)的观念,是其绝对的和完全的规定性的观念,或者就像我们也可以说的那样,是其绝对个体的本质的观念。与这种可被看出但本身不可现实化的无限观念相比,认识过程中的每一个感知对象都是一种流动着的逼近。我们常常切身地拥有外在对象(我们看见它、抓住它、握住它),但它常常处于离精神无限远的地方。凡是我们从这个对象那里所把捉到的东西都伪称是它的本质;它也确实是其本质,但它始终只是一种不完全的逼近,这种逼近从它那里把捉到某种东西,但始终是一种伴有空乏的把捉,这种空乏逐渐迈向充实。不断的已知之物就是不断的未知之物,而完全的认识似乎从一开始便毫无指望。但我说"似乎",我们在此〈不〉想立即与一种草率的怀疑论结盟。

(内在对象的情况当然完全不同,感知构造它们并且占有它们及其绝对的本质。它们不是通过在逼近意义上的不断的意义变化被构造起来的——只不过一旦它们进入未来[Zukunft],它们就带有前摄和前摄的不确定性。但已作为当下[Gegenwart]在现在中被构造起来的东西是一个绝对的自身,它没有任何未知的面。)

我们拒绝一种草率的怀疑论。就这一点而论,在任何情况下首先都必须做如下区分。如果一个对象被感知到并且在感知过程中进一步被认识,那么我们就必须区分当时的空乏视域——它通过进行着的过程被预示并与这种预示一同附随瞬间的感知相位——与一种没有预示的空乏的可能性的视域。预示意味着,存在一个空乏的意向,它带有其一般的意义范围。属于这种预示性的意向的本质的是,在选取了所属的适当的感知方向的情况下,必定会出现充实性的切近规定,或者,就像我们还将讨论的那样,作为相反的情况,必定会出现失实(Enttäuschung)、意义注销(Sinnesaufhebung)和抹掉(Durchstreichung)。但也有些局部的视域没有这样固定的预示;这就是说,除了确定地被预示的可能性外,还存在着相反的可能性,但这种相反的可能性没有任何东西支持它,而且始终保持开放。例如,当我感知繁星密布的天空时,在我的视野中有某种光亮闪现,诸如一颗流星,等等。纯粹从感知本身的意义给予来说,这是一种完全空乏的可能性,它在意义上没有被预示,但正因此处于开放状态。因此,如果我们恪守感知之实际的意义给予及其实际的预示,那么这个问题就是明白易懂的,即在非直观的空乏预示转入充实性的切近规定的过程中,对象的固定不动的和最终保持不变的自身是否是根本达不到的。换言之,是否不仅不断更新的对象的特征能够进入感知的视域,而且在切近规定的过程中,这些已被把握的特征也无限地(*in infinitum*)带有一种进一步的可确定性,因而本身重又不断地保持着未知的 X 的特征,这种未知的 X 永远不可能获得一种最终确定的规定。难道感知是一种"汇票",它原则上永远无法通过新的同样的汇票而被兑现,亦即新汇票的兑现又要以汇票的方式进行,如此以至无穷?意向的充实通过切身的展示进行,当然带有空乏的内视域。但是,难道在这种已切身化了的东西中根本不存在任何具有最终有效性的东西,以至于我们实际上陷入了一种类似于空头支票交易的境况中吗?

我们觉得,情况不可能是这样。事实上,当更加深入地洞察感知系列的本质时,我们发现一个特性,这个特性所负有的使命首先是消解实践及其直观的感性世界的困难。本真的显现作为对被预示的意向的充实,其本质在于,甚至在不完全的亦即带有前指的充实的情况下,它也前指作为充实目标的观念的极限(Grenze),这些充实目标将会通过持续不断的充实系列被达到。但这并非对整个对象都同样有效,而总是对那些已被现实地直观到的特征有效。就显现中本真的展示而言,每一个显现都系统地隶属于某些在动感的自由中被实现的显现系列,在这些显现系列中,至少有某个形态要素将达到其最佳的被给予性,因而将达到其真实的自身。

作为感知对象的基本构架,幻象(Phantom)作为一个具有感性质性的物体表面起作用。它能在连续多样的显现中展示出来,而且每一个凸显的段面也是这样。对于每一个段面,我们都具有远显现(Fernerscheinungen)和近显现(Naherscheinungen)。而且在这些领域的每一个内又有不佳的显现和较好的显现,而在有序的系列中我们达到最佳值。因此,一个事物的远显现和多样性的远显现都已回溯到近显现,在这些近显现中,表面的形态及其充盈在总体概观中达到最佳的显现。这种最佳显现本身——例如,我们通过所选的一个好的观察点而获得了一座房子的最佳显现——于是为进一步的最佳规定的充填提供了一个范围,这进一步的最佳规定〈将提供〉一种接近,在这种接近中,将只有个别的部分被给予，但却是以最佳的方式被给予。在其饱和的充盈中的事物自身是一个置身于意识意义（Bewußtseinssinn）之中及其意向结构的方式之中的观念，而且在一定程度上是一个由所有最佳值构成的系统，这些最佳值将通过对最佳范围的充填获得。那种在感知中任意发展的论题兴趣在我们的科学生活（Leben）中为实践的兴趣所引导，而如果就各自的兴趣来说某些最佳的显现已获得了，在这些最佳显现中，事物所显示的最终自身比实践兴趣所要求的更多，那么这种论题兴趣就平息了。或者毋宁说，它作为实践的兴趣预示了一个相对的自身：在实践上够用了的东西就被看作这个自身。因此，这座房子自身和它的真实存在，而且就其纯粹的物体事物性而言，很快便最佳地被给予了，亦即很快被那些作为买主和卖主而观察它的人完全地经验到了。而在物理学家和化学家看来，这样的经验方式是十分肤浅的，而真实的存在仍远在天边。

我只能用一句话来说明，所有这些高度分岔而且本就棘手的意向分析本身都隶属于一种普遍的意识发生（Genesis），在这里尤其隶属于一种关于超越的现实性的普遍的意识发生。如果构造分析的论题在于，从感知本己的意向构造出发，根据体验本身的实项成分、根据意向相关项（Noema）和意义去澄清，感知实现其意义给予的方式和对象透过所有空乏的被意指性（Vermeintheit）作为始终只是相对展示着的最佳的显现意义（Erscheinungssinn）而被构造起来的方式，那么发生分析的论题则旨在澄清：在属于每一个意识流（Bewußtseinsstrom）的本质的发展——它同时也是自我的发展——中，那些复杂的意向系统是如何发展起来的，而通过这些意向系统，一个外在世界最终能对意识和自我（Ich）显现出来。

第一部分

变　式

第一部分

走 进

第一章　否定样式

第 5 节　失实：与充实的综合相反的事件

现在,我们必须在新的方向扩展我们的认识。迄至目前,我们考察了连续统一的感知进程,在这些感知进程中,对象的统一性保持一致性。由于相合的一致性,感知在进展中使被唤起的意向得到充实。这个过程是一个不断扩展的获知的过程。这种扩展通过感知的不连续的综合而以这样一种方式继续进行,即在同时发生的对以前感知的再回忆(Wiedererinnerung)中,或者说,在素朴的重新认出中,一个我们已通过以前的感知而有些熟悉的事物再次偶然被感知到。容易理解的是,这种新的获知从新的方面推进了以前的获知。但是,所有这些都是充实的综合,或者说,一致性(Einstimmigkeit)的综合。但有一种与充实相反的事件,亦即失实,有〈一种〉与切近规定相反的事件,亦即另行规定;获知不是保持自身和进一步丰富自身,而是可以被质疑、被注销。总之,这有点像变式的存在意识(Seinsbewußtsein)与原初的未变式的存在意识之间的区别。鉴于这种情况,我们现在必须获得对存在样式的本质及其构造的本质的更深入洞察:从意向活动方面看,洞察感知信仰(Wahrnehmungsglauben)的本质及其诸变样的本质,例如,"怀疑""揣测""否定"等等。

从意向活动方面看,就像我们知道的那样,那些在我们所描述的正常情况的感知中出现的意向系统,亦即统摄着当时的感觉复合体(Empfindungskomplexe)的立义,具有现时的或潜在的期待的特征。也就是说,如果我在感知时启动了一个动感的系列,例如某种头部运动,那么显现就会以期待的方式按照被动机引发起来的次序进行。因此,所有进展着的充实在正常情况下都是作为期待的充实而发生的。存在着被系统化了的期待,亦即期待的射束系统,它们在充实自身的同时也丰富了自身,也就是说,空乏的意义变得富有意义,这种意义与意义预示相适应。

但是,任何期待也都可能失实,而失实本质上预设了局部的充实。如果在感知进展中没有某种统一性的尺度,那么意向体验的统一性就会破裂。但是,尽管感知过程的统一性具有这种统一不变的意义内涵,破裂仍会发生,而形成了"别样的"体验。

也存在一种没有破裂的"别样的"体验、一种具有规则性样式的失实,它由于这种规则而能被预先期待,因而甚至能在空乏视域中被预示出来。换句话说,有一种持续的变化意识,对它的现象学分析对于理解变化的构造是根本性的。变化是持续地变成他者,但这种变成他者却保持着统一性,即在变成他者并不断变成他者的过程中的对象的统一性,它作为持续的别样性的基底一致性地保持为同一之物。而现在,我们假定一个统一的对象,无论是不变的还是变化的,它最初在原初经验的连续性中都"一致性地"保持自身,越来越好地"获得认识";但随后突然间与一切期待相反,现在变得可见的背面显现的是绿色而不是红色,是凹形或棱角形等等而不是正面所指示的球形。在随后发生的背面感知以前,在其活动进程中的感知对红的和球形之物具有意向的预示,即具有确定指向的指明。而代替在这个意义上被充实,因而被确认,它失实了:一般的意义范围保持下来并被充实,而只是在这个位置上,只是依据这些意向,才出现了一个"别样"、一个冲突,即在仍活跃着的意向与直观上新产生的意义内涵及其或多或少充满的意向之间的冲突。只要这种新的意义内涵嵌入旧的范围而重新建立起一致性,我们现在就再次有了一个连续的一致性的系统。但在局部系统中,我们已把它与一组意向相叠加,这组意向与叠加到它们上的意向存在一种失实关系。当我们看到绿色和凹形并且它们在相应的显现进程中始终被一致地保持后,整个感知意义(Wahrnehmungssinn)就改变了,不仅是当前的感知段的感知意义改变了,而且意义变化从当前的感知段回射到过去的感知及其所有以前的显现上。它们按此意义被重新释义为"绿色的"和"凹痕"。当然,这种重新释义并不通过明确的行为(Akten)进行,但如果我们主动地回溯,就必然会清楚明白地发现这种被改变了的释义(Deutung)。这是连续地被建立起来的一致性;但垫在这下面的是与它不协调的东西,而且本来就处于这个完全流逝了的系列中,只要旧的立义仍以回忆的方式被意识到。但它们在出现"绿色的"和"凹痕"的位置尤其活跃。在这里不仅产生了球形的与凹形的、红色的与绿色的这两种对立的规定的冲突现象(Phänomen),而且这种"既不是球形的也不是红色的"东西,这种空乏的红意向,由于被叠加的"绿色的",亦即由于被叠加的充满的绿色感知而"被注销了"、被否定了。因此,这个基底本身,这个物本身——它在原初的感知系列中,在其形态的相应位置上具有红色这种意义规定——在这方面被抹掉了并同时被重新释义了:它是"别样的"。

第6节 局部充实——由非期待的感觉素材产生的冲突——重新产生的一致性[①]

在上一讲,我们的研究已发生了一种新变化。[②] 从其意向成就出发,关于感知结构的研究使我们能深入洞察存在样式的本质及其在意向上被构造起来的方式。被感知对象在正常情况下是作为全然存在的东西、作为在场的现实性出现的。但"存在的"可能变成"有疑问的"或"可疑的",变成"可能的",变成"猜测的",然后还可能出现"不存在的";与此相对,是做了强调的"现实存在的""确实存在的"。相关地,亦即在意向活动方面,我们会说,在感知活动中存在一个信仰(Glauben)。有时我们在此还会谈及判断,亦即感知判断(Wahrnehmungsurteil)。在正常的感知情况下——通常全然由"感知"所意指的东西——即使对象确然性地作为存在着的对象被信仰,信仰也会变成怀疑(Zweifeln),变成"认之为可能",变成拒绝,而且可能重新变成肯定性的承认。在自穆勒(Mill)、布伦塔诺(Brentano)和西格瓦特(Sigwart)以来的、新近的逻辑学运动中,人们在判断理论的标题下所争执不下的,按其核

---

① 参见(附于第6—8节的)附录一:"对冲突现象的描述,不考虑执态"(第346页以下)。——编者注

② 新一讲的开头。——编者注

心的问题内涵,正是对于本质的现象学澄清、对于存在确然性(Sein-gewißheit)和存在样式之逻辑功能的现象学澄清。这里就像一切其他领域一样,只有现象学的方法摆明了纯粹的意识问题及其真正的意义。因此,问题在于理解,在意识所实行的每一个意义给予中,意识如何必然地赋予存在样式以意义,以及构造性意识的何种特性应对这种成就负责。这里,真正彻底的澄清的起源地是感知,而且由于后面明显的理由,超越的感知在这里具有优先权。即使支配着理论的逻辑的种属性的判断概念(Urteilsbegriff)在单纯的感知范围内根本不会出现,以上所述仍然有效;但这里恰恰出现了感知与判断并非由于偶然的原因而共同具有的样式。我们由此将能表明,信仰的样式必然参与一切意识。在这一点上,我们必须达到明晰性,以便在信仰和判断的问题上克服像布伦塔诺这样天才的学者所陷入的混乱;另一方面,以便能理解样式在逻辑学中的持续作用。这在此只是预先说明。

根据我们迄今为止的分析,每一个感知相位都表现为一个由现时的和潜在的期待意向(Erwartungsintentionen)所组成的射束系统。如果在正常的感知情况下,亦即在通常全然这样被称呼的感知中,在相位的连续进程中发生了一个连续的现时化的激起过程,那么就会发生期待的持续充实,在这里,充实总是切近规定。可是,我们现在还有失实的事件,它是期待的充实之可能的相反事件。但就此而言,在任何情况下都必须以某种程度的连贯的充实为前提,以便能使一个意向过程保持统一性。这在相关的方面意味着:某个意义的统一性在变易的显现的流逝中必须保持自身。只有这样,我们在体验及其显现的进程中才能拥有单个意识的持久性,拥有一个统一的、跨越所有相位的意向性(Intentionalität)。现在,如果在此过程中——其中,无论是一个不变的对象还是一个变化的对象被构造起来——发生的是失实而不是充实的话,那么会出现什么情况呢?因此,例如,我们看到一个匀质的红球,感知进程正好沿着某一段流逝,以至于这个立义已经得到了一致性的充实。但现在,在此进展中,看不见的背面的一部分逐渐显露出来,与意义上的原初的预示相反——在那里,原初预示的是"匀质的红色物,匀质的球状物"——期待失实了,产生了"别样"的意识:"不是红色的,而是绿色的,不是球形的,而是凹形的",这是它现在的意义。在连贯的充实过程中,一个总的意义范围贯彻始终,只有一部分预示性的意向——这恰恰属于相关的表面位置——动荡不定,而相应的意义部分获得了"不是这样,而是别样"的特征。在此,在仍然鲜活的意向与新创立的原本性中出现的意义内涵和信仰内涵(Glaubensgehalten)连同隶属于它们的视域之间产生了一个冲突。但不仅仅是冲突。这种在其切身性中被构造起来的新意义仿佛掀翻了对手。当它作为现在被要求的意义借其切身的充盈遮盖了对手——它只是空乏的前期待——时,它就压倒了对手。"绿色的"这种新意义在其原印象的充实力量中具有原始力量(Urkraft)的确然性,这种原始力量的确然性压倒了"是红色的"那种前期待的确然性。它现在作为被压倒了的确然性被意识到,它具有"无效的"特征。另一方面,这"绿色的"还嵌入以前的范围。这"是绿色和凹形"在原印象中出现,而只要我们恰恰停留在这一个层次上,事物的整个方面就从相关的面延续那个仍以滞留的方式被意识到的以前的显现系列,按照其意义在一致性的进程中延续。

第 7 节 回溯性地抹掉仍以滞留的方式被意识到的以前的预示，因此回溯性地抹掉以前总的感知立义[①]

然而，毋庸置疑，意义内涵中的某种双重化本质上属于所有现象的事况。就像未被期待的新东西和"别的东西"遮盖了"红色的和球形的"这种在迄今为止的感知进程中被预示的意义并使其失效一样，这也相应地反作用于整个迄今为止的系列。也就是说，感知意义不仅在瞬间的原印象的感知段中发生变化。意向相关项的变化以一种回溯性地抹掉的形式回射进滞留领域，改变其源于以前感知的意义成就（Sinnesleistung）。以前的统觉——它照准于前后一贯延续的"红色的"和匀质的"球形的"——将隐含地被重新解释为"绿色的"和"凹形的"。

本质上的原因在于，如果我们要使滞留的成分——亦即那种仍鲜活地被意识到但却完全变得模糊的显现系列——在一个明晰的再回忆中成为直观的，那么我们将以回忆的方式达到它们的整个视域。不仅包括在以前的期待结构和充实结构中的以前的预示，就像这以前的预示那时原初地被动机引发起来那样，而且包括笼罩其上的发生了相应变化的预示，这变化了的预示现在贯穿性地指向"绿色的"和"凹形的"。但这以某种方式将以前预示的冲突性要素标识为无效的。然而，只要这些意义要素只是一个统一的、

[①] 参见第 237 页及下页。——编者注

以稳固的统一性被组织起来的意义的要素,这整个显现系列的意义就会发生样式上的变化,同时是一个双重化了的意义。因为旧的意义仍被意识到,但却被涂上了,被相应的要素抹掉了。——因此,我们这里研究"别样"、"注销"(Aufhebung)、无效性或否定等现象原初看上去如何。我们看到,根本性的东西在于,一个新意义以抑制(Verdrängung)的方式叠加到一个业已被构造起来的意义上,就像相关地在意向活动的方向上形成了第二个立义或统觉一样,这第二个立义或统觉并非位于第一个立义或统觉旁边,而是覆盖它,与它相争执。信仰与信仰相争执,对某个意义内涵和直观样式(Anschauungsmodus)的信仰与对另一个在其直观样式中的内涵的信仰相争执。这里的争执在于一个饱满的原印象对一个预期性的意向、一个期待的独特的"注销",失实只是对此的另一种表达;确切地说,这是对一个内含的成分的注销,而其余的一致性的充实则继续进行。这个直接的被注销者——它是"不"这个特征的原始的(primär)承载者——是对象性要素"红色的"及其被预期的"存在着的",只有现在,作为其结果,事物自身作为被伪称的红色之基底在信仰中才被抹掉了:它不是作为纯红地存在着的"被意指的"事物而存在,实际上,这同一个事物在某个位置是绿色的。在素朴而正常的原初感知由于被抹掉而经受了变化后,我们重新获得一个与这种正常的感知相同的感知,只要随这种抹掉而发生的意义变化产生一个具有统一的和连续地一致的意义的感知,而在这个感知的进展中,我们看到意向的持续充实;每一个东西现在都与"绿色的"和"凹形的"的插入相协调。然而,毋庸置疑,只要旧的感知立义(Wahrnehmungsauffassung)的系统始终保持以滞留的方式被意识到,而它又部分地渗入了新的感知立义,我们就获得了一个区别。这个旧的感知立义仍被意识到,但却具有被注销了的特征。这个以前正常的意识意义以上述方式被注销,而新的意义落于其上。我们也可以说,旧的意义被宣布〈为〉无效的,而加给它另一个有效的意义。这只是新的充实性意义否定和替代预期意义的另一种表达。我们来做两点最重要的引申:首先,这里的这种在原初性(Ursprünglichkeit)中的否定本质上以正常的原初的对象构造(Gegenstandskonstitution)为前提,我们以前把这种对象构造描述为正常的感知。必须有对象构造,以便原初之物能被变异。否定是一种意识变异(Bewußtseinsmodifikation),它〈按〉其固有本质预告自身作为这样的东西来临。其次,一个感知对象的原初构造在意向中进行(在外感知的情况下是在统摄性的立义中进行),这些意向按其本质在任何时候都能因前摄的(protentionalen)期待信仰(Erwartungsglaubens)的失实而呈现某种变异(Modifikation),这种变异与这里本质上发生的对抗性意向的叠加同时发生。但这是这样发生的,以至于某个意向不仅以某种方式遭遇与之对抗的意向,而且是以特殊的方式遭遇到的,即这样,它恰恰借此而改变了其整个意向成就。举我们这里的例子,具体说来:这个逆着"红色的"意向出现的绿色丝毫不改变"红色的"意向,因为它作为"红色的"意向仍继续被意识到。现在产生了某个"被注销了的"〈意向〉、"无效的"〈意向〉这种意识特征,而红色因此获得了"无效的"样态特征。与此相对,新的被感知物,亦即使意向失实者则获得了"有效的"特征。同样,我们可以说:在这样的对照中,任何一个正常的感知——任何一个在其中尚未发生像失实这种或类似的事件(Vorkommnis

33

的感知——都具有一种有效性意识(Geltungsbewußtseins)的特征。但是,如果我们在意义内涵方面将这种未变化的意识与那种由于被注销而变化了的意识相对照的话,那么我们就会看到,意向虽然已经改变了,但对象的意义本身仍保持同一。在被注销后,对象的意义仍保持为同一个意义,只是作为被注销了的意义而已。因此,意义内涵与它的存在样式区分开来:一方面,它具有素朴的、毫无争议的一致性样式;另一方面,它具有被质疑和注销的样式。

第二章　怀疑样式

第 8 节　具有相同原素成分的两个被叠置在一起的感知立义的冲突[①]

现在我们来考察另一种属此种类的可能的事件,它呈现了向否定性的注销过渡的样式,但也能作为一种绵延状态出现。我指的是怀疑现象,但无论是在否定还是在肯定的形式中,怀疑都能消除。前者有点像我们以前曾经使用过的、意识上被揭穿了的幻觉的例子:这个最初被当成人的东西变得可疑起来,并且最终被证明只是一个蜡模特。但或者相反,怀疑在肯定的形式中消除:真的,这确实是一个人。在怀疑——究竟是真人还是模特——期间,明显搭叠着两个感知立义。其中的一个存在于我们从其开始的正常进行的感知中,我们一度在那里一致而无争议地看到一个人,就像周围环境中的其他事物一样。这是正常的意向,部分被充实,部分未被充实,它在感知过程的连续序列中正常地被充实着,而没有任何冲突和断裂。继而发生的不是一个明确失实形式的截然的断裂,亦即不是以

[①] 参见(附于第 8—11 节的)附录二:"感知和再回忆中的意义与存在样式"(第 350 页以下)。——编者注

这种方式：一个具有正常意向类型(Typus)的感知显现与一个已被引发起来的期待成分相争执，并且借其充盈注销性地遮盖和取消它。毋宁说，我们在当前的例子中获得了这种事况，真正的显现（除了原初的空乏视域和原初的预示）的这整个具体的内涵一下子获得了搭叠其上的第二个内涵：视觉上的显现，亦即充满色彩的空间形态事先具有一个立义意向(Auffassungsintentionen)的晕，正是这个晕赋予了"人的身体"和"人本身"以意义。而且现在"着装的蜡模特"这个意义被搭叠其上。实际被看到的东西丝毫未变，双方甚至还有更多的共同点，被统摄的衣服、头发等等对双方是共同的，但一次是血肉之躯，另一次则是蜡体。如果我们回溯到最终的结构的话，那么我们对此也可以说，同一个原素素材的成分是两个被叠置的立义的共同基础。两个立义在怀疑期间都未被注销，它们在此处于相互争执中，每一个在某种程度上都具有自身的力量，每一个都通过直到当下为止的感知处境及其意向内涵被动机引发起来，仿佛是被要求的似的。① 但要求与要求相对立，一个质疑另一个，而且同样遭受另一个的伤害。在怀疑中存在一个悬而未决的争执。因为空乏视域只有与那个共同的、真正直观的核一起才能构造起对象性，因此，我们据此而有原初正常的感知——它只在一致性中构造起一个意义——的双重性分岔，在某种程度上可以说分岔成一个双重的感知。由于共同的核内涵(Kerngehalt)，我们具有两

---

① 选择这个表述不是没有根据的。它表明，一切立义都以趋向为内容，都在其关联域中被动机引发起来，而且它们在这种动机引发中都有自身的"力"；参见〈第〉42页，在那里，第一次为了怀疑之故而引入信仰倾向。相关地，我们将不得不谈论倾向(inclinatio ex)。

个相互渗透的感知。但实际上,这种说法仍不恰当。因为它们的冲突还意味着某种相互抑制;如果这一个立义独占了这个共同的直观的核,如果它被现时化了,那么我们大概看到的是一个人。但这朝向模特的第二个立义并未归于无,它被压下去了,失效了。于是,例如,模特这个立义凸显出来,因此,我们现在看到的是模特;但现在,人这个立义失效了,被压下去了。但这不仅对瞬间的感知处境有效,对现在相位有效。在这里,我们毕竟还看到,冲突对于那种流逝了的体验的本质的反作用,在这种流逝了的体验中我们甚至还看到,单义的意识分裂成一个多义的意识;也就是说,这种裂变及其统摄性的搭叠(Überschiebung)延伸进滞留的意识。如果我们对发生在怀疑之前的感知段实行明确的当下化的话,那么它现在不再像通常的回忆那样处于其单义性中,而是已经呈现相同的双重化,对模特的统觉始终叠置在对人的统觉上。但同样重要的,甚至最最重要的是,这种双重化实际上不是感知的双重化,尽管双方都存在着感知的基本特征,即切身性意识(Leibhaftigkeitsbewußtsein)。如果对人的统觉突变成对模特的统觉的话,那么第一次处于切身性中的是人,而第二次则是一个模特。但事实上,二者的境况都不像人在开始怀疑前所处的境况。显然,意识样式(Bewußtseinsmodus)改变了,尽管对象的意义及其显现方式一如既往地具有切身性的样式。事实上,我们尚未以应有的方式考虑那种本质上已改变了的信仰样式(Glaubensmodus)或存在样式(Seinsmodus)。这种切身的显现者被意识到的方式是一种不同的方式。它并非全然在此地被意识到,就像正常的单义的感知,亦即一致性地进行的感知那样,它现在作为可疑的、有问题的、有争议的东西被意识到:它被另一个切身的被给予物所质疑,亦即被另一个与它相冲突并贯穿它的〈立义〉的切身被给予之物所质疑。对此,我们还可以这样来表达:这种切身地(原本地)意识到其对象的意识不仅具有切身性的样式,这种切身性的样式将它与当下化的意识和空乏意识——它们不是切身性地意识到同一个意义——区别开来,而且它还具有一种可变的存在样式或有效性样式(Geltungsmodus)。原初的正常感知具有"全然有效地存在的"原样式(Urmodus),它是那种全然素朴的确然性。显现着的对象处于未受质疑的和未被削弱的确然性中。这种未受质疑之物指明了可能的质疑甚或破裂,指明了我们现在刚好所描述的东西,而且在裂变过程中,某种有效性样式的变化随其一同发生。在怀疑中,这两个彼此争执的切身性都具有相同的有效性样式:"可疑的",而每一个可疑之物都恰恰由于另一个而是一个有争议和受质疑之物。

在此,我们已认识到,这种就作为切身性意识的感知而言所揭示的东西必然被转用于回忆。因为借助这种回射进滞留,因而回射进展显性的(explizierende)再回忆,变式(Modalisierung)就在回忆中发生了。当然,我们对此只注意到这现在仍延续着的切身当下之物的过去段。正常的回忆由于是对一个正常感知的再造(Reproduktion),因而这种被再造之物被意识为确然存在着的而处于确然性之正常的有效性样式中,而通过那种回射而具有分裂性的回忆则呈现出"可疑的"这种变化了的有效性样式;可疑的,即究竟是这样还是那样,是人还是模特。①

---

① 关于怀疑处境的描述性本质的补充,参见第42页。

第9节　通过过渡到已确认了的确然性或否定而对怀疑的裁定

怀疑本质上包含裁定（Entscheidung）或消解的可能性,有可能还包含主动的（aktive）〈裁定或消解〉的可能性;相比之下,怀疑本身则意味着未裁定性（Unentschiedenheit）,即对于未裁定的意识的意识。在感知领域中,裁定必然以这种形式（作为最原初的裁定形式）进行:在进展到新的显现的过程中（例如,在相应的诸动感进程的自由组织过程中）,一个合适的期待性的充盈被嵌入那些相互争执的空乏视域的某一个之中。在既定的意向状态中,发生了变化的感觉素材或完全新出现的感觉素材要求立义,这些立义补充了那些一直未受质疑的意向的复合体,以至于争执的源头被堵塞了,而且特别动机引发怀疑的东西由于一个原印象的力量而被取消了。经由原印象的充实是压倒一切的力量。我们走近它,用手触摸并抓住它,这个刚才还是有疑问的关于蜡的意向就获得了优先的确然性。它通过一致性地过渡到新的显现获得这种优先的确然性,这些新的显现按其未充实的视域与关于人的立义不相协调,它通过其充实性的切身性冲力而否定了关于人的立义。因此,对于这一方面的否定,确切地说,对于这个继续主导着原初感知而变式为有疑问的关于人的立义的否定,在这种裁定中发生了。在相反的情况下,发生的是对它的肯定,或者这么说也一样,发生的是对原初的但后来却变得有疑问的感知的确认。于是,切身的显现者获得了"的确是真实

37

的"这种样态的有效性特征。因此,就像反对一样,确认性的赞同也以某种方式而是某种有效性的一种变式,而与那种完全原初的、完全未变的样式——感知对象的素朴的构造就在这种样式中以单义而无争执的方式进行——相对。但我说:以某种方式。因为"变式"这个措辞在此表明了一种歧义性。在某个场合,所指的可能是那种与原初的确然性,也可以说素朴的确然性相对的有效性样式的任何一种变化,这种原初的或素朴的确然性没有被裂变,亦即被怀疑所破坏;而在另一个场合,所指的则可能是确然性之有效性样式的一种变化,它由此而不再是确然性。原样式是确然性,但却是最素朴的形式的确然性。一旦肯定性的裁定透过怀疑而出现,我们就有了确然性的重建;结果被证明"实际上"是真实的某种东西,对我重新变得确然。这种透过怀疑而向裁定的通达恰恰赋予意识以裁定性的意识的特征,并赋予其意向相关项的意义以相应的特征,这表现在"是的""实际上""确实如此"以及诸如此类的习语中。这里就像任何地方一样,显然并且愈益明显的是,它在转变和变化中所经历的一切,在变化后仍作为其"历史"(Geschichte)积淀在它自身中,这在某种程度上可以说是意识的命运。因为意识在本质上是关于某物的意识,是一种意义给予,而这意味着,每一个这样的变化都显示在意义上,而且即使在同一个对象意义,甚而在同一种显现方式的情况下,它也作为一种样式、一种变化表现在意义上。如果我们考虑这整个分裂的意识,那么在其中被统一地构造起来的,是怀疑中的选言项"A 或 B"、否定中的"不是 A 而是 B",此外还有肯定中的"不是非 A 而仍是 A"。因此,素朴的"存在着的"这种对象性意义就转变成"有疑问地存在着的",或者,在此这么说也一样,转变成"成问题地存在着的",继而可能借助裁定而转变成"不存在的"或转变成"仍存在的"。一般而言,在现象学的考察——其目的当然在于达到对意识和意识成就的最终理解——中,我们必须时时刻刻将目光指向这两个方面,指向意向活动的方面(即体验的方面),指向意向相关项的方面(即意识生活中被意识到的东西的方面,意义和它的极其多样的样式的方面)。这就是当前的问题域。在目光指向意识和实行它的自我的过程中,我们发现——已为存在和存在样式所引导——素朴的感知确然性(Wahrnehmungsgewißheit)的原初样式,或者说——如果你愿意——素朴的感知信仰,然后是变样了的诸样式、怀疑性的非确然状态、作为否定性裁定的否定(Negieren)。否定性裁定注销了某种确然性,即以一种肯定的反确然性(Gegengewißheit)的形式取消了它。此外还有肯定、再度的确信,但这是在确认性的裁定的形式中的确然性。我们在这里还讨论承认,就像在相反的情况下讨论否决一样。在此,我们看到,承认是某种有别于素朴的确然性的东西,与素朴的确然性不同,它以透过作为怀疑、疑问(Fragen)的非确然状态为前提。在此,顺便说一下,在疑问这个措辞中,我们不考虑那种参与规定疑问意义的、对裁定的愿望意向(Wunschintention)。在这里,这种愿望意向对我们无关紧要,而且在逻辑上是非本质性的。

最后,我还要提一下几个重要的平行表述:对各种确然状态的"认之为真",对任何"否决"的"认之为假"。相关地,在意义方面,我们固定地使用"确然存在的""不存在的"等表述,而且按照刚才的措辞,我们也把"真的"这个表述特别作为"的确是真实的"的表述,而把"假的"这个表述作为"不存在的"的表述。我们要记住,真和假这两个概念在此是对那些已被标明了的存在样式的表述。事实上,所有关于这些概念的起源分析都必须从这些关节点开始。我说"开始",因为这些概念还要发展,直至其完全的真理概念,这里尚未点明这一点。

第三章 可能性样式

第10节 开放的可能性作为意向预示的不确定性范围

我们还得讨论可能性和或然性(Wahrscheinlichkeit)这组重要的变式,它们完全处于非确然性(Ungewißheit)的范围内。在那里,我们不仅把非确然性理解为确然性的缺失,这当然包括否定的情况,而且非确然性样式〈指的是〉那些不包含裁定的样式。无论在哪里,意识一旦丧失确然性的样式而转变成非确然性,也都会谈及可能性。但还不止于此。因为我们在这个领域内碰到好几种不同的可能性概念。我们首先就如下关联来探讨开放的可能性概念:在一个感知的统摄性视域中在意向上被预示的东西,不是可能的而是确然的,然而无论何时,在这样的预示中都包含着各种可能性,甚至是全部的可能性。正如我们所知,对看不见的各个面的预示——它在对某个事物的感知中从正面被给予——是一种不确定的、一般的预示。这种一般性是空乏的前指性意识在意向活动方面的特征,相关地,它是被预示物的意义特征。因此,例如,当事物对我们仍是未知的而我们并未曾从其他的〈面〉看过它时，这个事物的背面颜色并不作为一种完全确定的颜色被预示出来；但"某种颜色"却被预示出来了。但也许还不止于此。如果正面的样式被给予了，那么我们会期待背面也是一以贯之的样式，如果一种均匀的颜色有各色斑点，那么我们也许会期待背面也有各色斑点，等等。但那里还剩有不确定性。现在，前指——就像正常感知中的所有其他意向那样——具有素朴的确然性样式，但它恰恰根据其所意识到的东西而具有这种样式，而且是以它借助意义而意识到某物的方式具有这种样式。因此，确然的是某种颜色一般，或者说，某种"杂有斑点的颜色一般"，等等，亦即不确定的一般性。

　　让我们来考虑这有什么后果。在这里，使用一般性这个措辞只是一种权宜之计，即指示现象本身的间接描述。因为在这里没有考虑逻辑概念，没有考虑等级化的或普遍化的一般性，而是只考虑感知的这种前意指（Vormeinung）在感知中以其不确定性的意识样式被给予的方式。这种前意指在当下化形态中的可展显性属于一切空乏意向的一般本质，因而也属于这样一种不确定的前示的一般本质。我们能自由地——例如，以这样一种方式，即我们想象我们绕过对象——对看不见之物形成直观化的当下化。如果我们形成了这种直观化的当下化，那么带有完全确定颜色的直观就产生了。但是，我们显然能在这种不确定性范围内自由地变更这些颜色。这意味着什么呢？如果我们纯然盯着单纯的直观化，亦即盯着感知经由当下化的感知序列而获得的一种准-充实（Quasi-Erfüllung）的话，那么虽然一个具体直观总会带有确定的颜色，但这种确定的颜色并未被预先规定，也没有这样被要求：被当下化之物作为确然之物站在那里,更确切地说是作为背面站在那里,但它恰恰处于一种不确定性意识中,这种不确定性意识没有指示这种确定的颜色,后者偶然出现在那里。如果其他的直观随其他的颜色出现,那么确然性将同样少地涉及这些颜色,因为它们之中没有什么是预先确定的,没有什么是被要求的。让我们对照这种情况:在现实的感知进展中的现实的充实的情况下,那种充实着不确定的预示的颜色显现在自己自身中作为确然性被构造起来。在此情况下确实产生了规定性的特殊化,因而实现了知识的增长。这个新出现的感知段通过其确然性内涵使那个预示性的不确定的一般(Allgemeine)处于切近规定的具体性(Konkretion)中。这种具体性为感知确然性的统一性所包围,它统一地充实着预示和前期待。充实同时也是知识的增长(被规定了的有斑点之物)。但是,在例示性的当下化那里,情况却不是这样,即任何其他颜色都能同样好地服务于刚才显现的颜色。只有在它保持其在色泽上的不确定性样式——尽管在它之中出现了确定的色泽——的范围内,当下化才具有确然性样式(Gewißheitsmodus)。只有以此方式,它才区别于一种确定的回忆,就像我们在对背面进行了现实的感知后重新将其当下化时会具有的回忆。因此显而易见的是,任何先于现实的获知的、单纯的直观化的当下化,就其准-确定性的(quasi-bestimmend)内容而言,都必然具有一种被变式了的确然性特征。但这种非确然性具有的优点是,在其中偶然被给予的颜色恰恰是一种偶然的颜色,因为在其中不可能出现随便什么东西,而是能出现任何其他的颜色。换句话说,一般的不确定性具有一种自由可变更性(Variabilität)的范围;落入其中的东西,以同样的方式隐含地一同被包括在其中,却没有实际地被动机引发起来,没有实际地被预示出来。它是切近规定的开放范围内的一个环节,这些切近规定可填入这个范围,而超出这个范围则完全不确然了。这构成开放的可能性的概念。

第11节 诉求性的可能性作为怀疑的信仰倾向[①]

动机引发实际预示性地所表明的,但却是以非确然性的样式所表明的东西,还可以通过一种对照〈得到〉明确的证实,在这种对照中,我们会认识到另一种可能性。让我们回顾一下怀疑现象。在所有怀疑那里,我们也谈信仰倾向(Glaubensneigung)。在被看到的正面所出现的东西连同附属的立义意义(Auffassungssinn)可能为背面预示了确定之物,但却没有明确地预示,而是含糊地预示。例如,当我们不确定我们所看到的东西是一个完整的事物还是一个侧面时。存在一种意识上的冲突,这里的冲突是在空乏的前示中发生的,而不像我们所举的模特——人的例子那样。在那里,争执可能具有一种静态的悬而未决的状态的形式。但一旦自我朝向那里,甚而实行当下化的直观的话,争执就转变成了一种摆动性的对立,变成了一种怀疑性的摇摆。结果产生了对每一个面的信仰倾向。也就是说,当自我首先单独使朝向这一面的动机引发现时化时,它经验到朝向那里的一致性要求。当它仅仅专注于这些

[①] 参见附录三:"可能性本身的明见性与样态上的无穷变样"(第354页以下)。——编者注

动机引发而似乎使那些另一个面的支持者不再起作用时，它经验到一种吸引力，经验到一种确然地朝向的倾向。但在那些对立意向的现时化中，情况也是一样。因此，感知之正常的自我行为（Ichakt）变式为那些我们所谓的信仰诉求（Glaubensanmutungen）行为。从对象的意义方面看，亦即从被意识到的对象来看，我们在这里也谈存在诉求（Seinsanmutung）。这表明，触发（Affektion）起于对象，对象的意义就像自我的敌对方一样向自我提出存在诉求。意义本身具有要求存在的倾向。

现在，我们同样把这种诉求者（不考虑其与自我的关系）称为可能的，但它确定了一个根本不同于刚才所描述的那种开放的可能性的可能性概念。正是通过对照，二者的区别才充分显明。

第 12 节　开放的可能性与诉求性的可能性之对照

开放的可能性原则上不带有倾向。它并不提出存在诉求，没有什么东西支持它，没有要求向它提出，即使有一个要求，也被相反的要求制止。因此，这里根本谈不上诉求性（Anmutlichkeit）。让我们把这些新的可能性称为成问题的（problematisch）可能性，用德语说就是可疑的（fraglich）的可能性。因为这种产生于怀疑的、对那些诉求性的怀疑环节之一所做的裁定意向被称为可疑的意向。只有在诉求（Anmutungen）与相反的诉求处于对立面的地方，亦即有某物支持和反对它们时，才谈得上可疑性（Fraglichkeit）。但对这种可能性的最直接的表达是诉求性的可能性。这一点是完全清楚的,它标明了一种与开放的可能性完全不同的变式,因为变式性的意识在两边具有根本不同的起源(Ursprung)。开放的可能性也可以被标识为确然性的一种变式。但这种变式在于：一个本身具有确然性样式的不确定的一般意向,就一切可想象的特殊化而言,在自身中以某种方式隐含地包含着其确然性的减弱。也就是说,如果一个有斑点的色彩在不确定的一般性中要求具有确然性的话,那么就"某种"色彩恰恰被要求具有"某种"构形的斑点而言,这种[要求的]满足是受限制的,而且这种类型的每一种特殊性都以同样的方式满足这种要求。特殊性满足要求,因此,某种属于要求的东西也属于它。但是,不仅每一种特殊性都满足相同的要求,而且这种要求是一种隐含的要求,只要每一种偶然出现的特殊化本质上都按照不确定的一般性要求而被意识到：按照它而一同被要求。然而,正如业已表明的那样,没有什么现实的、恰恰指向这种特殊化的要求射束(Forderungsstrahl),而且从一开始并且现时地指向它,无论是一种减弱了的要求射束还是一种完全解除了限制的要求射束。

44　　在诉求那里,情况完全不同,每一个诉求的特殊性都被意指。

现在,这一点也同样清楚,我们已经从直接—素朴的确然性的原样式出发,以这样一种方式规定了一个完整的而且被精确地界定了范围的样式组：它们由于争执,亦即由于一种直接而确然的原初要求与相反要求的争执而是变式。属于这一范围的是成问题的意识及其成问题的可能性。因此,我们从根本上把这些源于冲突的诸样式与开放的特殊化的样式区别开来。

于是,我们应进一步阐明这些成问题的可能性,它们出现并且只能以一种具有不同侧重的形式出现。诉求者具有或多或少的诉求性,而且这也在所有可能发生的、各种各样成问题的可能性的对照中有效,这些可能性属于同一个冲突,而且通过这个冲突而综合地联结起来。这个冲突,这个在相互阻碍中的意识的分裂,毕竟产生了一种统一性。在意向相关项方面,它是对立面的统一性,是通过这个冲突而彼此联结起来的可能性的统一性。

第 13 节 在与诉求性的可能性和开放的可能性的对照中的确然性诸样式本身

　　现在,并非无关紧要的是,去考察一组特有的确然性样式,这些确然性样式具有这种特征,即确然性仍保持为确然性。〈这是〉在确然性之"纯粹性"或"完全性"方面的区别。

　　让我们考虑下面的情况:我相信,事情是这样的;我不怀疑;我没有犹豫不决;我坚定地设定(Setzung):"事情是这样的。"但事情仍可能是:在我完全确信的同时,亦即"有把握的"同时,仍有一些东西反对这个如在(Sosein);一个别样的存在(或好几个这样的别样的存在)作为诉求性的可能性站在我面前。

　　这样一些相反的诉求、相反的可能性可以具有不同的分量,它们施加一个或强或弱的拉力,但它们没有支配我。在信仰上支配我的恰恰是这样一种可能性,我裁定了它,也有可能我在整个怀疑过程中已事先裁定了它。

　　我们还看到,"确信"(Überzeugung)概念属于此列。不同的证人表达和提出他们的证明,这些证明具有不同的分量。我考量并裁定一个证人及其证明。我拒绝其他证明。其他证明的分量虽然在这里实际上变成了零,也就是说,它们丧失了任何分量,事实上,它们没有分量。但是,事情必定还会是这样:它们虽然保持了某种分量(这种分量表明它们并不是完全虚假的),但这个证明具有这样一种"超重分量",即我裁定它,同时,不承认其他分量"有效",不"采用"它们并在这个意义上拒绝它们。我站在这个证明一方或表态支持这个证明,而反对其他的证明。

但我也可能觉察到这些分量的不同量值,而没有裁定其中的某一个诉求性。我搁置它,就像搁置其他的诉求性那样。我也可能等待"客观的裁定性的"经验的到来,我抑制某种执态(Stellungnahme),等待某种经验,这种经验把这其中的一种可能性摆明为"不容置疑的"现实性,即摆明为这样一种现实性,它否定性地取消了任何其他的"可能性",因而剥夺了它们的分量。在这个意义上,我们可以把这组确然性样式标识为确信的样式。

因此,不纯粹的(或不完全的)确然性样式是这样一些确然性样式,它们与诉求性领域的王国有关。让我们以现象学的方式建立这种不纯粹的确然性,而且是在感知的起源领域(Ursprungsfeld)内建立这种不纯粹的确然性。于是,更细微的区别显示出来。

我把某种东西作为可能性来诉求,有某种东西支持这种可能性;但这里存在着其他相反的可能性,确切地说,还有这种或那种东西"反对"这种可能性。或者,只有一种可能性"被意识到",例如,阴霾的天空和闷热一起表明了雷雨,但不是"有把握的"。[①] 它

[①] "被意识到"在此意味着什么?已凸显出来。其他的可能性或完全不确定的其他可能性"没有被意识到",没有被唤起,而是仍受到抑制。

以这种方式被诉求，而且是在不同的、随情况而不断变化的等级性中被诉求。

这里的情况可能是：a) 我在这个诉求中意识到这种可能性，仅此而已。我"坚持不受它支配"。b) 我倾向于裁定这种可能性，我似乎随它走了一段，被它裹挟着，准备顺从它的拉力。只要诉求本身表明是对自我的一个触发，它在自我方面相应于一个被吸引状态，那么在诉求本身中就存在着"倾向"。但这在现象学上还是一个新东西：我"乐意"被吸引，应该顺从它。然而，在这里，"顺从"可能被相反的倾向阻止，或者根本不"起作用"。c) 这种"起作用"表明，我可能完全毫无阻碍地顺从这个倾向，我站在它的立场上，我最终"裁定"这种可能性。我相信，即我"主观地确信"，会有一场雷雨，而拿上斗篷和雨伞。于是，我们能够在一种确切的意义上谈论揣测（Vermutung），或〈谈论〉揣测性的确然性。这大概就像我们在证词的争执中相信某个证人那样，即使相反的证词并没有完全被证明是虚假的，而仍有某种分量，但却是我们不再赞同的证词。不仅由于所受偏爱之诉求的这个证明更强有力：我们在主观的确然性中以共同信仰的方式（mitglaubend）赋予它有效性（Geltung），而对于其他那些相反诉求的证明来说，这种内部的赞同意味着一种反对！它们对我们无效：对我们来说是"主观的"。就其自身而言，亦即就其本己的现象学特征而言，这种揣测性的确然性被标识为不纯粹的确然性。虽然裁定已被做出，但它在某种程度上被相反的可能性从内部给耗损了、削弱了。这些相反的可能性的分量仍在那里并且仍产生着影响，只是我们不给予它们有效性罢了。这赋予揣测确然性（Vermutungsgewißheit）以一种内部特征,这种内部特征把它与纯粹的确然性明确地区别开来。显然,这种不纯粹性、这种浑浊具有其等级性。

但在这里我们还必须注意另一种区别。在谈论"有某种东西支持一种或几种可能性"时,就存在一种多义性,这种多义性为我们指明不同的现象学关联。

1) 一个诉求与一种可能性的活动空间有关,而且这些可能性不只是想象的可能性,只要它们全部都有某种东西"支持"。

2) 但这只表明,它们是"活动空间",而从这些"活动空间"中标明了具有确定指向的期待,这些期待彼此阻碍或不受彼此阻碍,(这个确定的"指号"[Anzeichen])标明了各种各样的东西,而且这是我们在更确切地谈论可能性——这些可能性有某种东西支持——时所想到的东西。我们牢记这个概念。

无论我们在何处拥有与开放的可能性的活动空间有关的确然性,我们说的都是"经验性的(empirisch)、原始的(primitiv)确然性"——一切外感知都属于此。在一般性预示的确然性之内的每一瞬间,每一个确然性都带有一个由各种特殊化构成的活动空间,而在其特性方面没有什么东西支持它。我们也可以说:同一个东西支持一个活动空间中的一切开放的可能性,它们每一个都同样是可能的。原因在于:没有什么东西支持这一种可能性而反对另一种可能性。

a) 确然性是一种纯粹的确然性,其中只有唯一一种可能性是突出的,只有它"有某种东西支持",而且它没有任何单纯的诉求性的特征。它是一种完全的确然性,恰恰是在没有"相反的动机"这样一种纯粹性的意义上是完全的。一锤定音!

b)确然性是一种不纯的确然性。

但与内在领域相比,以及与内在的当下中被给予物之明见的不可抹掉性(Undurchstreichbarkeit)相比,现在还凸显出另外一组对立,亦即在那些经验性的—原始的确然性与绝对的确然性之间的对立:

α)那些经验性的—原始的确然性,它们恰恰带有由各种不同的可能性构成的活动空间,尽管没有什么东西实际地支持这些可能性(除了已被裁定的可能性以外)。在此,不排除不存在(Nichtsein),不存在是可能的,只是没有被动机引发起来。

β)绝对的确然性,它们的不存在被排除了,或者正相反——如果我们愿意这么说的话——它们的不存在是绝对确然的。在这里,没有任何开放的相反可能性,没有任何活动空间。

但现在这里还有这样一个问题:如何把我们业已表明的东西与明见性(Evidenz)的诸样式联系起来。

我能够拥有在明见性中被给予的活动空间,即"各种现实的可能性",就像在经验中那样。另一方面,我能够绝然地(apodiktisch)排除各种相反的可能性,排除可想象的别样存在(Anderssein)。裁定据此而得到"评价"(经验性的确然性——绝然的确然性)。但是,我也能够意识到空乏地被意指的可能性和相反的可能性,而没有这样的明见的被给予性。而且我做出裁定,我站在某种可能性的立场上,有某种东西臆想性地支持它,等等。

因此,这是一个独特的论题,而且产生了独特的区别。

我们已经熟悉了确然性的诸样式,即全然的信仰的诸样式。另一方面,确然性能够"被变式",而这意味着根本不再是确然性:

也许变成诉求状态（Angemutet-sein），也许再变成倾向状态（Geneigt-sein），这种倾向状态随诉求而来，仍未做出裁定。于是，这恰恰不会是裁定状态（Entschieden-sein），不会是确然性，而是确然性的一个变式。同样，怀疑，作为相信这一个或另一个的摇摆不定的倾向中的分裂状态，而且在这种分裂性中重又相信这一个或另一个，继续谋求获得一个裁定，寻求一种确然性。而悬疑也是这样，尽管确然性被加了括号、不起作用了，等等。更明确地说，在确然性一般之下，亦即在全然的信仰一般之下，我们有各种不同的特殊化，有各种不同的确然性样式：经验性的确然性和绝然的确然性——在经验性的确然性之内重又存在着区别，确切地说是行为区别，在经验性的确然性和确然性一般之内，也可能在怀疑中，各种行为可能会作为确然性样式的各种变样出现——但始终是确然性！我们已经知道，不纯粹的确然性是对一个诉求的某种程度的裁定，但还有一种仍处于非确然性中的裁定。

让我们来考察怀疑和疑问。怀疑是一种分裂的或多重分裂的信念性（doxische）态度，是在不同的可能性——更确切地说，作为诉求性的可能性——之间判断性意指（Meinen）的一种摇摆不定，而且在那里，判断性的意指恰恰不是现实的判断，不是确然性拥有（Gewißheit-haben），而是"成问题的判断"。我不确信：是 A，有某物支持 A；但我倾向于相信：是 A，有某物支持 A。而且我"愿意"做如此判断。这种"我倾向于"，我们看到，首先可能与"对此有某物支持"具有同等程度的意味。因此，这一个和另一个可以被看作一种纯粹相关性的表述。另一方面，我们把倾向状态与它区别开来，这种倾向状态在某种程度上是一种内部的顺从、一种对此的裁定,但又没有最终的裁定性(Entschiedenheit)。对此,我应该顺从这个支持,但这时一个内部的"反对",亦即一个不亚于这个支持力度的、相信另一个的倾向阻止我。裁定被阻止了。我能够阻止这个倾向,并且我能够意识到诉求性,而未从内部着手裁定,没有"顺从"拉力,也许只有这样才能抑制和阻止自己。

怀疑是裁定状态中的一种摇摆不定,那里的每一个环节都是那种未裁定性,这种未裁定性仍是裁定的一种样式。但情况也可能是,对那个最有分量的、最强有力的触发性的、成问题的可能性的裁定发生了,但不是一个确然性的裁定,而是诉求的某种裁定样式。于是,我们获得了揣测[这种样式],亦即"认之为或然"。

如果几个成问题的可能性既分离而又统一的话,那么我们就有了一个关于各个成问题的选言肢的意识,即这种意识:"是 A 还是 B 这一点是'可疑的'",当然,这不是在确切词义上的疑问。

疑问是那种从怀疑态度中产生的,亦即在其中被动机引发起来的对某个裁定的追求(Streben)。或者说从一个受阻碍的裁定、从一个未完成的裁定中〈被〉动机引发起来的达到一种确然性的追求。但是,甚至连倾向不也是这样一种追求吗?例如,当我们对一个诉求(Anmutlichen)具有一个单肢的倾向时?"这是这样的吗?"这个问题是一种克服阻碍而获得相应裁定性的确然性的追求吗?在真正意义的疑问,亦即多重分裂的疑问的情况下,那种裁定怀疑、克服这里或那里的阻碍而达到一种确然性的追求性意向呢?对于"是 A"的确然性于是消除了所有的相反倾向。而且不仅仅是这样:它消除了对于 A 的倾向,因为它正是通过向确然性的完成而变成了确然性,它的阻碍消失了。它还抹掉了诸相反的倾向,因为这些相反的倾向不可能也转变成确然性。裁定 A 意味着否决 B、C……的确然性。

无论如何,现在既标识怀疑也标识疑问的特征的是:我事先不确信这里的什么东西处于确然性之中。而且情况不是这样:我只是使这种确然性不起作用。

于是,一个具有不同的基础的问题是,在哪里我已在内心做出了裁定,例如是 A;而在哪里,我对"是 A 还是 B"等存疑(因此没有处于这种境况:想要裁定我处身其中的一个怀疑)。但我如何达到这种境况呢?这有何种意义呢?

确然性可能是一种不完全的、不纯粹的确然性,而我寻求一种更完全的、完全纯粹的确然性。

在上一讲[①],我们已就超越的感知确然性类型的确然性将不纯粹、在此意义上是不完全的确然性与完全的或纯粹的确然性区分开来。让我们更切近一点考量正在讨论的确然性的诸变样。

不纯的是这样一种确然性,只要它具有一种裁定的样式,更确切地说具有对一个诉求性的主观上确信的裁定;而与此同时,这里恰恰还存在着诸相反的诉求,这些相反的诉求尽管有其分量,但自我反对它们,不承认它们,纵然它们借其分量而"要求"有效性。当然,这种要求在此是出于这种分量本身,也就是说,由于这种触发(affektive)力:它施加诉求于主动的自我上。至于触发力是说:一种对自我实行的趋向,它的反作用是自我的一种回应性的活动。也就是说,自我顺从这个触发,换句话说,它"被动机引发起来",与

---

① 新一讲的开头。——编者注

此同时,它实行了一种应和性的执态,它主动地并且是以主观确然性的方式裁定诉求。——在这些相反的诉求完全丧失其分量的地方,因而在它们于经验的进展中作为绝对的无效性被完全抹掉的地方,一种"纯粹的"确然性出现了。在那里,"有什么在这里"从实事(Sache)方面得到裁定,亦即从自身方面得到裁定,而且当其裁定时,自我顺从实事性的裁定。不需要偏袒,不需要主动地站在其中的一种可能性的基础上。其他可能性中的任何一种,作为一个执态之可能的基础,都被从自我那里褫夺,而这个唯一的基础作为一种实事性的确然性的基础自动地存在着,自我觉察到自己立基于其上,而且只是主观地在那里确立自身。有一个更简单的情况,在那里远远不再能谈论一个裁定,因为从一开始就缺乏诸相反的诉求,替代它们的是各种开放的可能性。外部经验中的情况是这样:在注视铁匠时,我期待,抡起的铁锤落下而铁器弯曲了;在看见玻璃杯落下时,我期待,它碰到地面并且打碎了,等等。——这里存在相反的可能性:这时可能会出现一个出人意料的侧面作用力,由于一个意外的侧碰,使得玻璃杯可能不是落在石板地面上而是落在近旁的草垫上,等等。在这里,每一个事件作为一个物理的事件都为一个开放的可能性视域所包围——但它们是开放的,在既定的情况下没有什么东西支持它们。期待是素朴的确然性,它们没有受到阻碍;就诉求而言,被变式了的期待并不反对另一个同类的期待。

第四章 被动的变式与主动的变式

第14节 自我的执态作为对被动信念之样态变样的主动回应[1]

现在必须引起我们注意的是裁定的双重含义:在谈论一个从自身或借实事本身出现的裁定时——亦即作为被经验到的裁定——的裁定,和那种从自我这里作为自我反应所进行的裁定性的执态。回头看看最初引入存在样式和信仰样式时的情况,我们发现,一切在那时被展示的东西首先是一种纯粹在有可能完全被动的(passiven)感知意向性中所发生的变式,而且在任何情况下都首先必须纯粹被看作变式。显而易见,我们接下来必须区分被动性(Passivität)与自我主动性(Ichaktivität):1) 被动的信念(Doxa)的各种样态变样,各种被动的期待意向及其被动地落在它们身上的各种阻碍,等等;2) 从自我这里做出的主动的裁定的各种回应性执态。

但此外,同样显而易见的是,信仰概念和信仰样式概念本身因此变样了,因为我们现在必须按照构造性成就将本质上不同的被动

---

[1] 参见第63页脚注。——编者注

性的过程和事件与主动性(Aktivität)的过程和事件区分开来，亦即：

1) 首先是在被动性中，一致性的综合或不一致性(Unstimmigkeit)的综合，未受阻碍而自由地被充实的意向的综合或受阻碍而被抹掉的意向的综合，等等。而作为相关项，我们在意向相关项方面拥有保持同一的对象意义的各种存在样式，也可能拥有与一个相反意义联结(Verbindung)的各种存在样式。

2) 自我的主动执态，各种主动的裁定、确信、"使自己确信"和偏袒等等，最终，在最宽泛意义上的确信的主动性(在那里我们不再认真地谈论证实和证伪)。而且这些主动性也拥有其在意向相关项方面的相关项。对此应注意的是，这不是一个被动的意向性的单纯彰显的问题，不是一个单纯的觉察性的感知问题，不是一个在注意性的朝向(Zuwendung)中进行的单纯对诉求的经受问题，亦即不只是一个对诉求之物、无效之物等诸如此类的东西之注意性地意识到的问题。而是：自我在本己的执态中做出它的判断，它裁定自己支持或反对，等等。人们完全可以说，这里存在着我们通常称为并且能够称为判断的东西的特殊根源。"确信"更多地表示：为被动的感知处境决定而达到判断性的执态，进而是判断性的确定状态(Bestimmtsein)。由此，我们也就理解，为何判断与确信状态(Überzeugungsein)实际上成为等值的表述。我们很快就会明白，这里凸显的这种执态或这组执态在意向上是完全不独立的，也就是说，只要它们以被动信念的事件为前提的话。预先说来，这些执态、这些给予有效性的行为及其变样今后不应被混淆于属于判断领域的其他自我行为方式，尤其不应被混淆于进行中的展显、汇集(Kolligieren)、比较和区分，等等，诸如此类：所有这些，我们把各种不同事态(Sachverhalte)的逻辑形式归因于它们。在所有这些行为那里,判断始终只是从自我这里产生的给予或拒绝有效性的行为。

自我并不始终采取这种确切意义上的判断性态度。如果它素朴地感知,亦即单纯觉察性地把握存在那里的东西和在经验中自动地凸显出来的东西,那么——如果没有其他东西在场的话——就不存在一个执态的动机(Motiv)。一定有相反的动机在起作用,在公开地或不公开地对特殊意识起作用,一定有处于反向张力中的各种选言的可能性。判断始终是:做出这样或那样的裁定,因而是"赞成……"或"反对……",承认或拒绝、摒弃。但它不应被混淆于各种存在样式本身:那种素朴地"存在着的"存在样式,那种在单纯的彰显中就已凸显出来的在对象性意义方面是"无效的"存在样式,那种又"不是无效的"存在样式,那种经历了双重的抹掉而"还是这样"的存在样式。在所有这些存在样式中,自我无须由自身来实行执态,但它也能以此方式被动机引发成这样一种执态。——而意向活动方面的肯定和否定源于各种特殊的判断性执态。就像在所有意识那里一样,它并不缺乏一个在意向相关项方面的相关项。这个相关项当然是在对象的意义方面出现的意向相关项上"有效的"和"无效的",它在对象的意义方面作为由自我所给予的有效性声明或无效性声明的角色而出现。因此在特殊意义上,判断是自我的设定(positio)行为,即在其双重的可能形态中的设定:在一致性的自我裁定的形态中的设定或在拒绝、摒弃的形态中的设定。由此是否表明,设定本身具有一种在传统逻辑学意义上的双重"质性"(Qualität),这一点我们还应斟酌。

因此，我们暂时只说这么多：在动机引发性的感知之起源领域内发生判断的地方，两个对立的执态都具有可能性，并且在一定的情况下都能变成现实。但两者都是完全不独立的，因为它们都在这种东西——即在感知本身中、在感知之本己的并且可能是纯粹被动的进程中所发生的东西——中获得其动机引发的基础。感知具有其本己的意向性，这种意向性尚未包含任何自我的主动行为和自我的构造性成就。因为它实际上恰恰被设为前提，借此前提，自我才能拥有某种东西，才能做出赞成或反对的裁定。由于这种动机引发处境的统一性，或更确切地说，由于其源于分裂性的统一性，这两个对立的执态彼此密切相关。例如，在两个可能性彼此争执的地方，对一个可能性的裁定伴随着对相关的可能性的反对，即使不是现实地，但却潜在地作为相关项。

如果我们更切近地注视对自我进行的动机引发起作用的方式和自我对此以某种主动的肯定或否定做出回应性的反应的方式，那么必须做如下说明：作为自我之坚定的有效性设定的裁定的动机引发基础或否定性裁定的动机引发基础，因此是感知的一致性的重建。相互抑制的感知立义之冲突性的分裂恢复到不间断的统一性。

自我被所有这一切所触发。作为自我，它本身并且以其自身的方式与其自身变成不合一的，变成分裂的，而最终又变成合一的。它倾向于采取其中的一个立义的立场，也就是说，倾向于首先去实行这个立义的各种期待趋向（Erwartungstendenzen），倾向于使它们从自我中心这里成为主动的期待。但在这其中它又感到自己仍是受阻碍的，被拖向对立的期待趋向而倾向于相反的立义。如果感知的一致性恢复了，唯有一个感知在一种正常的感知形态中流逝,那么自我与其自身的内部冲突便消解了。自我不再能时而倾向于这时而倾向于那,因为已注销的立义及其已注销的意向的趋向,尤其是其具有鲜活预示的但却被抹掉的期待,不可能被实行。但自我现在不仅将自由的期待视域(Erwartungshorizont)和现时被一致性地建立起来的意向性作为实行领域(Vollzugsfeld),而且主动地采取这样一种立场,即将一致性的被给予物全然作为存在者(Seiendes)来占有。"承认"是实行一种特有的侵占和确定,而且是一种作为从今以后对我持久有效的存在的确定。

在此出现了一个能标识判断性裁定之特性的重要因素。不仅是一个当下的实行的问题、一个感知意向性的单纯彰显的问题;而且也是一个侵占的问题,借此侵占,主动的、进行追求活动的自我侵占了一个获得物,亦即侵占了一个永久的知识。但这是意识上的侵占。因为正如已讲过的那样,这种由自我所实行的"声明为有效",即所谓的承认,其本质在于,在那里作为对其有效之物落在自我身上的东西,具有从今以后对其有效之物的特征,亦即具有继续有效和持久有效之物的特征。也就是说,具有一个进入一个在意识上开放的、自我性的时间视域中的有效之物的特征。也许这样来表达它并非多余:我以肯定性判断的方式设定成有效性的东西,对此我指的是,从现在起对我是固定不变的东西,对将来是确定的东西,更确切地说,是存在着的东西或如此存在着的东西(so-seiend)。如果我们已经处于陈述性的、述谓的(prädikativ)判断的领域中和交流的领域中的话,那么判断成就就会随"我确定"这句话最强烈地表达出来,或者也会随"我对此断言"这句话最强烈地表达出来。但应注意,在判断最初的原初性的本质中并非已有交流的关系,在通常情况下，交流关系是随表达和断言一同表现出来的。

现在，已遭破灭的相反立义情况如何呢？它当然仍以滞留的方式被保持，自我先前被拖入它之中，而且也许已试探性地倾向于它。的确，事情可能是，这个立义先前在正常感知的形式中恰好是一致性的，而且是从自我这里被实行的，自我将它看作臆指性地存在着的东西。因此，存在着将目光也引到或重新引到这个方向的触发性动机。但在这里，自我现在以拒绝的方式，亦即以无效性声明的方式做出回应。显然，这种无效性声明要么反对过去的有效性声明，要么反对这种有效性声明的倾向，也就是说反对某种执态及其最终成就，反对断定。

但现在清楚的是，肯定性执态和否定性执态根本不表示两种同等的"质性"，就像颜色领域中的红和蓝那样，因而在此根本不适合谈论质性。自我的否定是"使无效"，而且在这个表达中业已存在着第二性的(sekundär)意向特征。

但一件最重要的事情，亦即对于每一个逻辑的判断概念来说最重要的事情，在这里凸显出来。亦即，我们已经通过占有和侵占将"裁定……"标识为从今以后是有效之物、从今以后对我是固定不变之物。"反对……"意味着，这种有效性，作为我们所期求的和有可能以前属于我们的本己的东西，被摒弃了——就像我们在其他行为那里所看到的情况，例如，在动机处境变化的情况下，我摒弃一个决断或抗拒一个意愿倾向(Willensneigung)。

但"无效的"与作为"反对……"的否定相应，我能借助态度本身的变动而使它重新获得有效性，亦即我能以肯定性判断的方式使它变成一个断定。"不"或"无效的"于是就进入断定的内涵。据此，人们也可以这样来理解判断的概念，以至于它只包含做存在断定的活动和作为内容要素（Inhaltsmoment）的无效之物，这种无效之物在某种程度上也可以说是存在着的非存在。事实上，逻辑学和科学把一切都还原为断定性的判断，而且具有充分的理由。无论有多少东西被否定，在理论的陈述中却没有丝毫的否定；相反，它们时而断定一个如在，时而断定一个非如在（Nicht-so-sein），等等。因此，享有特权的判断概念是那种只知道一个"质性"的判断，即断定为有效的。但这当然不改变这一事实：裁定本身不是源于一种样式，而是在对立的样式中进行——即使逻辑学所为之服务的认识兴趣只对断定、断言感兴趣，即使每一个拒绝性的否定最终都被考虑还原到否定性的立场上，也许随后进一步被考虑还原到只具有肯定性内涵的立场上。

现在仍需做些本质的补充。不仅是坚定的承认和坚决的摒弃是自我的信仰性执态的样式。实际上清楚的是，一个主观的—主动的自我态度——恰恰是我们在"怀疑""我怀疑，事情是这样还是那样"等言词的真正意义上所标识的东西——也与在感知本身及其被动的进程中已被我们称为分裂的感知、被变式成怀疑感知（Zweifelswahrnehmung）的感知的东西相应。我刚才的确已经说过，自我本身可能与自己变成不合一的，尽管是在那种贯穿感知意向性的分裂的动机引发基础上。只要我时而倾向于相信这、时而倾向于相信那，那么我就与我自己是不合一的，我就与自己分裂。一般来说并且尤其是在主动的怀疑中，这种倾向状态所指的不只是诉求性的可能性的一种单纯触发性的拉力。这些诉求性的可能性向我提出存在的诉求，而这一般是由于，我已经以一种对其做出裁定的方式，时而追随这一种可能性，时而追随另一种可能性，赋予它以某种有效性，当然总是一再受阻碍。

自我的这种追随是由这些可能性本身的分量所动机引发起来的。从这些作为诉求的可能性中发出一个判断趋向（Urteilstendenz），我主动地追随它很长一段，在此过程中，我有点像对它实行了一个瞬间的裁定。但在此我恰恰被卡住了，即被各种相反可能性的触发性要求卡住了。这种触发性要求似乎也想要被我听到，而且也想要使我倾向于相信它。阻碍在这里不是一种单纯的缺失，而是一个受阻碍的裁定——恰恰是在途中被卡住的裁定——这种现象的一种样式。在实行一个裁定的过程中，我似乎追随了一段，只是最终没有达到坚定的信仰裁定性（Glaubensentschiedenheit）。于是，在这样的动机引发处境中，那些反对其他可能性的自我的拒绝性裁定同样是受阻碍的否定性的裁定。

对一个可能性的偏袒现象和对其他可能性的内在拒绝现象尤其属于此列，在此情况下，已经实现了一个真正的裁定，即一个主观的确然性、一个断定或断言——但却是一个不纯粹的裁定，可以说是一个在某种程度上被耗损了的裁定、一个不具有充分的逻辑良知的裁定——它不同于这样一种情况，即这种坚定的裁定性作为一个一致性地被构造起来的经验恰恰是从实事本身方面被动机引发起来的。

此外，揣测现象、"认之为或然"现象也属于此列。如果我遍历各种具有不同分量的可能性，那么最强有力的分量就可能动机引发我裁定它，动机引发我做出一种优先的承认，这种承认因此尚未表明是一种断定或断言，即断定或断言它是绝对存在着的。当然，在一种可能性拥有一种压倒性的分量的地方,或在其实事性的支持者还从主观的动机达到一种压倒性的分量的地方,我正进一步转变成一种确然性,但却是一种不纯粹的确信。但在此情况下人们不再谈论"揣测"或"认之为或然"。其否定的相关项当然是"认之为未必",这重又表现为一种摒弃,但不是一种全然的否定。

第15节 疑问作为经由判断裁定对克服变式的多层级追求

最后,与怀疑如此紧密交织的疑问情况如何呢?它也像怀疑一样属于这些判断样式的系列吗?在被动领域内,确切地说在因意向冲突而分裂的直观内,选言项同时与这里可能被动机引发起来的怀疑和疑问相应。在争执的统一性中,A、B、C 在彼此对抗中被意识到并且是合一的。我们对此只能这样表达:我们意识到"要么是 A,要么是 B,要么是 C",而我们在表达主动的疑问和主动的怀疑时所看到的恰恰是这种东西,亦即疑问内容或怀疑内容。这的确意味着:我疑问、我怀疑是否是 A,等等。

照以前的讲法,我们说:在被动领域内先于疑问和怀疑而存在的是各种成问题的可能性的统一性领域。当然,它们至少是两个。但还可能是这种情况:在这些争执的可能性中,只有一种在意识上凸显出来,亦即就像我们所说的那样,在意识上成为彰显的;而其他的可能性则以空乏的、非论题性地被实行的表象(Vorstellungen)的方式处于背景中而未被注意到。每一个自我行为都有其论题,它可能是一个个别的论题,或是一个由个别论题组成的统一的多样性,这些个别论题于是在其统一性中形成总论题。显然,(像一个怀疑的论题一样)一个疑问的论题要么是一个成问题的个别性(Einzelheit),其对立的选言肢在此情况下处于论题之外,就像当我只是在问:这是一个模特吗?——要么是整个成问题的选言判断,就像在问:这是一个模特还是一个人?

那么作为一种显然是自我特有的行为态度,疑问具有什么特点呢?成问题的可能性之间被动的选言性张力(在被动意义上的怀疑)动机引发一个主动的怀疑、一个使自我处于行为分裂的态度。这个态度本质上直接带有一个不舒适和一个超越它而回复那种正常的合一性(Einigkeit)状态的原初本欲(Trieb)。它产生一种对坚定的裁定的追求,亦即对一种最终不受阻碍的纯粹的裁定的追求。一个疑问已产生了这种追求。但经常有这种经验,即已建立起来的一致性和借此而获得的自我与其自身的内部合一性可能重又丧失,这种经验可能带有一个进一步的动机引发,即唤起一个本欲,以克服这种再次令人不舒适的不可靠性。在这种情况下,它不像通常那样满足于追求一种判断性的裁定和一种对已做出的判断的侵占和确定;毋宁说,这种追求趋向一个最终获得确证的判断,或更确切地说,趋向这样一个判断,它是自我以正当性证明的方式加以论证的,因而在主观上可能是有把握的,而不会重新陷入变式的窘境。这种多层级的追求在两种不同的疑问中表现出来。

1) 疑问一般全然是这样一种追求,即由于样态的变样(或者,如果您愿意这么说的话,由于分裂和阻碍)而达到一个坚定的判断裁定。疑问在问题中有其意向的相关项,就像判断行为在判断中有其相关项一样。也许当我说自我的判断行为作为一个判断的事件自然应区别于在判断行为中所做出的判断时,这一点会更加清楚。在语言领域,作为被陈述物的陈述与陈述行为相应,这被陈述物,作为语句是被写下来的东西,在口头上被表达出来的是肯定地被断言的东西。同样,被陈述的问题与疑问性的活动相对。

疑问的本己意义通过回答或在答复中被揭示。因为随着答复产生了缓解追求的充实,产生了满足。各种可能的回答与各种方式和层级相应,在其中,满足可能作为相对的满足,但却已经作为满足而出现,或作为完全的和最终的满足出现;而且各种可能的回答与疑问性的意向所可能朝向的各个方向相应。例如,是 A 吗?这时答复是:是的,是 A!或者:不,不是 A。因此,它有两个坚定的判断样式作为可能的回答。[1]

由于疑问性的追求在相应的判断中得到充实、得到回答,因此可以理解,对那些平行地适应于疑问之意义内涵的判断形式的经验导致:疑问者在意识上已经预期这些可能的回答形式,并且它们在疑问本身的表达中已经作为疑问内容出现。每一个可能的判断都可看作一个疑问的内容;当然,在疑问中它还不是一个现实的判断,却是一个有望实现的判断、一个单纯被表象的(vorstelliges)(中性的)判断,它作为疑问内容被判以"是"与"否"。

甚至在发展了的意识中,怀疑也是一个怀疑性的态度、一个在对表象的可能判断的执态上的受阻状态和分裂状态。

如果疑问是一个在完整的选言判断上的具有多重张力的疑问,那么它听起来大约是:是 A 还是 B? 也就是说,它以选言的方

---

[1] 〈此外〉不是 A 吗? 是的,不是 A。不,这并非不是 A。

式举出相应的有望实现的判断。在有两个环节的情况下，它听起来也可能是：不是 A 难道是 B？等等。回答视情况而定：它们取决于那些在选言判断的诸环节中有望实现的、作为判断内容的可能判断。不是罗马获胜难道是迦太基获胜？是的，罗马获胜了，而不是迦太基。

但只要回答确实是裁定，无论是肯定性的裁定还是否定性的裁定，那么这里始终就还存在其他平行进展的回答，而不是每一个裁定都必然具有坚定的确然性样式。甚至"认之为或然"也是一个执态，它做出裁定，虽然它最终可能并不满意。它毕竟已经以某种方式消解了分裂性，只要这个"认之为或然"的自我在信仰上站在其中的一种可能性的立场上。事实上，对"是 A 吗？"这个问题，我们也可能回答：是的，大概是；不，未必是。

就像我们已经期待的那样，还可能存在进一步缓和的回答。只要每一个本身还有几分裁定的判断样式刚好能够用作回答，因而每一个被卡住的裁定形式也能够用作回答。例如：是 A 还是 B？回答是："我倾向于相信是 A。"当然，在通常情况下，在此先行的回答是："我不知道"——或是："我不确定"，"我存疑"。这表明，疑问的实践意向实际上趋向一个"知识"（Wissen），趋向一个特殊意义上的裁定，趋向一个确切意义上的判断。尽管它是一个不完全令人满意的回答，但毕竟是一个回答，而当我们说"A 是可爱的"时，它就根本不是回答。因此，完全宽泛地说来，在其真正词义上的回答是一个判断裁定。我重复说"我不知道"这句话，因为它在某种意义上也是对问题的一种回答——或者重复说"我存疑"也一样。这显然与往复的交流有关，在往复的交流中，我只是借这个回答告知他人：我不可能满足他的愿望，我无法回答他的问题。而事实上，人们在此情况下也可能答复以这样的话：我无法回答。

然而，我们迄至目前尚未对此明确表态，即疑问本身在何种程度上属于诸判断样式。根据我们的分析，这里无须详细论述。当然，疑问属于并且甚至不可分割地属于判断领域和认识领域，而判断领域和认识领域必然共同隶属于一门逻辑学，即关于认识和被认识者的科学，更确切地说，关于认知理性（Vernunft）和它的构成物的科学。但这只是因为判断性的生活，甚至理性的判断性的生活是一种媒介，即一种特有的愿望（Wünschen）、追求、意欲（Wollen）和行动（Handeln）——它们的目标恰恰是判断，而且是特殊形式的判断——的媒介。一切理性都同时是实践理性，因而也是逻辑理性。但是，我们当然必须把评价、愿望、意欲和行动——它们通过判断行为而趋向判断和真理——与判断行为本身区别开来，判断行为本身不是一种评价、愿望或意欲。因此，疑问是一种实践性地关涉着判断行为的态度。我在疑问中感觉到没有一个裁定，只要我感觉到一个令人不快的阻碍，而这个令人不快的阻碍也许还阻碍着我的实践生活的其他裁定。对此，我想要做出裁定。但疑问不是一种单纯状态性的愿望，而是一种业已属于意愿领域（Willenssphäre）的、追求判断裁定的指向状态（Gerichtet-sein），只有当我们看出现实地通达判断裁定的实践路径时，这种指向状态然后才成为一个裁定性的意欲和行动。当然，通常的疑问概念是一个向他人询问的概念，而且有可能在回转我自身时是一个由我向我自身询问的概念。在这里，与他人的交流不属于我们的领域，就像述谓的疑问与述谓的判断无关一样。但我们也可以使"转向自身"——借此使自身像他人似的成为交流的目标(因为自我实际上能够与自身交流)——不起作用。于是,我们把原始的疑问作为趋向判断裁定的实践追求,然后进一步作为一种习惯性的实践态度,这种习惯性的实践态度有可能在较长时间(Zeit)内起作用,总是正准备转变成相应的意欲、关切和行动,总是正准备试探解答的途径,等等。

2) 如果说随着刚才的论述,我们也隐含地给出了疑问的分类,而在此不宜再做进一步扩展的话,那么现在我们仍有责任考虑刚才已勾勒出的疑问的层级序列。首先引人注目的是:疑问能够通过一个坚定的断言获得其坚定的回答,也就是说,借此坚定的断言,我们似乎能够达到一个最终的立场;而且此后这个疑问能够重获力量。例如:是 A 吗?回答是:是的,是 A。但我们还会问:真的是 A 吗?但这对我们来说没有任何怀疑了。这样的实事可能存在于我们的感知领域,并且可能以如下方式得到说明:一个分裂的感知按照其中的一个立义意义转变成一个含有裁定的、一致性的感知。但仍然持续地存在着这种开放的可能性:进一步的感知进程没有确认其所属的预期(Antizipationen),因而没有确认这个立义意义的有效性。因此可能产生这种需要:使自己获得进一步的保证并且证明这个感知判断的正当性,确认它,确证它。例如,通过更接近,使感知按照所预示的可能性自由地活动起来,看看那时它是否实际符合所预示的可能性。因此,当探入开放的视域可能性(Horizont-möglichkeiten)并关涉到先行把握的意向时,新的问题是一个正当性证明的问题,或者说,是一个以现实的和真实的存在为指向的问题。于是,通过确认,被判断为存在的东西就被赋予了"真正这样和现实如此"这种新特征，以至于我们也可以把这个问题标识为真理问题和现实性问题。① 当然，在这里可以重复进行这种活动，现实之物和真实之物的确不是真正的最终之物，因为有新的视域展露出来。但这里所说的足以凸显出素朴的问题与作为高层次问题而接续它们的正当性证明问题或真理问题之间的区别。

通过前面诸讲的研究，我们已经提供了高级的判断行为的现象学的一部分，尽管我们尚未完成对低级层级的必要分析。这是因为，根源性的判断理论首先导向属于直观本身的被动性的信念及其诸样式，在此情况下，还必须立即凸显出其与那种作为特殊自我的裁定活动进行的高级判断活动的反差。否则会束缚于这种观点：关于感知信仰的学说，以及关于那些出现在任何其他种类的被动直观中的合判断之物的学说业已是一门完整的判断理论。但重要的是从一开始就看到，而且不是在空乏的一般性中看到：认识生活（Erkenntnisleben），逻各斯（Logos）的生活，的确就像生活一般那样，在一个基本的分层中进行：1) 被动性和接受性（Rezeptivität）。我们可以把接受活动看作这种最初的层级，亦即作为主动自我的原始功能（Urfunktion），这种原始功能仅仅在于，去彰显在被动性自身中作为其本己的意向性的构成物被构造起来的东西，看向它并凝神把握〈它〉。2) 自我的那种自发的主动性（能动的智性［intellectus agens］的主动性），就像在判断裁定那里的情况一样，它使自我的本己成就起作用。

---

① 参见（附于第 14、15 节的）附录四："裁定的层级·接受性与自发性"（第 357 页以下）。——编者注

第二部分

明 见 性

第一章　充实的结构

第16节　充实：空乏表象与相应直观的综合[1]

我们在假期[2]前已经获得了一系列有序的系统明察，尤其追随对认识澄清的兴趣，也就是说，尤其关注纯粹的主体性（Subjektivität）内的认识功能。最后，我们探究了基础部分，即一门判断学说的最初元素。我们在系统考察感知期间碰到了信仰的要素，碰到了被动信念的要素，并且探讨了信仰的各种变式。这里所揭示的东西当然通过相应的变异反映在所有种类的直观中，同样也反映在再回忆中，的确，再回忆本身仿佛具有一种再感知的特征。如果我们把奠基于其中的高级的判断活动的各种功能与被动领域的各种信念性事件相对照，那么我们借此就对被动的经验成就（Erfahrungsleistung）与自发的思想成就（Denkleistung）——即做出确切意义上的判断和裁定的自我的成就，主动侵占和确定认识获得物的自我的成就——之间的对立获得了一种初步的具体理解。

---

[1] 参见附录五："直观性表象与空乏表象"（第361页以下）和附录六："意义与直观"（第363页及下页）。——编者注

[2] 1925年圣诞假期。——编者注

我们现在转向对判断领域的各种特殊本己性（Eigenheiten）和特殊成就的研究，它们对逻辑学具有特殊意义，而且这重又涉及这样的本己性和成就，即我们已经在被动性领域或单纯的接受性领域内遇到的本己性和成就。我指的是各种充实性的证验（Bewahrheitung）和确证（Bekräftigung）的功能。这是我们很早就已碰到的特殊的综合功能，而未能立刻充分澄清它们与其他综合的关系。在感知的分析过程中，我们必须指明其综合的特征，将其作为它的一个根本特征。它是一个由相位组成的流（Strom），每一个相位以自身的方式已经是感知，但这些相位在一个综合的统一性中是连续地合一的，在对同一个被感知物——它在这里原初地被构造起来——的意识的统一性中是连续地合一的。在每一个相位，我们都拥有原印象、滞留和前摄，而且在这种进展中，统一性以如下方式得以实现：每一个相位的前摄都在连续邻接的原印象中得到充实。具体地看来，感知体验（Wahrnehmungserlebnis）在此过程中是一个持续的被充实，正因此而是一个持续的一致性的统一性。如果这种一致性被打破了——这当然是可能的——那么就会出现变式，而我们不再有正常的感知。在正常的感知中，我们不断地意识到这同一个被感知对象，将其作为全然在场之物。

此外，我们也在单纯的表象领域内——我们现在把自己限制在这个领域——谈论充实，在单纯的接受性内谈论充实。同样，我们也在所有的期待——它们在表象性的生活中作为特殊的表象出现——那里谈论充实。我们期待一个事件（Ereignis）——现在，结果本身出现了，期待在确认性的感知的最原初的证验中得到证验。我们对这种最原初的证验感兴趣，其中，一个表象性的意向通过单纯的被意指物与相应对象本身的综合而得到充实。我们也可以说，我们旨在研究最初阶段的明见性的本质。使一个表象对我们成为明见的，这仍然是说，使它获得原初的充实性的证验。因此，这无关乎任何一种认同（Identifikation）的综合，而是一种非自身给予的表象与自身给予的表象的综合。

当然，在此情况下，我们首先将确然性的样式和立场性（Positionalität）作为这些表象的基础。我们从一开始就看到，我们所熟悉的、在空乏的表象与充满或直观的表象之间的重要区别尤其适合证验的综合。当然，我们知道，一个感知，更确切地说，一个外部的、超越的感知，也能够发生充实综合（Erfüllungssynthesen），也就是说，不只是作为一个证验着意向的感知，而是本身作为单纯的意向，在新的感知中得到充实。例如，当我们从前面以感知的方式看一棵树时，随后为了切近地认识它，我们切近地走近它，并且现在重新感知它，在此情况下，随切近规定的确还发生了充实性的证验。与此同时，所有外感知——无论它在何种程度上拥有自身给予（Selbstgebung）的特征——自身都带有其内视域和外视域，而这表明，它同时是一个指向其本己内涵以外的意识。它在其充盈中同时指向一个空乏，只有这个空乏才会引发新感知。一个空间物的自身被给予性（Selbstgegebenheit）是一个透视性的显现者的自身被给予性，这个显现者作为同一之物在交叠地进展的显现的充实的综合中被给予。但同一之物本身，这一次这样显现，另一次以另一种方式、在另一个透视中显现，并且不断地从一个透视向前指向越来越新的透视。通过这些透视，同一个被展示物继续切近地被规定，但绝不会最终被规定。因为我们总是期待新开启的空乏视域的显现。因此,在没有视域的地方,就没有空乏意向,也没有充实。一个素材在内感知中被给予,亦即在每一个现在中相即地被给予。因此,就这个现在而言,不容许有进一步的证验。另一方面,只要先前的感知相位业已前指将来者,它就会作为充实出现。这种充实是前期待的充实,而且是最终的、绝对的充实或明见性。

据此,情况现在看起来也许是,充实综合(一个证验性的充实综合)的统一性表明自身的特征为:一个空乏意识——无论它是一个独自处于完全空乏状态的空乏意识还是一个带有直观但不完全饱和的空乏意识——与一个相应的直观达到综合的合一。在此情况下,空乏的被表象物(Vorstelliges)与直观之物在对同一之物的意识中相合,亦即在对象意义的同一性(Identität)中相合。但人们倾向于认为,充实是直观化。证验一个意指(Meinung),也就是意指一个对象,但不是直观地拥有这个对象本身;或者虽然直观地拥有这个对象,但仍指向业已直观性之物以外,并且现在转向对尚未被给予之物的直观。但这将表明,这个特征描述并不符实,不是所有直观化,也就是说,不是所有充实都是证验性的。具有根本意义的是,在这里区分直观与空乏表象(Leervorstellung)之间的各种不同的可能的综合,并进一步描述它们的特征。各种可能的综合按其现象学本性通过奠基它们的直观和空乏表象的特性得到规定。相反,我们可能首先在综合内密切相关的表象的各种不同的功能活动中、在综合对此所具有的各种不同的特性中觉察到奠基性表象的各种不同的特性,以此方式可以凸显出各种直观之间的区别和各种空乏表象之间的区别,这些区别是我们通常容易忽略的。

第 17 节　对可能的直观类型的描述

我们首先从直观的表象与空乏表象之间的一般区别出发，以便做更深入的探究。直观的表象本身具有各种不同的样式。直观性（Anschaulichkeit，通常是在信念的立场性方面被理解）的原样式是感知。它与当下化样式相对，而切近看来，当下化样式又具有各种不同的形式。在研究直观性的再回忆的过程中，我们已经确信，一个再回忆在其自身方面表现为一个感知的当下化，因此，它不像一个感知那样是素朴地被建立起来的。它是一个当下的体验，这个当下的体验本身不是感知，但它使一个处于过去的时间样式（Zeitmodus）中的感知当下化，并且恰恰借此而将它以前的被感知物当下化为曾在。所有其他种类的当下化都有一个相似的结构。因此，存在着当下之物的直观性表象，它确实不是当下之物的感知，而是它的当下化。例如，当我们根据以前的感知使一个物已或多或少熟悉了的背面直观化时——或者，当我们使其他物的共当下（Mitgegenwart）直观化时，比方说，当我们使伯托兹喷泉（Bertholds-Brunnen）直观性地当下化时，在此我不只是把它作为昨天在其单纯的过去状态（Vergangensein）中所看到的喷泉〈来表象〉，而是把它作为现在现实的喷泉〈来表象〉，就像我们此时此地对外面的走廊和前厅的直观一样，如此等等。当然，过去回忆（Vergangenheitserinnerung）对此起了作用——的确，前厅在现在的直观中首先是作为再回忆浮现出来的——但过去之物在意识上和对象上原样地延伸进未来，未来以被再造起来的过去（Vergangenheit）为出发点，并且是以这样的方式，以至于这个未来同时是共当下，它相对于我们现时的感知当下（Wahrnehmungsgegenwart），这里这些处于我们现时的感知领域内的物属于我们现时的感知当下。

此外，我们对未来的将来者还拥有直观性的当下化，亦即直观性的期待。属于后来状态的，属于将来的东西的，亦即属于处于我们的预期中或被我们期待的未来状态的，是我们向前作为未来的绵延所看到的东西，例如，这间演讲厅的持续状态，教学楼的持续状态，街道的持续状态，城市的持续状态，如此等等。因此，在直观性的表象中，我们拥有对未来之物的意识。期待显然不总是这样单纯是从被感知的当下向未来的前伸。一个未知者、一个个体的（individuell）还从未被经验过的东西也能被预先看到，就像一个虽然被期待但却新发生的个体事件那样，这个新事件视不同情况，或者像在周期性重复的情况下那样作为完全确定的东西被期待，或者像大多数情况那样作为或多或少不确定的东西被期待。

我们①在上一讲已经考虑到一个重大的新论题。在被动性的层级上，它涉及明见化或证验这种重大问题，以及与此密切关联的单纯的确认和确证的问题。明见性使我们回返到各种突出的认同性相合的综合，亦即回返到这样的综合，在其中，直观与空乏表象之间达到综合的统一，或者，直观与直观之间也达到综合的统一；但空乏表象及其充实再度在那里起本质的作用。这是由于：一方面，各种空乏的视域意向（Horizont-Intentionen）在直观中起作

---

① 新一讲的开头。——编者注

用；另一方面，直观则为它们提供了相应的充盈。

一门听任逻辑的明见化成就流于不可理解的逻辑学本身处于无望的不明晰性（Unklarheit）中。但如果我们不应在这个核心问题上无所作为的话，那么首先就必须说明作为所有主动的证实（Bewährung）之基础的被动的证实综合（Bewährungssynthese）这个基础层级。但为此我们必须深入洞察可能参与其中的直观和空乏表象的结构。鉴于这种为我们所反复强调的普遍意义，即所有这些意识类型对于作为总体意识的超越论的（transzendentalen）生活的总体统一性所具有的普遍意义，我们在这里被引向的分析所涉及的根本不是一个单纯专门的逻辑问题，尽管后者也是一个很重要的问题。我们将被引向对那些最普遍的合本质规则性（Wesensgesetzmäßigkeiten）的明察，被引向超越论的内向生活（Innenlebens）之统一性的那些最普遍的合结构规则性（Strukturgesetzmäßigkeiten），但还被引向那些最普遍的发生的合规则性（Gesetzmäßigkeiten）。

我们在上一讲从对各种直观类型的描述的考察开始，这些直观类型能在证验综合（Bewahrheitungssynthesen）中起作用。它们要么是各种感知，要么是各种当下化。这些当下化要么是各种过去回忆，就像在一个过去的体验被表象时那样；要么是各种当下回忆（Gegenwartserinnerungen），就像对一个共当下——例如，这个房间前厅的共当下——的直观性表象那样；要么是陌生的心灵生活（Seelenleben）与感知上被给予的陌生的身体的共当下；最后，它们要么是未来回忆（Zukunftserinnerungen），即对一个被期待的未来的直观性表象。

但在那里引起我们注意的是,尽管过去和未来在感知中以视域的方式一同被意识到,但这时却是空乏的,纵然后来能得到直观性的揭示。在再回忆中,情况也是这样:在所有再回忆中都不仅存在着一个以再回忆的方式被追溯的过去或未来,而且存在着一种与现时的当下的关系,一种与感知上的未来因而与其现时的未来的关系。最后,期待也确实不是孤立的、与期待者的现时的当下和过去无关的。在所有这一切中都显现出内部的结构交织。很快将表明,我们不应满足于把作为类型的感知、后回忆(Rückerinnerungen)、共回忆(Miterinnerung)和前回忆(Vorerinnerungen)并置,并且完全一般性地按照它们的对象性的意向相关项的特征去描述它们;或者说,我们不应满足于现象学上的总体印象和所有这些类型的明显差异。只有当我们把它们理解成结构关联时,我们也才能理解,它们如何在综合的关联中起作用,其中还包括,它们如何能作为证验性的或被证验性的类型起作用。

在对立的一方,亦即在各种空乏的表象方面,情况类似。

第18节 对空乏表象之可能类型的描述

处于内在被给予性的一切主观方式中的一切可能对象都有空乏表象,换句话说,与每一种直观的方式相应的是一种可能的空乏表象的方式。我们把相应的空乏表象和直观与同一个对象联系起来,这意味着,相应的空乏表象和直观通过一种综合达到对象上的相合。

的确,如果这——它在某种程度上容许其对象性之物有一种揭示(Enthüllung)、一种澄清(Klärung)和一种摆明(Herausstellung),也就是说,它能与一个相应的直观进入一种综合——并非本质上属于任何空乏表象的话,那么我们就根本不能谈论空乏表象并苛求它们与对象的关系。综合之所以能使我们在这里认识到那里有某个东西被空乏地表象,只是因为它使那里空乏地被意指的东西直观化。我们完全可以说:非直观的表象只在一种非本真的意义上叫表象,它们实际上没有呈现给我们任何东西,说到底,没有对象的意义在它们中被构造起来,没有任何东西通过现实的意向结构在它们中形成具有某种内涵的存在者,以致我们能进一步认识它。真正被我们表象的是以本原的方式被直观到的东西:在其自身性中以感知的方式被构造起来的东西和在其各种特性、各个不同的面中以感知的方式被构造起来的东西等等,获得我们的本原的认识。但此外还有:准-被感知的(quasi-wahrgenommen)东西,在直观的当下化样式中对我们成为直观性的东西,以再造的方式或在对未来之物的直观性的预期中逐段在我们内部的目光前发生的东西。在空乏表象中,实际上没有任何东西发生,实际上没有对象的意义被构造起来。但我们还是说:它表象某个东西,亦即我意识到某个东西。但在此情况下,我们随时能把这个被意识到的东西与它的直观相对,并且在综合中获得明见的意识:正是这同一个空乏地被意指的东西,在直观中以本真的方式作为同一个东西〈被〉现实地表象。①

与每一个直观相应的当然是一个空乏表象,只要每一个直观在结束后没有消失得了无踪迹。它已直观到的东西现在以非直观

---

① 我们必须谨防把相对不明晰的、再造的直观与空乏表象、空乏意向相混淆。

的方式"仍然"被意识到，诚然，它最后在一种一般的、无差别的空乏中变模糊了。每一个这样的空乏表象都是滞留，而且它与过去的直观的必然链接标明了被动发生的一个基本规则。但就像我们所知道的那样，这个规则（Gesetz）比我们这里所说的范围伸展得更远，只要它已在每一个直观本身的内部生成（Werden）中持续地起作用。这的确是原初的时间意识（Zeitbewußtsein）的构造之基本规则性的第一个方面：每一个体验，就基本元素而言，每一个在原印象上出现的现在相位，都以本质必然性的方式连续地发生滞留的（retentional）变异，这种发生了滞留变异的现在相位同样连续地发生滞留的变异。对这些相位有效的东西于是也对各体验段、对各具体的体验本身有效。如果不再产生新的原印象之物的话，那么直观本身就消逝了，而这意味着，它完全转变成了活的滞留。在这样一种滞留中存在的对象之物通过一种按本质规则的可能性而不是必然性所链接的直观化而被揭示。换句话说，它在向相应直观的综合性过渡中，通过对这种综合性过渡的意识而被揭示：这显然是一种证验的综合。

但现在必须说，不是所有的空乏表象都具有同一种本性和功能，更确切地说，不是所有的空乏表象都属于这种我们在时间流（Zeitstrom）的原发生（Urgenesis）中看作链接在各种直观上，甚至链接在各种表象上（也就是说，甚至链接在各种滞留上）的滞留的东西。而且，如前所述，不仅在具体的（*in concreto*）直观是这样，而且在每一个直观本身的结构关联中也是这样，这每一个直观恰恰（就像所有体验一般那样）只能存在于构造着时间的生成中。在这种关于原发生的学说中，我们不仅必须论及滞留，而且也必须论及前摄。在感知分析中,这方面的感知分析是对时间性的被给予性方式的分析,我们已经注意到并简略描述了前摄在本质上的新作用,这种新作用与滞留的作用相对。前摄这个标题标明了发生的原规则性(Urgesetzlichkeit)的第二个方面,这种原规则性僵固地统治着作为构造着时间的统一性流的意识生活(Bewußtseinsleben)。就像一个滞留的过去视域(Vergangenheitshorizont)必然链接在每一个印象的(impressional)当下上,一个前摄的未来视域(Zukunftshorizont)同样也必然链接在它之上。就像过去只有通过直观的再回忆才能清楚地表明是这样的东西,更确切地说,表明是刚才—曾在,同样,前摄的构造成就也只有通过直观的再回忆才能清楚地表明是即将来者,是原初地被意识到的未来。这一切是我们已知道的。但当我们聚焦这个问题——这两边的空乏表象是否是本质上同类的空乏表象,是否它们完成具有不同特征的构造成就(过去—未来),例如,仅仅通过功能活动的各种合规则的秩序,或者单纯通过内部的盘根错节——时,就出现了新东西。与此相反,这些表述业已说明,我们必须通过直观地沉浸于两边的事况有区别地选择它们。尽管这种纯粹的被动性,但我们在前摄那里谈论期待时,对此的比喻性说法是:当下向未来张开臂膀。因此,我们已经这样来谈论纯粹的被动性,这就是说,甚至先于对感知对象的把握性观察。对于滞留,我们没有使用这样的表述,而且也不能使用这样的表述。滞留和前摄在把握性的观察中、在觉察性的感知中的作用方式的区别也与此相关。我们素朴地、觉察性地指向当下之物,指向作为充实期待的东西而出现的常新的现在,而且透过它进一步指向将来者。这种觉察遵循前摄的连续性。通过觉察活动,业已存在于被动的感知本身中的前指状态(Vorgerichtet-sein)彰显出来。相反，透过滞留的连续性，却没有指向状态，即那种遵循越来越远地被向后推移的过去的线路的指向状态。在此，有人可能会提出异议说，我们当然也能回抛一个回眸过去的目光。然而，如果真是这样，那么很快就会表明：二者存在一种巨大的区别，而且必须明确地区分自我—目光的方向与已先于这种把握性目光的感知本身的方向。自我—目光一次遵循感知本身的方向，另一次不遵循。

为了澄清所有这一切，有效的做法首先是，超出作为期待意向的前摄，并且顾及其他那些本质上与它们同源的，同时又有别于一切单纯滞留的空乏表象。除了后回忆和前回忆，我们还谈论共当下具有(Mitgegenwärtigungen)，谈论作为直观的表象形式的当下回忆。在一切领域都必须注意，这些直观的回忆(Erinnerungen)在发生上绝不会在前，相反，本质上在先的东西是相应的空乏表象。在一个感知内，即在空乏的滞留和前摄与原印象必然链接的地方，同样，在一个具体的空乏滞留或者也可能是一个对新感知的空乏的未来期待(Zukunftserwartung)与整个感知进程必然链接的地方，情况已经是这样——相应的直观只有通过唤起(Weckung)的动机引发才能形成。

如果我们现在考察〈这些〉在发生上原初的共当下具有的话，那么，例如，对每一个感知对象来说，它的整个视域——即直接附属于它、对它而言是构造性的整个视域——就属于考虑之列。

我们①在上一讲已经指明了空乏表象的整个范围，这些空乏表

---

① 新一讲的开头。——编者注

象与各种前摄、各种期待表象(Erwartungsvorstellungen)具有本质关联。在任何一种直观的具体关联中,所有被唤起的视域—意向都属于此列,例如,当周围世界(Umwelt)中任何一个未被感知到的事物在特殊的空乏表象中作为共当下的被我们偶然意识到时。对于所有这类空乏表象,我们注意到这种特点:它们与其他种类的表象处于一种特殊种类的综合的关联中,这种综合的关联完全处于认同的综合或相合综合(Deckungssynthesen)的类型之外。在我们关于前厅之被唤起的共当下的例子中,这个前厅的空乏表象不是孤立出现的,而是在与感知表象(Wahrnehmungsvorstellung)的联结中出现的。在这个感知表象中,我们在扫视所看到的房间的同时,目光似乎碰在门上。这个感知表象与空乏表象的联结是一种"综合的"联结,这意味着,一个意识统一性产生了,它实行了一个新的构造成就,因此,双方的对象性在意向相关项上获得了特殊的统一性特征。更确切地说:感知表象,亦即感知上这样或那样的显现者指明空乏的被表象者,这空乏的被表象者因而附属于它。一个指向射束(Richtungsstrahl)产生于感知,并且透过空乏表象朝向它的被表象者。从发生的视角来看,我们也同样有理由说,感知已经唤起了空乏表象,而唤起恰恰同时表明了一个指向综合(Richtungssynthese)的来源。在指向综合中,这一个表象是"指向……的",因而,相对的表象(Gegenvorstellung)自身是被指向的,或者说,在指向综合中,这一个被表象者被标识为起点(*terminus a quo*),另一个被表象者被标识为终点(*terminus ad quem*)。现在,我们来完全一般性地考虑这样的意识综合(Bewußtseinssynthesen),这些意识综合具有本质上相同的特征。这些综合不是自我主动地创立的,而是在纯粹的被动性中产生的,而且甚至在这些进入联结的个别体验源于自我的主动性的情况下,这些综合也能够在纯粹的被动性中产生。如果我们从一开始就恪守在最简单的领域,恪守在我们现在无论如何唯一感兴趣的被动的表象领域,亦即被动形成的综合之材料(Material)的领域,那么一般说来,这里涉及这样的综合,在其中一个被表象之物超出自身而指向另一个被表象之物。后者以此方式获得了一个新的内在特征,它在其他情况下不可能具有这种特征。这是特殊的"意向"的特征,亦即指向目的状态的特征、被意向状态(Intendiert-seins)的特征、被臆指状态(Vermeint-seins)的特征,或者相关地说来,表象不单纯是对其对象的一般的表象性意识,而是在自己自身内指向其对象。

这个描述有其危险,仅仅是由于这不再涉及"意指"(meinen)、"指向"和"意向"(intendieren)的那种很普通的词义,它与自我及其行为有关,在此情况下,自我——而且是在一种完全不同的意义上——是一个指向的发射点、一个指向对象活动的发射点。由于没有适合的词,我们在此借助于"被动的""被动的意向"这种同位语,而且在后续的谈论中只说被动的意指性的表象。我们还想预先把这种意向产生于其中的综合称为:联想的综合。我们现在搁置这种联想(Assoziation)与自然主义心理学的联想和经验心理学的联想的关系问题,同样也暂时撇开在普遍的联想学说方面——这种联想是被动发生的一个最最重要并且完全普遍地起作用的形态——的任何进一步的探究。我们所阐明的东西足以清晰地界定空乏表象的一个等级,即作为"意指性的"、以特殊的意向方式指向其对象的空乏表象。以此同时被表明的是,它们处于联想的综合中并且已经通过联想的综合从唤起性的相对的表象那里获得其指向结构(Richtungsstruktur)——顺便提一下,无论我们是否看向这个综合的关联。

既然我们业已表明,不是所有的表象都意指对象,于是当重新探讨我们的特殊论题时,我们指出,所有在时间意识中原初形成的滞留都属于此列,后者在这一点上完全不同于一切前摄。虽然这些原初地形成的滞留也相互关联并且与原印象相关联,但这种属于原初的时间意识的综合不是联想的综合。这些滞留不是通过一个从原印象向后指向的联想的唤起而产生,因而本身不拥有一个从那里射向表象上空乏的过去的指向。因此,当布伦塔诺把滞留与印象(Impressionen)的合规则的链接标识为一种原初的联想时,这在现象学上是不正确的。只有当人们完全外在地和空洞地选择联想这个词作为任何像通常那样形成的和原初地形成的、表象与表象之间的联结时,才能这么做。联想只在原初的时间构造(Zeitkonstitution)的前摄的线路上起支配作用,而且在那里起唤起作用的——正如我们知道的那样——是连续的滞留线路。因此,贯穿前摄的线路,我们在感知中(确切地说,在纯粹的被动性中)拥有指向性的表象、意指性的表象,确切地说是期待。

我的意思是:滞留——就像它们在其原初性中出现那样——没有意向的特征。这不排除,它们后来能在某种情况下以它们的方式获得这种特征。因此,我们不应使自己困惑于这样的情况:我们偶然碰到指向性的滞留,就像在任何情况下自我把它的自我—目光指向某个滞留之物那样。因为普遍有效的是:一个自我的目光所指向的被表象之物、一个被感知之物、一个被回忆之物,甚至一个滞留之物，在其本身中已〈是〉意向的，也就是说，在其被动的内涵中必然就已经具有对其对象之物的指向。那么一个滞留如何获得这种指向结构呢？当然是通过一个后来寻踪而至的联想。例如，一种通常的情况是，在对一段旋律的感知进程中，一个正在响起的乐段使人回忆起一个过去的、以滞留的方式被意识到的乐段，回指它。因此，一个联想的唤起从当下出发趋向一个滞留的过去，这个滞留的过去在这个联想之前已原初地形成，并在消退中。当然，相关的滞留现在已经获得了一个指向结构。同样，一个积习已久的、无活性的、不再凸显的滞留，在某种程度上从似乎已成空无的遗忘（Vergessenheit）的领域，从一切滞留最终沉入的远视域，重新被唤起，在那里，它首先获得并且必然获得一种凸显的空乏的滞留形态。唤起通过联想从某个当下的表象中产生出来。因此，每一个如此浮现的、积习已久的滞留从一开始就具有被动的意向的特征。向后被回忆之物通过回指被回忆起来，而且这与在任何前回忆亦即任何期待那里的对将来者的前示相似。但另一方面，据所述，我们必须在先于联想的单纯的滞留与其相应的滞留的意向形态之间保持区分。

第二章　被动的意向及其证实的诸形式

第19节　直观化的综合中的描绘、澄清和证验

尽管在现象学中关于意向和充实的谈论是如此之多,而且充实综合事实上起着巨大的作用,在此情况下,我们眼前虽然总有一个确定的东西,却还不打算从普遍性和纯粹性方面去阐明意识之确定的本己性,这种确定的本己性是"意向"这个词和"充实"这个相关的词所标识的。现在,我们迄今获得的意向概念已足以达到作为证验的确切的充实概念了吗？或者说,我们的概念只是建立了进一步区分的框架,而这种区分作为分别(Different)产生真正合适的概念吗？

如果我们按照迄今为止的描述首先就空乏表象,更确切地说就意指性的表象,考虑直观化的可能性的话,或者说,考虑它们的证实的可能性的话,那么我们最好继续前进。如果我们考察前摄这种类型的表象的话,那么由于它们以原规则的方式(urgesetzlich)产生于其中的那些发生的综合,它们从一开始就是指向对象的表象。任何期待或共当下具有也是这样。我们在此看到两种本

质上不同的直观化方式,亦即空乏意向与一个给予它以直观充盈(Anschauungsfülle)的相应直观的两种不同的相合的综合:

1) 单纯澄清性的直观化方式,单纯揭示性的直观化方式。例如,当我们描绘一个最初空乏的期待时,当我们描绘它将如何来临时。而且我们也同样拥有对一个共当下的单纯"描绘"(Ausmalung)。

由于期待的始终相对确定的或不确定的普遍性,这种直观化只有根据那些可以说是在预示的范围内被预先看到的成分才现实地是揭示性的,也就是说,只有根据指向对象的意义才现实地是澄清性的。只有这样的成分具有所属的充盈化(Füllung)的特征,只有它们在综合中达到现实的相合。但由于直观必须产生一个充分被描绘的图像、一个具体的图像,因此,仍有一个未被相合的剩余。这个剩余被标识为单纯的填料,确切地说,纯粹在现象学上被标识为单纯的填料。

2) 一种完全不同的直观化方式,或者说,在意向与测度性的直观之间的一种完全不同的相合综合,是特殊的意向充实。对期待来说,这意味着,它与一个相应的感知产生一个综合,单纯的被期待物与作为期待的充实者的现实的将来者同一。这显然完全不同于单纯的描绘,它是真正的证验。因此,单纯对空乏的充实还不是意向的充实。

在此超出预示、超出确定的被期待物而出现的东西不是单纯地被标识为填料,而是被标识为切近规定。但这种切近规定本身具有充实的特征。首先作为预示的相合而出现的东西是第一性的充实者,但直观所提供的剩额也是充实性的,是第二性的充实者,只要它作为属于对象自身的东西被给予,对象在这里被意指,而且现在作为它自身获得直观,恰恰充实着意向。

让我们拿滞留的直观化与此相对照。就像我们知道的那样,在这里不是所有的滞留都在考虑之内。那些原初出现的滞留当然保持为非直观的,而且沉入无差别的、似乎已变成无生命的普遍的遗忘视域——如果没有发生联想的唤起的话。因此,只有指向性的滞留,亦即通过这种唤起变成意向的滞留,才适合考虑直观化的综合。

如果我们考虑这里存在的各种可能性,那么随即引起我们注意的是,这里不像在前摄的情况中那样,澄清性的直观化与证验性的直观化明显被分开,亦即这种方式:这一个如果可以被标识为单纯描绘性的直观化,那么就不可以被标识为证验性的直观化;另一个如果可以被标识为证验性的直观化,那么就不可以被标识为单纯"描绘性的"直观化。这里存在着不同的实事。如果一个意指性的滞留在综合的相合的情况下转变成一个相应的直观的话,那么这个直观当然是一个直观性的再回忆。无疑,我们可以说,通过这个直观性的再回忆,在空乏的滞留中恰恰只是被意指的东西变成了直观上明晰的东西。因此,综合确实完成了一种澄清意义的直观化。它揭示了被意指的意义,但最初是在表象上空乏的对象意义。但我们同样可以并且必须说,这种综合同时具有一种证验性的直观化的特征。空乏的滞留——当重新被唤起时,它实际上已经可以被标识为再回忆,但却是非直观性的再回忆——通过与相应的直观性的再回忆的相合得到证实。只要它是空乏的回忆意向(Erinnerungsintention),它就在这种确切的意义上得到充实:在再回忆的直观中,对象之物自身被置于空乏的回忆意向眼前,而且是作为空乏的回忆意向已单纯地意指的对象之物自身。

81　　　因此,澄清和充实性的证验在这里不应被分开,每一个直观化的综合在此都必须先天地(a priori)成就二者。与前摄那里的平行事况不同,在后回忆的情况中不存在单纯的描绘。单纯的描绘仍然意味着一种直观化,这种直观化的成就是一种单纯的前像(Vorbild),在这种单纯的前像中我们描绘大概会是的东西,或者说——就像在我们的情况中必须所称的那样——大概已是的东西。一个实事的预期性图像不是实事本身,或者说,一个预期性的直观不是自身直观。

这不是说,似乎一个再回忆不可能也是"描绘性的",而是说,我们在此所断定的东西是:它不可能是单纯描绘性的,而是它必然同时是自身给予的,因而是在充实中证验的。这一点以如下方式得到充分理解(让我们明晰地记住我们已讲的东西):任何空乏的滞留,就像一个空乏表象一般那样,都以不确定的一般性的方式表象,这就是说,它有一个内容方面的"预示",这个"预示"使超出它的东西处于不确定的敞开状态——就像恰恰通过揭示而显示出来那样。现在,在这里能独自完成直观化的再回忆使这个过去自身直接地达到直观,这个过去在空乏的回忆中被意指,因此,就像我们所说的那样,它在综合中完成充实的证验。预示首先被充实,而且在任何情况下都是这样。但是,明晰的回忆图像在其具体的充盈中所呈现的,多于预示所确定地前意指的。这种剩余的情况如何呢?在此就所有从这种充盈性的剩余中凸显出来的要素而言,我们现在显然有两种可能的情况。要么它们本身被标识为属于被再回忆之物自身、属于过去之物自身,在此情况下,它们具有对被再回忆之物、过去之物做切近规定的特征,而且它们自身也属于充实者。要么它们不是这样被标识，在此情况下它们具有单纯填料的特征，或者，就像我们对此也可能说的那样，具有一种单纯描绘的特征。对我们在一段时间以前所认识的某个人的一个非直观的回忆，例如通过一个直观性的再回忆得到充实。但是，如果我们现在更细致地检查这个"回忆图像"的话，那么我们发觉，虽然形态、被再造的络腮胡须、眼镜等也许有现实的回忆特征，但胡须颜色、眼睛的颜色等却没有。这里存在的直观性的东西是填料、描绘。

但应注意的是，我们只是想讨论纯粹被动性的事件。"描绘"这个词，就像它表明是对我们有用的那样，通常是指一个主动的自我行止。在预示不再有助于它的地方，自我却至少想要获得一个图像，然后进一步获得各种可能性、各种合适的图像——也许会期待：一个完整的再回忆随后通过联想的唤起闪现，而且这一个或另一个图像将根据其内涵获得尚缺乏的回忆特征，即切近规定的回忆特征。

在此，我们当然不应谈论这样的主动性。单纯的描绘只不过为我们标明了未被充实的填料与现实的充实性填料的不同特征，这种现实的充实性填料本身作为属于直接被再造的过去的东西被给予；作为在"它自身"的样式中的过去之物被给予。

我们一般可能会说，切近规定和描绘实际上总是在再回忆的情况下被完成，而且纯粹充实性的证验是一个观念上的极限情况，也可以说是一个极限。而我们在相反的方向上——而且这是我们的论断的一个要点——恰恰没有极限。也就是说，空乏的再回忆不容许完全是描绘性的而没有证验的直观化。如果它现在实际上通常总是零星地得到描绘的话，那么这意味着：它眼下仍是未被充实的意向。因此,只有绝对完全的再回忆这种观念上的极限情况在这里是除外的。从不同方面看,任何一个再回忆同样都是未被充实的意向。一方面,如果它在明晰性方面摇摆不定,亦即只是相对明晰的话,它也是未被充实的意向。显然,一个再造的图像绝不会是绝对明晰的,因此,这再次指向一个理想(Ideal)。不明晰性在直观上总是未被充实的空乏。而另一方面,当再回忆在直观上只是再造起被意指的过去的一个片段时,例如,只是被唤起的旋律的开头片段时,它重又是未被充实的意向。于是,在这方面,它完全类似于被充实的期待的情况,也就是说,只要相应的感知发生了,期待就已经被充实。只要还谈不上感知,它就仍是未被充实的期待——未被充实的意向。

第 20 节　对充实的意向是对自身给予的意向①

意向指向它的对象,它不想是朝向对象的一种单纯空乏的意指,它想达到对象自身——达到对象自身,亦即达到一个直观,这个直观给予对象自身,它是自身拥有(Selbsthabe)的意识。但意向一般不只是谋求以相应的自身直观(Selbstanschauung)触及被意指的对象之物,例如,只是谋求获得预示的充实。它在此情况下也仍不满足,而从一个切近规定到另一个切近规定地向前追求。对于以愈益更新的切近规定的形式所完成的并且按所属的对象意义被意指的充实来说,在每一个剩余的空乏中预示的这种不确定

---

① 参见附录七:"信仰与意向"(第364页及下页)。——编者注

的一般性常常只〈是〉一种形式。

但除了还有更多的东西属于意向—充实的对立和属于证验的观念,除了迄今明确获得有效性的东西,关于谋求的这整个言说方式还意味着其他东西。业已显示出来的不仅是:一个源自唤起的指向状态属于一切本真的意向,因而属于本真地在充实中得到证验的综合。而且现在作为属于一个证验性的意向的东西凸显出来的是:这个指向状态是有倾向性的,而且从一开始就作为趋向、作为追求"谋求"一种满足,这种满足只有通过一种特殊的直观化的综合才是可能的,这种特殊的直观化的综合使被表象的对象之物达到自身被给予性。更确切地说,是这样:只要直观还包含不确定性或单纯的填料,这种满足就仍只是一种相对的满足,就留有剩余的不满足。一般说来,正是由于与有倾向性的意向的这种本质关系,证验才具有一种只是相对的特征,或者说得更确切些,证验因此才可能被相对化:尽管往好处说,在它之中任何时候都已存在着充实。不仅一种表象自身的综合统一性恰恰属于考虑之列,而且那种涉及贯穿表象的追求的综合统一性也属于考虑之列。与此相应的是充实的双重意义,它的一个方面同等地通过作为追求之缓解的满足表现出来,在这种缓解中,追求目标本身被达到。

在作为唤起者与被它唤起者、指向者与指向的接受者之综合的联想的情况下,我们谈论起点和终点。现在,这种谈论呈现出一种新意义,而且是一种更本真的意义。因为现在涉及一种本真的瞄准。意向是这样一种体验,其中存在着单纯的瞄向(Abzielen),存在着预见,它的充实在于那种"在目标本身上"的体验,而且这不是一种描绘性的直观,而是一种自身给予性的直观。只不过,只要它还缺少射中的某种东西,也就是说,只要它在目标的自身拥有方面还有所欠缺,意向就仍是意向。同样明白的是,任何一个存在某种充实需要的体验都可以被标识为意向,尽管另一方面,它可以〈在〉与另一个意向的关系〈中〉同时作为充实、作为验证性的体验存在。后者,就其是自身给予性的而言;前者,就其不完全是自身给予性的而言,亦即还包含可能不满足的方面。

如果我们也同时考虑自我,而且只是作为接受活动的实行者来考虑,那么我们在发生的分析中应注意,在接受性的行为之前存在一个触发。一个背景表象(Hintergrundvorstellung)、一个具有指向性的表象触发自我——原因在于,存在一个朝向自我的趋向——这个自我回应以朝向,表象呈现出把握性的形态,在其中,自我的目光指向对象之物。这得出了最确切的意指概念,亦即标准的意指概念,更确切地说,是信念性意指的概念、存在意指(Seinsmeinung)的概念,它远远伸展出素朴的表象活动领域。而当指向状态应具有那种终结于证验的意向的形态时,这里有更多的东西。表象现在具有一种发源于自我的追求的形式,即具有一种意指真实的自身的意向(intentio)的形式:这样的意向,首先由我们已描述的一切被标识;于是,它是一种表象性的追求,这种表象性的追求在继续进行的获知中,在一种充实的、持续地切近规定的自身把握(Selbsterfassung)中任意发展——也就是说,不只是一般地处于一种自身把握中,而是渗透着一种追求:深入对象的要素,并且考虑它们在何种程度上尚未作为直观性地自身被把握之物而得以实现,以便使它们获得这种实现。尽管如此,自我是中心,即行为的追求的清醒的发射中心。但也许人们一定会说:实质上,特殊的意指的特征,甚至这种意向的特征确实可能存在而没有自我参与。如果因此意向体验这个表述被用于各种各样的意识,而且还屡屡被分析,以至于每一个意识都是一个"意指某物的活动",而常常又是没有达到真理目标的单纯意指,那么这只有当它按我们的分析被正确理解时才是正确的。人们不可能不加考虑地说,在每一个意识中都存在一个追求,存在一个对其处于自身拥有中的对象之物的意指,亦即不可能不加考虑地说,在每一个意识中都已有一个指向状态。这在原初的滞留的情况下已在决定性的明晰性中显示出来。但确实具有一种一般的本质可能性（Wesensmöglichkeit）的是,每一个意识都通过某种动机引发——在被动的领域,我们称之为联想的唤起——而获得指向,并且与此相关获得对处于自身中的存在者的意指性指向。对于每一个意识来说,我们至多具有成为一个意指存在的意识,成为一个认识追求（Erkenntnisstreben）、一个追求性的意指——它在一个证验的综合中得到满足——的可能性。认识追求在最宽泛的意义上恰恰是指向存在者自身的追求,因而那种具有瞄向性结构的最原始的表象活动就已属于此列。然而,我们不应把这种追求看作个别的意指,而应——当我们想要获得逻辑意义上的标准的认识概念时——在一种习常的一贯性的关联中思考认识追求。因此,这种一贯性不会中断,不会卡在个别的行为中,而且当认识者睡着时也不会中断。然而,这只是临时的。

通过对意向的概念和现象的彻底澄清,我们以某种方式重新把滞留和前摄拢在一起,我们曾把它们作为对照项（Kontraste）看待。与滞留不同,前摄因其起源而在本质上是意指意向（Meinungsintention）。更严格地说,前摄依此应被解释成一种前意指,亦即指向未来的意向、前指的(vorgerichtete)意指和追求——无论自我自身是前意指性的(vormeinendes)自我,追求是自我的追求,还是涉及一种无自我的(ichlose)趋向,这种无自我的趋向恰恰还是对未来的将来者的表象性趋向。我们也称前摄为一种预期性的、先行把握的意指。在立场性中,更确切地说,在未变式的立场性中,我们对某某表象内容(Vorstellungsinhalt)具有某种信仰,这种当下的信仰不是信仰在当下印象性地被给予的东西,而是借这种信仰进行一种先行把握(Vorgriff),亦即对那种只有未来的感知自身才会显示的东西的前意指。

让我们将其与一种滞留相对照,这种滞留已获得某种意指的形式,例如,具有一种——尽管是非直观性的——后回忆的形态和一种有倾向性指向的后回忆的形态。因此,在这种滞留中存在着对那种在直观的再回忆中被提供的、处于自身被给予性样式中的过去之物的意向。显然,这种意向也以某种方式是前意指性的,尽管这种"前"不具有时间性的未来意义。空乏回忆的当下体验超出自身意指,亦即以先行把握的方式超出自身意指,只不过它现在意指某种东西,这种东西存在于过去之中并且会通过给予它自身的回忆直观(Erinnerungsanschauung)达到充实的被给予性。我们立即看到,而且是普遍地看到:任何意向一般都是预期性的,而且这种特性恰恰归因于追求,这种追求本身指向某种东西,这种东西必须首先使自身现实化。意向要么通过感知先行把握未来之物的自身现实化,同样也先行把握共当下之物的自身现实化,要么通过再回忆先行把握过去之物的自身现实化。

然而,我们在此陷入一种悖论。过去可是早已被实现了,而不再能被实现,这没有任何意义。另一方面,如果前摄的追求或趋向指向未来之物的话,那么这实际上却不是追求,追求的充实使未来之物成为现实,实现它。这样一种实现时而可能有意地——即以行动的方式——进行,时而可能在被动性中无意地进行,例如,当我们因苍蝇叮而无意识地(也许专注于完全不同的事情)缩手,借此,一个空间性的事件在感知的周围世界中得以实现。

而当我们严格地考虑现象学的事况本身时,这一切就会达到明晰性。尤其要考虑,什么样的追求在这种意指中起作用,这种意指具有何种追求目标。

第21节 认识追求与现实化追求

当然,这里没有谈论愿望、渴求或意欲,这取决于:被意指之物应是现实的、应成为现实的,还是本应是现实的。因此,在证验性的充实方面也没有谈论一种相应的合愿望的或合意愿的满足,这种满足存在于对已确然生成的现实性的喜悦中,即喜悦于:〈它〉是现实的,〈它〉已成为现实的,等等,而以前这种确然性的缺乏、对存在的怀疑或对不存在的确然性在情感(Gemüt)上却被感觉为不愉快。就像已讲过的,这里不可能对此说什么。例如,处于一个正在进行的感知的关联中的连续的前摄意向在每一瞬间都含有对将来者先行把握的确然性,含有对其未来的(而且完全没有我们的帮助)将临的确然性。在一段旋律的进程中,当我们倾听时,每一瞬间都具有这种确然性:从现在起,后续的音节将相应到来,而且在早已熟悉的旋律中,内涵甚至处于完全的确定性中。无论我们是否喜爱这些音调,在它那方面都可能引发新的追求,充实新的追求或使新的追求失实,而这与期待意向本身无关。对于作为前摄而存在于单纯声音感知中的期待来说,审美的(ästhetische)喜悦或不喜悦不意味着充实或失实。由于我们在活的感知中预先确信一个将来者,因此,根本没有余地存在一个愿望:它应存在;或甚至于根本没有余地存在一个进行实现的意欲:它应通过我们的行动生成。

另一方面,我们不能背离我们已在现象学上所获得的描述:每一个旨在进行认识的意指恰恰都是一个趋向、一个追求。只是我们必须注意,它恰恰是一个具有不同指向的追求,而且多重的追求在既定的情况下能〈相互〉交织而没有彼此阻碍。如果在对未来之物的期待中、在对过去的存在的回忆中,认识上意指性的追求不指向存在的话,那么它就指向对被视为存在着的东西的经验性的自身观视,或者更确切地说,指向经验本身。这取决于:在自身经验的主观样式中,预先已作为确然存在着的被意指者是现实的还是将成为现实的。因此,期待意向尤其在于,在先行把握中确然的被意指者未来在某种程度上达到自身把握(Selbstgriff),也就是说,致力于处于切身性样式中的现实之物。此外,回忆意向在于,那种先行被把握为过去的确然性之物成为自身被给予的过去之物,因此,这里的目的在于变化了的切身性样式,即作为感知之样态变样的直观性的再回忆所呈现的样式。

首先,证验的综合的本己的新获得物是在综合过渡的终点产生的相合,亦即作为意向起作用的表象与相应的自身经验的相合,空乏由此获得其自身的充盈。在这种作为结果被意识到的相合中,被意指物等同于意义,它现在统一地显示出未被充实的自身和充满的自身这双重样式,更确切地说,以"被证实的意指"的特征,亦即以由此过程所产生的饱和的特征统一地显示出这双重样式。其次,但已在这个下层被独特地标识的东西仍然具有其源于上层、源于追求层次的特殊特征。追求得到满足,处于自身样式中的经验被标识为已实现的目标,这种目标,作为已实现的,亦即由综合产生的目标,当然具有结果性的相合的特征,亦即先行把握性的意指与处于自身把握样式中的意指的相合,因而具有一种双重层次的充实的特征。

这里产生了本质上可能发生的而且事实上屡屡发生的追求的变动,这种综合中的结果特征、"真的"特征可能成为追求目标,同样,作为成就者的证实性的综合也可能成为追求目标。最终,作为追求缓解的结果、追求满足的结果出现的舒适感也成为有意识的动机和追求目标,或者说,〈成为〉意愿目标。

我们的分析澄清了在最下层的表象领域内信念的意指,亦即表象性的意指、支配性的追求与其他所有基于内容上相同的表象的可能的追求和满足的本质区别。在所有表象活动中,我们都具有作为信仰质料(Materie)的表象内容和信仰自身,或者说,在完整意义的表象活动中,我们具有意义质料(Sinnesmaterie)和"确然存在"这种样态的要素或其诸变样。如果表象活动具有一种在确然性中的意指性意向的正常形式,那么情况也可能是:出现了一种由表象内容的各种特殊要素所规定的评价和一种从那里被动机引发起来的追求。我们对被表象的实事的存在和如在感兴趣,我们希望它存在,我们发现它对我们来说实际上是可能的,于是我们可

89

能通过行动力求实现它。如果这种追求瞄准实事本身的现实性，而这种实事由于某些特性而对我们有价值的话，如果这种追求在实事存在的确然性的产生中被满足，而且优先在借经验的自身把握中被满足的话，那么它这时谋求的却不是自身把握和证实，而是价值的现实化，是各种评价性意向的充实，这些评价性意向在它们那方面恰恰通过表象和被表象者的现实化被奠基。

我们致力于对充实的综合的分析，这种充实的综合在被动性层级上与我们在通常意义的思想层级上称为证实的那种高级综合相应——我们干脆称为被动领域中的证验。——这种分析将我们带到被动意向的确切概念上，它能在充实综合中起作用，因此，它应当作为对某物的意识所必然呈现的一种特殊形态。我们区分两类意向：

首先：一个关于某物的意识自身不必要有对某物、对其对象性的那种突出的指向形式。这表现在那些滞留上，这些滞留被原初地链接在每一个感知上。只有当从别处、从另一个表象那里发射一道联想的射束，一个"唤起"进入这个意识而且它指向其对象之物时，它自身才具有一个指向。与它齐头并进的可能是自我的另一种指向，亦即那种注意性的指向，但这不属于这里的讨论范围。这样的唤起具有趋向的特征，因此也具有强度的等级性：它能像力那样被增强，也可能被减弱。例如，这表现在重复性的感知所给予滞留中周期性环节的那种强化上，这种强化激活它们，而且同时把它们强化成意向的对象。在此应注意，只有通过这些综合和类似的综合，那种与新的感知对象一致而以滞留的方式消逝的东西实际上才可能是对象，亦即意向的对象。但是，在对一个重复系列的感知中,例如,甚至在对一段旋律的感知中,意向的对象在纯粹的被动性内不只是那些新出现的对象,尽管它们是原始的指向所趋向的对象。就力的伸展范围而言,滞留上的逐渐消逝之物被意识到并非这种情况:新东西出现,而旧东西作为与新东西无关的东西逐渐消逝,它与任何东西无关。一个相继的复多性(Mehrheit)的统一性、一个被划分成复多性环节的过程的统一性的前提是:力从新东西中发出,或者说得更确切些,各种综合以回退的方式被编织起来,由此,一个意向的统一性被创立起来,这个意向的统一性使那些已逐渐消逝了的对象恢复成活的意向的形式(或者说,"唤起"它们),而且把对它们的意向与对新东西的意向统一地联结起来。

其次:作为特殊的意向的另一个要素,我们突出那种对终于自身的趋向,亦即那些已具有指向的表象——只要它们不早已是自身给予——对自身给予的趋向。这些自身给予的表象、直观——它们使被表象之物在自身的样式中被意识到——必然是意指性的表象,亦即指向这个自身的表象。但只要这种指向状态恰恰终于指向目标(Richtungsziel)自身,意向就得到了充实。

另一方面,具体地自身给予的表象也总是意指性的表象(在特殊意义上的意指性表象,即它们指向充实)。就此而言,它们包含先行把握的意向,亦即前摄的意向,这些意向在自身给予的连续进展中得到充实。换句话说,具体的感知和自身给予一般只可能作为一种连续的充实综合。因此,只有当一个表象要么是素朴地先行把握的意向,要么在其合成性的结构中混杂着一个先行把握的意向时,它才是可充实的。我在此还想做如下说明:单纯有倾向性的指向状态,例如,一个空乏地先行把握的表象对其客体的指向状态,亦即那种使这个空乏表象成为对客体的"意指"的指向状态,与对在相应的自身中的充实的进一步趋向(亦即,与证实趋向)处于何种关系,对于这个问题,我总是踌躇不决,而且我觉得自己在这点上完全没有把握。当我在几年前讲授超越论逻辑时①,我认为这两种趋向其实是同一个趋向,只是在发生作用的样式上有所区别。也就是说,对空乏地被表象的客体的指向是那种对其客体的表象趋向(Vorstellungstendenz)的样式,在这种样式中,表象性的意识尚未产生意向的效果。只有那时趋向才是瞄向性的趋向,它在无阻碍地得到缓解时、在无阻碍地产生意向的效果时导向充实,导向目标自身。因此,在有阻碍的样式中,这个目标已经是其目标了,只是恰恰处于未被实现的样式中。如果所有自我主动性的干预实际上都不起作用的话,这也许是完全正确的。

如果这涉及空乏的回忆,那么在它们之中起支配作用的、意向的趋向则将被标识为再造的趋向。因此,联想的唤起也将是对相应的再造的趋向,亦即对转变成一个直观的再回忆的趋向,这种直观的再回忆使过去之物本身达到自身被给予性。这种趋向可能无阻碍地产生效果:空乏地被唤起的回忆在一定程度上以完全苏醒的方式连续地转变成回忆直观。在感知的进展过程中,上述情况的严格类似物将是前期待,亦即前摄趋向的那种连续的作用。在意向受阻碍并且只在后来才发生某种充实的地方,充实综合成了一种不连续的充实综合。但是当然,而且绝不能忘的是:在运用于这样的充实的情况下,所有关于证实的谈论在单纯的被动性中都

---

① 指的是"超越论逻辑"讲座。参见"编者引论"和出处考证。——编者注

是一种非本真的谈论。的确,这里没有谈到一种主动的追求和成就活动,这种主动的追求和成就活动指向真实的存在,并且按照这种作为真实之物的处于自身给予中的被给予物的标准确定和衡量它的意指,但会〈涉及〉各种前提,而且以某种方式〈涉及〉各种类似被动性的东西,而如果没有被动性,那种主动性就不可能起作用。

第 22 节 意向与被意指的自身的各种不同关系·第二性的证实[①]

严格说来,我们通过迄今为止的考察尚未获得最终的和纯粹的结果。我们已经清楚地认识到,直观——根据它们是自身给予的还是非自身给予的——具有本质的区别,因而,综合——根据它是转变成自身给予的直观,还是转变成非自身给予的直观,而且就像我们所说的那样,另外还转变成单纯描绘性的直观——具有极其不同的特征。但是现在,一个如此一致地被考虑的综合所统一起来的东西不只是对象意义的相配或相合,而是在相应的综合及其成分中居支配地位的意向——在我们已清晰地析取出的意义上的意向——的相配或相合。透过空乏的期待意识(Erwartungsbewußtsein)的意向在向自身给予或感知的转变过程中得到充实,它在自身给予的直观中可以说是满足了的意向,在这里被标识为被证验了的意向。而且在一切类似的情况下也是这样。尽管在感知的进展过程中,感知与感知,亦即原本的自身给予与原本的自身给予达到综合的统

---

① 参见(附于第 45 节的)附录二十七。——编者注

一性,我们在各种显现中却具有各种由动感所引发的意指射束(Meinungsstrahlen),而且这些被引发出来的前意指、前期待似乎在连续新出现的显现中得到满足。但是,当我们严格考虑各种现象时,在意向的射束(Strahl)与其所进入的直观之间的区别凸显出来。此外,从总体看来,在当时的"意识到"——即使它是一个空乏意识——与那种贯穿这个意识的瞄准的意向或射中的意向之间的区别凸显出来。例如,紧随僵固的被动性而来的滞留是一种空乏意识,就像我们表明的那样,从活的当下而来的联想意向在把意向回射进刚才的曾在时可能沉入这种空乏意识中。如果那时再造的唤起由于一个相应的再回忆的来临而产生的话,那么这个直观已经将意指射束接纳入自身,而且这个意指射束在这里具有那种在自身被给予的过去之物中终结性的充实样式。

同样,在被期待物之描绘性的表象中,起描绘作用的直观本身将有别于进入它之中的意向,但意向在这里没有终结于其已成为直观性的意义,没有得到充实。这种对象性的意义只有在这里才具有被意指物之所是的特征,具有澄清者、直观化者和描绘者的特征。但是,意向仍作为未充实的意向贯穿这个"图像"。只有当相应的经验,亦即自身给予的经验发生时,意向才得到满足,呈现出已射中目标的意向的特征,看到目标的特征。

但是,我们现在必须采取进一步的步骤。就像我们在空乏的滞留那里区分空乏意识和意向那样,我们在空乏的前期待那里也做这样的区分,而且这一点具有重要意义。如果我们在感知时朝这或朝那转动目光的话,那么意向的射束就从这些以一定方式进行的动感中射出。但不只是射束,仅仅这些射束当然什么也不是,而只是表象中的指向。被唤起的是空乏表象，而透过空乏表象的则是那些指向空乏地被表象的对象意义的期待射束（Erwartungsstrahlen）。 94 空乏是那种在相应的直观和揭示的综合中得以现时化之物的潜能性。

但是，我们现在看到，与自身给予的直观与非自身给予的直观之间的基本区别相应的恰恰是相应的空乏表象之间的区别，即滞留与前摄——而且纯粹作为空乏的表象，而不考虑隶属于它们的意指射束——之间的区别。但我们然后看到，滞留的空乏意识的形成方式根本不同于空乏的前回忆的空乏意识。对滞留的空乏意识的揭示导向自身给予，它已预先以某种方式拥有自身，本身已潜在地拥有自身。而空乏的期待不是。作为潜能性存在于空乏的期待中的恰恰是那种描绘性的直观，这种描绘性的直观本身未曾给出过自身。对此，我们也能这样来表达：就像再回忆使过去的自身或多或少明晰地、在观念上的极限情况下完全明晰地达到被给予性那样，空乏的滞留本身以完全不明晰的、空乏的方式拥有这个自身，它拥有它，作为原初地被保留和被收藏的自身，作为本身仍被意识到和仍保持在手的自身。当原本的给予性的印象消逝时，自身尽管空乏却没有失落。另一方面：就像直观的期待只呈现了一个前表象（Vorvorstellung）、一个将来者的前像而不是实事本身那样，对将来者的空乏意识也是一种对将来者的空乏的前表象，而不是一种空乏的自身表象（Selbstvorstellung）。

对此，我们也可以说：无论期待是空乏的还是直观的，它都是预期性的表象。只不过用"预期"这个表述同时也表明了，意向指向被预期物。

通过对事况的这种澄清，现在也可以理解：在自身证实（Selbstbewährung）之前，存在着一个可能的确认层级。例如，一旦过去甚至只是达到空乏的唤起，那些回射进过去，亦即回射进回忆领域的表象已具有某种充实特征、一种确认性的特征。严格说来：如果我们像通常那样拥有关涉着我们的过去的预期性的表象，例如，当手拿一封我们自己从前所写的信时，那么我们最初拥有一个空乏的观念般的表象，它在意向上关涉着我们本己的过去，但它在开始时是完全不确定的和一般的。一旦现在确定的回忆闪现了，我们就拥有确认性的充实的意识，而且还在一个再造的再回忆出现以前。当然，这不是本真的和最终的充实。它首先需要现时化，由此，过去之物自身第一次现实地和本真地在此存在。但无论如何，它完全不同于在预期性意识那里的情况，预期性意识即使成为直观的，也不太可能被充实。①

对此，现在仍应进一步探讨。预期性的表象也以某种方式参与充实的功能，甚至可以说持续地参与充实的功能。这的确表现在这一点上：每一个感知和经验在自己自身内都带有这样的表象，作为视域，而且进一步作为意向上被唤起的视域。一旦这里发生了预期性意向的冲突，自身给予也受阻了。整体——例如，全部的感知作为感知所构成的整体——的自身给予不仅由其中的本真感知所决定，而且由那些也同样给予意义的、协调一致的、先行把握的意向所决定。人们在此发现，就一般的预期领域来说，存在某种像确证的东西，亦即以某种方式发生单方面的或相互的确认，尽管

---

① 在表达的进展中，空乏的同感相互确证。另一方面：直观的同感情况如何呢？而且严格说来，在表达的进展中，充实的情况如何呢？

这里不可能发生本真的证实。而与此相反的是驳斥，也就是阻碍、怀疑和注销：我们已经看到，我们碰到了变式，它回涉着意向中的特殊之物。

现在，我们的分析仍需一些补充。首先谈谈在立场性的直观领域内的对立，谈谈自身给予的直观与非自身给予的直观之间的对立，这曾对我们具有特殊的重要性。的确，事实表明，并非所有的直观都能作为在充实中证验的直观起作用；事实表明，自身给予可以是某些直观的一种特权，我们将感知和回忆列入其中，而处于对立面的则是像直观性的前期待或类似于它的、某个未知的共当下的当下化等等诸如此类的直观。我们在此引入经验着的直观这个术语，并且发现，休谟的印象概念（在其宽泛的意义上）借此得到澄清。感知是自身给予的，这一点对你们来说是熟悉的，而且以后也不可能给你们造成任何困难。在现象学上，"自身给予"在这里意味着，所有感知在其自身内都不只是对其对象的一般性意识，而是以一种突出的方式意识到其对象。感知是切身地观视和拥有对象自身。因此，反过来说，对象不是作为一种单纯的符号和映像被给予，不是作为一种单纯被指示的对象或显现在映像中的对象等等而间接地被意识到；而是作为它自身——就像它被意指那样——被给予，在某种程度上可以说，它亲身站在那里。

但您可能对容许再回忆被看作自身给予有顾虑。不过，如果您深入考察这个意识种类的话，那么一定会明白，这里也必须谈论自身给予，只是以变异了的方式，而且这种自身给予处于一种本质的共性中，它使证验中相同的功能活动成为可理解。再回忆并不提供切身的当下，但从褒义上讲提供"切身的过去"。因为这恰恰意味着，直接回返到作为曾被我们感知过的东西的过去之物，以及在作为回忆的原初的再实行中对这个曾在本身的自身拥有。我们也可以说，感知以对对象的原初获得为特征，再回忆以"在思想上"对已获得之物的原初回溯、原初的重新占有为特征。

这里也可以参照以前的阐释：二者的功能在认识中相互关联，而且只有在这种关联中才使认识得以可能。关于获得物和重新占有的比喻说法正确地表明了这一点，实际上，这种说法不止于比喻。一个我们不可能重新占有的获得物不是一个获得物。一个已得到切身把握（Erfassung）的对象能对主体（Subjekt）存在着，能在其知识和认识方面具有永久的有效性，只是因为它是主体在重复进行的再回忆中能够回到的同一之物；它能是其周围世界中的现实对象，只是因为它是主体在重复进行的再回忆中能够回到的同一之物。主体一再作为同一个东西所意指的同一之物，或者在再回忆中得到证实，或者也有可能在新的感知中得到证实，但它也作为主体能够重新认出的东西，主体时而已再回忆起它，时而已感知到它——这重又以再回忆为前提。

现在，与之相对的是非自身给予的直观。我们在直观的前期待的情况下使用的"描绘"的说法，在这里可能诱使我们把这类作为单纯的想象行为的直观与那些自身给予的直观相对照。但对这类直观不应做如此简单的特征描述，事实上，它们很需要更深入的分析。单纯的想象（Phantasie）不是立场性的体验，而直观的期待就是期待，在它们之中有某种东西被信仰，被设定为将来存在的东西。因此，直观化的将来之物不是将来之物自身，它看起来与一个前像没有任何不同，意向作为未充实的意向在一定程度上透过它而单纯预期性地预先指向相应的自身。但需要对这样一种前像功能（Vorbildfunktion）的结构及其发生的结构做进一步分析。

随即清楚的是，需要充实的意向之间的基本区别与那些能胜任充实性的证验的自身给予的直观本身内的基本区别相应：因为显然不是每一个意向都可随便通过一个随便什么性质的自身给予被充实。例如，一个期待只能通过感知得到充实，一个回指的意向只能被充实为再回忆。

迄至目前，我们仅仅把注意力放在充实的综合上面，而没有考虑到属于它们的相反事件，即失实。在这种综合中，代替被意指的自身而出现了另一个自身，而且这另一个自身同样以自身的样式出现，在那里可以说发生了一个对相合的否定：在向直观转变的过程中，被意指的自身落在另一个自身上。但它不是达到认同性相合的统一性，而是达到别样存在的统一性，在那里，被意指物被抹掉了。我们显然退回到了被动的变式的学说，但它通过对意向和充实概念的更深入的澄清开启了新的明察和对其本质的一种更深入的理解。首先，重要的是把对联想的现象学考察与关于意向的学说联系起来。借此呈现出一种发生性说明的可能性，即首先是对处于内在的被给予性领域内的样式的发生性说明，然后是对超越的、外在的被给予性样式的发生性说明。通过不断的回溯，一种逐步的说明得以可能，即逐步说明这种方式：在意识生活的内在中，这种生活自身的统一性作为另一存在层级的存在领域通过充实的综合以及其他各种信念的意向与其进一步交织起来的一致性的综合被构造起来的方式；此外还有，自在存在物作为更高的存在层级在这种生活的统一性中被构造起来的方式，而最上层是，在其开放的无限性中的世界大全(Weltall)、客观存在的完整宇宙、我们的客观世界的完整宇宙在这种生活的统一性中被构造起来的方式。但所有这一切都是在一致性综合(Einstimmigkeitssynthesen)中被构造起来的,尽管并非完全没有不一致性、假象(Scheinen)和幻觉。不真之物、不存在者已经以某种方式在被动性内被排除了。一个对同一世界的一贯性意识通过修正性的调整而以在意识上恢复被扰乱的一致性的形式得以实现。由于我把我们已获得的原始的"证实"概念与传统逻辑的矛盾律和排中律进行对照,我随即会产生一种对大量问题和它们所要求的极其广泛的研究的预感。我们将借此澄清这个完全特殊的存在概念和属于这个特殊概念的标准化,这种标准化被这种规律设为不言而喻的前提,因而被逻辑学设为不言而喻的前提。

然而,在我转向这以前,我还必须在上述的原始层级内首先谈谈那些第二性的证实,它们支持那种通过这个自身的证实,即被我们看作明见性现象之最低层级的证实。我们活动在意指领域,亦即信念意向的领域。全然的信仰通常总是标明了意指,以至于我们对意向的澄清显然展示了判断学说的一个基础部分。意指可能与意指相协,甚至在它们未被充实的情况下。通过从相协性的意指移至一个被给予的意指,这个相协性的意指获得了一种被确认的意指的特征,而且是一种越来越有力地被确认的意指的特征,而无关乎一种原初的证验、一种明见化。同样,空乏的意指可能与其他意指发生争执,而且〈可能〉形成一种不可消解的怀疑,然后,争执以重新被唤醒的确然性的形式得到裁定。重新被唤醒的确然性否定这一个怀疑环节,而确认另一个怀疑环节,但所有这一切都发生在单纯空乏的信仰意向（Glaubensintentionen）的领域，而我们以前已探讨了感知的原初性中可能的变式那种与之相似的事件。例如，我们手拿一封旧信，它以不确定的一般性方式指示着某人，但我们不知道这个人是谁。信的笔迹看起来是我们所熟悉的，而且这时浮现出对好些人的回忆，我们拿不准究竟是谁。当阅读第一行时，对收信情境的确定的但却决非直观的回忆浮现出来，而且这个人随即被确定了，当继续阅读这封信时，这个裁定得到确认。

具有重要意义的是，这类确证性的和在多重的协调一致中强化性的功能实际上在一切领域都起作用，而且在自身给予中也起作用。它们一起参与所有自身给予，一起完全本原地参与所有感知。它们的协调一致也属于自身给予性的充实的那些功能，就像它们变得不一致时可能在它们中引起变式那样。感知的"视域"的确是相互关联的而且按照不同的指向在感知的进展中得以现时化的各种空乏意向——在我们业已澄清和明确说明了的意义上的意向——的标题。如果感知是正常的感知，也就是说，是继续进行的自身给予，那么所有这些意向都必须协调一致。如果它们互相冲突，那么那种属于自身给予的信仰的充实就受阻了。例如，在视觉上发生的外感知的进展中，事物不只是在视觉上被意指。其他感性领域的各种意向连续地一同被唤起，而且在综合的统一性中必然与视觉领域的本真的印象性的意向连续地协调一致。它们必然这样，因为它们共同构造着对象的意义。但是，一旦在触觉领域有某种东西不协调了，即使它没有在印象上被现实化，充实信仰（Erfüllungsglaube）就受阻了，感知的统一性在协调所有意向成为一个总意向的统一性的过程中受阻了。但与此同时，我们实际上必然超出个别化的感知而趋向外感知一般之广泛的关联,这种关联在所有的而且还共同规定着意义的空乏意向的一种普遍的综合中恰好形成一个统一的周围世界的意识,而且形成一个原本的意识。我们可能看到一个事物,而且在它之上的所有一切都协调一致;那些一同被指示的触觉本己性本身一定会相配。但是,例如,我们通过一个立体镜看手撑在桌子上,以此方式而且也通过之前已连续发生的总体的感知关联,我们知道自己在一个小房间中,而立体观测的客体却是一块巨大的孤岩上的瀑布。二者不相符,而且感知现在破裂了、变式了,它呈现出幻觉的特征,而且在这种情况下同时也呈现出一条瑞士瀑布的一个印象性映像的特征。现在,意向穿过映像继续趋向一个另行产生的充实性的自身给予。

因此,我们看到,一切领域都涉及各种意向系统,它们汇合成一个综合的统一性和一个由此形成的总体意向的统一性。这些统一性必然完全处于协调一致中,因此,个别的意向系统在整体上可能具有未破裂的信仰的特征。变式属于意向而且发生在意向中,但不是在基本的意向中孤立地发生,而是在被嵌入综合的总体意向中的具体意向中发生的。因此,自身给予是特殊的形式,当它们构造出一个自身时,它们借此能够胜任对非自身给予的形式进行充实性的证验。

第三章　经验的最终有效性问题

第23节　一种对一切意向的可能的证实的成问题性及其对经验信仰的后果

我们意识到我们本己的生活是一种无限流逝着的生活，我们在这种生活中持续不断地拥有经验着的意识，而与此相连，我们在最广阔的范围内拥有对一个周围世界的空乏表象性的意识——这是各种各样的意向的统一性成就，即各种各样不断更迭的但却相互协调一致的直观性的和非直观性的意向的统一性成就：各种各样的意向，它们一再分别组合成各种具体的综合。但这些合成性的综合不可能保持孤立状态。所有这些个别的综合——通过它们，我们以感知、回忆等等方式意识到事物——被一个普遍的环境所包围，这个普遍的环境由各种不断被重新唤起的空乏意向构成，但这些空乏意向并非孤立地充溢其中，而是本身相互综合地交织在一起。对我们来说，各种意向综合协调一致的普遍综合相当于"这个"世界，它包含一个普遍的信仰确然性（Glaubensgewißheit）。但正如已经提到的那样，在有些地方存在着断裂、不一致性，一些局部信仰被抹掉了，变成了不信仰，一些怀疑产生了，而且一段段地保持为不可消解的，等等。但最终，每一个不信仰都包含一个对新的实事性意义的肯定性信仰，每一个怀疑都包含一个实事性的解答，而且如果现在世界按照一些个别的综合而获得一种改变了的意义的话，那么尽管有这样一些变化，仍有一种综合的统一性贯穿普遍的世界意指（Weltmeinungen）的相继性序列——它是同一个延绵不断的世界，只不过就像我们所说的那样，它在细节上被修正了，摆脱了"各种虚假的立义"，就像后来所称的那样——本身是同一个世界。所有这一切看起来很简单，但却充满了令人惊异的谜，因而有理由做深入的思考。

　　我们做如下思考。我们已经明察到，在纯粹的被动性层级内，信念的生活一再呈现出被动的意向形态、一种指向状态的形态，这种指向状态在作为不受阻碍的趋向起作用时转化为自身给予。因此，贯穿被动生活的是不断被重新编织起来的充实的综合。持续不断地有一种对直观的追求，而直观使被意指的自身得以实现——"持续不断地"，这个词总是令我们不由想到"证验"。充实性的自身作为意向谋求的目标确实具有那种对主体是真的和从此以后永久有效之物的特征。这看起来恰恰是主动的认识所成就的东西，在最高的层级上是述谓的和理论的认识所成就的东西。它最初也是单纯的意指，只不过是主动的意指而已，它也是一个有倾向性的意指，只不过现在是一种主动追求性的信仰，它期待充实，在明见性中获得的充实。但是，明见性有什么不同于对被意指物的自身观视（Selbsterschauung）或在自身拥有中进行充实的现实化呢？有什么不同于单纯先行把握的意指与充实性的自身之同一性相合（Identitätsdeckung）的综合呢？"证实为真"，亦即对意指之正确性的证实的确就是以此方式进行的。它取决于意识上被实现的自身；因此，证实性的明见性据此恰恰是那种在自身拥有的原初性中所发生的、知与物相合（adaequatio rei et intellectus）的意识。

尽管这种展示清楚明了而且从某个方面看甚至是无可怀疑的，但真正的证验的成就，作为对确切意义上的认识的追求，不可能被主动性和被动性在此所共同具有的东西所穷尽。

明见性、直接被看到的相合（adaequatio）已产生充分意义上的真理了吗？真理毕竟是最终有效性。但自身拥有、经验可能与经验发生争执，可能发生变式。这难道不可能无限继续下去，因此绝不会达到最终有效性吗？而且虽然应当有这样一种最终有效性，但如何知道它呢？一切认识作为判断论证都从经验开始。无疑，经验是论证的初阶。但单凭经验就已完成论证了吗？对经验的被动性的分析对于说明这个初阶来说无疑是基础性的。但我们不能指望这样就已取得了很大进展。在迄今为止的论述中就已成问题的是，是否在每一个判断背后都有一个最终有效的真理：鉴于经验的相对性。如果我们在开始时承认经验具有最终有效的正确性的话，那么怀疑就获得了一种新的意义。每一个问题都一定能得到回答吗？其最终有效的回答，而且预先？换句话说：在我们看来，每一个判断都在一个自在地有效的真理中有其标准，无论我们现在是否已认识它，而且无论我们是否在任何时候会达到它。在明见的证实中，标准化、合标准是以主观的方式进行的，因为就像我们所认为的那样，正是在经验的直观中、在自身给予的直观中，标准化的真实之物恰恰作为被看到的自身而直接被我们把握到。

但在这个自在(Ansich)中不是存在一些深度的困难,而除了已讨论的方向外,这些困难还存在于另一个方向上吗?例如,每一个指向未来的判断都必须具有一个最终有效的真理或谬误吗?这个最终有效的真理或谬误必须事先被裁定,只不过我们不知道它是如何被裁定的吗?让我们紧盯被动性中的实事,从而认识我们在这里所错过的东西。只有从那里我们才能把握传统逻辑学的奠基中最根本的缺点,这个缺点以最令人惊讶的方式落在一切逻辑规则的最终原则上,亦即落在矛盾律和排中律上。

但只要说到逻辑规则,首先就会想到这种原则。一切认识都必定是合乎逻辑地形成的,一个真正的逻辑认识被回涉到矛盾律上。

而一旦我们说出和仔细考虑这类定律,我们就会注意到,我们在这里尚未在充分的意义上具有像真理和谬误这样的概念,而只是在一种不完全的意义上谈论正确和不正确的标准。在内时间意识中,我们具有在时间上被串在一起的体验被给予性(Erlebnisgegebenheiten)之流,连同它们的前期待,这些前期待具有一种前指状态的期待信仰的特征。在其中所包含的超越的经验体验(Erfahrungserlebnisse)——即直观的和非直观的超越的经验体验——之流中,一个时空的世界被给予,而且一个需要充实的超越信仰的各色体验都持续地关涉着这个时空的世界。在两方面,信仰不仅指向当下,而且指向被前期待的未来和由回忆得到的过去,产生了各种各样的回忆信仰(Erinnerungsglaube)和期待信仰,它们可能被证实或被拒绝。现在,在所有这些方面,经验信仰(Erfahrungsglaubens)的可证实性和可证伪性处于怎样的情况呢?

所试探的这个公理——即每一个这样的信仰要么可肯定性地被证实,要么可否定性地被证实——可能会意味着什么?但不只是这些:这样一个信仰的本质中包含着这一种或那一种的单纯可能性,而且当一种可能性被认为已实现了的时候,另一种可能性就因此被注销了。肯定性的证实与否定性的证实、充实与失实相互排斥,这从矛盾律看当然是显而易见的。但如果我们要说,任何信仰都是在它通常要么有效要么无效这种意义上是可证实的,就像传统的排中律所认为的那样,那么其中存在着更多得多的东西。让我们通过与一个数学判断、一个趋向数学上的东西的判断信仰(Urteilsglauben)的对照来阐明这一点。要么它有效,它是可证实的;要么它无效,它〈是〉在否定的意义上可证实的。这是因为:无论我们是否每次都会实行证实,甚至能否实行证实,即使没有考虑,每次是否都能获得肯定性的裁定或否定性的裁定,但预先已被裁定,因而对一切现实的和可能的意识未来(Bewußtseinszukunft)来说已被裁定的是,因此自在地被裁定的是:判断是可证实的还是可证伪的。我们只不过预先不知道,这是如何被裁定的,我们只有在作为现时的裁定的那种现实的、洞察性的证实中才能知道。这仿佛已预先被决定了,就像色子落地,无论是正面还是背面。如果我们确实使判断得到肯定性的证验的话,那么我们知道,事先已被确定的是:只可能发生肯定性的证验,而相反的证验(而且对一切可能的自我来说)则被排除了。

我们现在开始着手研究我们的各个外在经验领域(Erfahrungssphären),按照它们在被动性中被构造起来的方式,而且在我们到目前为止能从被动性那里理解它们的范围内。在此情况下,我们问:这——即任何信仰,无论它以什么方式产生于意识流及其动机引发,都根据证实或证伪的可能性而预先被裁定——是一个从经验的意向性的本质中获得的而且是现实地可洞察的本质规则吗?该如何理解这个"预先"呢?当然,如果发生了一种充实,那么信仰就被裁定为有效的;如果从单纯的预期中生成了一种自身把捉,那么预期就已得到了确认。但只要证实没有发生,就存在着两种开放的可能性。如果这终究要被裁定而不管是否做出了裁定,那么这本身预先确定了只可能出现哪一种可能性吗?对真理的本质或有效性(Gültigkeit)的本质的澄清也就是对这个"自在地"的澄清,也许这里存在着根本的差异。事实上,像数学的以及其他的本质真理(Wesenswahrheit)这类真理根本不同于像经验真理(Erfahrungswahrheit)那类真理。这个自在按照相关性分成:1) 自在的正确性,它属于信仰; 2) 自在真理(Wahrheit an sich),即在确切词义上的真理,它属于意义或定理。自在对象(Gegenstand an sich)与自在真理相应。现在,自在属于对象。

因此,通过对照性地引入数学上的东西——在其上最容易觉察到自在有效性的特性——我们就清晰地凸显(Abhebung)出经验性的自在的问题,并且学会理解:我们绝不可能原初地获得先前所试探的那种与经验性的自在相关的公理。这甚至涉及内在的领域,尽管其因本我(Ego)的明见性而具有优先权。事实上,即使我们想到一个意识,这个意识以被动性的方式拥有声音、颜色等诸如此类在内时间意识中被给予的原素素材,而这些素材是在生成中被构造起来的,也绝不可能洞见到:这一点——即接着一个声音之后出现的应当恰恰是这个声音还是一个一般的新声音——应该如何自在地被预先裁定。而且即使一个对某个新声音的期待信仰已被先前发生的内在经验动机引发起来，也不可能预见到：这一点——即这个期待信仰是现实地发生的，还是并未现实地发生，更确切地说，未到场，或者是以完全随意的和变化了的方式发生的——应是自在地被裁定的。

至于超越，亦即空间物的世界，至少当我们认为它是在一个意识中纯粹被动地被构造起来的时，它的情况如何呢？当然，一个空间物的周围世界的构造不仅包含属于每一个现实的被经验物的内视域的大量预示，而且包含属于其外视域的大量预示——它们相互交织在一起，而且所有的经验物都与一个统一的外视域相联结，最终成为一个周围世界的统一性——因而包含对进一步的可能经验之进程的大量预示。但正是这些预示，这种被动机引发起来的经验信仰，通过无数的协调一致而获得了大量的确证和确认；但进一步的经验及其不断更新的自身给予最终不可能像它想要的那样继续进行吗？违背一切期待，违背一切仍非常有力的前确信（Vorüberzeugungen）和或然性？它不可能这样继续进行，以至于一切都变成了一团乱麻了吗？以至于一切感知上的世界秩序都破散了吗？以至于这个世界根本不再保持为经验的统一性了吗？以至于它在意识上瓦解了吗？以至于一切感觉素材都丧失了其统觉立义（Apperzeptionsauffassungen）——这些统觉立义本身实际上只有在一致性的信仰中才能使显现被意识到——了吗？但我们认为，应当存在着自在世界（Welt an sich），而且每一个经验信仰都自在地有效，无论是自在地真还是自在地假。

例如，如果问题关乎未来的话，那么即使在我没有做出裁定时,它也被裁定了。我们认为,任何指向未来之物的信仰都具有其预先被一劳永逸地预示出来的真理或谬误。

但是,如果我们处在纯粹的意识关联(Bewußtseinszusammenhang)中并且考察那些在其中以被动性的方式被构造起来的内在的和超越的被给予性的话,那么我会说,凭我们的指明尚不能保证对那个自在观念的澄清。至于内在的被给予性,尤其是感觉素材,每一个现在都带来新的感觉素材。尽管有所有被激发起来的前期待,但不可预见的是,"未来将出现哪些素材"为何必然被强制性地裁定了。而就超越地被构造起来的时间—空间的世界而言,情况也没有什么不同。

107　　这里可能还需要说明。这个世界是通过外感知而原初地被给予我们的。一般说来,它们在连续的一致性中彼此相继,而且它们同样一致性地与自身被给予的再回忆交织在一起,这些再回忆有可能使我们消除像睡眠这种缺隙。诚然,有时也出现不一致性。我们说到幻觉,经验信仰被打破了,变成了怀疑;但在经验——它绝没有完全破裂——的进展中,一以贯之的一致性却通过已描述过的重新释义和抹掉被重建起来,也就是说,一个继续保持着的,亦即面对扰乱而总是被重建起来的世界确然性(Weltgewißheit)的统一性贯穿我们的意识,"这"一个世界持续地存在着,只不过越来越切近地被规定着,偶尔以稍稍不同的方式被规定着。

但在这里首先形成的问题是:情况必然仍像它迄今为止——根据对我们的回忆的陈述——所发生的那样吗?外在经验必然以这种方式连续地接踵而至吗?难道情况不可能是:一个外在经验是最后的经验,而意识却延续下去吗?一个外在经验毕竟是一个合成性的意识构成物,它当然以被动机引发起来的方式出现在意识关联中。但是,这些动机引发必然这样延伸,以至于一个感知必须链接在另一个感知上吗? 在这里,我们拥有动感的进程,按照联想的动机引发而连接在这些动感的进程上的是各种事物显现,亦即某些展示性的感觉素材——对于视觉显现来说,就是视觉素材——及其立义。动机引发意味着:在体验上,随着这一些素材的出现,另一些素材及其前摄的视域被要求一同出现。但这类联想的要求在现时的经验的进程中可能被注销。感觉系列(Empfindungsreihen)必须以某种方式现实地来临,以便能够按照事物性的立义经验到以动感的方式被激发起来的各种前要求(Vorforderungen),而且能够保持对一个在场物的意识。如果这些感觉素材突然间开始出现混乱,如果我们的视觉领域突然间充满了杂乱无章的颜色,那么这些动感的动机引发就丧失了它们的力量。通常以期待的方式连接在这些动感的进程上的东西,将不再能以通常稳固地有规则的方式出现在期待信仰中,因而这将终结外感知的活动。它们的出现正意味着一种有规则的功能活动和各种已形成的动机引发在延伸时的继续编织,而且这在本质上取决于现实的感觉进程。但这种现实的感觉进程在任何时候都可被设想为一种完全不同的进程,而且可被设想为一种完全不规则的进程。因此,这是一个事实:它不是一种不规则的进程,而是使一个连续的感知进程得以可能的这样一种进程。但是,如果我们探究这个事实的真理,更确切地说,如果我们问,为什么到目前为止是这样的东西必须继续是这样或将是这样,那么这种真理显然不可能属于一种我们能够通过诉诸某种被动的证验——我们只能涉及的那些被动的证验——而裁定的真理。其次,即使我们以这个事实的真理为前提,因而假定,对我们来说,对各自经验着的纯粹自我来说,各种外在的经验连续地被串接在其意识流中而且总会达到一致性,这也仅仅意味着:对这个自我来说,一个真实世界的统一性将在各种得到确认的判断意指(Urteilsmeinungen)中不断地被保持着。但这不是说,这个超出现时的经验性(Erfahrenheit)的世界是一个预先被规定了的世界、一个自在地被规定了的世界,以至于对每一个指向任何时间状态(Zeitlage)的信仰的裁定或对一个相应地在假定中产生的信仰的裁定在真假方面被明确地预示出来。

这最容易通过指明受现代自然科学影响的人的世界观与其余人的世界观的区别而得到说明。对所有人来说,这个世界持续地而且好像不言而喻地存在着,而且他们认为,它还将连续地持续下去。他们在意识上进入世界未来(Weltzukunft)的生活。但绝大多数人还是相信,将来的东西在很大程度上取决于各种不可确定的偶然事件,或者相信,诸神随意地决定着世界进程。存在着能够在实践上被遵循的可粗略地被预见的秩序,但仅仅是粗略地。这种确信很迟才在一种有规则地和绝对地规定着一切世界事件(Weltgeschehen)的因果性(Kausalität)中形成,而且这种确信的意义恰恰在于:一切时间性的存在——而在自然的态度中,这意味着,世界之中的一切存在者——都是自在地被规定的,都是以自在真理的方式被规定的。预先没有任何东西是开放的,以便必须等待命运女神将如何裁定。在这个考察中,我们的问题仍然存在:如果一个前意指事实上已被经验确认了的话,那么最终有效性是否已按照经验确认的方式被达到了。于是,不久前被讨论的另一个困难在这里起作用了,而且以很明显的方式对外在经验起作用。外在经验不是明显当然地(*eo ipso*)通向无限吗?每一个外在经验本身都仍是开放的意向,它具有各种未充实性。一个综合地进展的获知真的必然能完结吗?

第 24 节　内在领域的自在问题的开显①

让我们回到内在领域。让我们直接就内在发问:自身给予在这里是否不可能是一种完全相对的东西,这种东西根本不包含最终有效的自身或在其背后根本没有作为支撑性标准的最终有效的自身?难道情况不可能是:任何一个自身给予都可能由于与其他自身给予的冲突而失效,而这些其他自身给予重又可能由于与其他自身给予的冲突而失效,如此以至无穷?更确切地说,难道情况不可能是:如果某个表象在一个相应的自身给予上得到证实,而这个相应的自身给予随即通过否定被消除,那么被表象之物也因此作为非现实之物被给予;但后来连这个作为标准起作用的自身给予也被消除了,因此,现实之物与非现实之物始终只是一种瞬间之物,亦即某种属于偶然的充实过程的东西?或者情况是:如果我们接受某个表象,那么这本身就决定了,有一个最终有效的自身存在(Selbstsein)作为真的和永远不可抹掉之物与其被意指的存在,亦即在其中以信仰确然性的样式被给予之物相应?

诚然:我们最初从本质上认识到,在其活的当下中内在地被构

---

① 参见附录八:"再回忆的绝然性"(第 365 页以下)。——编者注

造起来的存在不仅作为存在着的东西自身被给予,而且这种存在是不可抹掉的。一旦我们假定情况不是这样——我们常会做此假定——我们就会看到,这个假定由于被给予物而绝然地被注销了。无可置疑而且不可注销的有效性在这里是清楚明白的。但因为它只是一种瞬间的有效性,有何用呢? 内在之物流逝而去。但在我们谈论一个真实的自身和一个最终得到证实的表象的地方,我们通过再回忆越出瞬间的意识,在再回忆中,我们一再回到同一表象,回到自同的(selbige)被意指对象;另一方面,在再回忆中,我们能够一再保证或有可能保证证实性的自身是一个同一的而且不可抹掉的自身。诚然,我们是以不可抹掉的确然性的方式拥有瞬间的体验,例如,对一个我们在其当下的生成中看到的内在的感觉素材的瞬间体验活动。但只有当我们不仅把它看作当下样式中的瞬间素材,而且把它看作同一的给予者(dabile),而这同一的给予者能在任意重复的再回忆中被给予时,我们所把握到的存在者才作为自在存在着的东西被意指——也就是说,当我们把它看作时间性的素材,例如,看作在其时间性中的声音素材,而这同一的时间性与各种可能的定向相对,例如,它们产生各种变化不定的回忆。①

我们看到,时间形式是对象的形式,作为对象,它们伪称拥有其自在。任何关于对象的谈论都以此方式回溯到再回忆。因此,这不仅对内在对象有效。即使我们考察一个意向相关项,即使我们考察作为当下样式中的意义的瞬间当下之物,并对此做出一种

---

① 我对此并不完全满意。对象之物从一开始就作为时间之物被构造起来,而且瞬间的相位是一种抽象,我们最初必然造成这种抽象。因此,瞬间的不可抹掉性不是一种最初之物。

客观的陈述，我们也把它理解成我们能在重复的回忆中当下化和认同的东西，亦即，具有这种再造性地被当下化的特征的"瞬间当下之物"。我们从这种考察中认识到，关于对象性——自在存在着的对象性——如何被构造起来的问题，关于它如何能原初地证明自身是这种对象性的问题，在一切领域而且完全在原则上首先导向再回忆的自在的构造问题，因此，导向这样一个问题：再回忆如何辨明自身，它在何种程度上能成为最终有效性的一个源泉。我们必须首先弄清这个问题。但更严格地说，就一个完善而系统化的步骤而言，还缺少一个中间环节。内在地形成的活的当下，只要它在构造中生成了，在我们看来就是不可抹掉的，在这里，怀疑是不可能的。因此，这也关系到所属的活的滞留段。我们明确了然的是，任何一个仍在活的消退中延续着的滞留都不可能被变式。但重又包括在内的是，自在尚未因此而被表明。我们能够专注地把一个正在消退的声音保持在手，甚至更牢固地把握着它。这里存在着某种最原始的主动性。但情况也可能是，我根本没有注意到它，没有主动地朝向它和声音系列，它却施加了特殊的刺激（Reiz）。由于一个联想的唤起，它获得了一个意向的特征。也许在一个再回忆中，这种刺激（这种触发）在两种情况下都会完全不自觉地爆发出来，它不仅终究会发生，而且是作为意向的充实而发生。请注意，这个再回忆是一种在本质上不同于一个滞留的东西，而且绝不是一种在明晰性层级增强意义上的单纯对滞留的激活（Verlebendigung）。一个明晰的滞留——我们在最接近原印象的滞留层级上把握到它的本质——始终仍是一个滞留。任何滞留都是其所是的东西，而且只在它所站立的流动的感知位置上具有其

111

意向的样式。但再回忆是一种再感知,也就是说,它虽然不是感知,却是一种重新构造,即重新随原现在(Urjetzt)开始和滞留性地消退,但恰恰处于再造的样式中。因此,在再回忆中,所有的滞留层级都"重新"出现,在再造中被变式。如果这样一个再回忆现在是紧接着一个正好包含刺激的滞留之后产生的话,那么它必然是在与滞留的意义相合和存在相合(Seinsdeckung)中产生的。同一个正在消退或已消逝的声音再一次出现,而且我再一次经历它的存在。这能够被重复进行,我再一次自觉地或不自觉地再造这个声音或一个完整的乐句,甚至一段完整的旋律。在这里,再回忆的不可抹掉性情况如何呢?它能预先被否定吗?然而,在认识论中不是历来谈论再回忆发生错觉的普遍可能性吗?而这不是也对内在领域有效吗?

第25节 再回忆:对象之自在的源泉[①]

在这里,我们显然必须在近回忆(Naherinnerungen)与远回忆(Fernerinnerungen)之间做出区分:1)通过仍然原生鲜活的滞留,亦即仍处于环节分明的构造流(Fluß)中的滞留被唤起的再回忆,和2)〈那种〉伸入滞留的远视域(Fernhorizont)中的再回忆,例如,在对一段完整的音乐的这样的再回忆那里。

1) 作为源于唤起原生鲜活的滞留的再回忆

就前者而言,我们将说:对于再回忆重新直观地意识到的刚才

---

① 参见附录八:"再回忆的绝然性"(第365页以下)。——编者注

的曾在和仍在下沉者来说，我们拥有绝对的不可抹掉性——而且这甚至在再回忆被重复时亦然。在那里，第二次再回忆现在从第一次再回忆获得其明见性，而不再从此刻已完全消退的滞留中获得其明见性。我们在这样一种重复的自身相合（Selbstdeckung）中把握到自身和自身的同一性，尽管如此，却并非没有不完全性和完全性的等级性。因为我们的确知道，再回忆的明晰性本质上摇摆不定，甚至可能时断时续。各种不同的内容要素在一定程度上就像被一团不明晰性的雾或多或少遮蔽了似的。但这不是通常意义上的那种遮蔽（Verdeckungen），亦即对象被其他对象遮蔽的那种遮蔽。这种不明晰性的雾不是对象性的遮掩，不是实在的雾。不过它遮蔽自身给予，使自身给予不完全。但刚才的曾在作为曾在是绝对可靠的，它是不可抹掉的、无可置疑的，而且在一切从它之中被给予的东西方面，在质性、强度和音色方面，都是绝对可靠的。在一切相对的不明晰性中，透过遮蔽它的雾，它都切身在场，只不过没有完全显明，只不过没有被最终现实化。因此，在这种不可抹掉性里缺少某种东西。这种事况本质上包含着：各种被给予性在不同的明晰性层级的变动中之必然的同一性相合和在朝着一个最终的、最本真的自身方向上的某种程度的增强，这个自身是具有充分显明性的自身，但这种充分的显明性只是一个可被洞见出的观念、一个观念上的极限。

但特别之处在于，绝不是首先需要以这个观念上的极限为引导，以便一个较不明晰的再造得到最初的证实。在这种与活的当下的关联中，它本身就持续具有其起源的正当性。而"起源的正当性"意味着，它包含一个自身，这个自身是牢不可破的，尽管它只是处于相对于一个极限的等级性系列中,单是这个极限按其意义就会充分展示这个"自身"。较不明晰的再回忆是不大饱和的,较明晰的再回忆是较饱和的,它是"强度较大的"自身给予,但如果它总的来说是直观的再回忆,那么它将给出一个自身,而不是给出另一个自身及其任何要素。① 但空乏的再回忆实际上不是再回忆,而是唤起,或更确切地说,是一个从记忆的浸没状态(Versunkenheit)中凸显出来的滞留性积淀物的触发性刺激。② 在这里,在某种意义上还〈存在着〉近与远之间逐级性的区别。

因此,人们一定会说,我们还有另外一种等级性,亦即在延伸进浸没状态之最远视域中的再造那里,甚至已在接近它的那种再造那里。也就是说,这里所产生的自身被给予性虽然是现实的自身被给予性,而且在这样的关联中是无可置疑的,但使它们逐渐变得不确定的是:这些现实的自身被给予性伸展多远,还有什么样的规定性要素可以被现实地归入它。

2) 对于浸没的意识过去的再回忆

系统的进程于是进一步抵达再回忆,这些再回忆在直接的当下领域不具有其滞留的联结,而是可以使一个早已浸没的远离的意识过去(Bewußtseinsvergangenheit)重新复活。我们在这里讨

---

① 在讲座中还添加了如下内容:对近回忆的辨明还不是对一个作为自在存在对象的内在对象的认识可能性的说明。因为我们这时仍束缚于再回忆的链条上,而这些再回忆附着于一个活的滞留上,以这个活的滞留为出发点而为其自身给予的明见性所承载。只有当我们已经辨明了远回忆时,我们才有可能在任何时候都能重新辨认出一个作为存在对象的内在的时间对象。

② 参见附录九:"被给予性方式的两种变更:1) 在明晰性范围内的近和远的变更;2) 作为遮蔽、模糊性的不明晰性的变更"(第383页及下页)和附录十:"自身拥有与再回忆中的隐藏·再造与滞留"(第384页及下页)。——编者注

论与近回忆相对的远回忆。对于远回忆,我在这里也持这种观点,每一个再回忆都具有其原初的正当性,这意味着,我们本质上能够洞察到:与每一个再回忆相应,也与这一组再回忆相应的是一个必然的观念,亦即一个不可抹掉的自身的观念。对此,我的主导思想是:一个直观的远回忆,如果它不是一闪即逝,而是经久不息的而且在综合中是可重复和可认同的话,那么它的对象性本质上只有一种被转入怀疑然后被表明为无效的可能方式,即再回忆彼此混杂的方式。因此,这种不一致的产生,即在自身被给予的过去中开始时未破裂的信仰的阻碍和注销,必然导致分裂现象,在其中,相应的远回忆分岔成几个不同的远回忆。而且是以这样一种方式分岔,以至于完整的回忆的统一的对象性被表明为各个别对象、各个别特性和过程的融合(Verschmelzung),它们归属于各个别的回忆,而且在那里随部分其他的对象规定而自身被给予。现在,可能以同样的方式发生的是,任何一个分裂的回忆都丧失了其未破裂的一致性的特征,而且通过分裂成其他那些在自己自身内又是一致的回忆而被抹掉了。但一方面,始终保持有效的情况是,每一个被标识为错误的回忆的内容都只是对于结合着的整体的统一性来说是错误的,而对其部分来说则仍是正确的。被抹掉的东西总是那由混合(Vermengung)所形成的整体,而那些形成这种混合的部分仍是自身被给予的,只不过它们隶属于各种不同的关联。而另一方面,这个分裂过程不可能无限地进行下去,它是各个分立之物的一种杂处,因而必然会有一个终结。然而,这已足以说明,在回忆中出现的东西作为被回忆物本质上不可能是完全空乏的,它的自身给予不可能是一个空乏的标题,而是在现实的自身给予中有

115

其源泉,以至于使我们不得不回溯到一个纯粹的自身被给予性的链条的观念上。这些纯粹的自身被给予性不再是可抹掉的,而是只有在完全的同一性和一致性中才是可重复的和在内容上可认同的。在这里,我们当然也具有对于每一个真正的自身被给予性的部分来说的明晰性的等级性,而就此而论,最完全的自身被给予性的观念作为极限。因此,这种饱和也〈具有〉明见性的区别。在两个方面,我们当然都指明主动的自我及其自由的活动,在其自由的活动中,它受这样一种经验引导,即回忆可能被表明为错觉,尤其是不明晰性的雾可能遮蔽这些混合。因此,自我旨在彻底检查其回忆,自觉地澄清它们,研究其各部分的意向关联,借助分裂摆明幻觉,以此方式抵达真实的自身。

但对进一步的理解仍然必不可少的是,说明被动性内错误的起源,更确切地说,是说明错误在其最原初的混合形态中的起源。这个问题把我们导向被动的意识分析,而且作为发生性的分析的一个根本部分:导向联想现象学。

第三部分

联　想

第一章 原现象与被动综合的秩序形式

第26节 联想的现象学学说的论题设置和论题界定①

联想这一标题为我们标明了一种固定属于意识一般的形式和内在发生的合规则性,而不是——像对心理学家那样——一种客观的、心理—物理的因果性形式,不是这种合规则的方式,即在人类的和动物的心灵生活中,再造的产生、再回忆的产生在因果性上的被规定方式。我们当然是在现象学还原(Reduktion)的范围内活动,在其中,一切客观的现实性和客观的因果性都被"加了括号"。对我们在场的东西不是这个被接纳为现实性的世界及其有生命之物和因果性,而只是它们在其意向性中的现象,物现象、人现象等等。在纯粹意识这个范围内,我们发现流动的意识当下(Bewußtseinsgegenwart),我们发现一个感知上的意识当下总是作为切身地被构造起来的现实性被构造起来。但过去也能以再回忆的方式进入现在的意识中。更严格地说,在一个当下流动的意

---

① 参见附录十一:"联想的因果性的概念"(第385页及下页)。——编者注

识的统一性中，我们发现具体的感知及其滞留的成分，还有具体的滞留，所有这一切都处于滞留的流逝中，都在渐渐消失于滞留的远视域中。但此外还有突然浮现的再回忆。我们在当下之物的意向相关项成分与被再回忆之物之间发现一种在现象学上特有的联结特征，这种联结特征可用这句话来表达：当下之物使人回忆起过去之物。同样，在一个再回忆进行的同时，第二个再回忆能够以这样一种关联的方式与它一同出现，这种关联在意向相关项上的特征由此得到标识：第一个被回忆起来的事件使人回忆起第二个被回忆起来的事件。据此，一个正在感知的意识，亦即一个本原地构造着的意识可以被标识为唤起性的意识，即唤起一个再造的意识，而且这个再造的意识能够再一次以这同一种方式作为唤起性的意识起作用，作为似乎召来一个意识过去的意识起作用。

最近几讲的论述表明，联想是纯粹现象学研究的一个可能的论题。通过现象学还原，现代通行的联想心理学绝非没有任何东西留存。如果我们回溯到其直接的经验材料，那么现象学还原首先获得一个核心的现象学事实（Tatsache），它留在纯粹的内向态度（Inneneinstellung）内并且构成后续研究最初的出发点。如果我们更深入地探究，那么我们就会认识到，从这里展露出通达一门关于纯粹主体性的发生——而且首先是关于纯粹主体性的纯粹被动性的基础层次的发生——的普遍理论的入口。对于构造时间对象性（Zeitgegenständlichkeit）的意识的现象学的本质分析（Wesensanalyse）就已触及主观的生活中起支配作用的发生的某种合规则性的端绪了。很快就会表明，联想现象学在某种程度上可以说是原初的时间构造学说向更高层次的进展。通过联想，构造的成就扩展到一切统觉层级。就像我们已知道的那样，通过联想形成了各种特殊的意向。实际上，康德已经看到：在现象学的关联——这些关联是我们从起于客观的—心理学的考察这个自然的出发点出发首先在联想的标题下所碰到的——中显示出来的不只是偶然的事实，而更多的是一种绝对必然的合规则性，如果没有这种绝对必然的合规则性，一个主体性就不可能存在。但是，康德关于联想的超越论的必然性的天才学说不是奠立于现象学的本质分析的基础上。它的目的不在于：凭借基本的事实和本质规则去揭示真正存在于联想的标题下的东西，并以此方式使纯粹主观生活的发生性的统一性结构成为可理解的。另一方面，我不想说：现象学已经发展到如此程度，以至于它已经明确地解决了存在于这里的发生问题。但它所达到的程度能够明确地揭示这个问题，并且能够指明解决方法。

　　传统的联想学说将我们导向的第一组纯粹的现象和关联涉及的是现实的和可能的再造的事实，或者更明确地说，涉及的是现实的和可能的再回忆的事实。当我们实行现象学还原时，它们首先作为超越论的事实被获得。因此，在开始时，我们仍处于本质性的(eidetisch)本质直观(Wesensschau)之前，这种本质性的本质直观想要凸显本质必然性和本质规则。我们所关切的再回忆分裂成再回忆的现象也一起处于这种事实的范围内，就像我们所说的那样，这些再回忆已经混杂了，以至于关于分散的过去的各个回忆图像已相互融合成一个假象图像(Scheinbild)的统一性。再回忆的融合这一问题然后进一步导致这个问题：在何种程度上，甚至单纯的想象也通过意向分析回溯到再回忆，也就是说，它们在何种程度上是再回忆依其直观的内涵相互融合的产物。

关于再造及其构成物的发生的学说是最初意义上和更本真意义上的联想学说。而不可分割地链接其上，或更确切地说被建立在其基础之上的是一种高级层级的联想和联想学说，亦即一门关于期待的发生和与之密切相关的统觉的发生的学说，现实的和可能的期待的视域属于这种统觉。总的来说，这关系到先行把握现象的发生，也就是说，关系到那些预期性的特殊意向的发生。我们也可以将这种联想称为归纳的（induktive）联想。因为这里关系到一切在归纳的推理形式的标题下所探讨的主动的——逻辑的过程的基础层级，这个基础层级属于被动性。

我们现在按顺序首先考虑再造的联想，当然是作为纯粹的现象学事件。我们在此可能会〈想到〉亚里士多德式的（Aristotelische）区分：在自在的最初之物与对我们而言的最初之物——亦即从解释性的（产生可理解性的）认识的立场看的最初之物——之间的区分。再造的领域内这些可首先为我们（不是偶然地，而是在本质上）通达的联想事实（Assoziationstatsachen）和本质明察（Wesenseinsichten）涉及再造上唤起性的意向体验和被唤起的再造，在其中，对象作为对象自身被意识到，或更确切地说，开始作为对象自身被意识到。我们最初并未感觉到，这有什么特殊；因此，无论在哪里谈论一个意识、一个意向体验，我们都会立即想到一个关于一个作为某物自身呈现出来的东西的意识、一个关于一个已凸显之物的意识，亦即关于单个矗立在那里的东西的意识。

而正是对联想现象的分析使我们注意到，意识无须必定是对一个对象自身的意识，因而在此可以感觉到一个新问题：一个个别性意识、一个关于各种明确的个别性的意识如何可能成为复多性意识和整体性意识；也就是说，比较性的分析的确也显示出相反的可能性，即在一个意识中，许多东西、当然是连续的杂多之物隐含地被融合成一个统一性，以至于这个意识不是关于一个复多性的意识，这些分散的个别性统一地但却分别被意识到。下面的例子可以大致澄清这种"隐含地"应当意味着什么。一个白色的正方形——本身完全是均匀的白色，而没有斑点，如此等等——作为一个个别性凸显出来，而多个这样的正方形则作为多个个别性凸显出来。然而，尽管每一个正方形作为统一性，且本身是无差别的统一性被给予，但在我们看来，每一个正方形都能被任意划分。在我们看来，每一个正方形都自在地是一个白色的连续统，只不过这个白色的连续统的各个相位没有单独凸显出来。这当然不是一种随意的看法，毋宁说，这样一种看法具有其现象学上的根据。我们现在搁置关于已凸显的个别性和隐含的复多(Vielheit)的问题，而只是指明，我们目前只有以此方式才能看到联想，而且只有以此方式才能直接看到，我们具有在现象学上被给予的个别对象或在意识上被组合成统一性自身的复多性或分环节的整体性。总之，当我们具有统一地被凸显出来的对象性时，它们作为这样的统一性使人回忆起过去的其他统一性；当然是回忆起对我们来说是过去的其他统一性。联想的关系仅仅涉及（我们当然处在现象学还原的范围内）那些在其各自的意向相关项的样式中被意识到的对象本身，因此，相关地涉及相应的意识方式。我们不是说，我们在一切领域都看到这种"回忆起某物"的东西，而只是说，我们在某种情况下看到它，也就是说，已在本原的把握中把握了它。例如，我们转过一个弯看到一个山谷,这个山谷令我们回忆起另一个山谷,一个以再造的方式浮现出来的山谷。我们可能会注意到,被再造出来的东西不只是一般而言被再造出来的,不只〈是〉一般而言一个被再造出来的相似对象,而是在二者之间存在着某种超出单纯相似性关系的关系。当下之物使人回忆起再造性的被当下化之物,原因在于一个从那个当下之物向着这个被当下化之物前进的并在直观的再造那里得到充实的趋向。与此相关的是,我们作为凝神注意的自我从这一个看向被指明的另一个,而且我们还可以说:一个指向另一个——尽管在指示与标记之间尚不存在一种真正的关系。此外,现象本身作为一种发生而出现,这一个作为唤起性的环节,另一个作为被唤起的环节。后者的再造作为由唤起所获得之物而出现。

于是,在纯粹现象学的范围内,在直接联想与间接联想之间存在着进一步的区别,而且我们看到二者总是相互交织在一起。首先,我们的确常常并且容易看到,一个 a 使人回忆起一个 b,而这又使人回忆起 c,而且看到,我们因此不是直接回忆起 c,而是正处于越过 b 的路途中。联想确实是以未被察觉的方式进行的。就像我们没有注意到我们的意识领域内有那么多其他东西一样,我们也没有注意到联想的联结(Verknüpfungen)。像往常一样,我们在此也想要进行事后回顾,也就是说,以反思的方式觉察到过去的意识及其内涵。在某个通常是十分间接的终端环节正特别吸引我们时,我们的兴趣掠过诸环节。因此,这个终端环节作为一闪之灵光单独对我们出现,这整个联想的关联虽然在意识中进行,但它没有得到特别的重视。例如,当我们正在谈话时脑海中忽然升起一幅壮丽的海景。如果我们反思这是如何发生的话，那么我们就会看到，某个措辞使我们直接回忆起一个相似的措辞，例如，去年夏天在海边的一次聚会上所表达的措辞。这幅美丽的海景图像又完全左右了我们的兴趣。

如果我们以此方式将直观的范例当下化的话，那么我们就会看到属于直接的联想、属于直接的唤起的相似性（Ähnlichkeit），即被唤起者与直接的唤起者的相似性。

然而，我们看到，唤起通常并不导致直观的回忆，而是导致一个具有确定指向的空乏表象，作为这种空乏表象，它具有一个确定的、只不过并非总是产生效果的趋向，亦即转变成再回忆的趋向，然后，通过直接的联想必然变成对于某个相似之物的回忆。但我们发觉，这个相似之物不是孤立的，整个的过去意识（Vergangenheitsbewußtsein）是以某种方式一同被唤起的，这个单独被唤起和被再造出来的个别性是从这整个过去意识中凸显出来的。于是，在这整个的过去的范围内，其他的个别性仍可以通过这种唤起受到特别的偏爱，因而注定要变成可能发生的直观性的再造。对于提香（Tizian）的一幅画的回忆使我置身于乌菲兹（Uffizi）美术馆中，但只有特别的线条从那时的当下中被特别地唤起并浮现出来：若干不同的肖像画悬挂在那里，或者更平淡的是，那个打着哈欠的博物馆杂役，等等。

但是，这整个过去的当下可能会被迅速地跃过，只要更有效力的唤起从这个过去回退进另一个更远的过去，或遵循未来线路追踪那里各种接踵而至的事件。

这些当然是众所周知的事件，每个人都能在自身中发现它们，注意到它们。每一个回忆都容许提出这个问题：我们是如何获得它的，而且在日常谈话中也容许提出这个问题，这一点就已表明，这涉及在每个人的经验中都必定会油然而生的事实。对于现象学来说，这是一种还原的处置和描述（Beschreibung）的出发点，因而首先是关于本质必然性的本质性研究的方法学的出发点。我们从各种范例来思考，例如，如果我们放弃唤起者与被唤起者之间的相似性关系的话，直接的联想本身是否是可能的，是否是可想象的，或更确切地说，一个对内容上的陌生者的联想唤起（Assoziationsweckung）是否除非通过一个相似性唤起（Ähnlichkeitsweckung）的中介才是可能的。

于是，我们看到，在这里确实有本质规则在起支配作用。每一个唤起都从一个印象的当下或一个已经非直观地或直观地被再造出来的当下趋向另一个再造的当下。这种关系（Beziehung），或者——就像我们马上就会表明的那样——这种综合以一个"桥梁环节"为前提，亦即以一个相似之物为前提；这个桥梁作为一个经由相似性的特殊综合从这里拱起。经此中介，一个当下与另一个过去的当下建立起一个普遍的综合，相关地，一个完整的当下意识（Gegenwartsbewußtsein）与另一个已浸没的当下建立起一个普遍的综合，这个普遍的综合充当特殊的唤起综合（Weckungssynthesen）和特殊的再造的框架。

但以此只提供了一个较粗略的开端，而现在首先需要做出确切理解的是：某个确定的唤起是如何发生的，也就是说，在多种多样的相似性中，何种相似性具有建立一个桥梁的优先性，〈以及〉每一个当下如何最终能与一切过去建立起联系，它如何能超出活的滞留而与整个遗忘的领域建立起联系。显而易见,只有这样才能彻底解决这个问题,即纯粹自我如何能够意识到:在其背后有一个作为其过去体验的无限领域、一个按时间形式是过去了的生活——作为一种在一切领域都可在原则上通过再回忆为其所通达的生活——的统一性,或者,同样的东西在其自身存在中可以重新被唤起。但是,如果原则上缺乏任何再回忆的可能性的话,进而,如果这种可能性的有待在本质明察中被摆明的发生性的条件(可能的唤起的条件)未得到满足的话,那么主体性事实上能够拥有一个本己的过去吗?能够有意义地谈论这种拥有吗?因此,我们认识到,这实际上恰恰涉及这个基本问题:澄清一个主体性本身的可能性的各种根本条件。属于此列的是:一个主体性能够具有本质性的意义——一个以自为存在的方式存在着的主体性的意义,正因此而是一个自身作为自为存在者被构造起来的主体性的意义——而如果没有这种本质性的意义,它就不可能是主体性。当然,一门完全的关于再造性唤起的现象学只按照这个方面——即按照本己的过去的构造,或更确切地说,按照处于无限的内时间中的自身曾在(Selbstgewesenseins)的构造——涉及和详尽阐明这个问题。但我们将看到,补充部分,亦即问题的另一半是关于归纳的联想、关于预期性的联想的现象学领域。此时,一个主体性之可能性的本质条件将得到阐明,这个主体性可能知道——通过此时所要求的可能性而可能知道——自己是其所属的无限未来生活的同一个东西(Eines),这种此时所要求的可能性不是首先通过处于未来的现时生活中的未来之物的自身给予被奠立的,而是通过一种新型证实被奠立的,即在对各种可能的预期的确定性中不断发生的证实,而这些可能的预期已在各自的当下中确凿无疑地被预示出来。

对我们来说,所表达的这些问题不是什么全新的东西,而只是关于自在有效性(An-sich-Gültigkeit)问题的新表达,这些自在有效性问题启动了这整个部分的讲座。

第27节 联想综合的前提:原初时间意识的综合[①]

我们现在回到联想,而且来思考,这个新领域如何能够被纳入一种深入勘察的现象学研究,而且当然是被纳入一种从各种元素(Elementaren)——任何联想都以之为前提——开始的系统的现象学研究。我们无须去探求最初的开端。不言而喻地被设为前提的是那种在原初的时间意识中被连续地完成的综合。在各自具体而完整的流动的生活当下(Lebensgegenwart)中,我们已拥有统一于某种被给予性样式(Gegebenheitsmodus)中的当下、过去和未来。但这种方式,即主体性意识到其过去的和未来的生活连同存在于其中的意向内涵的方式,是一种不完全的方式。如果唤起没有发生,它对自我来说就是一种无意义的方式,因为滞留是空乏的,而且甚至沉入在滞留上无差别的背景之中。而前摄的未来更加空乏地被意识到。另一方面,如果没有这个开端,就没有后续的

[①] 参见第29节,第133页以下;附录十二:"关于原初时间意识的学说之原则性奠基的注释"(第387页);附录十三:"原当下与滞留"(第387页以下);附录十四:"同时性联想的成就"(第389页以下)。——编者注

进展。在所有被意识到的客体性（Objektivität）和作为自为的存在者的主体性的构造的字母表中，这里存在的是字母A。它存在于——就像我们可能会说的那样——一个普遍的形式框架中，存在于一个综合地被构造起来的形式中，而一切可能的综合都必然分有这种形式。

还有一些其他种类的综合在特殊的意义上——作为对主体性的发生（它确实只有在发生中才是可想象的）是绝然必要的——是超越论的，这些综合——正如已讲过的那样——在与构造一切对象之时间形式的综合的一致性中进行，因而必然同时关涉着时间内容（Zeitinhalt），关涉着被赋予了时间形式的对象性内涵。康德以一种近乎无可比拟的天才（这种无可比拟的天才恰恰是由于他并未掌握现象学的问题性和现象学的方法）业已在第一版批判的超越论的演绎中勾勒出超越论综合的一个最初系统。然而遗憾的是，他在那里只看到处于高层次的问题，即一种空间世界的对象性、一种超越意识的对象性的构造问题。因此，他的问题仅仅在于：哪些种类〈的〉综合必定是主观地被实行的，以便自然的事物应当能够显现，而且一个自然一般也应当能够显现。但位于更深层而且在本质上先行发生的是内部的对象性的问题，是纯粹内在的对象性的问题，而且在某种程度上也可以说是内世界（Innenwelt）的构造问题，这恰恰是作为自为的存在者的主体其体验流（Erlebnisstrom）的构造问题，亦即作为一切属于它自己的存在的领域的主体其体验流的构造问题。因为空间世界是在意识上被构造起来的，因为它只是由于某些在内在中发生的综合才对我们在场，而且它无论如何只是由于某些在内在中发生的综合才可能被表象，因此,显而易见的是,关于那些必然的最普遍结构和内在中那些普遍可能的综合形态的学说是各种构造性的世界问题的前提。因此,在这里,那些原则上最普遍的综合可以在内在中被探求,尤其是——正如已讲过的那样——那些伸展出超越论的时间综合(Zeitsynthese)的内容性综合,更确切地说是这种综合:它们按其普遍的特性可以被洞察为超越论必然的。因此,我们的任务将正是探求这些综合。①

但重要的是应当注意到,在构造时间的综合中,不仅那些单独和整个地属于某种时间对象的滞留和前摄的综合在考虑之列,而且具体而完整的生活当下也是源于一种囊括它的综合的统一性。此外,在从一个生活瞬间到另一个生活瞬间向前流动的过程中,再次发生了一种综合,更确切地说,一种高层级的综合。由这些综合所普遍地构造起来的东西是我们在一切处于相互关联中的内在对象之并存(Koexistenz)和相继(Sukzession)的标题下所熟悉的。在每一个生活瞬间,我们都已构造起某些时间对象性,每一个都有一个瞬间的现在,这个瞬间的现在与滞留的曾在性(Gewesenheit)的瞬间视域及瞬间的前摄视域处于一致性中。这种瞬间的结构处于连续的流动过程中,而且是综合地合一的,正是以此方式而将这种时间对象——例如,一段绵延的声音——构造成与自身同一的东西。但是,在生活的同一种具体性中,有时在同一个生活瞬间及其向前流动的过程中,可能还有其他对象被构造起来,每一个对象都通过一个平行的构造性结构——例如,另一个声音、一个颜色,等

---

① 参见附录十五:"统一性意识和它的相关项:同一的对象"(第 392 页以下)。——编者注

等——被构造起来。在这种情况下,同时性(Gleichzeitigkeit)必然被构造起来,每一个这样的素材的时间性并非单独被构造起来而与另一个素材的时间性无关。被构造起来的是一个现在,它使一个材料和另一个材料的现在达到同一性统一(Identitätseinheit)。同样,两个素材之主观时间样式的整个形式结构,因而所有从同一个现在被构造起来的素材之主观时间样式的整个形式结构,处于同一性相合之中——各种各样的原印象被联结成一个原印象,而且这个不可分割的原印象作为一个原印象在流动,以至于所有特殊印象必定以一种绝对同一的步调流逝。结果并非是许多时间与许多对象相应,而是这个定理有效:只有一个时间,对象的一切时间进程都在其中进行。

因此,与每一个现在相应的是一种普遍的综合,借此综合,一个普遍的具体的当下被构造起来,所有已沉淀的个别性被编排进这个普遍的具体的当下之中。此外,现在在时间的定向中的流逝同时意味着在构造着的生活中的另一种普遍的综合,借此综合,各个伸展着的当下作为一个统一的序列被意识到。作为同时的存在者和相继的存在者而原初地被意识到的东西因此是从原初的综合统一性中作为同时的存在者和相继的存在者而被构造起来的东西。

这是最普遍和最原初的综合,它必定把所有在被动性中作为存在者而原初地被意识到的特殊对象联结起来,无论它们的内容可能是什么,而且无论它们可能另外以何种方式作为内容上统一的对象被构造起来。在此情况下,我们已经将注意力指向那种必然给予一切已区分的和可区分的对象以时间上的统一性的东西一同。但是,时间意识的综合当然也包含——而且业已作为可的并存和相继的前提——这种综合：在其中，每一个对象都作为同一的对象或（等值的是）作为绵延的对象在流动的多样性中被构造起来。

既然时间意识是同一性统一之构造的发源地，因而是所有被意识到的对象性之并存和相继的联结形式，因此，它还只是建立一个普遍形式的意识。单纯的形式当然是一种抽象，因而对时间意识及其成就的意向分析从一开始就是一种抽象的分析。它所把握、它所感兴趣的只是一切个别对象和复多对象的必然的时间形式，或与此相关的那些构造时间之物的多样性的形式。一个对象是绵延物，即在意识上这样或那样被构造起来的东西。但是，它是其内容的绵延物，而且它是这种东西，即这个内容在这个对象上，那个内容在那个对象上，这在意识自身中被构造起来，否则就不会被意识到。几个对象在内容上在多大程度上被区分开来，或者，一个对象在内容上在多大程度上被划分开来或可划分开来，我们就在多大程度上拥有个别对象，或者说，个别对象就在多大程度上对我们形成，这些个别对象彼此处于并存和相继的关系中。但是，那种给予各自的对象以内容上的统一性的东西，那种构成一个对象和另一个对象在内容上的区别——更确切地说，是对于意识而言而且是源于意识之本己的构造成就的区别——的东西，那种使意识上的划分和部分关系得以可能的东西，等等——单单时间分析没有告诉我们这些东西，因为它恰恰是不考虑内容之物的。因此，它也没有给出任何关于流动的当下和当下的统一流（Einheitsstrome）之必然的综合结构的表象，流动的当下和当下的统一流以某种方式涉及内容的特殊性。

第三部分 联　想　171

第28节　在一个流动的当下的统一性中各种同质性的综合①

　　让我们在一个流动的当下的连续综合的统一性中逗留，在开始时不考虑再回忆的功能，我们的确在此后才应就它的发生和新成就来考虑它，而且我们也不考虑前直观化（Vorveranschaulichung）的功能，不考虑那些跳跃连续的前摄的期待。同样，我们也将各种想象行为、各种思想行为、各种评价的活动和意欲的活动排除在外，而没有对它们对于一个主体性的必需性和非必需性做任何预断。我们假定：各种已凸显的内在对象、个别性，或各种被划分成明确的部分的统一完整的群组或整体，已被构造起来。面对联想问题，我们显然也必须以此为出发点，以便看到新的原综合（Ursynthesen）。的确，只有在我们拥有本身已凸显之物时，我们才能看到、才能直接把握到新的原综合。已凸显的对象在内容上被规定的最普遍的联结显然是相似性或相同性（Gleichheit）和不相似性（Nichtähnlichkeit），或更确切地说：同质性（Homogenität）的联结和异质性（Heterogenität）的联结。作为在意识上被构造起来的东西，联结是意识综合的成就，因此，我们在这里遇到同质性的意识综合这种新东西。当我们在说实在的（real）对象时，单纯的相似性并未在它们之间产生任何联结，亦即产生任何实在的联结，这一点无疑可能有充足的理

---

① 参见附录十六："论相似性联结"（第396页以下）；附录十七："感性的相似性联结·感性的相同性与埃多斯"（第398页以下）；附录十八："联想与综合"（第405页以下），以及附录十九："论联想的现象学"（第411页以下）。——编者注

由。两个人彼此相似,例如,就他们的鼻子而言,这并未在他们之间建立起任何实在的联系。但我们谈的是内在的素材,例如,在一个流动的当下的统一性中的具体的颜色素材,因此,它们是在某长段的正构造着的绵延的情况下在内在的并存中被意识到的。而作为彼此相似或相同的东西,这些素材必然具有一种意识上的统一性、一种亲缘性(Verwandtschaft)的统一性:若干分离的颜色素材在视觉领域中被编排组合起来,它们因其相似性而特别被合一化;在其他情况下也是这样。这种亲缘性具有其等级性,而且按照其等级性而时强时弱地将它们合一。最完全的亲缘性或相似性是相同性,也就是说,它形成了最强有力的同质性的联结。在一个意识中作为相同的个别性而以并存在此的方式被给予的东西,并非持守自身而对其他个别性漠不关心,而是被合一成一个特殊组,这个特殊组现在是一个作为统一性的复多性,它在最宽泛的词义上已经是一个整体,这个整体已纯粹通过亲缘性而把个别性扎在一起。而相似性所做的是相同的事,但程度较低,它落在相同性之后。

如果在可以说是对两个或多个在内容上具有亲缘性的对象之并存的静态考察中,它们的统一性已从同质性中凸显出来,而且如果在对各种不同的并存情况的协同考察中,这种联结的密切性的各种区别已凸显出来,那么它们的更深层特性则在可以说是动态的考察中、在从亲缘者到亲缘者的比较性过渡中被揭示出来。在这种过渡中,新的相同之物作为对同一个东西的"重复"而出现。单纯的相似之物不是这样,但在相似之物中确实以某种方式凸显出一个自同之物。在比较过程中发生了一种搭叠,即一个意识搭叠在另一个意识上面,尽管经历了变异,这一个意识在过渡中被保持为关于同一的最初对象的意识,而且与第二个意识——关于第二个对象的意识——达到一种相合,在相同性的情况下,则达到一种叠合(Kongruenz)。这就是说,尽管有这种被保持的二元性的意识,仍然产生了一种同一性意识(Identitätsbewußtsein),即关于一个同一的内容、某种内涵的意识。重复的相同性在内容上是完全相同的、完全叠合的。在对相似之物的比较中,我们发现两种不同的东西凸显出来:在一个共性上的综合的相合,亦即在相同性上的综合的相合;但还有综合的冲突,即这个共性的那些以遮盖(Überdeckung)的方式而相互抑制的特殊性的综合的冲突。抑制表明,一个特性遮蔽另一个特性,被遮蔽者趋向于祛蔽,当取得突破时就会遮蔽以前的已祛蔽者,等等。当我们使一个红色的正方形和一个蓝色的正方形搭叠时,情况也是如此。在视觉上存在着相似性,而不是相同性。红色与蓝色发生争执。

此外,我们还能看到这种情况:在相合由搭叠形成时,没有争执的相合,亦即相同性相合(Gleichheitsdeckung)在内容上不再有任何二元性、任何分别。在这一个意识与另一个意识的综合中已经发生了一种内容上的融合,正是这种融合成为共同体的唯一内容。而在相似性搭叠(Ähnlichkeitsüberschiebung)中虽然也存在某种融合,却不是纯粹的融合和统一性形成(Einheitsbildung),而是作为前提的统一性、作为一种遮蔽之基础的统一性,因而是抑制和突破的统一性。对此,我们将说:作为各别的内容的相同性联结(Gleichheitsverbindung)或单纯相似性联结(Ähnlichkeitsverbindung)而静态地存在着的东西本身已是某种相合综合的一种样式。它是保持一定距离的相合。而且显而易见的是,它同时也包含一个触发性的趋向;因为已凸显之物本身就起触发性的作用。而且已凸显之物的一种源于同质性的联结对自我施加一个统一而增强的触发力或触发趋向,无论自我是否可能听从它,而且这个触发在一个朝向中得到缓解和充实,当它充分起作用时则同时产生一种从一个环节到另一个环节过渡的动态形式和一种搭叠的动态形式,因而产生那些已描述的事件。但所有这一切都先于那些处于更高层次的主动性——即那些在认识上将共性定格为具体的普遍或高层次的属的普遍性的活动——的事件。

我们〈业已〉阐明的东西在各别对象的相继已于流动的生活当下的统一性中被构造起来的地方也同样有效,更确切地说,作为相同的或相似的对象或过程的相继被构造起来。因此,纯粹的声音彼此相随,这其中,例如,相同的声音的重复系列,在那里,我们说,"同一个声音"在重复。

当①我们用搭叠作为揭示的方法,即揭示存在于各别素材的相同性和相似性的现象中的东西的方法时,就会显示出——正如上一讲所表明的——在每一个借同质性而发生的综合中都有一个间距性的融合在起作用,这种间距性的融合在单纯相似性的情况下受到某种分别、某种对照化(Kontrastierung)的阻碍。如果我们运用同一种揭示方法的话,那么我们会进一步发觉,这些借同质性而发生的各种联结能够通过各种桥梁环节而以各种方式被联结起来,亦即形成各种同质性组,它们共同拥有各个别环节。例如,一个红色的三角形与其他各种颜色的三角形处于统一性中——如果

---

① 新一讲的开头。——编者注

我们以成对地遍历它们、展显它们的方式进行比较（Vergleichung）的话，那么这意味着，作为三角形，它们彼此相似，甚至完全相同。但是，同一个红色的三角形能够与其他不同的却全都是红色的图形构成一个相同性组——红色方面的相同性，图形方面的差别性，或者同样的是，单纯图形方面不断变化的相似性。因为毕竟，一方面，所有图形相似；另一方面，所有颜色相似。因此，一般说来，我们区分"a方面的相同"与"b方面的相同"，而且相似之物也是这样。我们发觉，在比较之前，红色确实已经凭借这类彼此交织的同质性的综合而与图形区分开来，某个要素在这个红色的三角形上作为要素凸显出来，因而本身就施加了一个触发力。

让我们在对这些示例做简化的情况下进一步观察这种事况。在一个流动的当下中，这个红色的三角形与另一个红色的三角形的远亲合性（Affinität）为融合、亲缘性的合一（Einigung）成对奠定了基础。这同一个三角形又与另一个三角形结对：两个对现在通过一个桥梁环节亦即同一性环节联结起来。此外，我们还觉察到，对与对也进入一种同质性关系。而且事实上，完全一般地说：甚至相似性组，甚至作为组的同质性的对也纯粹通过同质性而成为合一的。两个并存的对——借红色而形成的对——相合成对，它们形成一个由对组成的对，以至于相应的环节同时通过红色的叠合而相合。如果我们代之以考虑这些对：它们拥有一个不相同性的环节，更确切地说，它们拥有一个有间距的相似性的环节，那么这些对本身之间也借此环节而产生一种不甚密切的对的统一性。它们作为对没有完全得到统一——它们虽然形成了一个由对组成的对，较为紧密地联结在一起的是那些彼此相应的环节，例如,那些单独作为红色的而成对的环节;但由于其他环节的差别性,两个对就像在方向上分岔似的。如果现在我们使这一个环节像刚才那样成为同一的,那么我们就拥有从它之中散出的两种关系,尽管它们仍有某种实事性的共性,但却凸显出来。诸要素正因此才会在桥梁环节中凸显出来,亦即作为不同的要素,作为为双方的相似性奠定基础的要素。这里显然存在着被动性中的内部的特殊化和划分的开端,因而存在着主动性中——而最终是判断活动中——的内部的特征和部分之展显(Explikation)的前提。

而在此情况下,在同质性范围内显露出新的关系或统一性形式(Einheitsformen)——对象与不独立的内部特征之间的关系,以及作为整体的对象与在一个可能单独存在的部分这种特殊意义上的部分之间的关系。当然,在确切的意义上,它们只是在主动的展显和相应的认同中显露出来;但显而易见的是,相关的综合已于较低的层次上在被动性内被预备好了。例如,一个持续时间短的声音和一个持续时间长的声音的一种被统一化的彼此相继,是被动性内分化活动的一个示例。在这里,持续时间较长的声音的一个虽然凸显出来但却并不清晰的绵延段通过相合已获得了一个不同于其余绵延段的标志。

其他源于同质性的特殊综合——它们具有同样基本的重要性——与从相似性直到相同性的各个等级性有关,按照这些等级性,各种结对(Paarungen)和各种组的联结本身较为密切地或不甚密切地、较强有力地或不甚强有力地融合起来。环节之间的强有力的相似性同样也规定了密切性,借助它,各种对本身一起融合成统一性,即各种组的统一性,由各种组所组成的各种组的统一性。

第 29 节　秩序的诸原形式·对前述的补充：诸对照现象①

但我们在这里遇到了秩序统一性（Ordnungseinheit）的问题，与此相关的其他的基本问题，作为在无间的融合情况下的连续性秩序的连续性的问题。在这里，什么是原现象（Urphänomene）？迄至目前，我们已假定为原现象的是，一个凸显的对象的统一性，复多性的凸显性（Abgehobenheiten）作为并存和相继之单纯的复多性，此外还有复多性作为在内容上被联结起来的复多性，亦即由于同质性而被联结起来的复多性。现在，什么标识着秩序——它显然是同质性领域的一个现象——和与其相对的无秩序的特征呢？一个原现象在某种形式上是无秩序，例如，在通常一式的视觉领域内出现一堆斑点的形式上。作为相同的斑点，它们也可被看作这个领域内的一种秩序；我们可能在观念上（ideell）给予它们一种秩序，或像通常那样，我们可能把它们有序地撒在这个领域：以至于我们会觉察到秩序，然后会将它作为一个被给予的被动性现象。因此，这最初也是一个原现象。〈原现象〉尤其〈是〉相同性的现象和一个增长系列的现象。一个由各种相似性构成的统一性，由各种纯粹的颜色素材构成的统一性，亦即处于并存中，但从红色素材向蓝色素材递增，作为一个层级序列的统一性。或者，一个三角形系列，作为一个量的秩序前后一贯地递增。但我们可以将一种正是这类素材——即通过在颜色

---

① 参见附录十九："论联想的现象学"（第 411 页以下）。——编者注

上或形态大小上的相似性、相同性或增长而彼此相继和依序被统一起来的素材——的时间秩序看作平行的原现象。我们可以从两方面描述已现存在手的具体的秩序统一性：属于它的不单纯是借助相似性的一般的对的形成，而是一种特殊的相似性，在此我们称为增长。于是，对与对相互联结，以至于增长了的环节，亦即这一个对的终端环节是下一个对的开端环节、一个新的增长的起点环节，等等。有人可能会注意到，在某种增长中的相合，尽管它不是相同性，却具有一种特殊的密切性。较少地被增长的环节不是简单的重复，虽然它仍是同一个东西，却具有更多的内涵。但在处于上升的串接（Verkettung）的增多或增长中显然存在着一种特殊的黏合力；因为与以前的一个相对较少的素材对相比，每一个相对被增长了的素材对本身又是一种更高层次的增长。就像一个个别的增长对（Steigerungspaar）所起的触发作用比任何一个相似性偶对（Ähnlichkeitspaar）都强一样，在一个通过重复而得到增加的增长的统一性中，一个由增长对组成的串接是一个触发性比一个另外由相似性偶对组成的统一性更强的统一性。

但现在的问题是：实现串接、嵌合的是什么？在单纯的被动性内如何实现与单纯的集合——其中所有的个别之物和联结都与所有其他的个别之物和联结杂乱地形成一种联结状态——相对的串接呢？

在此，我们将首先指明相继的原现象，亦即指明构造着时间的意识的一种原秩序化的（urordnende）成就。在其中已从一个当下到另一个当下的过渡中凸显出来的东西和在当下的进程中作为绵延的同一性统一被构造起来的东西时间性地被串接起来，也就是说，各种时间性的关系从一开始并且本质必然地以被构造起来的方式被串接起来。尽管在此我们仅仅关注于时间的形式方面，我们也能觉察出各种增长关系，这些增长关系作为必然的串接中的最原初的关系而形成。时间对象性之间的一切时间关系的确是在主观的定向样式中被构造起来的，因此，如果我们在意识中拥有过去与较远的过去之物的串接，那么就拥有与更远的过去之物的串接。但在此情况下，认同（Identifizierung）的统一性贯穿这个相对性的流，并且在这些相继的同一素材本身之间产生前后一贯的串接秩序。现在，如果这种原秩序（Urordnung）在内容上无论怎样确定的素材之间产生一种必然的串接的话，那么这些在内容上确定的增长本身现在就在时间的序列中被串接起来，因而形成了前后一贯的增长的系列统一性。同样，在纯粹内容上的相同性和相似性那里也能形成系列统一性。应当看到，各个系列必定从相继的源泉中获得一种比在相继的源泉没有参与的情况下所获得的更强的力。因为相继的确带来一种新的相同性的要素、一种无疑是必然的相同性的要素，带来序列之为序列的相同性，此外可能还会带来序列的各个别素材的绵延的相同性，如果它们处于相同的绵延状态，作为相同的绵延。

但在并存——它自身还没有通过相继的秩序被秩序化——中情况又如何呢？让我们来考察视觉领域和在其中出现的特殊素材。它们拥有同质性的统一性，但这尚未形成秩序。尽管如此，我们在这里仍能发现秩序，而且就像在时间中那样，它已经不依赖于在此被秩序化的内容之物。在视觉领域内，纯粹从内在方面来看，我们拥有可能的系列，当然，我们只有在引入客观的立义的情况下才能在语言上标明它们。因此，由随便什么色斑或由已形成清晰边界的图形所组成的一种并存秩序处于左—右秩序、上—下秩序中，或处于一条向右、向上等等的确定的线路上。同样，也处于任何其他的有序性的方向上。

我们注意到，在视觉领域内包含着各种各样相互联系的秩序，这些联系在分析前没有得到明晰的理解。我们看到，这里也存在着一个秩序位置（Ordnungsstellen）的领域，它预示了并存中的串接，这个领域类似于相继的领域，作为一个带有不断更迭的时间位置（Zeitstellen）的原初的秩序领域（Ordnungsfeld）。在这里，形式和内容也被区分开来，而且是以新的方式被区分开来：场域性的秩序的形式，内容则是被秩序化之物，即在这个或那个视觉场域（Lokalität）——就像我们将看到的那样——矗立着、占据着它的东西。但是，这里无疑存在一个重大的区别：相继是一种独特的串接、一种总是相同的"线性的"串接。但在视觉领域内，我们并不总是拥有处于串接中、处于一种同一的线性秩序中的所有素材，而是可能形成各种不同的系列串接，而且是同时形成、原初地形成，以至于这个领域内包含着许多线路作为场域的位置系统，它们一次显示充满了这种对象性内容，另一次显示充满了那种对象性内容，使这个领域预先得以秩序化，而且所有这些线性的位置系统汇合成这单一的领域形式（Feldform），正如一种分析的考察所表明的那样。毕竟，与相继的形式相似，我们拥有一种被预先规定了的秩序形式（Ordnungsform），而且在其中时而是这些内容、时而是那些内容作为被秩序化了的东西达到统一性。

但这里随即产生了这个问题：倘若每一种秩序——当它通过内容上特殊的亲合性而统一地凸显出来时——都必然成为一种对遍历的吸引力，那么这些场域性的秩序线路（Ordnungslinien）——它们在经验中处于突出状态——是否带有其时间性统觉的层次。但遍历随即也产生一种时间性秩序，而这种时间性秩序也可能通过对有序的素材的认同而在相反的秩序中自由地被实行。

对视觉领域有效的东西，也对触觉领域〈有效〉——对所有本真的领域都〈有效〉，这些本真的领域本身是场域的统一性。对听觉领域无效，它不是本真的领域。因为这里缺乏任何使并存者秩序化的可能性。

我们现在马上转向新的原现象，总是特有的综合现象。我们已考察了相似性、相同性和增长，考察了相同性联结和增长的联结，当然只是粗略地考察了它们。我们也碰到过序列，当然还碰到过序列的交织，即交织成一个全面的序列，也同样碰到过并存的秩序的交织。所有这一切都是对已凸显的素材而言。

· · · ·

但是，如果我们考察这样一种素材，那么各种特性就会在其自身中凸显出来。这其中有内部的均匀性的特性，例如，一个均匀的白色的正方形，还有一种内部的不均匀性的特性、一种从不确定的斑点——这些斑点尚未分离而彼此渗透、融合——内部离析出来的特性。或者还有，而且特别显著的是，一种持续不断的增长，因而是绵延不绝的连续增长，例如，在变得越来越红的意义上，或在一个棱镜式地使颜色交相渗透的色谱的意义上。随即自然会产生这个问题：把这种和类似的内部的连续性的事件——每一个这类事件首先形成一个内容上无差别的总特征——回涉到各个已凸显的分立物的现象。

我们在上一讲进展到多远了呢？[①] 让我们稍做回顾。为了描

---

① 新一讲的开头。——编者注

绘一条通向一门发生现象学的自然道路,而在被动性内则是一条通向一门联想现象学的自然道路,我们来考察一个活的内在当下的结构,活的内在当下本身的确是最普遍的发生现象。在每一个这样的当下,我们本质上都发现一个原素的核,一个以最松散的方式被统一起来的感性素材(视觉素材、声音素材,等等)的多样性本质上在同时性和活的接续中被持久地构造起来。从这方面看,我们考虑印象性的意识直到仍然鲜活的滞留所达到的范围。各种各样单独凸显出来的素材必定出现在醒着的意识生活中;我们现在来描述给予活的当下中这种感性的印象素材以统一性的东西、给予全体素材以统一性的东西、给予各个组本身以统一性的东西,以及给予所有的感性领域(Sinnesfeldern)本身以统一性的东西。我们曾在并存和相继之包罗万象的形式内碰到源于同质性的各种特殊的合一。所有在一个当下中已凸显出来而同时又是同质的东西都是联结在一起的。因此,每一个感性区域(Sinnesgebiet)都单独是一个统一的区域:所有视觉之物都通过视觉的同质性被联结起来,所有触觉之物都通过触觉的同质性被联结起来,所有听觉之物都通过听觉的同质性被联结起来,等等。我们是在一种最广泛的意义上谈论各个统一的感性领域。这一个感性领域与另一个感性领域是异质的,因此,只有通过活的当下的时间性才能被统一起来。除了这种形式的统一性之外,每一个领域本身都具有含有实事性的(sachhaltige)内容的合一性,这恰恰是内容上同质性的合一性。

如果我们考察一个单独的领域,那么不考虑一般的同质性我们仍拥有源于同质性的各种特殊的联结;尤其是在统一性中凸显出来的复多性,例如,一组红色的图形和一组蓝色的图形。"相似性"、同质性程度越高,这样的组的统一性就越窄,它就愈益是凸显性的统一性。

在此,我仍须附加一个重要的补充,因为我不幸在前不久忘了去预先讨论作为原现象的对照现象。一个领域中的每一个单独凸显之物都是从正是这个领域内的某种东西中凸显出来的。这产生了一个关于分别的确定的基本概念。我们也可以将具体性与分立性对立起来,在此情况下,我们现在多少有点在字面意义上理解具体性。相同之物和很相似之物在一定程度上共生。在这里,很相似之物是这样的东西:它们在相合的情况下没有因产生间距的分崩性的争执而散裂,而是融合在一起,尽管不是纯粹地融合在一起。

对于一个已凸显的素材的统一性关系(Einheitsbeziehung)和它得以从中凸显出来的东西来说,我们还有另一个特别适合的术语:对照。只不过,我们在那里不是将它用于极端情况,例如,用于一个爆裂声与一个有微弱噪音或微弱乐音的背景的对照。具体的融合和对照,这二者属于一个同质的组的复多性:复多性环节的每一个都独自通过对照而存在,但它们并不彼此对立;的确,通过无对照的融合,它们相互间特别合一,例如,一块白底上的红色的斑点。在这里,在每一个对照——它当然仍是一个同质性的现象——中还以另一种方式存在着某种融合的东西,某种使这些素材同质性地合一,同时又通过对其连续性的突破而妨碍具体性的东西。然而,为了理解这一点,我们已需要对上一讲做进一步的论述。无论如何都作为原现象而先于一切更深入的说明的是:对照之下的凸显性,另一方面是融合,即在无间距的相似性中凸显的素材的具体性。由于单独凸显的素材是不连续地合一起来的,融合在这里是一种远融合(Fernverschmelzung);我们将很快认识各种近融合(Nahverschmelzung)。

我们于是将目光转向凸显的素材的秩序形式和素材的复多性,并且区分:相继的普遍秩序与属于个别感性领域——当不是属于所有的感性领域时——的并存的特殊形式。〈那种〉由时间构造本身所成就的并存之普遍形式并非秩序形式。为此出现了这样的特殊形式,例如,视觉的场域或属于触觉领域的触觉素材的场域性秩序。

相继的秩序形式的普遍性表明:在每一个活的流动的当下领域,全体的并存形成一个唯一的接续秩序。如果我们选取某一个感性领域,即一个并存的同质性的领域,那么它的素材储存是一种具体存在着的素材的储存:"具体的",不仅就瞬间的并存——它根本不可能单独存在——而言,而且就相继而言。作为存在着的素材被构造起来的东西和单独凸显出来的东西,是作为持续不断的东西——也可能是从现在开始持续片刻而停止的东西——被构造起来的。在这里,先于一切更切近的分析,一个这样的具体地自成一体的时间性的素材的较长或较短的绵延之原现象的(urphäno-menal)区别显露出来,就像这种现象:在较短或较长的持续状态中,在延续中存在的或正在生成的东西的现象。同样,作为原现象,处于不变的形态中的生成或已生成物与处于变化的形态中的生成或已生成物区分开来。所有处于某种样式中的已生成物都在普遍的相继形式中拥有其固定的秩序位置,这种普遍的相继形式是一种统一性形式,更确切地说,是一种秩序形式。每一个尚在生成者也被嵌入这种秩序形式的运动中,只要它已生成。在相继中达到特殊的交织的那些组作为相继的具体性区别于在每一个并存中达到特殊统一性的那些具体的组,例如,视觉领域内的一个黑色的墨水斑点的构形(Konfiguration),另一方面,一个光信号序列或一个声音序列。在这里,这二者的组的具体性将一同被实现,因为在一个领域内,某个个别素材重新开始,其他个别素材则再度停止,因而归入活的过去及其实事性的融合。在二者的不可分割的联系中,具体性只有作为秩序形式中的融合——即由时间上的被秩序化之物构成的融合——才是可能的。我们已经知道,而且更切近的分析随即就会表明,所有分立之物的这种秩序在自己自身内是一种连续的秩序,这种连续的秩序在其持续性中贯穿一切作为统一性而单独凸显之物。换句话说,在活的相继关系中,每一个凸显的素材不只是外在于其他素材。毋宁说,它在自己自身内具有一种综合的内部建构,更确切地说,它在自己自身内具有一种序列的连续性。这种内部的连续性是一种连续的内容性融合,亦即近融合的基础。视觉领域内一种内容、一种颜色的绵延,声音领域内一个声音的绵延,无论它们现在是不变地出现的素材还是变化不定地出现的素材,都不具有一种在质性上不可分析的特征,而是像现象学分析随即就会表明的那样,在它之中存在着从一个相位到另一个相位的延续连续向前延伸的特性;在已生成状态中,它是现成的时间性的延展(Extension)或广延(Ausdehnung)。在活的时间性的伸展过程中,在其中伸展着的内涵通常动摇不定,内部的界限和形成了边界的局部区域或多或少清晰地凸显出来;但任何在其中凸显出来的东西都必然以内部相继的形式表现出来,通过未被展显的、无分别的流动(Fließen)而得以联结。

我们现在容易看出，在时间性延展的这种内部的连续性中，在时间上被延扩的内容、实事内涵（Sachgehalt）并不外在于此，毋宁说，实事的统一性只有作为连续地被秩序化的东西、作为时间上被延展的东西才是可设想的。一种具体的统一性，即某个内在素材的统一性，只有作为内容的连续性——它处于延展的连续性、绵延的连续性中，并且由于延展的连续性、绵延的连续性——才是可设想的。我说：处于并且由于。因为同样变得明晰的是，使实事内涵恰恰获得实事的内部连续性的东西，因而首先使实事内涵获得统一性的东西基于最原初的时间性延展的连续性。所有内容上的连续性，例如，一个小提琴声音的内容上的连续性，是一种从一个相位到另一个相位的连续的融合的统一性；但只有在连续的生成中、在时间秩序（Zeitordnung）中，内容才能连续地融合。甚至我们——在并存中，例如，在视觉领域内——称为依质性和强度而持续分层的东西，作为持续的相似性连续性，也只有在时间的连续性中才是可设想的。只有在时间的连续性中，它才能达到一种实项的统一性，在其中，相似之物与相似之物达到一种"实在的"统一性，才能成为一个单独存在的素材。

但无疑，其他的本质规则也在这里起作用。我们不应认为，时间的连续性是被充实以任何内容的东西：我们不可能将颜色素材和声音素材混合成一个内时间性的素材；属于一个自成一体的素材的是连续性中的同质性。但我们还受进一步的约束。某个实事的持续性肯定会中断片刻。声音的统一性可在观念上分解成各个声音相位。这些相位按照时间的连续性、通过相继的融合而具有统一性；只有当素材持续地从一个相位到另一个相位在实事上无间距地融合,这种融合在连续的时间性的生成流中才作为统一的而得以可能。因此,在任何位置上都不允许一个断裂,亦即发生一个骤然凸现的内容上的间距。但是,这里存在各种不同的可能性。并非在所有的内容性要素中都必然存在连续性。例如,如果在声音质性上保持着持续性,例如,作为在质性 c 方面的持续的相同性,那么则可能发生一个强度的断裂、一个从大到小的突变。每一个这样的对照都进行划分,进行分割。然后,每一片段本身就是一个统一性。但是,一个声音不可能由全然的不连续性(Diskontinuitäten)组成;它只可能是一个具有个别不连续性的声音。而那时,它实际上已是一个复多。但另一方面,如果就它那方面而言,亦即在其被分裂状态中,它通过一个全面的对照而从其他东西中——例如,从一般的声音背景中——凸显出来的话,那么它仍是单独的统一性。

印象的当下的统一性可能呈现各种各样的相继的统一性和作为连续性的统一性的复多性,它们在一个对照之下的连续的时间性融合的统一性中已在被动性内以业已描述的方式形成了具体的特殊统一性。因此,存在着各种各样的相继的素材,这些素材总是处于实在的联结状态。

第30节 相继和并存中的个体化[①]

但是,当下领域内的相继形式是唯一的形式。具体的同时之物,而且同样,作为抽象的相位的同时之物,具有其同一的时间绵

[①] 参见附录二十:"时间作为个体性的形式和主观的变化"(第 416 页及下页)。——编者注

延（Zeitdauer）或同一的时间位置。在这里，时间的相同性与时间的同一性之间的区别是基本的。例如，几个接踵而来的声音可能都是相同长度的绵延者。但这种绵延的相同是时间形态（Zeitgestalt）的相同性，而不是时间段的同一性，不是一个时间位置秩序（Zeitstellenordnung）的一段的同一性。在此，我们面临个体化（Individuation）的问题，亦即内时间意识中最原初之物的问题。每一个内在的时间对象都具有其时间形态，亦即具有其时间长度，如果它是一个在特殊意义上的"单个的"亦即没有复多性的东西的话。如果它是一个复多性的对象，例如，一段旋律，那么时间形态不仅包含作为其时间长度的这段旋律的总绵延，而且包含这个时间长度的充满和不充满的各种特殊方式，也就是说，不仅包含各个声音的时间长度，而且包含各个间歇的时间长度。这种时间形态在旋律的重复中是完全相同的。一个新的个体的时间对象因此被构造起来，但只不过恰好是一个完全相同的时间对象。时间形态——就像所有使其具体化的质性之物一样——属于时间对象，作为其特有的"本质"，我们将这种时间形态在时间中的位置与时间形态区别开来，或更确切地说，这种时间形态本身在其个体性（Individualität）中——在其中，它是普遍的时间本身的片段——是从各个一次性的时间位置中被建构起来的位置系统。每当我们重复一个声音，而且是在完全的相同性中重复，我们就会有一个完全的相同之物，不仅就内容而言，而且就绵延而言。与这里的每一个时间点相应的是那里的一个时间点。但是，时间点本身作为在独特的时间秩序中的时间位置具有不可消弭的差异，它们原则上是不可重复的。现在，所有这些对象都分有这种不可重复性。每一个对象都是它自身,而且作为其时间位置系统(Zeitstellensystem)的对象是唯一的,它的时间位置系统属于普遍的时间位置系统,属于唯一的时间的〈时间位置系统〉。但是,时间形态和时间形态的充盈是可重复的,而且通过比较和归纳(Induktion)产生一般本质,这种一般本质在这里被个别化。

对于场域,也必须做相似的论述。它是那种使一个同质的区域的各个并存(当然不必是每一个)秩序化而且在一个同质的区域内能够使同时性的相同之物个体化的〈东西〉。就像每一个相继的统一性(源于融合和凸显)都具有其时间形态和个体的位置,一个场域性领域的每一个属于此列的并存统一性(Koexistenzeinheit)都具有一个领域形态——这个领域形态有可能在同一个领域内可以相同性的方式重复——,而且都由于个体的位置而具有其个体化(Individuierung),这种个体的位置是一种唯一的不可重复的位置。这种基本分析作为对一个场域性领域,即一个并存的连续性的相位分析(Phasenanalyse)又导致这一事实,即它(例如,像视觉领域)与时间类似而具有一种连续被秩序化的位置系统的形式。只不过,它是一个二维的位置系统,据此,它本身允许有多种多样和复杂的场域性形态(Lokalgestalten)。这里重复的是这种规则性(Gesetzlichkeit):只要在场域性秩序的每一个相位点(Phasenpunkt)上都不可能发生一个质性跳跃(Qualitätssprung),对场域性的连续性的质性的充满就必定是连续的。只不过,沿着一个场域性的连续性的统一性不是连续生成的统一性,这将恰恰是相继。

必须充分注意,时间位置和场所位置"时间对象性"是术语(Ortsstelle)作为使一个处于相继和并存中的具体的时间对象性

144

个体化的东西不是像一个特征这样的东西,甚或像一个标记、一个索引这样的东西,因此,每一个体之物都有别于每一个可能的相同之物。传统上关于与种差相对的个体差异的谈论可能容易导向这一点。后者关涉到种属之物,关涉到按时间形态或大小和按质性化(Qualifizierung)而在内容上普遍相同之物,这种普遍相同之物本身可以通过归纳而作为具体的本质在概念上被普遍地把握,可以按属(*genus*)和种(*species*)被划分。

可是,在意识上作为对象原初地被构造起来的东西——亦即以这样的方式,以至于对象作为它自身原本地被意识到——在原初的时间意识中以本质必然性的方式被构造成连续的同一之物和永久的可认同之物——"可认同的",那么也就借助于再回忆的串接而超出了活的当下领域。不断变化的内容的总是新发生的连续综合的认同在进展着的内在的构造中保持自身,然后以不混杂的方式在超越的构造中保持自身,在此情况下必然形成相继地被秩序化的并存的系统。因此,时间位置的唯一性恰恰是在其唯一的关联中每次被实行的认同的形式的相关项,其唯一的关联即构造着的生活的关联,在其中,这个对象作为这个对象被构造起来,而且它之所以可认同只是因为,意识恰恰溯源于原初的构造活动,能够重新唤醒它,而且能将它看作这个同一的构造活动,看作这个随时可重新认出的对象。另一方面,只要某个对象与许多其他总已被构造起来的对象处于同质性的关系中,按照相同性和相似性在同质性的综合中被联结起来,而与此同时,它们已通过对照被凸显出来,那么就产生了各种比较关联(Vergleichungszusammenhänge)——它们凸显出共同的和不同的特性,因而就产生了逻辑上的概念性述谓(Prädikation)的可能性。因此,每一个对象不仅必然具有它的这一个(τοίον),具有其可比较的本质或特定的本质,据此,它能够按属和种与其他对象形成普遍的概念上的联结。此外,它事先已构造起它的个体性、它的此性(Diesheit),并且作为所有这样的同质性综合(Homogenitätssynthesen)和奠基于其上的比较的前提,也就是说,它是同一的东西、可持久地重新认出的东西,而且本身属于原初地构造着的生活的确定的关联。同样,这种原初地构造着的生活也按每一个相位而具有其同一性统一,而且在原初的时间意识中被构造起来。尽管这似乎导致一种堪忧的无穷回退(regressus in infinitum),但我相信,一种反思的分析能很好地克服这种回退的困境。

由于不可混淆的差别性——因此,作为〈一个〉同一之物的对象的构造必然与时间的秩序形式的构造以及借此构造而得以可能的同质性综合的形成交织在一起——而显而易见的是,为何同一性一〈方面〉与〈述谓的〉相同性和差别性如此密切相关,而[另一方面]却保持着原则性的差别。相关地,相合综合恰恰被区分为:认同性相合的综合与非同一之物的相合的综合。

第 31 节 感性领域的现象学的问题[①]

从这里出发可以继续进达一门关于普遍的时间领域(Zeitfeld)和关于感性领域的系统的现象学,进达一种在本质观点下进

[①] 参见(附于第 28、29、31—36 节的)附录十九:"论联想的现象学"(第 411 页以下)。——编者注

行的类型化（Typisierung），即对奠基于这些领域的本质中的事件的类型化。就这些作为位置系统的领域而言，并且根据这种单纯的形式，问题在于本质概念（Wesensbegriffe）和公理的塑形，这些本质概念和公理导致对一门关于这些领域的几何学和拓扑学的论证（Begründung）：图形，线，点，距离，线段，方向，大小，直线，等等；另一方面，〈问题在于〉可能已质性化了的构成物的类型学，在时间上，则是变化和不变的生成形式（Werdensform）的类型学，搭叠的生成形式的类型学，竞争（视觉领域之间的竞争）的生成形式的类型学，遮蔽的生成形式的类型学。

现在还应约略地提一下感性领域——它们在此具有场域化（Lokalisierung）——的现象学问题：一个感性领域的统一性之可能的破裂类型或具体的事件的可能类型。在具体的独立的内容的标题下的事件，这些内容可以单独存在，也就是说，感性领域可以被看作被收缩到这些内容上。但还有可能的变化的类型学的事件，根据形态与作为其质性化的形态的着色之间的区分，这种可能的变化将会是一种形态变化和一种质性的变化。就形态变化而言，则产生了扩展性的广延的各种区别类型，借此，形态和新的片段持续扩展，它们随即凸显出来，或者（根据其质性化）没有凸显出来，或者缩减了。对此，尤其是这样一种形态的收缩，它从面的类型中产生出线和点这两种直观的极限形式，在此情况下，每一条线在它那方面也容许一种收缩，这种收缩将它变成一个点。点是一个点式的面，即使它接近作为极限的纯点的类型，但仍容许收缩。同样，线是线似的面。即使我们守在感性（Sinnlichkeit）内而没有混入任何源于数学的极限塑形——在此，没有实行它——的表象，极限形态仍然具有一种意义。这些极限形式所处的情况就像质性的极限形式所处的情况一样，例如，纯红色，纯白色，它们也不是数学的极限。我们显然是以不同的方式达到相同的极限，亦即通过划分达到相同的极限，为此，我们使一个部分在截然的对照中从一种质性化转变成另一种质性化。一个面划分成两个面的质性跳跃产生了一条界线，更确切地说，产生了一条线，例如，当我们通过"均匀的"着色使两个部分本身显露完全相同的色泽，而通过截然不同的着色使它们在相互映衬中凸显出来时。一个"逐渐的"过渡，只有当这种过渡在开始时进行得很慢，继而进行得很快，而后来又慢下来时，它才能通过逐渐变化的质性的分层产生一条界线。这种分隔性的速度带是线似的，而如果它成为一条纯线，我们就必须使速度如此变化，以至于它通过迅速的增长而最终成为跳跃。

147

不仅连续的时间秩序，而且任何场域性的秩序，尤其是视觉的秩序，都能形成某种形式上相似的概念。诸如，点的概念，线段以及线段长度和线段方向的概念，作为"直的"系列的系列的概念。按照形式，时间是一种一维的、连续的—"直的"系列（"同质的"），同样，按照形式，视觉领域是一种二维的多样性，它应被把握为连续的复式系列（系列的系列）。

在视觉领域内：在不考虑质性化——质性化现在总被认为应是可自由地变化的——的情况下，两个点形成一个点对（Punktpaar），这个点对在视觉领域内通过融合被联结起来。任何一个这样的对的统一性都可以按大小（间距的大小）和方向而从双重方面看是相同的和不同的。按方向所观察到的对的统一性形成一个不同种类的联结，借此规定了两种相关的关系：a＞b 和 b＜a；连同公理：如果 a＞b，等等。由两个点预示了一个点的多样性，这个点的多样性的所有间距都"处于相同的方向"。这个点的多样性的所有点形成了一个一维的、连续的多样性，亦即直线。时间是一条直线。视觉的多样性从每一个点出发都具有多条直线，每一个新的、被另选为第一个点的第二个点都规定了一个新的这样的多样性。

因此，这一公理有效：如果 a 与 b 直接相邻，而 b 与 c 直接相邻，那么 a 与 c 直接相邻。至于方向：如果 a＞b＞c，那么 a＞c。而每一条线段都有一个长度，线段按长度（大小）是可比较的。对于每一条线段来说，在每一个方向都有一段相同的距离，等等。所有这些都是公理，它们按极限被精确地表达出来，并且被近似地看作对极限的接近。

在此应考虑到，领域本身是有限的，而领域在观念上的无限延伸是一种观念化（Idealisierung），我们能容许这种观念化，但它自身不具有必然性。但无论如何，就像这里形成的极限一样，容许直线闭合成闭合的线条（在更遥远的某个地方）都没有意义。领域的同质性已是一种观念化。因为现实的视觉领域不可能到处都以相同的方式贯穿以轮廓分明的线条，甚至接近于轮廓分明的线条，等等。但通过观念化的完形（Ausgestaltung），还是预示了领域的各种可能性。

一门（系统地被实施的）感性领域的现象学的问题：一个缺席的论题是在因亲合性而发生的融合的情况下或在冲突的情况下在被动性内自动产生的搭叠。亲合性尤其可以被定义为统一化的凸显之物：作为对照之对立面的无差别的融合。例如，当一个"图像"在视觉领域的某个位置上突然被另一个"图像"替换掉时，或者，当一个色泽在保持形态的情况下跳入另一个色泽时，一个搭叠就发生了。

一个属于此列的重要的现象是视觉领域的竞争，也可能是遮蔽的现象，即一个视觉内容被另一个视觉内容所遮蔽，例如，当一个内容移动到另一个内容之上时。但客观的统觉在此不应参与其中，而排除它们招致了一些困难。

第二章　触发现象

第32节　触发作为对自我的刺激作用·对照作为其基本条件

我们不应在此致力于一门感性领域的现象学。这必定已足以指明了它。还存在着另一个研究方向，它使我们更多得多地切近联想问题，这个研究方向由我们已熟悉的，而现在要特别予以考虑的触发的标题所标识。我们在触发的标题下理解意识上的刺激，理解一个被意识到的对象对自我施加的特有的拉力——它是一个拉力，它在自我朝向它并从那里继续追求自身给予的、愈益揭示对象的自身的直观时被缓解——亦即追求获知，追求更切近地考察对象。

意识有的构造明确的对象，亦即已凸显出来并且现实地触发着的对象，有的构造不明确的对象（部分和要素），它们没有达到凸显或尚未达到凸显，但只要它们在"有利的境况"下终究能被凸显出来，就仍可以从触发性的观点被考虑。在这方面，我们将不得不区分现实的触发与触发的趋向，即一种并非空乏的，而是实事地生根于本质根据（Wesensgründen）的触发的潜能性。感性的素材

（因而素材一般）仿佛向自我极（Ichpol）发射触发力的射束，但在其乏力的情况下没有使触发力的射束达到自我极，对自我极来说没有现实地成为一个唤起性的刺激。

　　触发首先以凸显为前提，而且在印象的领域内，以那种我们仅在其中就能发现的凸显为前提——亦即当我们像往常一样，使任何对遗忘的远视域的考察不起作用，而且当然同样使再回忆的领域不起作用时。因此，对我们来说，凸显是通过在对照之下的内容的融合的凸显。触发现在以某种方式是对照的功能，尽管不只是对照的功能。只要最原初的触发可以被看〈作〉在印象的当下中被生产出来的东西，那么对照就可以被标识为触发的最原初的条件。触发的等级性与对照的等级性相关联，而触发的趋向的等级性也已经与对照的等级性相关联。也就是说，一个相同的对照可能对自我施加现实的刺激，而另一次则可能是，自我没有被触发性的趋向所达到。对照极限是如此强的对照，它们形成如此强地起作用的凸显，以至于在某种程度上可以说，它们盖过所有竞争性的对照。因此，这有点像可能的竞争和一种遮蔽，即各种触发性的趋向被特别强的触发性的趋向所遮蔽。例如，各个别彩色的图形在充分凸显时触发着我们，同时还有噪声，像汽车滚轴的噪声、歌声、已凸显的气味，等等。所有这些都一齐触发着我们，在此之际，只要我们只朝向歌声，倾听它，歌声就获胜了。但其余的仍然刺激着我们。而如果突然袭来一声巨响，例如，爆炸发出的响声，那么它不仅抹去了听觉领域的各种触发性的特殊性，而且抹去了一切其他领域的触发性的特殊性。无论我们多么无意倾听这声巨响，那些除此之外对我们发出的声音不再能透过来。

如果排除这种极端情况,那么不同的对象可以通过对照而单独凸显出来,只要每一个对象满足统一性的本质条件,这种统一性源于合生性的融合与对照化之特殊的亲合性。但它们无须全部都为此对自我凸显出来,更不用说获得组化(Gruppierungen)、获得构形了,作为这样的东西,它们现实地对自我在此——也就是说,它们作为这样的综合现实地触发着自我。

什么使得一个个别凸显的素材具有触发的优先地位呢?但这个个别凸显的素材在其关联中的触发力取决于其余的素材,正如其余的素材取决于它一样。我们处于触发趋向的相对主义(Relativismus)中,而且问题在于:什么样的规则而且最终什么样的本质规则可能在这里现实地起支配作用。

通过对最低的发生性层级的考察,我们以对于一门系统的发生来说必然是抽象的方式提出这个问题:我们这样做,似乎自我的世界只是印象的当下,似乎没有任何超越把握的统觉——它们源于进行更远的跨越的主观的合规则性——一同起作用,没有任何在世界生活(Weltleben)中获得的认识、审美的和实践的兴趣、评价等诸如此类的东西。我们这样考察触发性(Affektivität)的功能,它们完全基于印象之物。因此,我们从情感领域中应该只接受伴随着感性素材的一些原初的感受(Gefühle),而且应该说明:一方面,得到实现的触发在功能上同时还取决于对照的相对大小;另一方面,也取决于受偏爱的感性感受,例如,一个由在其统一性中的凸显之物所奠基的性欲快感。我们甚至应当容许原初的、本能的(instinktive)、本欲上的偏爱。这些当然是本己的研究论题,在这些研究中,一个适切的实验而非一个归纳地—客观地指向的实验也许是可行的：它将具有这个任务，即建立相关种类的纯粹情况之产生的有利条件。

第33节 触发的传递规则[①]

但让我们再把兴趣转向另一个方向。一句话，在触发性趋向的相对主义中，一般总是并且必然发生一个触发。现在，不存在这种最初的触发的传递（Fortpflanzung）规则吗？就对象而言，我们也可以将触发标识为对一个指向它的意向的唤起。因此，换句话说，存在着意向的唤起的传递规则吗？这里最优先的情况是：触发导致注意（Aufmerksamkeit），导致把握、获知、展显。于是，这种合规则性自动地转变成唤起的合规则性或注意之继续传导的合规则性，或换句话说，转变成论题兴趣的合规则性，而且有可能进一步转变成把握和获知的合规则性。唤起这种说法的引入当然已点明，我们在这里谈论的东西与通常意义上的联想的亲缘关系如此密切，以至于在此已可以在扩展的意义上谈论联想，谈论原联想（Urassoziationen），也就是说，在它们那里尚未有任何再造的问题。现在这里有一个规则说：每一个原初的唤起在传递中，亦即在唤起以联想的方式传播（Übertragung）到新素材的过程中通过同质性被联结起来。在我们的原素性的感性领域内，原初的联想只在每一个单独的感性领域内进行。换句话说，每一个感性领域单独形成一个本己的、自成一体的触发性趋向的界域，能够通过联想

[①] 参见附录二十一："感性的、多重射束的触发·感性的组——本真的集合对象性"（第417页以下）。——编者注

形成组织化的统一化(Vereinheitlichung)。

那么,这种统一化的规则性的功能性看起来怎样呢?我们谈论印象的总领域的建构及其在时间形式内进行的平行的划分,即划分成印象上的特殊领域,[例如]视觉领域,等等。作为整体并且就其特殊凸显性和特殊组而言,每一个印象的特殊领域都是一个时间性的生成、产生和消逝的统一性;在那里,形成了相对持久的组的并存,新环节有可能进入组的并存,剔除其他环节。另一方面,在这种生成过程中,每一个感性领域都单独形成了关联性的统一性,即时间性的、内容上同质的并且联结着的序列的统一性:旋律、颜色相继,等等。但我们在不考虑触发的问题的情况下观察到的东西,例如,一个源于合生(Konkreszenz)和对照的存在者和生成者,何时现实地触发自我?何时一个组、一个视觉领域或触觉领域的构形现实地对我凸显出来?何时一个听觉系列以一首旋律的方式现实地对我凸显出来?

至于相继,显然可以说,只有当它们触发性地形成了,只有当触发作为现实的触发从一个或几个点传递出去了,亦即在合生和对照的条件下和在可能发生的情感条件下——只有那时新的统一性形成才能现实地发生。

与此相应,通过对可能的内在对象性的分析,严格说来,通过对可能的原素性的对象性的分析,我们已经将时间的形式和场域性的形式摆明为本质必然性,同样,将原素性的统一性形成的可能性条件的单纯含义摆明为这些形式在内容上的充盈化的本质必然性,而统一性形成本身,单独存在着的个别的原素素材和[素材]组的现实的形成,还取决于未加考虑的触发因素。

当然，我们对于意识所申明的——即触发力的本质性的功能性在此得以揭示——随即可以转用于元素，转用于连续性，意义对象（Sinnesgegenstände）通过它们以有序的方式被构建起来。如果一个新开始的素材被唤起了，那么唤起就连续地进行下去，它在连续开显的素材那里的确保持不变，但素材在这种开显（Entfaltung）过程中会丧失，例如，通过强度弱化、通过轮廓的模糊化等等在触发上重要的前提条件，以至于一个在这样不利的情况下开始的素材，除非触发力的连续传播持续地以唤起的方式对不大有利的素材起作用，因此，抵抗触发的弱化，阻止它，否则就不会凸显。开始时响亮的声音在逐渐变弱的过程中保持着声音的触发力，直至最细弱，否则将是难以察觉的。

秩序形式显然具有一种特殊的触发性含义（Bedeutung）。普遍相继的秩序［具有一种特殊的触发性含义］，只要一切都生成性地被构造起来，而且触发原生地随构造的生成而产生。但绝非相继本身将会是一个联想原则（Assoziationsprinzip）似的。从一个领域到另一个领域，联想不是作为序列的联想起作用。本质性的东西不是相继，而是在其秩序中的亲合的关联。

我们已描述的内在的统一性形成的本质合规则性，自成一体的个别对象、整体、组、构形的形成的本质合规则性，最终并未表达出这样的统一性的单纯的可能性条件——而这些统一性本身的现实发生取决于触发和联想吗？对此，还必须考虑以下情况。我们早先通过亲合物的连生和对照下的凸显对统一性形成所做的一切论述都还必须联系于统一性和联结着的复多性的范例情况。这些统一性对我们存在，只能要么作为在注意的范围内直接被给予的东西，要么是由于我们追索一个注意领域（Aufmerksamkeitssphäre）的过去视域而事后捕获统一性，这些统一性是在没有注意或先于注意的情况下被给予我们的，尽管如此，它们至少还是触发过我们。因此，触发在一切领域都起作用，而且触发的唤起性的传播，因而联想显然也在一切领域都起作用。于是产生了这个问题：触发和联想不是只有以对统一性形成的那些本质条件的合规则的依赖性的方式——而且为新型的本质规则所共同规定——才能使单独存在的对象的构造得以可能吗？不存在合规则的阻碍性的、弱化的对抗力——这些对抗力，由于它们不再容许触发产生，也使单独存在的统一性的发生变得不可能，也就是说，如果没有触发就根本不会有统一性的发生——吗？这是很难得到裁定的问题，如果我们想要从活的当下领域——正如后来将是必然的那样——深入遗忘的领域并且欲使再造的唤起成为可理解的，则尤其困难。我无须说，我们所做的这整个考察也可以被赋予一个著名的标题，即"无意识"（Unbewußten）的标题。因此，这涉及一门关于这种所谓的无意识的现象学。

为了使现象学的光照入无意识的黑夜，我们现在从明晰的范例出发，借助这些范例，我们能直接看到在其传递中的唤起和规定着它的动机引发。我们假定，凸显之物已被构造起来了，它也可能已是触发者。显而易见的是，并非所有的触发都能够通过唤起从另一个触发中产生出来。每一种通过一个孤立的对照而产生的触发——例如，一声爆炸——都显示出本质可能性。不过，无须这样的极端对照。如果在洛雷托山巅（Lorettohöhe）夜晚散步之际，莱茵山谷中有一串灯光突然闪入我们的视野，那么它随即统一而触发性地凸显出来，而非——顺便提一下——这刺激因此必然导致注意的朝向。这串灯光一下子作为一个整体处于触发状态，显然是由于统一性形成的前触发性的（voraffektiv）合规则性；由于这些前触发性的合规则性，也可能发生这种情况，在视觉领域内，同时还有其他的光群作为已凸显的特殊统一性处于触发状态，而且这是在条件相同的情况下（ceteris paribus）。但恰恰这串灯光才〈能够〉具有一种触发性的优先性，也就是说，能够具有一种较强的触发性的刺激的优先性、较强地对我们凸显的优先性。在这些范例中可见有一种分段的统一性——它作为分段的统一性无论在自己自身内具有多少实事的特殊凸显——在一个不分段的触发中被意识到。另一方面，它不是通过一个来自外部、来自另一个统一性的唤起被意识到。将未被唤起的触发这样的情况仍标识为唤起，不过却标识为唤起的零情况，这是很适合的，类似于数学家将零、负数一同算在数内。

现在，我们适当地变更我们的范例，直至一个触发的传递发生，也就是说，从一个触发中射出一个指向外部的唤起。这串灯光已处于唤起之中，尽管是处于零唤起中。一盏灯光突然以足够的强度从白色变成红色。或者，我们只改变其强度，它变得特别亮。它现在单独变得特别具有触发性，而同时这个提升显然对整个系列——它的其余部分在触发上仍是不分段的——有利。我们将不得不说，一个新的触发已出现了，而且从它之中发出一道唤起性的射束（或按两个系列段从位于中间的灯光发出一道唤起的双重射束），它与业已起触发作用的系列的唤起力合一成一个较强的唤起的统一性。显然，我们也将能说，在每一个分段的整体——它作为整体已直接起触发作用了——中都发生了一种触发的传递，亦即传递到各段上。就此而言，我们无须变更原初的范例。我们本来可以立即说，这整个系列的唤起从一开始就分配到各段上，间接地给它们配以特殊触发，也就是说在整体的总触发内给它们配以特殊触发。但在此还必须研究融合与对照的某种对立，只要发射出来的个别灯光凸显得太强时又可能阻碍触发流向联结在一起的灯光。

另一个范例源于相继的、在过程上达到统一化的对象的领域：一段旋律响起，而没有施加显著的触发力，或者——假如这是可能的话——甚至完全没有对我们施加触发性的刺激。我们也许全神贯注于别的东西，而且并非这样，以至于这段旋律譬如说是在"干扰"的标题下触发着我们。现在，出现一个特别圆润的声音，一个特别激发感性的愉悦甚或反感的转变。这个个别性将不只是单独切身地触发［我们］，毋宁说，就其在当下领域仍是鲜活的而言，这整个旋律现在一下子凸显出来；因此，触发回射进滞留之物，它首先以提升的方式统一地起作用，而且同时也〈进入〉特殊凸显性、〈进入〉个别的声音中起作用，促进特殊触发。对此，动机引发因果性（Motivationskausalität）是完全明见的，而且是直接明见的。声音的特殊性已使我注意。借此，我注意到这整个旋律，而且可以理解，这些个别性也因此对我鲜活起来。

从这些范例中我们还看到在对象对于意识主体（Bewußtseinssubjekt）的被给予性种类方面的一个重要区别。时而整体的被给予性先于其触发性的凸显，因而先于对其把握的可能性，先于部分，时而部分的被给予性先于整体。这取决于触发之不断变化的条件，而且从根本上取决于实事性地规定着实事的统一性的条件。就此而言，区别会被相对化。如果灯光系列中的灯光在时间上相继闪亮,那么这个作为整体的系列在被给予性上当然追随个别〈环节〉的被给予性。但最终我们还是落在各个原初的个别性上,亦即落在对象上,这些对象在任何情况下都必须基于本质根据而事先作为整体被给予,由此其部分才能被给予。

我们现在试图清理基本的触发关系。在活的当下中,以原印象方式出现者在条件相同的情况下其触发趋向一定比滞留之物强。正因为如此,触发在传递的方向上具有一个统一的未来趋向(Zukunftstendenz),意向性主要以未来为指向。当然,这不应是指,滞留的逐渐模糊只是触发的弱化,毋宁说,存在于滞留的变样的本质中的是,它虽然不是以明晰性中实事性的变样的发生方式改变内容上的亲合性和对照,但它提供了一个区别模糊化的新维度,一种不断增强的雾化(Vernebelung)、含混化(Verunklarung),这本质上减弱了触发力。但这并不排除,一个从仍充满力量的触发的较明亮领域内流出的唤起进入这种暗化(Verdunkelung)起作用,也就是说,与持久地向前起作用的触发相对,有一个向后起作用的触发。例如,如果一个听觉对象被唤起,而这整个听觉素材的领域刚才似乎处于休眠状态的话,那么最近的过去之物——只要它与这个特别被唤起之物具有听觉亲合性——由此一同被唤起,这表明——就像人们容易确信的那样——总有一个触发性的过去视域。任何在完全无间断的连续性中被建构起来的对象,例如一个完全均匀的声音,都将属于此列,同样,一个均匀的颜色将属于视觉领域。这并不排除,部分仍然并且正是通过唤起而后凸显出来——例如,当一个因内在的凸显而被划分者与相似性的均匀之物,甚至与别的相同性的均匀之物并置时,以及当通过搭叠或单纯的远相合(Ferndeckung)而恰恰在印象上缺乏内在区分的意识中实行一种对连续之物的内在划分时。

在我们的各种范例中,我们的注意力指向各种唤起,这些唤起保持在绵延的并存的线路上,例如,当一盏灯光的较明亮光线传播给灯光系列时,或在相继的系列中保持在下沉着的相继的线路上时,例如,唤起从圆润的声音回射到在活的滞留中仍被意识到的声音系列上。

但联想的唤起显然也向前迈入未来。旋律中的新声音,在新的生成中交织在一起的整个未来系列,也从最初的唤起中获利。声音构成物——它们也许并未满足触发的条件——现在成为显著的,的确,它们甚至成为论题兴趣的对象。因此,唤起从唤起性的位置出发也遵循对象性融合的线路向前传播。

同样,在另一个范例中——在那里,我们已注意到这一排灯光——我们现在会特别容易注意到一盏新闪亮的灯光,甚至一盏相对微弱的灯光,等等。

显然,我们在原联想这里具有与我们以前所区分的那两种通常意义上的联想——即转向过去(而且就像我们将补充的那样,也有可能借助于再造而嵌入当下)的联想和唤起预期的联想——相似的东西。

关于这类范例的分析以及在本质态度(Wesenseinstellung)下对其所做的考察立即表明,在每一个活的当下内部,而且暂时限制在于其中达到统一化的感性素材(Sinnesdaten)上,触发持续地向外起作用,我们不断发现触发性的唤起,亦即联想。原素性的对象性的构造原则,更确切地说,联结着的并存和相继的构造原则,连续地个体化的位置系统及其充盈化的原则,这些原则——对照和内部的融合据其而发生——持续地起作用。它们持续地形成触发的本质条件和作为唤起的触发的传播的本质条件。

因此,如果我们按原印象、滞留和前摄而预先设定当下的结构,那么它一方面会产生射入共当下和滞留性的过去的联想,亦即唤起,另一方面会产生朝向未来迈进的联想。我们迄今已例证的只是第一种联想,因为正如被表明的那样,它是原初的联想。换句话说,我们在一开始对通常词义上的联想进行最初的粗略考察时所做的那种区分,即在朝后的、第一性的联想与另一方面是朝前的、预期的、第二性的联想之间的区分,在我们于此通过联想概念的扩展探讨原联想的活的现前领域(Präsenzsphäre)时也肯定有效。

因此,让我们首先进一步探讨直接的指向邻近的唤起和朝后的唤起。根据具体的活的当下领域的合结构规则性,其所属的总的原印象只具有分段的并存的形式,即按感性区域分段和按在其中被分隔却又联结着的素材自身、对象自身分段。至于相继,它则具有分段的相继的形式,以至于必然会形成同质的相继秩序和相继关联,亦即每一个感性领域自身内的相继秩序和相继关联。每一个在原印象上被构造起来的对象都合于一个与它同质的相继的秩序。

第34节 触发与统一性形成的关系问题[①]

但根据前不久已点明的,触发的本质条件现在可能具有双重意味。要么是:如果我们预先设定活的现前(Präsenz)领域的对象

[①] 参见附录二十一:"感性的、多重射束的触发·感性的组——本真的集合对象性"(第417页以下)。——编者注

性结构的话，那么进一步就是所有触发，或更确切地说，一个对象之物通过另一个对象之物产生的所有唤起都受这种合规则的结构的约束，而且尤其是这样，以至于所有联想的唤起都只能遵循联结的合规则形式延伸，按照这些合规则的形式，从个别对象中复多性地生成被合一化的高层级的对象。我们的诸范例属于此列。我们已拥有对象，但我们搁置这一点，即它们已通过触发对我们在场，而考察触发的继续传导。我们看到，这种继续传导，亦即联想，按基本规则而系于那种源于亲合性和对照的更高级的对象形成。因此，没有任何联想能从一个感性区域的对象进至另一个感性区域的对象，而且在某个感性区域内部必须始终遵循已凸显的对象的合一化的亲合性。它们还必须通过这种对象与其"背景"对象的对照被规定。其次，我们还能按照对每一个活的当下的类型性的对象结构之构造的不同立义——这在上一讲就已预先点明——而以不同的方式理解各种本质条件。我们可以尝试性地说：亲合性，连续性，对照，它们是关系，这些关系尚不应被看作现实的自在融合（An-sich-Verschmelzung），亦即在凸显性的情况下现实地产生统一性的东西。只有遵从这类关系的某些形式的东西才能达到现实的融合。但也许在此应区分：a）绝对必然的融合，即在任何情况下都按僵固的合规则性发生的融合，更确切地说是以这样的方式，必须认识到这一点：触发，即使它在任何地方、任何等级上都一同在场，也不可能对统一性形成施加特殊的成就；以及 b）只能被归因于触发的融合、统一性形成。让我们来看一看，这样一种理论是否可行。

我们显然应将那种构造性地成就活的现前领域之僵固形

式——时间形式和〈那种〉场域性领域(Lokalfeld)的形式,此外还有也许应被摆明为另一种感性领域之固定的统一性形式的东西——的融合算作第一种融合,亦即绝对必然的融合。这将表明:就像处于内在中的原初的流动(Strömen)根本不可能是一个触发的特殊成就,而是一种原初的连续融合,这种原初的连续融合必然发生,尽管具有其结构上的可能性条件,而正因此必然的连续性才可能是被充实的连续性,流动的原素(Hyle)的情况也必然如此。也就是说,作为相继的融合,原素的融合必然按时间的构造——源于原初的连续性——的僵固的必然性进行,而且重又没有任何触发的成就。同样,这又能产生并存的统一性;而且最原初的统一性是源于并存的连续性的统一性;每一个感性领域本身都是这样一个在没有任何触发的情况下被构造起来的统一性。而现在每一个感性领域也具有被构造起来的特殊统一性——在这里,我们接近触发的界域。清醒的自我生活(Ichleben)是这样一种生活,在那里自我明确地受到触发,即受特殊统一性的触发,这些特殊统一性正因此而被给予自我,无论是可把握的还是已被把握的。但在这里触发不也以已完成的工作——亦即特殊融合,当满足形式的条件和内容的条件时,它必然发生——为前提吗?事实上,如果我们审察这些条件的话,那么还必须说:连续性可能是一种较完全的或不大完全的连续性、一种多层的或单层的连续性,这一点是内涵本身的实事,而且在开始时尚与触发毫不相干。因此,例如,在场域性的位置连续性——作为视觉领域的僵固形式——的基础上,占有位置连续性的颜色连续地延展,因而作为延展的着色连续地融合;这些颜色是以连续的相同性融合(Gleichheitsverschmelzung)

的方式或是以在强度连续性的情况下质性增长的方式连续地延展;而另一方面,这样一种内容上的连续性只保持一段长度,它在某个位置上发生一种跳跃并且产生对照——所有这一切都是僵固的统一性形成的实事。显而易见的是,触发可以对此毫无作为。

现在,当我们转向客体化(Objektivierung)的较高层级,亦即转向不断变化的、同质的复多性综合(Mehrheitssynthesen),考虑到空间的和时间的构形时,实事的情况看起来怎样呢?如果我们在那里实行搭叠,然后不考虑现实的搭叠而谈论一种保持一定距离的相合和融合,谈论一种已凸显出来的相同的或很相似的〈内涵〉的吸引力,谈论一种远综合(Fernsynthese),那么这已似乎是联想的远唤起(Fernweckung),而且引生这种想法:远唤起在此对远融合的实现负责。当然,触发并不产生那些奠基于内涵的特殊性中的关系。但也许情况是这样,以至于在开始时任何一个具体的个别被构造物、任何一个单独以凸显的方式而且并非只有通过触发才被构造起来的东西都必然处于某个等级的触发状态。这个等级于是取决于特殊的条件。但后来的情况可能是,在同时性的特殊对象中间出现了彼此相似之物,而且由于它们同时触发自我而获得一种特殊的统一性:首先是对自我的一种统一的突出,但继而在实事上联结成一个更高级的、分段的统一性。根据这种解释,只有通过综合的触发的统一性才能实现远融合的综合,亦即源于亲合性的统一性的综合。

同样,我们也可以在相继及其各种构形的情况下——例如旋律,诸如此类——尝试解释这种事况。

然而,当仔细斟酌各种可能的解释时,我们刚才所尽可能说的东西就表明是站不住脚的。这里在高层级的对象——与在原初的个别性中被构造起来的对象相对——的构造之间所做的区分是没有根据的,因为这一点是不可理解的,即融合最先得通过触发的统一性才能产生。如果在低层级上"连续性必然带有融合"这一点是可理解的话,而且如果这种融合所依赖的条件也可以从其自身得到理解的话,那么当我们深入到同质的复多性的形成时,那里的统一性形成、远融合也还是同样可以从其自身得到理解。相反,指望触发在低层级而不是在高层级成就融合,显然是完全不可理解的。①

但是,我们如何使触发和统一性形成这两种动机达到一种可理解的而且终将得到阐明的明见的合一化(Vereinigung)呢?

对此,我想回答说:正是被动性的成就和作为其中最低层级的原素的被动性的成就不断地为自我形成一个预先被给予的而且随后有可能被给予的对象性领域。被构造起来的东西为自我被构造起来,而且最终一个完全现实的周围世界应被构造起来,自我生活于其中、活动于其中;另一方面,自我持续地被它动机引发。意识上被构造之物对自我存在,只是由于它触发自我。只要它施加了一个触发性的刺激,某个被构造之物就预先被给予;只要自我已接受了这个刺激,已注意地、把握性地朝向它,它就被给予。这是对象化(Vergegenständlichung)的基本形式。虽然我们尚不能借此充分标识对象作为某个自我和主体性一般的对象的含义;但一个根本的形式却借此得到标识。触发性的统一性必须被构造起来,以便一个对象世界能在主体性一般中被构造起来。但对此情况可

---

① 但前提是,我们正活动在活的当下内,并且在其中已经构造出具体的对象!参见新讲座和那里明晰的成果。

能是：首先是在原素的领域内，而且又首先是在活的当下中，各种原素的统一性一定是以本质必然性的方式成为触发性的，并且彼此同质性地交织在一起。

统一性自身显然是按照业已指明的合生和对照的原则被构造起来的——作为统一性，它们自身当然也是对自我而言的，即触发着自我。这个定理的普遍性初看起来有风险。我们毕竟并不总是现实地拥有显著的触发。但是，如果我们考虑到显然具有本质根据的触发的相对主义——据此，显著之物可能成为不显著的，而不显著之物可能成为显著的——那么我们就会有所顾虑：能否将一个不显著之物说成是一个根本不触发者。此外，如果我们已经注意到触发的传递现象，那么我们会说：它作为现存的触发的变样现象在明见性中与我们照面。由于一个唤起性的触发的射入，一个已现存的弱触发变成强触发。相反，一个强触发能变成弱触发，只要这个强触发所依赖的那些条件发生相应的变化。尤其是在获知这些条件的种类的情况下，这是完全可理解的。但不太可理解的是：某种东西一般应当获得触发力，而在那里这种东西没有丝毫是现存的；某种对自我来说根本不在那里的东西，一个在触发上纯粹的无，应当首先成为一个活动的东西。如果我们遵循存在于触发的本质中的等级性，那么我们就处于可理解性和本质明察中，因而我们没有理由去制造不可理解的底层结构，而本质领域（Wesenssphäre）当然会被这些底层结构所超越。

根据这种方法论原则，我们因此就将每一个被构造起来的单独凸显的素材归因于一个对自我的触发性刺激。

只有当我们合规则地理解了触发的功能、特性及其对其本质条件的依赖性,才能获得对联想之本质的决定性明察。但首先在活的当下的范围内,然后才考虑无活性的但却在触发上可被唤起的意识过去的领域——遗忘的领域,就像我们也曾说过的那样,尽管在某种程度上转借了有关遗忘的自然说法。我们已经探讨了印象的活的当下之不可破碎的对象性结构,而没有顾及触发的区别。因此,当我们转向触发时,我们随即看到,触发分布和传递到内在地被构造起来的对象上的方式,和整个活的当下因此而呈现一个可以说是持续变化的触发上的凹凸形态(Relief)的方式,以特别的方式依赖于当下领域——就当下领域的时间性的和场域性的构形(对象性的组织)的类型而言——的普遍的结构规则性(Strukturgesetzlichkeit)。对象被分组成持续的并存统一性,按感性领域被分别开,而且在场域性的领域内形成联结的构形。另一方面,它们被分组成联结的相继,它们形成时间序列的过程性的构形,例如,旋律,等等。这种按时间形态和场域性形态的延伸性的赋形(Formung)可能正是康德在形象的综合标题下所想到的东西。另一方面,这些形式的充盈化——它使具体地被赋形的统一性得以可能——取决于合生和对照的特殊条件。触发沿着联结进展,只要实事的或形象的同质性的条件得到满足,以至于能够邻接性地或间距性地形成相合综合,只要触发性的关联能存在,触发能传递,现存的触发力能被增强,等等。

在活的当下内,触发的进程和触发上的总凹凸形态(Gesamtrelief)取决于对象性的关联类型(Zusammenhangstypen)和进程类型(Verlaufstypen),这一点现在虽然很正确,也并不意味着,这些对象性在它们那方面已先于一切触发而存在。毋宁说,这并不排除而是甚至更多地提议,触发已在一切对象性的构造中发挥其本质性的作用,以至于如果没有它就根本不会有对象和对象性地分段的当下。我们说过并已证实,原素性的对象被构造起来,它们处于构造性的生成中;在这种生成的每一个相位上,我们都拥有相位内涵(Phasengehalte),这些相位内涵虽然本身不是对象,但却不是子虚乌有的东西。在一个瞬间性相位的统一性中属于被构造起来的同一个对象的东西,例如,属于视觉领域内的一块色斑的东西,必然拥有某种共属性的统一性,而与在同一个时间点上构造性地属于另一个对象的东西相对。在从一个瞬间的现在过渡到紧邻的瞬间的现在的过程中,一个瞬间的内涵与另一个瞬间的内涵在其中必然结成共属性。在这个范例中,正是这样:这一块无论是否发生变化,却仍是自同的色斑能被构造起来。因此,构造性的合一,形成一个对象的融合,与另一个对象的分别,取决于在形式方面和形式的充盈化方面的元素性的本质条件。这时,元素不是具体的对象,而是对象相位(Gegenstandsphasen),在某种程度上可以说是感性的点。如果我们已经以对象为前提,那么我们可以探究从对象建构新对象的本质条件和从素朴的对象建构整个印象的领域的本质条件。但是,如果我们回溯到构造性元素,那么类似的问题又折回来了。

因此,触发的问题又回返到元素上,尤其作为这个问题:触发是否已是实现任何触发性的综合的一个本质条件,是否二者必然相互关联:一个前触发性的元素特性连同所属于它的、统一性形成的本质前提(Wesensvoraussetzungen)与触发本身。因此,应考虑这种可能性:是否一切融合和分离——通过它们,对象性的统一性在当下领域内生成——都根本无须一个触发性的活性(Lebendigkeit)以便能够生成;以及这种可能性:如果统一化的实事性条件虽然得到满足,但触发力却是零,它们也许就不可能生成。只有一种彻底的理论——它以相同的方式充分处理活的当下的具体建构和源于构造性元素的单个的具体性本身的建构——才能解开联想之谜,因而解开一切"无意识"之谜和不断变化的"意识生成"(Bewußtwerden)之谜。

另一方面,一种理论的一切动机都源于最初层级的明见性,源于那些对我们来说必然是最初的东西:那些存在于可以说具有现成结构的活的当下的现象中的明见性。

因此,让我们系统地从这个活的当下开始,我们已知晓其具体的对象结构的形态性和内涵。但我们现在来考察其触发性的构形(Gestaltung)。

第35节 活的当下中触发的等级性与滞留的过程中触发的等级性[①]

在这里,我们在触发的标题下首先必须区分:1)触发作为一种体验、一个意识素材(Bewußtseinsdatum)的那种变化不定的活性,素材是否是在特殊意义上显著的因而有可能现实地被注意到和被把握到,这取决于这种活性的相对强度;2)这种显著状态本身。在这里,触发具有对自我的特殊触发这种特殊意义,也就是

---

① 参见附录二十二:"空乏视域和关于它的知识"(第420页以下)和附录二十三:"空乏视域的潜能性问题"(第424页及下页)。——编者注

说，它切中自我、刺激自我，在某种程度上可以说，召唤它去行动，呼唤它而且有可能现实地唤起它。

例如，一个微弱的、正变得越来越响亮的噪声在这种实事性的变化过程中呈现一种不断增强的触发性，它的意识活性（Bewußtseinslebendigkeit）增强了。原因在于：它对自我施加了一个不断增强的拉力。最终，自我转向它。但更严格地看来，在这个转向之前，触发已发生了一个样态的变化。凭借某种在给定的触发情况下起作用的强度，这个由噪声发出的拉力已真正够到自我，只有这样，它才真正在自我中获得有效性，即使只是在自我的候见室中。自我现在已听出其特殊性，尽管它还不是以注意性的把握方式倾听它。这种"已听出"表明：在自我中有一个积极的转向对象的趋向被唤起了，它的"兴趣"被激发起来——通过这个转向，它的"兴趣"变成现时活动的兴趣，在这个转向中，这个积极的、从自我极朝向噪声的趋向力求得到充实。现在，我们能理解这里所发生的本质性的样态变化。首先，一个不断增强的触发；但从自我这里看，触发性的拉力还不是一个反向拉力，还不是一个回应对象的刺激的趋向，这个趋向能在它那方面采取注意性的把握的趋向的新样式。然后，从这里展开进一步的区别，但这现在与我们无关。

对我们来说，有意义的是不断变化的活性本身的特性，而不考虑它对自我所具有的意义。在每一个被全盘通观的活的当下中，我们当然拥有某个显著性的凹凸形态、一个可觉察和注意的凹凸形态。因此，这里区分出背景和前景（Vordergrund）。前景具有最广义的论题性。零显著性有可能处于一个有相当大的活性的意识拥有中，但这个活性没有激发起自我的任何特殊的回应性趋向，没有一直向前进达自我极。

因此，如果我们不考虑自我极的行止，那么我们仍会有活性上的区别，活性不应与某种实事性的强度相混淆，如声音强度、气味强度，等等。独立于意识素材的本性（而且，如果我们也算上任何种类的意识上的对象，那么恰恰是意识素材这种意识上的对象），存在一种活性的等级性，而且这种区别仍保持在注意的辖区内。

正是这种等级性还规定了某种意识和意识等级的概念和相应意义上的无意识的对立物。后者标明了这种意识活性的零点，而且就像将被表明的那样，它绝不是一个无。仅就触发力而言，因而就那种恰恰以一个正价的触发性（在零点以上）为前提的成就而言，它是一个无。因此，它与质性要素的那种零强度式的零无涉，例如，声音强度的零，因为我们在此情况下指的是，声音也已经完全停息了。

正如我们所知的那样，活的当下领域的每一个具体的素材都沉入现象的（phänomenal）过去，经受滞留的改变而且必然通向触发性的零区域（Nullgebiet），它被并入这个零区域，在其中它不是无。因此，我们必须一般地把一个与活的当下本身一同不断变化的零视域（Nullhorizont）算作活的当下。在我们进一步讨论它以前，我们想描述一下活的当下在触发上的总特性：从整体上看，它是一个触发性的统一性，相应地有一个统一的活性，所有属于它的特殊触发作为要素、作为在其中被综合地统一化的要素进入其中。

我已使用了"触发性的凹凸形态"这个很恰当的表达。这一方面喻指统一性，另一方面喻指不同个别要素的高差，最后，还喻指总体增强或总体降低的可能性，只要触发性的凹凸形态据活的当下的变化情况而更剧烈地隆起或变得更平缓。我这里是暗指鲜活性的差别，在这种差别中，所有当下对象（Gegenwartsgegenstände）都有可能在迅速转变中——但却同一地——意识活性、触发力增强了，或在相反的情况下意识活性、触发力减弱了。但在每一个当下内同时还存在着相对的活性差别，即素材在触发上或多或少作用性的差别。因此也谈论触发性的凹凸形态。——作为实事性的基底，触发性的凹凸形态具有当下的结构关联；当触发从一个点出发以唤起的方式按这些线路分布时，这整个凹凸形态就按这些线路隆起。

此外，据前述，每一个当下都包含一个无活性的背景或基底，即一个触发性的无效应性（零）的背景或基底。因此，在正的活性内总有新的触发的唤起和触发力的传播发生，而正因此，在相对的鲜活性之同一的总基准面上发生着相对的变化。

一切触发的根源都在于而且只能在于原印象及其较大或较小的本己的触发性。从那里发起触发的唤起的线路或触发性之保持和传递的线路。

滞留链接在原印象上。正如我们已学过的那样，滞留的过程是一个原印象特有的持续的变异过程。在原本的直观性中、在切身的自身拥有中的被给予物经历了"越来越过去了的"样态变样。这种意识上被变异的构造性过程是一种连续的认同综合。被意识到的始终是同一个东西，但却越来越远地退入过去。在原现象的过程中——在其中，具体的时间对象性生成——新的原印象的出现随滞留的变样而发生，与之密不可分，它连续地链接在刚消逝、已变成刚才—过去的形式的印象上。在总过程中，我们在每一个相位上都拥有原始体验物，即原印象之物。在原印象之物发生持续的滞留变异的过程中，它始终作为同一地被构造起来的素材保持着触发力，但触发力不是没有减少。我们也把滞留的过程描述成雾化的过程。最初在一个原印象的统一性中借助内部的区别和外部的凸显而具体地被构造起来的东西变得越来越不明晰，它丧失了各种区别和凸显性。显然，它们和整体所获得的触发力在此过程中持续地减少。

我们可以将这个过程分段。原印象首先持续不断地变成一个滞留段，我们可以将其称为鲜活的滞留段。我们也许还必须承认，一个具体的感知客体（Wahrnehmungsobjekt），在这里即各自绵延着的具体的感性素材，实际上作为在时间上延展一段长度的东西被直观到（我有时对此抱有怀疑，但——正如现在在我看来那样——是不合理的）。如果我们把一个延续时间长的声音还原到一个现实的直观性的被给予物上，那么我们在现实的直观中并未获得其整段长度，而是一个短的而且始终不变的延展片段，尽管瞬间的一原印象之物已在其中重又凸显为可以说最强的直观性的顶点。另一方面，直观性朝向过去，其饱和性愈益减少，直至零直观性。关于触发力，我们能说：在持续的声音中，每一个新的原印象的现在的要素都带来新的原活性（Urlebendigkeit），原活性尽管在这个鲜活的滞留段弱化了，但却保持在一个强有力的高度上，以至于鲜活性这个表达也与触发之物有关。因此，当直观性变成零时，触发力不是零。

鲜活的滞留段于是持续地转入一个空乏的滞留段。我们可以将其称为空乏表象发生性的原形式（Urform）。空乏的滞留仍是一个保留着这种对象性——它在其原印象中拥有其原初的创立领域(Stiftungssphäre)——的领域。自同之物按意义仍被意识到，它仍在特殊的意义上被意识到，亦即在触发性的意义上被意识到。但这种触发力不可阻挡地消退了，就内部差别而言，对象的意义不可阻挡地贫乏化了，亦即以某种方式被清空了。结果是一个空乏表象，它完全无差别地表象其被表象之物，这种被表象之物已丧失了所有丰富的内部凸显的特性，这些特性是原印象创立的。剩下什么呢？只要这种空乏表象仍是表象，这个片段、这个结果就仍是连续的滞留进程的结果，连续的滞留进程从原印象流出并且持续不断地重新被喂以综合地添加上的越来越新的原印象。

因此，结果是对一个完全空乏的过去的"这个"的意识，它只有这一个规定性：是这个认同的进程中的同一之物。正因此，它是被意识到的内容空乏的过去，即在其越来越新的当下仍处于构造性的生成中的东西的过去。如果几个对象已同时被构造起来而且有可能仍在进行中，那么每一个对象都独自包含其空乏的过去段和一个空乏的结果，这个空乏的结果恰恰仍被保持着，亦即恰恰仍处于触发状态而且尚未与同类的东西交融在一起。我是说：尚未。因为过程继续进行，剩余物不可阻挡地丧失了差别性和触发力，这种差别性和触发力是以滞留的方式从起源点(Ursprungspunkt)获得的。因此，甚至连这种分别——它源于对某个滞留进程的归属性而且使这些进程甚至在最后几段上都保持有差别——也不可能保持。因此，结果是完全的无差别性，无差别性源于触发上完全的无力性。当每一个滞留的进程因变化而失去其触发力时，它本身就死去了，它不可能再以在凸显情况下融合的方式进行；因为正的触发力是处于变动性的联结和分离中的一切生活的基本条件，如果它被减至零，那么生活正因其活性而终止。

我们现在必须充实我们的描述，以便澄清这种原则性的观点。在这一方面，我们说：滞留的过程是一个认同的综合的过程——对象的意义的自同性(Selbigkeit)贯穿其中。例如，声音——它响起并且已在响起中完成——是贯穿滞留的"仍保持在意识中"这整个过程的同一之物。这同一之物在一个声音仍在继续鸣响期间对各个已逐渐消逝的片段的每一个相位和每一段都有效。因此，这些属于意义本身的区别在整个滞留的连续消退期间凭借意义而保持其同一性。意义的过去样式变了，但它本身却没有变。

另一方面，我们谈论一种在滞留的"雾化"的进展中内部差别的丧失。因此，在逐渐消逝过程中，声音本身丝毫没有丧失它原初所有的一切；如果它最终在内容上是完全无差别地被给予的，那么这与被给予性方式有关，而与它本身无关。

因此，我们现在说，这无论如何都涉及一种触发性的现象。改变了的意识方式持续地归入认同的综合的关联，但存在于其中的意义在特殊性方面触发性少并且越来越少。最终，一切都汇流成一，一切滞留的进程和消退都汇入一个统一性中，在其中隐含地存在着多种多样的意义，因为它已通过各种各样的特殊的统一性线路(Einheitslinien)流入其中；但是以这样的方式：没有任何触发性的拉力从这个统一性中发出，这种触发性的拉力能使任何一个隐含地包含于这个统一性中的过去的对象性及其特性发声，能使它单独起作用。我们的确可以说：在零阶段，所有的特殊触发都已转入一个无分别的总触发中，所有的特殊意识都已转入这一个持续

171

地现存的我们的过去一般的背景意识（Hintergrundbewußtsein），亦即完全不分段的、完全不明晰的过去视域——它完结了活的、变动性的滞留的过去——的意识中。

　　这说明了透视性的聚敛现象，即从多重分段的印象的当下衰退成分段越来越少、聚敛和交融越来越多的过去的现象。这里尤其关涉属于活的当下及其滞留性的流逝本身的透视性现象。我们不是将其理解为一种现实地丧失对象性区别的现象，而是首先从触发上理解它：透视（Perspektive）是一种触发性的透视。从意向活动方面看，滞留的变样是意识本身的一种变化，这种变化是如此独特，以至于就一切认同的综合而言，它最终导致不可辨别性。但只要它——正是由于被纳入综合的同一性相合的不同的线路中——含有对象的意义，就可以从对象的立场说：源于同一对象的触发越来越少。而且如果各种不同的对象中没有什么东西成为触发性的，那么这些不同的对象已浸没于无比的黑夜中，在特殊的意义上，它们已成为无意识。

第三章 触发性唤起的成就与再造的联想

第36节 活的当下中唤起的功能

但本质上属此或属于一个隐藏的意义之蕴涵的,是唤起这种原现象。在此标题下,我们理解并区分两种不同的唤起:对已单独被意识到的东西的唤起与对隐藏之物的唤起。每一个活的当下都不断产生新的原初的对象构造,不断产生在延展的分段中的新的感知素材(Wahrnehmungsdaten),作为有序的个别素材,作为一种有序的世界;因此,不断产生新的触发力的新源泉,新的触发力能够以唤起的方式流溢到关联物上,流溢到滞留性地被构造起来的统一性上,〈而且它〉在每一个并存中都能够使融合的综合、联结的综合和对照的综合得以可能。现实的联结、现实的统一性形成总是并且必然地以触发力或触发的差别性为前提。

另一方面,触发性成就却不只是以将触发力分配到已被区分之物上,亦即触发性地起作用者上的形式进行。毋宁说,在活的当下内部,我们已遇到一种十分独特的触发性成就,亦即唤起隐藏之物、被包裹在隐含的意向性中之物的成就。通过触发力的供给——这当然在印象的领域内有其根源——能够使一个在触发的特殊内涵上贫乏的或完全空乏的滞留重新交出隐藏在它之中的被雾化了的意义内涵。一个滞留不可能像一个固定物那样被分析、被拆解。它不是什么固定之物,而且它不可能被固定化,滞留的过程不可能停留在其进程的僵固的必然性上。如果在这个流中被构造起来的对象侵占了特殊的触发力,那么滞留的变化过程尽管可以继续进行,但随其发生的触发上的雾化过程却被耽搁了。这些已达到特殊的触发的对象性要素仍然——只要新的力足够——触发性地保持在表象的空乏形式(Leerform)中,因此,比没有这种新的力的情况保持得长久。而随着触发力进入空乏意识的这样一个回射,还有一个本质上的趋向被给予,即趋向于透出一个或多或少明晰的、或多或少内容丰富的再造,而且正因此趋向于从空乏表象认同地转入一个自身给予,这个自身给予"似乎"重新激活了在再回忆的样式中的构造的过程,因而"重新"获得了在其明确的差别性中的同一的对象意义。

我们①在上一讲已开始勾画一个理论性的观念,它能使我们理解:在活的当下中、在原初的对象构造的流动的生活中,对于不可阻挡地被遮蔽的对象性和最终已完全被遮蔽的对象性的唤起是如何实现的。以这样和那样的方式联结着的且有序的对象在每一个现在始终以相同的结构类型学(Strukturtypik)在经验上原初地呈现的而且正是从活的构造这里呈现的多样性,在被给予性方式的各种不同的样式中展示出来。这种被给予性风格由原印象、滞留和浸没物的空乏视域的标题所标识;它就像一个僵固的形式仍保持在流动的

---

① 新一讲的开头。——编者注

过渡中,在对象的一意向相关项方面被标识为现在的形式系统(Formensystem)和分层的刚才(Soeben)的形式系统,直到无差别性的零。现在,由于这种形式在行进方向上、在认同的综合的线路上不断为新的内容所流经,所以我们具有这种现象:不断更新地达到活的印象的对象,但直观的对象流逝着,而且最终消失了。

滞留的过程在其直观性的阶段已是一个持续的贫乏化过程,尽管意义的连续同一性;意义所具有的直观的充盈越来越少。这实际上是说,直观越来越少地是纯粹的直观,而越来越多地是一种直观与空乏表象的混合。随此被给予的是一种触发力的递减,最后,当滞留完全变成空乏表象时,它在直观性之物上不再有任何本己的支撑点,而实际上,它之所以仍旧能按照这些或那些局部要素使其继续保持着的意义获得有效性,只是由于从直观这里,最终从原印象这里来的触发力已在回溯性地起作用。但这最终枯竭了,滞留的变样导致一个空乏的同一之物,它已丧失了其特殊差别,而且它也不可能保持不变状态,滞留上的综合的线路消失在无差别性的共同的零点上。但在这个过程的连续性中,意义仍保持同一,它只是被遮蔽了,它从一个明确的意义变成了一个隐含的意义。

除了隐含之物又变成明确的这一点,唤起在此还可能有其他意味。而最初在这一点上没有任何其他方式得到预示,除了一个空乏的滞留(在其中,对象的意义很少或没一点儿处于触发状态)变成一个再度空乏的滞留(在其中,对象的意义现在较多处于触发状态,也就是说,较多从"雾"中"凸显出来",有可能特别显著并且被把握到)的方式。事实上,这是揭示性的唤起的最初形式。

如果我们问,这样的唤起是如何发生的,那么回答是:就像在并存中一个直观与另一个直观以及最初在原印象的并存中一个印象与另一个印象不仅在持续不断的场域性的邻接中成为合一的，而且本质上发生一种间距性的相合的综合，而且就像在此情况下相合与触发性的联络不可分割地合而为一，同样，当我们转入相继时，情况也是这样。在那里，最终已成为非直观性之物还是与现实的直观性之物发生综合，尤其是与那种在新的印象的活性中出现者发生综合。触发性的联络意味着：对通过同质性和凸显而间距性地被联结之物中某个环节的每一个在触发力上的资助都增强了所有同伴的力。根据我们的原则性的观点，这还进一步意味着：只有凭借触发力才能实现联结，而且只要直观发生，当然就有触发力。在流动的活的当下领域内不可能产生个别的直观。近联结和远联结的那些属于其"内容"、属于其对象意义的条件在何种程度上得到满足，关联就在何种程度上得以实现；只不过，根据触发性的凹凸形态，将会存在显著性上的差别，存在这些或那些个别的对象和个别的关联之凸显在触发强度上的差别。

我们现在转向相继。我们理所当然地假定，而且在某种程度上确实十分明显的是，在相继中，远综合的发生也可以像近综合（Nahsynthesen）一样好。如果没有远综合，就不会有世界——而且首先是作为可能的经验世界（Erfahrungswelt）之基础部分的世界——为我们存在，没有世界不仅根据并存，而且根据相继的秩序，在经验上原初地被给予。但是，在原初的经验中，我们固定地拥有接续和进程，而且不仅是这样的接续和进程，即它们连续地向后伸展，而且是这样的接续和进程，即时间上间隔的对象和过程统一地参与它们，例如，锤击的接续或作为旋律的声音序列，等等。

但是，如果这些综合束缚于特别狭窄的相继的和现实的直观领域，那么这样的接续和进程还可能吗？显然，对隐藏之物的唤起已在此起作用，以使任何跨度的、尽管不是那么任意大的跨度的相继的综合得以可能。当第二次锤击响起时，它与第一次锤击——在这当儿，它在直观上已被清空甚或完全空乏了——的综合如何得以实现呢？它如何可能是相同敲击的接续的综合，统一地作为相同性的对（Gleichheitspaar）在我们面前产生呢？这些内涵——它们在那里是真正直观性的——是不相同的。但在滞留的变化过程中，恰恰同一的对象意义仍保持不变，而相同的意义内涵——只是一次处于印象的样式中，另一次处于空乏的样式中——为综合奠定了基础。但空乏"被雾化了"，已或多或少丧失了内容上的本己性的效应。因此，相同性又如何可能被意识到呢？回答自然是：尽管这同一个对象意义在触发上是不完全的，但它仍作为暗化了的第一次锤击而存在，因而还是能随新的锤击进入意义共同体。现在，一个触发性的唤起按照这个共同体从新的锤击的触发力后退入意义相同之物。它绝没有使这个意义相同之物达到直观，但却使它达到一种脱雾化（Entnebelung）。这意思是说：它现在拥有本己的触发力——这个被活化了的过去的锤击如同新的锤击一样。但因此满足了这种条件，借此条件，相同性本身现在能以综合的方式现实地产生，亦即作为一种本己的相同性，作为一种在触发上已凸显的相同性的综合。现在，我们来更进一步地思考锤击的延续。我们经验到跨度较大地后退着的锤击的链条，它现实而鲜活地被意识到并且以综合的方式现实地被构造起来，我们作为链条经验到它，只是由于后退着的唤起。但这个链条最后消失在零视域中,这种有效的串接恰恰以一个仍在延伸着的触发性唤起的有成效的力为前提。直观的力——算上派生的直观的已减弱的力——是有限的,在回射过程中,它最终变成零。——已形成的串接、偶对、三联体等等,都是新对象,而且作为高级秩序的对象而浸没,等等。因此,回溯性的唤起涉及它们本身。

第37节　对远领域的空乏表象的回射性唤起[①]

如果滞留的暗化已丧失了最后剩余的触发性,而且过程本身已丧失了最后剩余的流动的活性,那么本质之物当然仍保持不变。我以前认为,这种滞留性的流动和过去状态的构造在完全的黑暗中也还连续不断地进行下去。[②] 但现在似乎没有这个假设也行。过程本身停止了。因此,我们具有如下这种绝不会停止的类型学:在活的当下的开头,常新的意义对象——它们受对象的总体结构的规则性形式的约束——的原创立的过程不可阻挡地向前进展;它一再借印象的瞬间素材重新开始,这些瞬间素材随即结晶成并存的对象性而且系统地分段;这些形成物持续地发生滞留的变样,而与此同时,有序的相继的分段也一道被构造起来。但这种滞留的变样一再通向这一个零点。这个零点意味着什么呢? 它是在活的当下过程(Gegenwartsprozeß)中已被鲜活地创立的对象的固定的储藏所。在其中,它们对自我是锁藏着的,但却很好地供其支配。它们的存在迄今为止仅仅在于其原初的被经验状态,这种原

[①] 参见附录二十四:"唤起的结果和原因"(第425页以下)。——编者注
[②] 参见《论文Ⅱ》,第316页及下页。——编者注

初的被经验状态是在这个流逝着的综合的同一性相合的过程中原本的"被意识到"和"仍被意识到"。当过程——就有关的滞留的同一性线路(Identitätslinie)而言——已在零点上终结时,这种存在没有停止,而且连"仍被意识到"也没有停止。被构造起来的对象、同一之物不再处于活的构造性状态;因此,也不再处于活的触发状态,但在这种"死的"形态中,意义仍隐含地存在着,它只不过没有流动的生活而已。它对新的构造无效应——请注意,是对新的、原初的以经验方式进行的构造无效应。它如何仍能起作用而且甚至在新的形态中都能构造性地起作用,这是联想的问题。但首先应该说,每一个活的当下成就(Gegenwartsleistung),亦即每一个意义成就或对象成就(Gegenstandsleistung),都积淀在死的或更确切地说是睡着的视域领域(Horizontsphäre)的区域中,而且是以一种固定的积淀秩序的方式,当活的过程在头部持续地获得新的原初的生活时,所有在一定程度上是滞留的综合的最终获得物的东西则都持续地积淀在足部。

我们只有醒来才能知道睡眠;在这里也是这样而且是以完全原初的方式。已积淀的意义的苏醒可能首先意味着:它重新成为触发性的。而这是如何可能的,这一点无须再讲。就像已讲过的那样,无论我们想到的是仍然鲜活的空乏表象(空乏意向)的苏醒,还是已沉睡的空乏表象的苏醒,情况都一样。动机必定在于活的当下,但在那里最有效应的动机也许是我们可能不考虑的动机:宽泛的、通常意义上的"兴趣",情感的原初评价或已获得的评价,本能的本欲甚或更高级的本欲,等等。

当然,对完全浸没的领域亦即远领域(Fernsphäre)的唤起与对仍处于醒着的生活中或处于生活边缘的空乏意向或其内涵的唤起之间的区别是明确无误的。在后者的情况中，被唤起者重又被编入原初鲜活的构造关联中——例如，这从近领域（Nahsphäre）通过重复触发（锤击）而扩展的范例中已变得显而易见。但远领域及其以前的活的当下的所有以前的成就的积淀物通过唤醒某个关涉着远离之物的空乏表象而产生一个被唤醒的意义，这个被唤醒的意义处于这种连续的活的关联之外，即与在唤起瞬间鲜活地被构造起来的意义的连续的活的关联。这具有极其重要的意义。一切直观和表象——它们原初地栖身于活的当下的范围内，亦即归属于其综合的连续的统一性和其向下的同一性运动的连续的统一性——都相互关联着处于连续性的统一性中。我们简短地谈谈相互关联着的直观和其他的表象。但是，对已浸没的远离之物的唤起所产生的表象与活的当下的表象是不相关联的。而因此，这些综合——即表象由于其触发力而能与那些原初形成的并且能胜任原初构造的表象进入的综合——改变了其基本特征，而与表象间能相互拥有或进入的那些综合相对。对此，我们得进一步追踪。

但首先：唤起是可能的，因为被构造起来的意义实际上隐含在以无活力的形式存在的背景意识中，这种背景意识在此称为无意识（Unbewußtsein）。在这里，唤起也是一个触发性的联络的产生，因而是一个现时的综合的产生、一个对象性的联结的产生。这个对象的联结作为联结现实地被产生出来，就像一个素朴的对象，自身就是触发性的。将来对象性地被构造起来的东西可能与任何其他已被对象性地构造起来的东西形成联结，为此恰恰必须满足两类不同的条件，一类是内容的条件，即两边的意义的条件，另一类是属于对它们的意识的条件。只有明确被意识到的东西亦即触发性之物才能在意识中被联结起来。当然,如果两个对象的联结作为联结应自身被给予,亦即直观地被给予,那么这两个对象也必须一齐自身被给予。此外,一个重要的特殊情况在于,对象的联结应产生一个特殊意义上的对象性的统一性,亦即一个在尽可能宽泛的理解中的联结着的整体。为此,这些对象的直观的意识方式必须相互关联,全都合于一个囊括着它们的构造的普遍的统一性。

对一个模糊的远离之物的唤起最初是一种空乏的唤起。它在内容上依据在每一个当下使内容上的合一和触发性的联络成为可能的原则而得以可能:也就是说,对照性的各别物的"相似性"和所有属此的东西是基本条件。一个颜色能唤起一个隐藏的颜色,一个发出的声音能唤起一个已隐藏的声音。一个节奏也能唤起另一个节奏,例如,敲击的节奏能唤起一个相似的灯光信号的节奏(就此而言,唤起无疑能跨越不同的感性区域)。通过我们对一个活的当下的必然的结构的分析,相似性和对照的模糊的联想原则获得了一种丰富得多且深刻得多的意义。在这个结构中存在着内容在联想上的一切先决条件。最初的综合——它借触发力的传播所赢得的触发性的联络而得以可能——当然就是现时地被意识到的相似性,即唤起者与空乏的被表象物亦即被唤起者之间的相似性,这种相似性处于"回忆起彼此"的本质性的意向相关项的样式中。

如果事情就到此为止,那么完成的还很少。尽管被唤起者显然位于这个方向上,即鲜活地被构造起来的过去的流逝作为过去指向(Vergangenheitsrichtung)所预示的方向上,而且在一定程度上作为最远的过去的对象之物,我们不言而喻地算作过去的东西还远没有被构造起来。只有借助于再回忆——就像我们早已断定的那样——本真的对象性作为本身一再得到把握和得到证明的同一之物才能被构造起来。过去和处于过去的流逝中的综合——它在活的当下的狭窄范围内进行——也尚未产生本真的对象性的构造，而只是产生了这种构造的基础部分。

第38节 被唤起的空乏表象转变成再回忆

我们①在上一讲面临联想的一个新的层级和成就。第一个层级——我们已在原联想这个标题下讨论过它——是那种使活的当下的对象的结构得以可能的系统的或正在系统化的触发性的唤起，是杂多之物的统一化的各种原初的综合。

第二个层级——上一次讲过——是回射的唤起的层级，它使暗化了的空乏表象重新清晰起来，使隐含在其中的意义内涵获得触发性的有效性。零领域（Nullsphäre）的表象的唤起这种特别重要的情况归属此列。

第三个层级是这类被唤起的空乏表象转变成再造的直观的层级，而这在此意味着再回忆。

我们可以很肯定地宣布这条定理：趋向一般属于已受到一个唤起的空乏表象，它把这些空乏表象转化成自身给予的直观，在那里，这条路无论如何都要经过再回忆。

而在任何情况下都有效的是这个规则：再回忆只有通过对空

---

① 新一讲的开头。——编者注

乏表象的唤起才能产生。因此，它们只能作为空乏表象的结果出现，它们产生于一个唤起，在它们那方面为的是进入活的当下；再回忆产生的最直接的方式只能是通过唤起这样一些空乏表象，即在一个活的当下自身中以其结构性进程的僵固的必然性的方式产生的空乏表象。通过对这个起源的指明，再造的联想的这整个本质合规则性得到了预示。它完全取决于对这样一些规则性的充实，即使先前层级的联想亦即空乏表象的唤起得以可能的规则性，借此，我们当然就已回到一个活的当下的意义结构（Sinnesstruktur），回到所属于此的普遍的触发性条件。我几乎无须说，相似性、邻接性（Kontiguität）和对照这些传统的联想规则以此方式在其显而易见但却含糊且完全不可理解的真理中获得了一个借本质明察而成为可理解的和精确的意义。但这种精确在于系统的分析和附属的规则。

我们现在从最本质的方面来考察这个事况。我们设想一个远唤起，它从当下一下回传进一个位于深处的零领域的积淀层次（Sedimentschicht），亦即回传进一个已浸没的远离的过去。现在，有了一个空乏表象，它使一个过去的单个素材或一个单个的联结着的关联被意识到。当然是通过我们的当下中的一个相同的或很相似的关联被唤起。因此，一个相似的综合必然借此被给予，就像它已必然以原联想的方式形成于活的当下本身中那样，因此也带有一切联想的意向相关项的特征。被唤起者本身具有那种由唤起者被唤起-去-存在（Geweckt-zu-seins）的东西的意向相关项的特征（回忆起某物的特征）。

此外：正如唤起和联结在一切联想的原领域（Ursphäre）中按

照触发力进展并且在其中通过触发力的流入而不断重新得到规定,被唤起的远离之物的迁入的情况也一样。一个稳固地被构造起来的、只不过已休眠的对象关联在某个位置,即一个已逝去了的当下的位置被唤起。应当严加注意,这在此恰好关系到对象性,关系到内部的联结和凸显,关系到联结和秩序,它们刚好已被现实地构造起来而且从现在起不可丧失地包含在零领域中。当然,靠最初被唤起者的触发力的维系,唤起现在能继续进行,也有可能通过在进展过程中形成的情感兴趣等等的激发得到增强。在空乏中,如果那里只有所涉的远离的当下中的个别特别有力的意义要素获得有效性,那么就像在发出微光的雾中那样,只有大致的轮廓。当唤起转变成再回忆时,情况要好很多。当然,这种转变作为同一性综合(Identitätssynthese)进行,这种同一性综合是直观的再回忆的成就,是对象之物的再构造(Wiederkonstitution)的成就,但却处于重新回到已知物亦即重新被当下化的样式中,不是正在现实地经验,而是仿佛有人会经验似的。现在,过去的当下的意向活动—意向相关项的流动的活性连同一切成就被再造起来——连同一切在理想情况下完全直观的再回忆。而事实上,再回忆在明晰性和清晰性(Deutlichkeit)上起伏不定,亦即混杂有空乏的要素,是在纯粹的、完全的直观与空乏表象之间的一个中间阶段。

第39节 连续的唤起与不连续的唤起的区别

较丰富的触发的效应对进展中的唤起有益。但显然,唤起并不束缚于这一再造性的当下,而是能够连续地或跳跃式地转入另一个积淀层次。

对那里可能的连续性进展来说,合规则地和先天地被预示出来的是对那些更高层次的指向,亦即向前对相对的未来的指向,而对于转入那些位于下面的层次来说,只可能有跳跃式的唤起的进展。这可以这样理解:再造的趋向是对有关对象性的再构造的趋向。因此,正如原初的构造本身现在是一个向前指向未来的过程,再构造也一样。对象在当下中不是作为一个僵死之物,而是在活的构造性的关联中生成,而且它不是孤立地在此关联中生成,而是作为一个正累进地构形着的对象之物整体中的生成着的环节,处于生成的交织和变换中。

一旦对再构造的趋向开始变为现实,我们就处于生成过程中,有倾向性的回忆恰恰追求重建这个生成过程。因此,这里是连续的唤起的领域。另一方面,每一个回射的唤起当然都是不连续的,无论它走向近处还是走向远处。如果再造的过程有倾向性地向前进展,那么在其中再造性地重复的是向以前的零领域的衰退和浸没,不连续的回射的唤起现在可能在再度的再造的趋向中再度从以前的零领域赢得某种东西。唤起能跳跃式地且无一定秩序地从一个积淀层次跳入另一个忽高忽低的积淀层次。这样,各种不同的可能性就对前后相继且完全无直接关联的再回忆产生了。每一个再回忆都被标识为流动的再构造中刚才开始却重又沉入无力性的一段。所有这些再回忆虽然都回涉着那个在隐藏之物中存在着的且连续地相互关联着的各种积淀的系统,一个关联,但只有当我们将从头开始再造并且能一口气持续不断地再造我们的整个生活时,它才能再造性地被现实化。

再回忆的出现以特有的方式丰富了这个活的、原初地构造着的当下，即我们迄今在一种必要的抽象中纯粹作为一个内在的原素性的经验——原初的经验——的过程所考虑的当下。就像从一个以前富有活力的总体经验中撕下来的碎片，再回忆现在侵入这个活的经验中的各个别直观，即在普遍的内部连续性中联结着的，亦即绝不可离析的各个别直观。它们通过联想以某种方式与现时的当下合一，但与它没有直接的经验关联，确切地说，它们的出现与它没有关联。各种不同的再回忆，当它们通过不连续的唤起跳跃式地出现时，彼此也没有内部的关联。源于构造的连续性的关联与由单纯的远唤起产生的关联之间的差别具有极其重要的意义。一方面，由此可以理解，在原初的经验的连续性中不可能出现变式现象——它在绝对的必然性中是一种普遍的一致性的关联。〔另一方面〕只有借助再回忆，一般说来，借助再造现象，才能产生不一致性联结，产生变式的可能性。在我们对此做更详细的讨论之前，我们想对联想理论的主线迅速做个了结。

第四章 期待现象

第40节 期待的动机引发的因果性

现在,我们把目光转向联想的合规则性(Assoziationsgesetzmäßigkeit)的一个新的基准线。你们大概已注意到,我对早已熟知的前摄和期待现象一般——它本质上属于每一个原初经验的结构,因此,属于活的当下领域——可以说不置一词。一切统一性形成和一切经验中的关联在形式上和实事上都基于同质性。因此,就像我们也可能说的那样,基于相同性或相似性。同质性——只在印象和滞留中,更确切地说,只在当下和过去的时间性形式中,亦即在构造形式中:绵延的并存和绵延物的序列——对经验统一性的创立起作用。而未来——它作为已或多或少被预示的视域属于被构造起来的对象性——按照期待形成的规则发源于持续不断的且不连续的前摄。它不参与创造各种原初意义上的经验统一性,它以它们为前提。

但更严格地说,我们必须认识到,期待不只是作为对未来之物的期待才是可能的,而且已存在于内在之原素性的原领域内。正如我们已偶尔提及的,在印象的当下中也存在期待,就像在缺乏某个环节——通常是处于并存、处于相似性综合（Ähnlichkeitssynthese）的构形中的某个环节——的现象上是显而易见的那样。相似之物回忆起相似之物，但也可以期待相似之物，就像在相继中，在并存中也一样。

显然，无论期待现象联结在并存的综合性形成上还是联结在相继的综合性形成上，对于它们的说明已经以我们所进行的分析为前提。在印象和滞留的进程中——在属此进程的融合、分别和间距性联结（Distanzverbindung）的本质条件下——发生的一个活的原素性的当下领域的结构形成被设为前提，以便期待能充填进这个结构，然后已充实了的或已注销了的期待能继续作为现象出现。①② 由此已显而易见的是，我们随期待一起踏入了变式的发生上最原初的源泉区域。

在元素内，回忆就已——在最宽泛的意义上说，因此首先是最原初的滞留——在前摄之前发生。如果某个 a，例如，一个声音，处于新印象的相位之持续的融合过程中，处于这种原初的生成——亦即一个与一定的本质条件相应的连续联结的进程——中，那么立即有一个未来视域，亦即一个期待视域一同到场；与以前的生成类似，继续的生成按照同一的连续的伸展风格被期待：如果某种质性的和赋有某种形态的内涵不变，一个相同的内涵也不变，而如果有变化，那么变化——但内涵的变化风格却一如既往——恰恰将得到预示。因此，这涉及一个必然的动机引发：根据

---

① 对一个完全纯粹被动的感觉世界（Empfindungswelt）的抽象必须得到更严格的界定。应被思考的是动感：作为原初的"自由的""主观的"进程。

② 参见附录二十五："动感和潜在的期待"（第 428 页及下页）。——编者注

这个已发生的而以滞留的方式被意识到的东西,一个具有相同风格的新东西能够作为将来者"被期待"。显然,期待表象被标识为一个新的表象种类,更确切地说,被标识为一种第二层级的表象,被标识为原初的过去表象的复制品。在对象方面,被期待物当然不像被感知物那样,就是说,被标识为切身存在着的东西和当下的东西,也不被标识为被回忆物,不被标识为刚才的东西和在随后的期待中刚才曾在的东西,而是根据曾在、根据其原像被标识为被预期物,或被标识为先于现实状态的存在者的前像。

如果我们超出瞬间的在构造过程的开头直接起作用的个别性而进入分段地被构造起来的相继性关联,那么每一个统一化地被构造起来的过去,亦即每一个统一地流逝着的相继作为期待被投射进未来,尽管它已成为空乏地被表象的。据此,我们在经验的进展过程中一方面有一个不断更新的共存,它源出于原初的经验自身;而另一方面,我们已把它与一个期待结构结网,与一个预期层次结网,这个层次的预期部分为经验充实,部分与经验发生争执而被注销。当然,我们也同样有一个在时间系列(Zeitreihe)中进展着的期待结构,从一个已被给予的并存出发预期未来的共存,而且从迄今已流逝的和正在延伸的这整个并存序列出发预期未来共存的序列。

让我们更详细地考察活的当下领域内的事况。未来之物的出现通过与出现过的过去之物的相似性而被期待,就像在持续的前摄的最原始的情况下就已发生的那样。我们必须把统一化的、因共同体而联结着的素材作为基础。如果 p、q 在联结中依次出现,而且一个与 p 相同的 p′紧接着出现,换句话说,作为重复而出现,那么根据前述,它回忆起在滞留上已沉落的 p。后者获得了一个触发力的资助,这个资助进一步转到 q 上。与此一致,q′也紧接着刚才出现过的 p′在原初的本质必然性中被期待。显然,这种联想的期待以作为唤起性的"回忆"之回涉的联想为前提。让我们现在进行下一个步骤。

而这对于远领域也有效,假如它恰恰已被联想地唤起了的话。远离的 p 可能处于任意的合成状态,一个连绵的复合体、一个并存有可能相继地通过将新环节添加到一个自成一体的因而连绵的联结上被构造起来,以至于在它已成为一个在意识上自成一体的构形后,q 就出现了。于是,我们说,在 U = p 的"状态"持久不变的情况下出现了 q。如果我们假设,状态 U 已在远离的过去的一个以前的意识处境中统一地被构造起来,那么一个 q 就会出现;而如果我们此外假设,现在在现时当下的新的意识处境中,相似的状态 U′被重复了(隐含地),那么——如果以前的 U 及其 q 被唤起了——现在 q′作为将来者的出现也必然会被动机引发起来。如果唤起已变成清楚明白的再回忆,那么 q′作为被期待者的出现——更确切地说,通过由回忆得到的以前处境中的 q 被动机引发起来——在原初的明见性中被给予。这里,我们能直接看到作为一种必然性的动机引发的因果性;我们能明见地说:我在此期待 q′,因为我在相似的状态下已经验到 q,而且这种因为—所以(Weil-so)明见地被给予。相关地:我在完全的明见性中从以前的相似状态下的已来到者"归纳地"推论出现在的相似的来临。就像任何推论一样,这种推论也具有必然性,而且在本质普遍化(Wesensverallgemeinerung)中产生一个明见的推论规则。只不过,在这里,作为被期待者的将来者的动机引发的明见性包含开放的可能性,亦即还可能出现其他情况。

第41节 期待信仰的强化和阻碍·期待对于构形的形成的功能

此外,明显的是,预期性的期待信仰具有力的差别,亦即具有一种等级性,而且这种力随归纳的"案例"的数量的增长而增长,也就是说,随在相似的状态下出现者的次数的增长而增长。在相反的方向同样明晰的是,如果在 U 的情况下时而出现 q,时而出现 r,时而出现 s,而且是排他性地出现的,那么被动机引发起来的期待趋向就会受阻。同样可理解的是,强度增加和强度受阻不是以单纯偶然性的方式发生,而是能以可明察的方式被动机引发起来。

如果例如在以前的状态 U 中,出现了 a、b、c,而在现在相似的状态 U′中出现了 a′,那么按前述,先是 b′,然后是 c′,当然作为将来者被动机引发起来。但现在如果 b′现实地出现了,那么 c′显然被加倍地动机引发起来,因为规则在这里再次得到运用。因此,被期待的 b′的出现不仅确证了已由出现的 a′所唤起的期待和也间接地被唤起的对 c′来临的期待;它也强化了这种期待。① 如果动机引发处境是一个明晰的动机引发处境,也就是说,如果以前被唤起的意识处境和在其中已出现者达到明晰的再回忆,那么各种动

---

①   a   b   c
   a′ [b′] [c′]
       b′   [c′]

机引发及其累加也明见地被给予,也就是说,确证和强化的增长也随有关的系列中某个环节的每一次现实的出现而明见地被给予。

还必须注意,如果代替一个被期待的 a 而只有一个部分α出现,那么互补的部分β就被"惦念",它"缺席了"。的确,期待包含当下与被联想地唤起的过去、滞留的过去和有可能远离我们而被再回忆起来的过去之间的某种相合,而且充实的剩余物作为一种相合的剩余物、过多和过少的剩余物,在这种相合中凸显出来,未出现者处于"缺席"的意识中。

在其他的类型中也一样。如果 a 在某种状态下重复出现或者作为一个合规则的序列的终端环节出现,而且相应的期待通过联想的唤起而存在,那么缺席、未出现就变得显著了,期待失实了,当下的时间领域或感性领域被充满了,但却"别样地"被充满了。而且当然与当时的感性领域的现实地实现了的内涵处于争执中。在意识发生(Bewußtseinsgenesis)的继续进展中,这样一种缺席作为由重复所积聚的期待力的减弱起作用。在明晰的再造和当下的处境回涉以前的处境的过程中,肯定的和否定的动机引发性的案例成为明见的,每一个新出现的曾在(Gewesensein)都以相同的力进行动机引发,每一个都以相同的力支持一个重新出现,每一个缺席同样都反对一个重新出现,而且这种"支持"和"反对"在这里是明见地被给予的。但是,在空乏的滞留领域内,这些力——与它们一起的还有各种期待力,它们就像那些本欲一样是盲目的——被累加和受阻,我们看到,在任何情况下,期待的类型学和合规则性都完全取决于再造的联想的类型学和合规则性,而且经此中介,也取决于在活的流动的当下领域内的原初的联想的类型学和合规则性。

如果一个构形通过在其中起支配作用的触发力已生成为凸显的、特殊地联结着的统一性，那么从它之中就发出力，提升那些满足形成相同的构形之条件的对象——首先在同一个活的当下内。部分"要求"整体——一个相同之物唤起另一个相同之物，这另一个相同之物还根本没有明确地作为统一性单独被构造起来——而且不是通过素朴的唤起要求整体，而是通过共同联结着的"期待"要求整体，通过要求作为共同在场和共属于统一性要求整体。此外，这种统摄性的期待的力还随"案例"的数量一道增长——或者随习惯一道增长，这是一样的。同时，更有力的统一化——合习惯的统一化——在这里作为得到确证的期待的合规则性（Regelmäßigkeit）出现；另一方面，在失实中意识到合习惯之物的缺席，意识到不同于习惯之物的存在。

我说，随案例的数量。更严格地考虑起来，这意味着什么呢？如果在同一个当下的继续发展中出现了复多性的素材，它们能配合成相关的构形，那么当唤起从个别性出发回退时，相关的整个构形都将被唤起，而当这些唤起以前摄性的—合期待的方式向前发射时，将唤起这个构形的前像，让它被期待；而且以此方式，构形的凝结同时作为充实将再次受益。因此，前期待"统摄地"起作用，它共同参与并存对象的构形。

当然，关于远过去（Fernvergangenheiten）的统摄作用，关于这种影响——即各种远过去通过它们的已被构形的统一性的唤起而对新构形的形成所施加的影响；这里始终依据"相同性"，它可能是"巨大的"相似性——恰好也一样。被唤起的过去的构形与当下搭叠，而且可在这个当下内相似地产生，因此，它们被生产出来，而且与以前的构形处于相合之中,它们是"已知的"——不是在个体上是"已知的",而是按其类型是"已知的"。

已生成的统觉统一性(Apperzetionseinheit),在这种动机引发中构形,为那些已被唤起的、在黑暗中与其相合的相似的构形所环绕。同时,构形中的诸环节的关联不单纯是内容性的关联,就像它因有利的触发状态已变成融合和超越于个别性之上的特殊统一性那样,而是撇开了触发性的动机引发,这种触发性的动机引发在构形中选择性地起支配作用。(各种不同的图形本来能从混沌[Chaos]中形成,而且仍能被形成,但唤起的进程处于优先地位,它优先于各种特殊合一——这些特殊合一具有或低或高的层级,直至相关的总构形——的进程。)一个共属性的统一性已生成,一个统一性,在其中,各个环节、从属性层级的各种联结(各个部分)作为在聚合中相互期待的东西、作为相互被要求并且满足这种要求的东西而相互指明。共属性——源于合习惯的(由于多重的经验的)联结状态的统一性——统一性的力随频率的增长而增长。统一性最终为一个开放而明晰的视域——即早已熟悉者和一再这样被经验者的视域——所包围,而且在新情况下也将借"经验性的可靠性"而立刻这样被发现,而且立即作为这样的整体站在那里。①

---

① 类型形成(Typusbildung)。

第四部分

意识流的自在

第一章　再回忆领域中的假象

第42节　对于不同的过去的回忆的搭叠、融合和争执

关于联想的唤起的强化和阻碍的问题当然需要认真仔细的研究。从印象的当下流出的活的唤起力按照相似性原则流溢到记忆中的滞留的积淀物上：已凸显的意向对象、直观的当下中的个别性和联结着的复合体与那些在合记忆的积淀物中隐含地被构造起来的相似的对象性相联结，唤起性的力流溢到它们上。但现实的凸显性和随后在进一步唤起过程中的再造性的复活只对少数几个有益。唤起性的力可能相互联结，但也可能相互阻碍，而且问题在于，在初始力同等的情况下，现实的唤起和再造可能取决于什么。一个处于凸显的相同的力中的相同的客体背后必然有另一个已流逝的意识，亦即有另一个有待被唤起的视域，而且那种一次通过相关的客体的联想力得到回忆而另一次没有得到回忆的东西取决于其构形。成问题的是：在这个黑暗的滞留领域内，本质明察伸展得多远。已再造性地展示出的回忆的领域与由它们所唤起的期待的领域情况不一样。这里一般来说显然存在各种各样明晰的本质规

则,对它们的系统描述将是一项重要任务。

193　　我现在还想说一些与以前已经提出而尚未解决的问题〈有关〉的内容:回忆如何可能成为不一致的,一种不同的过去的杂处是如何可能的,一个统一的过去的外表后来如何通过分裂被摆明为假象,被摆明为混合。

　　根据我们的展示,再回忆——或多或少空乏的再回忆,或者,或多或少直观性的再回忆,一直到理想的再造的极限——恰恰是唤起现象,即对那种在原初的活的当下内被构造起来的而且在滞留上已沉淀的并最终完全成为无力的过去的对象性的唤起现象。就像这种醒着的意识、醒着的意识构造(Bewußtseinskonstitution)和沉入酣睡的过程是一个绝不会中断的过程,因而无意识的积淀物不断地被叠置那样,唤起的潜能性也是一种无限地继续下去的潜能性。于是,情况显然是,任何再回忆在观念上都包含一种可能的唤起连续性(Weckungskontinuität)、一种可能的再回忆的连续性,这些可能的再回忆通向我们正处于其中的活的当下。每一个别的再回忆似乎都必须与每一个这样的连续系列一致。在这里,一个"错误"、一个"假象"应如何具有一个意义? 的确,它只是对已在无意识中存在于那里的东西的再造,而且这种东西本身从原初的构造中被放进去。但原初的构造不可能——因为它创造原初的意义——歪曲它的意义。这应具有什么样的意义呢? 但作为单纯的再造,再回忆也不可能歪曲它的意义。于是,它的确将以奇特的方式是生产性的,以一种在开始时不可理解的方式。

　　如果我们在迄今为止的领域内根本没有指明像假象、错误和无效性这样一类概念的意义源泉(Sinnesquelle),那么这看来是一个理论的缺陷。因为我们预先就知道，再回忆在内在的领域内也可能弄错。因此，这种错觉的起源处境（Ursprungslage），因而错觉这个概念的起源必须首先被揭示。

如果我们问，不一致性是如何可能的，如果我们因此问，各种不同的过去所属的回忆的搭叠和相互渗透在发生上是如何可能的，那么必须指出如下一点：回忆作为对记忆基底的成分的唤起出现。这种记忆基底包含有序的积淀物，即以稳固的秩序被储存起来的所有特殊的滞留、所有过去被构造起来的当下的积淀物。如果现在几个属于这个秩序中不同位置的滞留由于共同性而一同被唤起，从一个唤起性的当下这里一同被唤起，或者从一个已被再造起来的回忆这里一同被唤起，那么这些滞留还绝不会一起达到完全直观性的再回忆。一般说来，本质规则是，原初的时间领域只能有一次得到完全直观性的充实。这是想说：感知的当下业已不允许一个再回忆同时成为完全直观性的，只要它，感知，确实是完全直观性的。一旦我们置身于过去而且在那里现实地直观，我们就脱离了感知当下，否则我们就体验到一种奇特的竞争。如果我们时而拥有完全直观性的当下，那么就有一个明晰的回忆图像透出，然后一个照透另一个，但这对二者的直观性是一种损害。在更高的程度上，这在两个再造从一开始就成问题的地方也同样有效。每一个再造都构造起一个在活的现在和刚才—曾在性的僵固的形式系统中被充实的时间领域，而且这个形式系统在构造上只能起一次作用，只能被充实一次，亦即处于完全直观性的构造中，即处于现实的构造中。在一个完全的直观的统一性中被给予的东西是作为一个当下和附属的鲜活的过去被给予的。一般说来，活的当下作为原初的构造的形式系统只有一次在体验上原初地被给予。

如果现在两个回忆从一开始就具有相同的触发力,那么就发生了一种竞争。在此情况下,最微不足道的资助也给其中的一个以优先地位,而且根据情况交替地导致这一个再造的活化(Lebendigwerden),然后导致其继续发展的突破和向另一个再造的跳跃。如果在这两个再造之间存在一个相似性的桥梁环节,亦即一个联想,那么这两个交相变换的直观根据这个环节而相互叠合。在过渡中,它们通过这个环节逐渐融合起来,而当它们完全相同时,则无间地融合起来。让我们考虑发生中的再造的联想的情况,发生的确带有一种出现的秩序。如果一个再造通过它的桥梁环节 a 吸引来另一个再造,那么唤起性的 a 与被唤起的 a′相合,而且是以这种方式,以至于在开始时唤起性的 a 由于完全直观性的回忆情境——它构成出发点——的力而遮盖了被唤起的 a′,也就是说,不允许它透过而真正达到直观。因为它所分得的力的增长也将反过来有益于唤起性的 a 的力。但是,在相似性很大的地方,尤其是在一个意义同一性(Sinnesidentität)被构造起来的地方——这个意义同一性在自身中包含诸相似性环节,例如,作为这同一个意义的各种显现——,存在一种达到完全的融合的趋向。通过彼此相合和相互融合的相似性环节,两个再造的时间领域处于一种搭叠中。超出那些在一种叠合的意义上相合的相似性环节的东西也处于某种否定的相合中,处于一种冲突的关系中,但处于某种相应(Entsprechung)中,亦即与两个时间领域和附属的并存领域(Koexistenzfelder)——例如,感性领域——的普遍相同的结构相应。

每一个[①]再回忆都直观性地构造起一个充实的时间领域,作

[①] 新一讲的开头。——编者注

为一个僵固的形式系统中的一个生成性地被构造起来的再造的"当下",所有内容性的变化都系于这个形式系统:不可改变的是一个现在和一个刚才—曾在性的连续统。在一个再回忆在某种程度上可以说强占这个形式系统并且占满它期间,没有其他的再回忆能在那里,亦即作为现实的直观的再回忆。但它能被唤起,而且只有通过其他正在进行的直观的再回忆的胜利才能被抑制。两个直观可能处于竞争之中,以至于与其他所有触发性的脉动相比,每一个直观差不多同样具有压倒性的力。于是,其中的一个直观——或不如说它的前层级(Vorstufe),亦即被唤起的滞留——所分得的再造的力,其最小的优势都将使它突进到现实的直观,相反的直观因而被阻止和被抑制。这可能导致一个更迭,即一个直观变换成另一个直观。这时已可能发生意义内涵的某种相合。伴随每一个意识转变,本质上都有一个基于共同性的相合发生,而且毕竟绝不会缺乏这样的共同性,至少时间形式是一种共同之物,甚至在空间之物达到再回忆的地方,一个场域性领域内的被延展之物,也可能有场域性的形态。

但一般说来,这是一种单纯的图像搭叠、一种遮蔽,它本身没有产生融合性的、统一化的综合,这种综合可是系于内容的条件。如果在两个再造之间存在一个联想的联结,从意向相关项方面说,如果这一个被再造之物回忆起另一个被再造之物,那么情况就不同了。相似的桥梁环节恰恰构成一座桥,它使这一个再造不仅变换成另一个再造,而且使它从对方的被唤起的桥梁环节流溢到邻接的桥梁环节。因为在此情况下共同的桥梁环节以特别的方式相合,它们按其处于不同的密切性中的相似性而融合;如果它们是相同的甚或通过一个在它们之中被构造起来的意义同一性而达到同一性叠合（Identitätskongruenz），那么它们就最密切地叠合。让我们在其发生性的发展中考察这种再造的联想情况；在这里的确有一种生成的秩序得到了预示。这一个再造 R，即联想性的再造，通过其桥梁环节 a 唤起了另一个再造 R′。这个桥梁环节 a 首先唤起对应的环节 a′，而且是这样，以至于当它与 a′ 叠合时，不只是遮蔽性地笼罩着它，而是由于实事性的相似性与它融合，而且遮蔽在此情况下仅仅意味着，这个 a′ 没有达到本己的直观，它以抑制的样式处于其本己的存在中，但仍然按照 a 保持于其中的共同意义进入其中。

197　　　这种从 a′ 中伸展出来的唤起现在趋向于继续进展（遵循邻接性的联结线路）而使 R′ 达到直观，而且直观可以逐渐出现在片段或整体中：但这与直观 R 处于争执中。

对此，我们注意到，甚至 R 与 R′ 中未叠合的区域也处于某种相合之中。我们完全可以将 R 与 R′ 中伸出 a 或 a′ 的领域的不叠合（Inkongruenz）标识为否定的相合或遮盖。它们相应地以某种系统的方式相互关涉，以至于相应者与相应者处于争执中，这一个相应者的直观抑制了另一个相应者的直观。因此，双方的共同形式特别相应，R 的"原初的当下"的时间形式与 R′ 的"原初的当下"的时间形式按照某个现在和每一个曾在的层级处于相应之中，以至于通过共同的形式而处于不相容性中的相应者相互遮蔽；在现在形式中，再造之物只能被给予一次，而在这种形式中的其他被唤起者在此期间必然还处于抑制状态。各种并存形式的情况也一样，它们在持续的形式相合的情况下贯穿体验流：就感觉区域

(Empfindungsgebiete)而言,感性领域的形式所属于它们,作为视觉的领域形式的空间形式及其各种场域与触觉领域的相类似。而另一方面,就持续地被构造起来的超越的事物世界而言,也有空间形式,而且处于其恒定的定向样式中。这些形式产生联结,只要 R 是直观性的,而由此被唤起的 R′不仅一般地借助其意义内涵被唤起。更确切地说,这种必然属于 R′之意义内涵的、原初的时间的定向形式(Orientierungsform),各种属于 R′的感觉区域的领域形式,所有这些都与已成为直观的 R 中的那种相应的形式之物具有一种必然的和原初的亲合性,在意向上与它相合。但 R 的具体性中的被构形之物排斥 R′的具体性中的被构形之物。它们只能依次成为直观性的。①

第 43 节　一个被抑制的回忆突破到直观的可能性·通过转入更高级的明晰性层级揭示假象

现在,如果 R 的触发力及其内部的触发关联被耗尽到如此程度,以至于相应的 R′的力占了上风,那么不同的可能性就被给予了。

1)要么——而且这是最明显的事情——联结环节从黑暗中

---

① 注意:我以前曾将前摄作为期待式的意向的标题引入。因此必须明确强调的是,存在于回忆中的空乏意向不是期待式的前摄,它们无论如何都源于从前的东西。它们不是感知的预期,而是回忆的预期。这必须再度被思考。

浮现,再造从这里伸展出来,沿着联结行进,向不断增强的明晰性提升,最终,整个过去的当下都处于完全鲜活的状态。(每一个变得鲜活的片段都按照相继和并存的形式系统抑制相应的 R 的片段。)原因在于,整个所属的时间领域在那里被具体地充填了,而且在直观化的进展中,在其向桥梁环节回射的过程中,这个桥梁环节也从与其对应环节的相合和融合中脱离出来。现在,只有它独自成为直观性的。我们于是仿佛完全沉浸于一段过去的当下。唤起由之发出的联想性的情境、现时的当下或最初的回忆情境 R 完全浸没了。

2) 但也可能存在另一种可能性。源于激发性的直观 R 的相互关联的片段因其本己的触发力而坚持住。另一方面,源于被联想起的情境的片段也以突破的方式获胜。双方能够得以实现而没有发生联结,在此情况下,这些分散的片段(*disiecta membra*)中的每一个都在意识上带有其被抑制的互补片段的前摄性视域。固定的形式作为框架于是为 R 和 R′ 的内涵所斑驳地充填。这就像在有本质亲缘关系的视觉领域事实上出于各种理由而竞争的情况中那样,在那里我们具有平行的现象:每一个视觉图像的交替获胜,而视觉图像本身是统一的和一致的。然后是斑驳的混杂的现象,它也表现为混杂。而最后还有这种现象,我们现在也在各种再造那里发现它,即一个组合的图像的现象。事实上,再回忆能联结成一个组合的再回忆,它在直观上一致的图像中联结了不同的回忆片段。促使融合成为一个假象图像的东西是统觉的力:如果成分 a 和 b 常常处于一个当下中并且已被联结成一个对象性的统一性,就像它们在这里通过穿透相互搭叠的回忆(而且穿透那些通过搭叠而在瞬间被融合起来的时间领域形式）而一起直观性地出现那样，那么成分 a 和 b 在这里也将被理解为已联结成这样一个对象性的统一性的东西。但这种统一的理解和统一的直观性图像是假象。暂时以提示性的粗略方式说，这意味着：成分 a 和 b 始终是意向的整体的片段，它们具有被抑制的互补片段，这些互补片段从底下抗议存在于 a 和 b 的假象图像中的具有相反指向的要求，而且首先抗议它们的相互充实，虽然这些抗议太过微弱，太少能被听见，以致不能导致一个明晰的怀疑和一个否定。而一旦被抑制者的触发力鲜活起来，而且现在甚至胜出，一旦它们导致再造的发展和展开，而且现在这两个情境及其分别的时间领域在直观上分叉，每一个都发展成完整性和明晰性，那么这种假象将被揭示为假象。假象图像在这种转变中恰恰被表明为本身一致的各种不同的回忆图像的混合和融合，而且在融合的背后，其中的被抑制者及其信仰力变得鲜活起来。

让我们精确地阐明这些思想并将它们贯彻到底，而且以这样的方式，以至于合本质之物显露出来。我们谈到抗议太过微弱，以致不能穿透而成为"听得见的"，我们谈到那些被抑制的抗议有可能变得鲜活——这样的说法有何意味呢？我们如何理解回忆图像的统一性和相应的错觉性的回忆信仰的一致性——这种错觉性的回忆信仰在这类触发性变化的更迭中背弃其统一性并且必然使自己被毁誉为假象——呢？我们如何理解这种毁誉本身、合法要求和合法拒绝呢？显然，明晰性的等级性在此扮演了一个重要角色。我们提出这个问题：难道可以设想，一个回忆、一个再造的直观的统一性——在其中一个统一的对象性按共存和相继被直观到——

不定何时会变得可疑并且会被否定,即使它在不断增长的明晰性中一直同一地被表象为同一个直观性的被给予性? 难道可以设想,一个具有观念上完全的明晰性的再造的直观能被随便哪种触发性的变化、被随便哪种与其他再回忆的综合所否定? 提出这个问题意味着对它的否定。一个呈现了一个"假象图像"、呈现了一个被分配到不同的再回忆上的图像的再回忆不可能是一个完全明晰的再回忆。一切混合都在不明晰性的样式中进行。只有在不明晰性中,动机引发、期待、潜在的关联,它们相互间的强化(Kräftigungen)和阻碍才能不起作用,整个同类的层次都能在一定程度上被缩焦,它们丧失触发性的凸显,渐渐隐没于背景之中。任何对一个假象的证明(Ausweisung)都在向更高级的明晰性层级的过渡中进行,就像任何对一个被再造的直观的证明都通过连续的确认而在对不大明晰之物的不断澄清中进行一样。

第二章　内在的曾在性的系统的真实存在

第44节　自身给予的证验：一方面通过其伸展进外视域；另一方面通过逼近绝对明晰性的观念

我们①在上一讲的结束语中讲到对再回忆领域内的一个幻觉或假象的揭示；假象原则上只有通过向更高级的明晰性层级的转变才能被证明是假象。未揭示的假象只可能存在于一个比自身给予性的意识低的明晰性层级上——顺便提一下，无论我们在这里进一步的论述怎样，诸定理都完全普遍地适用于幻觉和幻觉揭示。每一个证验都是一种揭示，亦即使一个隐藏之物达到自身给予的明晰性。如果自身给予本身又允许证验，而且自由的自我主动地要求并力求它们，那么正如我们知道的那样，原因在于，甚至一个自身给予一般也具有其各种隐藏，仍以空乏的或遮蔽的方式位于其中的东西能够被带到明晰性的光中，亦即处于新的自身给予的

---

① 新一讲的开头。——编者注

形式中。此外,我们还知道,证实可以在两个本质上彼此关涉的类型——一个肯定的类型和一个否定的类型——中进行,即证验性的证实和证伪性的证实。甚至这些过程也可以在一种不明晰的介质,有可能是空乏的介质、单纯意指的介质中进行。它们本身是真实之物或非真实之物的自身给予,也就是说,是被证实的存在者或被证伪的存在者,亦即无效之物的自身给予,只要它们就对象的要素——它们以成就的方式关涉着这些对象要素——而言发生"在明晰的光中",也就是说,只要充实的综合现实地为空乏提供自身的充盈;而且就否定而言情况也是这样,只要因搭叠而生的混合、对被抑制者(亦即争夺直观的有效性的这一方)的压制(Unterdrückung)已成为可见的。因此,继续导向越来越新和越来越丰富的明晰性,亦即处于自身给予状态的明晰性属于一切以此方式明见地证验的过程的本质。但与此同时,继续导向进一步的明晰性一般不仅扮演了一个单纯从自身给予继续导向自身给予的角色,而且扮演了一个继续导向更高级的明晰性层级的角色。我们认为,这尤其对于一个假象的揭示来说是本质性的。

让我们更清晰地把握这一点。空乏表象的证验导致自身给予性的表象,它本身又要求证验。但现在有两种不同的东西属于一个自身给予的证验:第一,新的自身给予的直观的综合的附置,就那些只是共现而没有真正体现的自身给予的成分而言,亦即对相关的对象性来说并未已真正自身给予的成分。一个已在一个直观中达到自身给予的对象的片段或面可能停留在本真的自身给予之外。在每一个外感知那里情况也是如此,例如,在对一座房子的感知的情况下,这座房子的那些看不见的面和部分;我们一定要将本真的被感知物、本真的被体现物与单纯共同被感知物——但实际上只是空乏的被表象物——区分开来。我们也谈论一种空乏的外视域。在再回忆那里情况完全一样。一个情境或一个持续时间很长的过程,例如一首交响乐,直观地浮现,但严格说来,只有情境的各个片段、交响乐的各个小段达到本真的自身给予,而我们却"意指"整体。因此,甚至在这里我们也有一个单纯被共现的外视域。

第二,就像外感知一样,再回忆也有一个"内视域",亦即就已被体现之物而言,就已达到自身给予之物而言。甚至这种本真的自身给予也仍然使一个证验得以可能。因此,对于具体而完全的自身给予的证验来说,不仅需要对外视域的侵入及其通过相应的本真自身给予的充实,而且所有这些自身给予都再次要求证验,亦即累进的澄清。"累进的":在这里是明晰性之等级性的位置。一切自身给予,更确切地说,一切已被限定在真正的体现(Präsentation)上的自身给予,都服从"明晰性"之等级性的规则,对于这些规则我们最一般地理解为自身给予的一种等级性,而自身给予在一个绝对的或"纯粹的"自身给予中达到其观念的极限。因此,对于这个绝对的或"纯粹的"自身给予来说,绝对的明晰性只是另一种说法。这个"纯粹的"譬如可以像处于完全不同的等级性系列——红色的细微差别的系列——中的"纯粹的红色"那样来理解。双方都有一个在自身给予中连续进展的增长意识,在这个增长意识中,相关的观念作为一个明见地被动机引发起来的预期自身被给予,作为一个绝不会自身给予的等级自身被给予,但却作为在预期上明见地被动机引发起来的极限自身被给予,恰恰作为"观念"自身被给予。这个增长过程伸展得越远,这个极限的自身给予就越明晰、越纯粹。我的意思是说，一切自身给予都带有这样的等级性，并且有可能活动在这样的等级性中，因而也可以说，这因此涉及意识一般的一个普遍的规则。因为意识不仅存在，而且以自身给予的形式存在，即以在感知形式中的持续原本的自身给予的形式和在再造的回忆形式中的自身给予的形式存在。

但是，如果我们在这里仔细观察，那么内感知只有关涉着可能的内在的再回忆才是感知性的自身给予。无疑，它原初地构造起一个自身，但一个自身，只是由于可能的再回忆的多样性才是一个对自我的同一之物和可认同之物，这些可能的再回忆本身完全服从一切自身给予之等级性的规则。一个自身，一个对象，我已在前面说过，只有关涉着主动的自我才存在那里，对这个主动的自我来说是"现存的"，即一个永久的可支配之物，一个一再可认同之物。① 而且我们已在被动的领域谈论一个已被构造起来的自身，只是因为自由的可支配性的条件在那里已得到了预示。它们是内感知通过相应的再回忆的内在构造的条件，这些相应的再回忆——尽管在有限的范围内——是一个自由的领域、自由的可生产性的领域、明晰性的自由增长——就像在不断更新的再回忆的系列中以连续进展的空乏意向的充实的形式的自由扩展——的领域。对于主动的自我来说，一个已获得原创立的内在的自身基于可能的再回忆而是一个固定的可能目的（Telos），或更确切地说，它是一个自在的存在者的领域中的成员，这个领域是这个自我的一个普遍的可能目的。但到那里去的途径是射中（Erzielung）的

---

① 参见第110页及下页。——编者注

途径,亦即证验——肯定的证验和否定的证验——的途径。据前述,它是一条双重的途径:自身给予在再回忆的扩展过程中铺展的途径和自身给予在已获得的自身给予逼近其极限、逼近绝对的明晰性的观念的过程中铺展的途径。

第 45 节 意识过去的原超越及其完全的自身给予的观念①

此外,请注意这个重要的论点:所有能够胜任将这个自身作为真实的、可认同的和可支配的自身凸显出来的自身给予——在这里是在回忆领域,但在一切领域都一样——在某种意义上都是"超越地"给予的意向体验;这涉及所有进入一种可能的主动认同的自身给予。再回忆体验(Wiedererinnerungserlebnisse)出现在原当下(Urgegenwart)的内在中,但它们使之重新当下化的东西,亦即过去之物,对体验和在当下原初地被构造起来的东西的全体成分来说是超越的。同样,通过一个新的再回忆可被任意扩展的整个本己的意识过去在当时的当下被超越地意识到。因此,每一个自身给予在这里都有其超越之物,而且每一个自身都在一个原初的和好的意义上是超越的——这诚然产生了一个奇特的悖论。意识流及其内在的时间是最初的、根源上的超越之物,也就是说,它是超越的自身,这个超越的自身在原初地流动的当下的内在中获得

---

① 参见附录二十六:"再回忆的重复和本质同一性(Wesensidentität)"(第 429 页及下页)和附录二十七:"两个基本的明见性概念:自身给予一般与纯粹的自身给予"(第 430 页以下)。——编者注

原创立，然后正是在这个当下中通过再回忆获得自由地可支配的自身给予和自身证实。意识流以流动的方式活着，同时，对其自我成为对象性的、客观的；它作为超越的自身成为对象性、客观的，这个超越的自身在一个当时的当下的再回忆和再回忆综合（Wiedererinnerungssynthesen）中获得不完全的和近似的自身给予。就自我而言，一个真实的自身的观念，即真实的意识过去的观念，作为完全的自身给予的观念与它相应。按照刚才一般性的说法，这个观念具有一个双重的方面，一个方面与对明晰性及其极限的指向有关，另一个方面与对扩展的指向有关，只要涉及的是意识流的整个自身。显然，这个观念本身以奇特的方式是一个本质上流动的观念，因为这里的对象，亦即意识，恰恰是一条流，它在自身中不断地进行新的原创立。我们随后想谈的是，对再回忆的原超越（Urtranszendenz）有效的东西或对原自身（Urselbst）、原对象性（Urgegenständlichkeit）有效的东西，在活的当下的流动中按照内时间的普遍形式被构造起来——这也对通常意义上的超越有效，对客观的世界有效，相关地，对外感知的领域有效。空间世界的这种超越是一种第二层级的超越，相关地，意识流称为内在的对象性。

但在我朝这个方向推进以前，让我们完成不无道理地在再回忆的原领域内实行的分析，更确切地说，关于明晰性的等级性的分析。每一个再回忆都以一个从一开始就已凸显的或通过事后联想的唤起而得到凸显的滞留为基础。这个滞留从记忆基底中的析出是唤起。它在再回忆中已成为被唤起的自身给予，这个被唤起的自身给予本质上作为再构造，朝着当下至少连续地行进了一段，但然后出于明了的理由而能朝着两个方向跃进。本质上，每一个自身给予的片段都或多或少是明晰的，而且这种明晰性的等级性当然是底层相应的空乏滞留要素之充实的等级性，即其空乏的意义之自身直观化（Selbstveranschaulichung）的等级性。我们也将这种等级性称为一种揭示的等级性，因为直观性在本质上不仅一般具有唤起力，而且具有一种按明晰性层级不断增长的唤起力。与此相应，随着明晰性的增长，越来越多的意义差别也得到区分并以自身被给予性的方式凸显出来。因此，当我们通过重复的再回忆从一个不明晰的自身给予攀升到明晰的自身给予时，内视域就越来越多地得到揭示。而且在没有新的差别可被觉察到的地方，在这种增长中也存在一种越来越强烈的充实和对真实的自身的接近、对完全的明晰性这种可被预期的观念的极限的接近、对绝对的充实的观念这种观念的极限的接近。不言而喻，贯穿每一个这样的增长系列——它发生在一个意识的统一性中——的是一种同一性相合的综合，即按照同一的意义和同一个正在增长的自身的相合，或更确切地说，是一种按照这个自身的内涵的增长，按照真理内涵的增长。我们也可以说：这个处于自身样式中的显现者在其中作为愈益切近、愈益完全地被规定者（在这里不是在述谓上被规定）被意识到。

因此，遮蔽等级也可以被标识为相对的不确定性的等级、相对的贫乏或空乏的等级，这种贫乏或空乏渗透每一个自身给予。自身给予始终是不完全的充盈，亦即被空乏所冲淡的充盈。它具有一个处于冲淡的形式中的空乏的内视域。在明晰性增长的那些综合中，由于搭叠性的相合而在过渡中发生的缺损也被意识到。在极限中,我们因此具有未冲淡的自身,亦即不再能达到进一步的饱和的自身的观念,而且这个未冲淡的自身是一切逼近的标准,是真实的曾在的标准,它是一切被意指的曾在之真正的自身。

但代替纯粹的增长系列——不断得到确证的信仰的一致性贯穿其中——不一致性的综合也是可能的;刚好能随明晰性的增长而发生的是,自身被给予之物的一个部分在进展中得到充实并且在一种逼近的意义上不断地进展,但自身给予的扩展的伴随性过程从这个位置发出,随着澄清而通达明晰的和越来越明晰的互补片段,这些互补片段与原初地在相对的不明晰性中被给予的全像中的相应片段发生争执。图像分裂成两个图像,再回忆分裂成关于不同的过去的再回忆,这些再回忆每一个都在不断增长的明晰性中持守自身。在完全的内部明晰性的状态中,只能有一个再回忆是一致性的,而所有其他完全明晰的再回忆要么是其单纯的重复,要么它们在一个共属性的系统中协调一致。这意思是说,如果我们通过对其空乏的外视域的充实而补充性地继续进行每一个这样的再回忆,而且一再这样做,那么这种操作就为每一个明晰的再回忆产生了同一个完整的自身:每一个明晰的再回忆的完整化导致同一的时间关联(Zeitzusammenhang),即一个已充实的内在的曾在性的时间关联。

另一方面,冲突也以某种方式属于观念上明晰的再回忆的领域,也就是说,在相应的意义共同体的条件下可产生搭叠和局部的相合、局部的抑制,而且可产生冲突的综合。但如果在观念的明晰性中也可能存在一个混合的图像,那么在这里它却必然被抹掉了。当您想象——就像称为"在想象中"的那样——一座以回忆的方式被表象的房子被移植在另一条街上,而且是在完全的明晰性中,但无疑是在明见的被抹掉状态中时,您就最容易理解这类事情是如何可能的。

但如果我们进行的是正常的再回忆,那么明晰性的等级性和对一个观念的自身的回涉属于其本质,但以此方式,以至于切近规定和别样规定,亦即对自身的证实性的接近或否定这两种情况本质上是开放的。但在后者的情况中必然包含的是,自身给予的各部分通过证实保持其正当性,而抹掉与不共属之物的扎堆有关。①

我们迄今已讲的东西为我们提供的不只是一个再回忆理论的各种特性和关于真实存在的标准——本质上完全统治着一个自我的多样性的可能的再回忆的标准——的理论的各种特性。本质上,而且从先天的发生规则来理解,活的流动的意识包含一个不断丰富的——但根据原创立而与其自身处于持续的同一性中的——真实存在的领域、一个自在的对象性的领域,这些自在的对象性预先被给予活动着的自我及其主动的抓取、认同、证实和证伪,[它们是]现存的:但不仅现存于现时的经验中,而且作为一个矗立不动的和永久的自在,对这个自在来说,现实的经验生成以某种方式是偶然的。当然,意识流的这个自在是另一个存在层级,因为事实上,它的未来并非同样是自在的。

我们必须充分澄清这种事况的不可思议的特性。意识不仅是一个流动着的原初的当下,在其中再回忆偶尔浮现;不仅在流经这个原当下的固定不变的形式的过程中,一个体验紧接着另一个体

---

① 属于此列的还有第209页的重要的补充性论述。

验；各个体验不仅在有序的序列中、在固定的时间形式中，它们构成一个已过去的并且完结于不断更新的当下的流的统一性。毋宁说，情况如此，这对自我来说是一个现存的事实。它是一个其作为主动的自我能断定的真理。直至现在的意识流是一个真实的存在，而且为自我而存在，无论自我是否觉察到〈它〉。① 每一个过去的体验都已存在：自在地。但却为自我而存在，亦即以此方式，以至于它是一个现存的东西、一个真正存在着的东西、一个可识辨的东西。如果情况不是这样，那么就根本不能谈论一个意识流，而且容易理解的是，如果其本质不是在自身中包含一个"自在"、一个其自身的真实的存在——根据被动性的原条件（Urbedingungen），它们使主动的认识得以可能——那么在一个已被构造起来的客观的—外部的世界中，经验性的自我就不可能分派一个意识流和所有那些我们归于它的东西给另一个自我。因此，一门超越论的逻辑学的最根本的问题是理解，在作为意识生活的流动的自我生活中，这个生活自身如何能作为真实的存在被构造起来。作为一个真实的存在，我的意思是说，作为可能的证实的观念的相关项，作为一个按本质规则而存在于意识中，更确切地说存在于属于意识的自身给予中的观念的标准。而且这个观念的标准以这样的方式隐含地包含在意识中，以至于自我后来能自由地攫取它、凸显它。对此，根据本质规则，这个在一致性的澄清的过程中被摆明的真实的自身不是一个偶然的和转瞬即逝的、只是作为其瞬间的极限而

---

① 在讲座中：被客体化了的意识作为一个最初的宇宙，对象大全（Gegenstandsall）。但我忘了说，这个大全不仅在现在中有一个活动的终点，而且有一个开端——作为问题。我简略地谈到过客观的世界大全的类似物及其对意识的宇宙的回涉。

属于这个过程的东西。两个自身给予、两个再回忆——它们在一个同一性综合中作为对同一过去之物的再回忆出现——虽然本质上能被摆明为对不同之物的再回忆,但是,如果两个环节在不断接近极限的过程中被证实与其自身处于连续的同一性中,那么联结性的同一性意识本质上就不可能被注销。如果 A 与 B 平行地接近其极限并且二者在同一性的纯粹自身给予中被证实是真的,那么"A 与 B 同一"这个综合的意识就在本质上变样了,于是,同一性也作为真实的自身被给予。因此,纯粹的自身给予之重复的观念的可能性属于每一个曾经被凸显的真实的存在,而且一切重复都可以被装入一个认同的综合,而且只是认同的综合,据此,真的东西也就是一种同一的和唯一的东西,就像相应的同一性自身那样。当然,如果自我仅仅生活在被动性内,那么所有这些将仍是隐藏的,也就是说,自我在精神上对它们将是盲的。另一方面,如果自我主动地生活,那么它就无须实行认识活动,在此情况下,它对所有这种"自在"都是盲的,所有这种"自在"都没有获得自觉的认识,亦即在自由的行为中现实地被实行的证实性的侵占。但在任何情况下,而且在被动性内,所有那些使主动的自我的成就得以可能的东西就已准备好了,而且它服从固定的本质规则,根据这些本质规则,这种成就的可能性能得到理解。

因此,自我有一个最初的、绝对必然地被构造起来的自在的领域,一个最初的、绝对固定的真实的对象性的领域,如果没有这个领域,它作为自我是根本不可想象的。现时的活的自我和活的意识当下连同原印象、滞留的变样和视域的锁闭与被客体化的意识、客观的时间的体验系统——它局部地、不完全地、不明晰地展示在那个意识当下的原内在（Urimmanenz）中，有可能在各个定向上可被证实为假的：从意向活动上看，在各种再回忆中，在带有原印象之界限的各个瞬间的鲜活滞留中——区分开来。

但其他的客体性也在原初的活的意识中展示出来，亦即通过当时的活的意识体验（Bewußtseinserlebnisse）展示出来。因此，这些意识体验不仅包含那种导致内时间的构造和被客体化的内在的构造的意向性，而且包含一个第二性的意向性，在其中各种其他的而且是个体的对象性被构造起来。因此，外感知、外部的回忆等等是体验，这些体验在第一性的意义上具有其客观的存在，只要它们在内时间——即主体性自己本身被客体化的形式——中获得其位置。另一方面，它们是物的表象、动物的表象、人的表象等等，而且在表象中所表象的东西是一个在自在地存在着的空间和自在地存在着的客观的时间中的客体。

我们因此已学会理解，先于一切自我主动性的意识如何达到使自身客体化，或者，它如何根据原初的发生的本质规则达到不仅一般性地拥有一个本己的过去，而且能获得一个对这个本己的过去的认识。意识发生本质上包含这样的可能性：对于每一个再回忆，再回忆的各个系列都能以充实系列的形式连续地被唤起，在这些充实系列中，过去的真实存在作为明晰性的一个绝对极限不可抹掉地被构造起来。意识不仅存在和生成，而且可以说它天生是其每一个再回忆和自成一体的再回忆大全的一个绝对标准。当然，如果自我仅仅生活在被动性内，这个标准将仍是隐藏的，而且自我在精神上对这个领域的真实存在可以说将是盲的。但是，如果一个自由的主动性的可能性也属于一个自我和自我生活的本质,而且这种可能性本质上涉及再回忆,此外,如果这个本质还包含着:它为这样的自身给予寻求充实并且追求真实的存在,那么由于被动的生活基底的本质结构,一个可射中的关于自我的过去领域(Vergangenheitssphäre)的真理就被预示给自我。预示给自我的是作为一个必然有效的观念的其本己的过去生活的真实存在,它现成备用,尽管高级的思维过程是必要的,以便认识到它是现成备用的和必然有效的。所有这一切——正如已讲过的那样——都对意识过去有效。

第三章　意识未来的真实存在的问题

第46节　可失实性作为期待的一个本质要素

我们的考察对未来的方向没有发挥任何作用。流动的意识虽然持续不断地向前投射一个前摄的视域，但无法看出的是，这个预示应是一个如此确定和如此有说服力的预示，以至于我们能说，一个真实存在的标准作为一个有约束力的标准对未来已是确定了的。我们已体验到的东西是现实的，即使我一时忘了，对我来说仍是一个真实的现实性；在从再回忆向再回忆的进展过程中，我能在纯粹的内在中达到重新唤起它们和证明它们的地步：因为标准固定地包含在我之中。但未来的情况如何呢？

期待只有通过感知才能现实地被充实。因此，本质上属于它们的是，它们——而且在一切情况下——也可能失实。感知带来一个新东西，这是它的本质。当然，它们可能从意识过去获得一个预示，新东西按照一个已知物——已为我作为过去之物被构造起来的东西——到来。动机引发有可能会对我是明见的，而且有可能会具有一个胜过所有对抗力的力；甚至可以说，没有对抗力在起作用，而且也没有对抗力可显示在过去之物中。但显然，只有感知才能裁定，而且新东西可能与一切期待都完全不相符。请只考虑已被预示的感觉序列，例如，旋律。期待所包含的"必然"不是存在的绝对必然性，而是一个被预期的存在的必然性。看来我们必须说：自我在素朴地生活时，在它前面有一个或多或少确定地被预期的未来。此外，可以有描绘直观的可能性的自由，即在这个预示的框架内按照过去的样板筹划一个充实的未来的自由。但在此情况下先天地不可抹掉的只有一个可能的未来的形式，当然还有这一事实：总之会有某种东西出现。自我在生活进未来时当然也经验到在瞬间到来的东西，它在瞬间已当下生成了，而且自我现实地感知到它。从那时起，相关的对象之物的自在有了保证；但首先在这里，在现实的感知中，它作为一个自由地可认同的和随时可在其自身中被证明的现实性被创立起来。于是，未知物变成已知物，而且以某种方式，每一个对象——它对自我来说是一个存在着的对象、一个真实的而且可在其真实的存在中被认出的对象——都是一个已知的对象。

未来是未知物的领域，而且作为这种领域，它最初不是自在的领域，不是真实的和在其真理中预先被给予自我的对象性的领域，而是一个不确定性的领域，自我把它分配给对象性，只是由于自我确信，规定性的充实后来将会构造起一个对象性。看来我们必须这样说。然而，期待也能构造起对象性，而且使未来成为确定的。

第47节 客观世界的构造对于未来意识的确定预示的意义①

内在的意识流如何做到这一点呢？事实上，我们的内向生活真正地做到这一点。从我们的事实的意识——当然通过现象学还原——我们把握到意识的一个本质类型（Wesenstypus）、一个流动的体验的本质类型，在这个流动的体验中——至少在一个宽泛的范围内，的确像当代科学确信的那样——一个客观的未来普遍地被构造起来。因此，一个不确定的未来并非必须只有等到我们现实地体验到它，才能对我们成为对象性的，亦即才能以一个自在、一个真实的存在的方式在已被预示出来的证实道路上成为可证明的，才能一再作为同一的标准般的东西成为可确定的。毋宁说，一个确定的未来正是以此方式而预先，亦即先于现实的经验就是可确定的。我现在不探问，这是否一般属于一个意识的本质，即按照内在的必然性，它必须这样〈被〉构形，亦即必须符合意识的这样一个本质类型。我断定，我们已有的意识及其本质类型具有这种不可思议的本己性，即不仅——按照已被证实的绝对必然性——对直至当下的过去客观地构造起其本己的时间性存在，而且构造起其未来。但是，如果我们探问我们流动的意识如何完成它，那么回答是：因为它在自身中以超越的意向性构造起一个客观的世界。一个空间事物性经验的体验流贯穿整个体验流，而且是

---

① 参见附录二十八："世界之明确的可确定性问题"（第 433 页以下）。——编者注

这样，以至于所有在持续的感知序列的进程中被经验到的事物都被关联到一个本己的身体上。于是，在体验进程中出现的所有其他东西都作为有规则地与这个本己的身体交织在一起的东西在心理体验的标题下被构造起来，这些心理体验作为束缚于这个身体的东西在心理物理上是有规则的。

但对此首先必须注意主要的事情：事物在内在的体验中被构造起来，但本身不是作为体验［被构造起来］，既不是作为过去的体验，也不是作为未来的体验。它们本质上作为意向的统一性被构造起来，作为现实的和可能的感知之可认同的统一性被构造起来，以至于它们由于伸展出当时的感知而只是在感知中显现的统一性。而且它们作为永久的统一性被构造起来，这些永久的统一性越过已经验到的过去和当下伸进一个未被经验到的过去和当下，但也越过已经验到的过去和当下伸进未来，而且客观地伸进它。事物从某个面被构造起来，但它多于我从它那里所看到的东西，它具有现在看不见但却应自在地归于它的面。同样，它也自在地有一个未来，它不仅对过去和当下——无论是曾被本真地经验到的还是现在被本真地经验的——是自在的；而且它对它将是的东西也是自在的，无论我关于它所知道的多么少。在我的所谓的外感知的体验中，这种外部的此在借助自在的这种意义给予被构造起来。在那里许多东西是不确定的，部分在当时被感知到的事物或事物复合体方面，部分在其环境方面，作为视域，其环境当然不断地一同被构造起来——但在此所有的东西都仍然作为客观的东西、作为自在的东西被构造起来，所有的东西都作为可确定的不确定性被构造起来。所有这一切都以一个可证明的、自在的真实存在为基础,所有的错误、所有的假象都在一个隐藏的但却可被射中的真实之物中有其标准。

但现在如果我们承认自然——作为现实的和可能的外感知的客体性——的意义所包含的要求,现在就必须考虑到,这个自然恰恰是在这些感知的内在的意义给予中,亦即意识的内在的意义给予中被构造起来的。此外,以下这一点也相应地是明晰的:在自然的客观态度中,自然展示为事物性客体的一个普遍关联,在此普遍的关联中,客观的过去、当下和未来自在地被规定。根据这种伪称,未来的自然进程从每一个被经验到的当下这里都是可证明的,最终,在逻辑上是可认出的、可测度的——因此处于客观的态度中。但是,在我看来,现在明晰的是,由于自然的构造是作为一个客观地充填了普遍的时间的自然的构造,因此,一个蔓及全体意识,因而也蔓及未来的体验规则——首先是感知的规则——被预示出来。存在着证实的标准,存在着原初地被预示出来的可能证实的途径,主动的自我能自由地勘探并遍历这些途径。真正的证实在任何时候都是可能的,这一点存在于每一个被经验到的客体性的意义中,无论我们是否从构造性的源泉理解这个客体性。每一个真正的证实都为感知的进程——过去的感知和未来的感知——规定了一个确定的规则。一物存在,这无须进行一个关于它的感知和进一步的证明,但它存在,这预示了我以前在适当地遍历我的动感的素材进行时可能已经看到或必定已经看到的东西;正如也得到预示的是,我能看到它,而且就像在未来看到它一样,此外,我能在适当的位置或在我身体驱前的情况下证明它是存在着的东西。这产生了我的感知显现的自然的规则,因而产生了我的现时的或可能的感知体验的自然的规则。当然，这首先涉及一个我们在开始时不自觉地偏爱的较狭窄的领域，亦即在其中我们不考虑身体性（Leiblichkeit）的反常功能活动的领域，身体性本身当然只是被看作在现象学上被构造起来的东西。但每一个反常性也属于此列，击打眼睛改变了所有的视觉图像，手灼伤了，触觉显现脱出正常性的规则，等等。我的意思是说，甚至连这样的反常性也只是标识着诸体验关联（Erlebniszusammenhänge）的各种新规则。这些体验关联一同属于一个预先被构形了的巨大的构造性关联，在其中，超越的客体性、世界的普遍的客体性作为自在存在着的东西被构造起来，由此确定了一个囊括体验进程的普遍的规则，这个普遍的规则从过去之物那里为未来的意识预示了一个固定的规定。世界的客观的此在在一致性的和连续证实着的经验的统一性中有其相关项，这些经验现在只能这样进展，以至于它们恰恰不断地证实着这个此在。经验可能性（Erfahrungsmöglichkeiten）对自我来说作为可能的证实线路是自由地可支配的，自我通过其动感组织这些经验可能性的进程。

因此，我们看到，一个在其中自然连贯地被构造起来的意识流有一个不可思议的内部组织。其原因在于，我们不仅不断地拥有外感知，而且一个固定的规则被预示给一切可能的经验，即那些现实发生的经验和那些自由可能的经验。这种预示不是一个盲目的和从根本上说是无意义的来自外部的预示，而是一个可为意识—自我（Bewußtseins-Ich）以认识的形式通达的预示：就像自然的客观现实性不是一个与自我无关的单独存在的事实，而是一个对自我而言的事实，亦即通过现实的和可能的经验和在其中被预示出来的证实,〈这些证实〉在其对一个超越世界的自身给予中与各条对真实的存在之证实性证明和凸显的确定途径相关。因此,时空的世界和意识流的相关规则不仅存在,而且就是为自我而存在,它作为一种预先被给予之物、现存之物,作为对随后发生的认识活动的各种可能性的一种准备为自我而存在。如果完全没有组织,意识根本是不可想象的。因为无论我们多么想无规则地设想一个意识,与此同时尽管我们认为,每一个新的当下都带来完全无规则的新素材,但一般说来,意识的普遍本质仍然规定了某种联系,而且在这方面,正如我们所认识到的那样,它也规定了一个固定的秩序规则(Ordnungsregel);每一个原印象地出现过的东西都以滞留的方式保持着,而且一个固定的本己的过去必然以此方式为自我被构造起来。

但就像我们现在所看到的那样,一个无限的、极其丰富的组织和一个囊括全体意识而预先对未来存在的组织意味着一个客观世界的构造。首先意味着一个物质自然的构造。但这个物质自然只是一个基础层级,只是预先被给予我们的完整的世界的一个构造性的基础层次。这个世界也是一个心理—物理的世界。在其中我们发现动物和人客观地被给予,我们发现客观地联结在其客观地被经验到的自然身体(Naturleiber)上的意识,即被客体化了的意识,所谓的心理体验,这些体验借此获得在客观的空间和客观的时间中的编次。其他的意识种类也参与这种客体化,这些意识种类我们迄今只是粗略提及,而未做进一步的考察,例如,情感和意愿(Wille)这些意识种类;而且不仅被动性的各种功能参与意义构形(Sinngestaltung),我们迄今只盯着被动性,而且一种创造性的主动性的那些特定的理性功能也参与意义构形。与我们面对的世界不只是心理—物理的自然，而是一个具有各种各样特殊类型的客体性的人格的(personal)共同体世界和文化世界，这些特殊类型的客体性为经验着它们的自我而存在于那里，在这个自我之中、在其意识流的内在中被构造起来，在它之中存在着越来越高层级的意识规则的索引。对于任何种类的为我们存在于那里的客体性来说，我们的确都拥有一种自身给予，以及与其相应的，因而显然是附属的各种证明途径，即对相应的真实存在的证明的途径，但这种真实的存在作为超越的存在总是拥有它的各种单面性。因此，总有可能的意识进程的新规则被指示出来，而且在意识自身中显示出各种准备；但这种规则囊括一切意识，也囊括情感意识(Gemütsbewußtsein)和意愿意识(Willensbewußtsein)，因为后者也参与构造的功能。

结论性思考

第48节 意识作为构造性成就的层级建构・其系统性研究的学科

当然,不仅从我们用作引导线索的观点看——按此观点,超越的构造是一种手段,为的是预示未来的意识而且还给予它以各种可认同性的稳固性,给予它以客体性——所有这一切都是最令人感兴趣的。超越论哲学的重大论题是作为构造成就的一种层级结构的意识一般,在这些构造成就中,常新的客体性、常新类型的客体性在常新的层级或层次上被构造起来,产生各种常新种类的自身给予,附属于它们的是可能的证明——即真实存在的可能观念的可能证明——的已预备好的常新种类的途径。所有其他的层级尽管在较高的层级上被注销了,但在其中却并未丧失,而是自身随时待命于相应的目光指向和指明。

所有这一切需要通过现象学方法——亦即在纯粹的意识中和在系统的秩序中——获得理解。主导思想是:没有任何东西能在一个意识流中或在其自我中被意识到,如果这种意识没有按照本质规则,亦即按照完全不可注销的规则而从其原素性成分的材料中完成相应的意向上的发生的话,这种意向上的发生的绽出物是相应的客体意识(Objektbewußtsein),而它的积淀物是相关的滞留系统,其中存在着这种类型的意向的客体性之自在的先决条件和这种类型的意向的客体性之标准化的先决条件。意识是一种连续不断的生成。但它不是体验的一种单纯接续,不是一个流,就像人们想象一个客观的流那样。作为在一种连续不断的层级序列的进展(progressus)中的一种连续不断的客体性的构造,意识是一种连续不断的生成。它是一个绝不会中断的历史。而且历史是一个完全为内在的目的论(Teleologie)所统治的越来越高级的意义构成物(Sinngebilde)的逐级构造过程。而属于一切意义的是一个真理和真理标准。通常意义上的历史由于其与人类文化的关系而只是一个最高的层级,而甚至这种历史显然也已预示了其自在。

彻底的现象学研究道路必须遵循构造的层级建构,而且它自身必须勘探并摆明这条道路。当然,它只能从如其直接地和素朴地呈现出来的客观世界出发,而且在其中作为相对容易被分离出来的基础层级凸显出来的是单纯的物质自然,即僵死的无精神的自然,只要自由的自我的所有创造性成就将不对这个自然的构造起作用,只要在世界考察中撇开所有这样的成就。在这里,一项近在手边的而本身已十分困难和全面的工作是对现成的意向性——处于自然在多种多样的外感知中的自身给予范围内的现成的意向性——的研究。我们在圣诞节前所做的许多指明都在这个方向上运动,在这许多指明中被呈现给我们的,可以说是对外感知的意向相关项的内涵的一种静态的(statisch)理解,因而是对外部自然的现成的现象的一种静态的理解,或者不如说是一种对合规则地相互关联着的多种多样的现象的理解。这些现象可以在意向相关项方面组合起来,而且在其进程中将一种空间—时间的无限性的现象统一性和通过因果的依赖性而交织起来的自然置于眼前。正是这些分析通向一门全面的身体性的现象学和一门全面的心理—物理的动物性的现象学。

但我们进一步的考察进程表明,我们对此仅开了个头。一般的信仰理论为我们指示了进一步的道路。对一致性的经验关联的优先考察必然为对可能的变式事件、裂变事件、否定事件以及证实事件的考察所接替。对于任何一种客体化来说,在这方面能被成就的东西,只有借助意识在其过去方面的自身客体化(Selbstobjektivierung)才对我们明晰起来或才会对我们明晰起来。同时,在这个最基本的和最原始的领域内也可感觉到发生的问题,我们在那里已开始着手处理这个问题。同样的东西现在也必定会为自然的构造被成就。自然之可能的一致性的或不一致性的被给予性——即可能的证实或证伪——的这种完整的配置必然被嵌入构造着的意识的历史,而且在发生上必然变得可理解的是,这些预备性如何在意识中形成,遵循哪些本质规则,这些本质规则使这样的构造性关联和依据真理观念的标准化得以可能。

这足以为我们对这类研究的风格获得一种明晰的理解,至少已突出了问题性,而且是在已进行了分析的那些段落,尤其是在进行最普遍的同时也是最原始的内在的时间性的构造这项工作的地方突出了问题性。鉴于内中所属问题的惊人的多样性,这类研究导向整个超越论的学科,导向一门关于自然的超越论科学,或更确切地说,导向一门关于一个可能的自然一般的超越论科学,我们可以说,导向一门超越论的物理学。充分地看,这门超越论的物理学将包括一门超越论的空间科学和一门超越论的时间科学。在同样的意义上,这类研究导向一门超越论的心理—物理学和心理学,导向一门关于人格性(Personalitäten)的超越论科学、关于个别的人格性和高层级人格性的超越论科学,亦即一门超越论的社会学,它涉及可能的人格共同体一般。同样,这类研究也导向一门超越论的文化科学,作为关于可能的共同体成就一般的超越论科学。它们全都从静态和发生上探讨相应的构造性问题。

  这些学科与那些只是部分纯粹地形成的先天科学处于紧密的联系中,这些先天科学阐明了相关的客体性的区域或附属于它们的各种此在形式之纯粹的"本质"的先天(Apriori)。我们也将这类科学称为存在论(Ontologien)。一个自然一般的本质,其纯粹的观念可以说素朴地开显出自然的存在论,特别是,空间的本质开显出纯粹的几何学,时间的本质开显出纯粹的时间学说,特殊的自然的本质、自然的物质性的本质开显出纯粹的力学,一门关于物质性存在的那些可能的因果性构形的纯粹科学。经验性的物理学的基本概念——在原则性的概念的最确切的意义上——恰恰是自然的存在论的引导概念或理性的(rational)物理学的引导概念。这些概念和建基于其上的公理服务于物理学家,持久地充当一切可能的物质性存在的标准和那些就一切可能的物质性存在而被建立起来的经验性的真理的标准。它们服务于超越论的哲学家,如果我们相信,一门素朴—独断地形成的存在论现成作为超越论的引导线索而存在。物理学家以理论化的方式站在经验上被给予的自然的基础上,它想根据其真实的存在理论性地规定自然。一般说来,理性的物理学家、纯粹的几何学家和力学家、自然的存在学家（Ontologe）站在空间的纯粹观念之本质被给予性（Wesensgegebenheit）的基础上，站在时间的纯粹观念之本质被给予性的基础上，站在一个可能的自然一般的纯粹观念之本质被给予性的基础上。但超越论的现象学家把自然和一个可能的自然一般纯粹看作关于它的意识的相关项。物质的客体为他标识了一个被意指的和有可能自身被给予的对象性的类型，他纯粹在这种相关性中并通过现象学还原考察这些对象性。存在论的（ontologisch）基本概念——它们在原则上阐明了空间的本质、客观的时间的本质和物质性的本质——作为某些证实系统的索引服务于超越论的现象学家；自身给予——它终于真实的自身——的系统性的系列包含这个自身，的确作为一个在意向相关项上被突显出来的终点。这种一般的认识——即一切真实的存在都必然作为在自身给予的过程中意向相关项方面的观念的极限被构造起来并且以本质的方式被构造起来，而且各个本己的系列必然与每一个处于真实存在中的、处于自身给予的构造性关联中的本质要素（Wesensmoment）相应——导致，人们将恰恰以如下思考开始着手对一个像物质自然的客体类型进行现象学研究：什么东西本质上属于像物质自然这样的东西？——以便继而察看，一个具有这种本性的东西如何在意识上被给予，并且在意识中根据其所有的本质方面获得证实性的证明，也就是说，这些证明的关联如何必然按照意向活动（Noesis）和意向相关项被构形。但是，这项绝非无足轻重的工作，即对一个存在区域（Seinsgebiet）的一个最高概念——例如，物质自然的概念——的系统性阐明，已预先在相应的存在论中完成或将在其中完成，如果它将完全在科学上被建立起来的话。因此，现象学与存在论处于一种同盟关系中。原则性的区别——不仅方法上的原则性区别，而且早已存在于工作基础上的原则性区别——在于：存在学家将自然的观念看作一种观念的现实性，他站在这个观念的基础上，以便根据其各种特性研究它；例如，作为几何学家，他将空间的观念看作被给予的，并且探问，何种本质特性和观念的形态归属于空间；而超越论的现象学家不是以一个存在着的观念的空间作为其论题，而是以一个意识一般的观念作为其论题，在这个意识中，一个对象性能以空间性（Räumlichkeit）的形式达到被给予性。他所做的不是几何学判断，而是关于一切超越论的可能性的判断，甚至连几何学判断的可能性和真实的几何学判断也以这些判断为根据。

增补文本

A 第12节与第40节之间的文本关联的第一稿(1920—1921)

1. 逻辑学家和认知心理学家对于存在样式的误解

根据已进行的现象学分析,我们现在理解了在感知领域内出现的变式的起源。我们纯粹在每一个感知的对象的意义上发现样态的区别,而且同一个感知对象有可能一次在这一个感知中呈现出来,另一次在另一个感知中呈现出来,或者在不断变化的样式中呈现出来,时而作为在素朴的确然性中存在着的东西,时而作为与其他成问题的可能性处于争执中的可能成问题的东西,此外作为不存在的东西或作为事实上存在着的东西。另一方面,如果没有某种这类样式,感知对象是不可想象的;就像如果没有开放的可能性,它也是不可想象的一样,只有借助开放的可能性,它才能进入一个开放的未来。如果我们从意向相关项的观点进入意向活动的观点,那么倘若没有在其上构成其变式性成就的东西,感知体验同样是不可想象的,对此,我们已获得了充分的明晰性。我们因此能理解哲学逻辑学家和认知心理学家已陷入的严重错误,他们之所以如此,是因为他们在任何感知那里(而且与此相应,在一切其他对象意识[Gegenstandsbewußtsein]那里)都相信,必须在所谓的单纯表象与判断之间——在这里,亦即在感知表象与感知判断之间——做出区分,在此情况下,他们将在判断的标题下作为专门的特殊项区分承认和拒绝。显然,他们把在感知对象与其样态的被给予性方式之间如此容易显明的区分转用于感知体验,而且因为构造性的分析的意义还完全是隐藏的,而且甚至缺乏意向相关项与意向活动之间的基本区分,他们用一个非实在的区分做出一个在意识体验中的实在的区分,甚至将意识体验划分成可分离的体验片段。如果一个对象在感知体验中切身地显现而且在这种或那种存在样式中得到标识,那么这不是说,感知由两个片段或层次组成,一个感知从它们构造起一个处于其切身性中的对象,被建构于其上的另一个感知把"存在的"或"不存在的"等等赋予这个对象。根据布伦塔诺及其学派——迈农(Meinong)也属于这个学派——的观点,应当存在一个本己的感知表象,它使对象切身地被表象,然后应外加一个时而承认、时而拒绝的判断,一个对被表象之物的肯定或否定。但原则上不必外加给它,而且在此情况下我们本应有一个单纯的表象。但按我们的分析明晰的是,不存在某种像单纯的感知表象的东西,而且不可能存在,既不作为本己的体验存在,也不只是作为自身实项地包含的体验的基础层次存在。一个感知表象仍将是意识,原本地给予一个对象的意识。但这样一个意识将根本什么也不是,除非作为那种具有已描述的结构的意向的系统,否则将是根本不可想象的。但这样一个系统必然是这样一个系统,在其中意向要么以原初的未断裂性和一致性的方式伸展,于是,正是这种样式被称为感知信仰,而且对象被称为存在着的;要么发生一个断裂,于是我们拥有已被预示出来的其他可能性,这些意向自身彻头彻尾地经历了一个内部的变调,尽管这个系统结构与构造切身性的系统结构可能是相同的。信仰和信仰的变样绝不是什么外加给意向的东西。由平行的和局部相合的意向产生的未受阻性和受阻性，不是什么位于这些意向旁边的东西，不是一个外加的新体验，亦即被称为信仰、判断的东西，而恰恰是一个变调、一个变样，它使意识之为意识的本质得以可能，而且就像我们将听到的那样，它事实上使每一个意识得以可能。因此，作为确然、作为否定、作为肯定等等的信仰处于与所谓的感知表象的关系中，类似于音色处于与声音的关系中的情况，或者也类似于声音强度处于与声音的关系中的情况。我们不可能切断声音，然后添置声音强度——尽管这个类比当然令人疑虑而且要大打折扣（*cum grano salis*）。我们不应把被感知物本身和〈那种〉以任何其他方式被表象之物本身当作像意识中的一个片段那样的东西，也就是说，我们不应把我们无论称为对象的意义还是称为意向相关项的东西当作像意识中的一个片段那样的东西，像一般在传统的、尚未为现象学涉及的文献中所发生的那样。我们不应轻视所有那些多种形态的且可现实地指明的体验结构，在其中，感知过程中的意义作为意向的统一性和与之不可分离的意义之存在样式被构造起来。于是，我们不应把存在的样式冒充为判断着的自我的一个配料，即配给那种可以说预先现成地被递给自我的意义的东西。但是，如果我们实行更深入的分析，那么明晰的是，在体验进程中与那种在意向相关项中是对象的统一性的东西相应的东西是多样性的意向，这些意向在所有元素上都完全是意识，而且作为意识，它们具有那种不受阻碍的一致性或受阻和冲突；而且正是整个意识的这种变式性的重新着色必然依傍着意义构造起存在的样式。此外,我们也不会——就像发生的那样——把在成问题的样式情况下的悬而未决说成是一种对所谓的感知判断的废止,并且只是一般性地把这种废止还原到肯定的和否定的信仰甚或只是把它还原到承认和拒绝。肯定的信仰标识着:1) 意识的原样式,即未断裂的而又确实尚未经历任何断裂的意识。2) 承认、证验是在经历一个断裂后被重新建立起来的未断裂的一致性的意识,即在克服内部的分裂性后的一致性的意识。作为从争执的意向一方对阻碍的消解,这种克服在一致性的充实以感知的方式继续进行的过程中以原初的形式进行,因此,其他的意向同时以抹掉的形式、以否定的形式被注销了。与每一个肯定同时被给予的是一个否定。我们尚未考虑且仍将起作用的唯一的东西是自我的主动性的参与。如果自我进行一个肯定的行为(承认的行为),那么它活化了、经历了一致性的意向这一类的意向,而作为被抑制的意向,相反的意向的注销恰恰以隐含的空乏形式发生,作为变式在潜意识(Unterbewußtsein)中发生。另一方面:否定作为行为是这种抹掉的活化,即在从对相反意向的激活向对一致性的经受的过渡中或在相反的过渡中的抹掉。没有丝毫理由可以将悬而未决的样式、疑问样式从这个系列中排除掉,或者同样的是,将诉求性的意识和或然性的意识从这个系列中排除掉。在这个系列中它确实是一个始终一同起作用的中间阶段,它带有一个相应的意义成就,即可疑的、成问题性地可能的意义成就。甚至在这里我们也有从自我而来的不同的实行形式。所有这一切不排除:对于一门作为规范科学的逻辑学来说,裁定对未被裁定的不确然性具有一种优先地位。但我们必须首先突出这种优先地位,然后对这些未裁定性及其标准也给予充分考虑。

2. 意义和存在样式对于意识的不凸显性和凸显

在我们超出感知区域——我们的分析活动于其中——以前，我们再对我们的分析做一点扩充。感知意义与存在样式的区分既不意味着感知体验的一种拆分，也不意味着被感知物的一种拆分。在这方面，还必须注意如下方面。在素朴的感知中，它的起源是未断裂性，被感知到的对象素朴地被意识到。如果自我是主动的，亦即处于察觉性的把握中，那么它把握到全然的对象，而且在这里对意识来说，单纯对象的意义与存在样式无法被区分开来，对象的意义与原本性样式同样很少被区分开来，而且所有那些我们已通过反思分析和科学的措辞从感知中获取的东西一般同样很少会单独成为对象性的。在"我感知到"这种正常的行为态度中，把握趋向统一性，统一性在持续的相合中作为在此生成着的这个对象被构造起来。在此情况下，在构造中持续地相合的东西、在某种程度上可以说连续地认同的东西是处于原初的存在样式中的对象的意义，是原初的意向之未断裂的一致性的相关项。只有转变成不一致性因而转变成变式性的变化，存在的意义和存在的样式才能在彼此对照中凸显出来。在回观感知对象时，情况就像它在断裂之前被给予那样。此外，在回观附带被给予的和被质疑的对象时也是这样。严格地说，在"单纯的"对象意义（Gegenstandssinn）的标题下，某种以前不存在的东西、以前在感知意识（Wahrnehmungsbewußtsein）的素朴性中自身不是对象性的东西这时成为对象性的。发生了一个以前没有的相合和认同，一个以前没有的对象意识被建立起来：如果外部素朴的这里——这个（Dieses-da）、外部的感知对象以前已被构造起来,那么这个对象的意义和它的存在样式现在就被构造起来,而且这个构造本身不是外感知,而是一个被奠基于外感知中的意识。如果它以我们在这里看待它的方式产生,亦即从对被感知对象本身的反思态度中被获取,它也是一个本原给予性的意识。虽然一个意识获取其在其充分的原本性中的对象,但它不是感知,不是对一个体对象甚至一个物的原本的把握。意义的确不是物。我们将还得谈论这种意识,无论如何其对象是我们逻辑学家的兴趣的主题。如果破裂的不一致性被克服了,那么虽然已发生了一个在意义与样式之间的凸显,"存在着的"东西获得了"的确是现实的"这种新特征;但在现在重又专注于对象及其获知的主动的察觉中,对象于是再一次作为全然的对象被给予,也就是说,在进一步的察觉中,一个持续的自身以原初的存在方式被给予,但却没有意义与存在样式的分离。我们重新拥有同一个全然的对象,就好像没有发生一个断裂似的。

还必须探寻不明晰性的一个剩余部分。连续的感知是一个处于原本的形态中的一致性的系统。它有其被感知物,即存在着的对象,恰恰是一致的自身确认(Selbstbestätigung)的统一性,这种一致的自身确认以未断裂的方式延伸。

如果发生了一个断裂,[例如]怀疑、抹掉,那么我们就获得一个"重新评价",即对这个一致的关联的价值废除,这个一致的关联恰恰不再以未断裂的方式延伸,而是通过断裂自身变成一个被变式了的关联。在那里被抹掉的东西恰恰是全然的对象,即"存在"(seiend)。而且我们看到,未受损害的对象不是由两种成分组成:"意义"或内容与"存在",而恰恰〈是〉存在着的对象或全然的对象。

一个感知与一个具有同一"内容"的被抹掉的感知现在共同拥有某种东西，而且这种东西恰恰是感知体验的内容和感知否定（Wahrnehmungsnegation）的内容。但这种东西不是一个被分化的普遍，它不是一个部分，这个部分在"信仰质性"（Glaubensqualität）中获得一个补充物。感知否定之意向活动的形态也"包含"感知信仰，但被抹掉了，或者说得更确切些，"存在"，但被抹掉了。对此还能说更多吗？

在其他的变式的情况下，例如，在否定的情况下，我们从一开始就不具有一个没有意义与存在样式之内部分离的全然的对象，而是具有被否定的对象，或在成问题的意识中具有成问题的对象。看来在此位于本质中的是一个分叉，即分叉成意义与存在样式这种二元性，而相应于这种情况：一般说来，这类样态变样的意识的确是一种比素朴的感知更复杂的意识。

3. 内在对象的变式

我们首先使自己明晰我们的结果中那种能被转用于内感知的东西。我们随即看到，关于一个内在对象的存在的谈论和把内感知标识为存在的一种确然性在本质上回溯到相同的源泉，就像关于外部对象的存在的谈论和关于感知信仰的谈论那样。甚至连内在对象也在内意识中被构造起来，而且通过意向的系统被构造起来，即原印象、滞留和前摄的系统，它们在持续的一致性中相互交错转化。这些原初的意向之未断裂性的相关项重又是存在于对象意识中的"存在"。我们的每一个体验都作为存在被我们意识到，对我们来说是完全确然的，而且这种确然性与处于未断裂的外感知中的外部对象的确然性意味着相同的东西。但是现在,这种区别和理由——即为什么我们不能将样式学说与内感知有益地联结起来——是显而易见的。一个内在对象原则上只能在确然性中被给予。原初的构造——它使内在对象作为一个在被感知中的存在而产生——原则上不容许有变式,不容许有处于冲突中的双重立义。这里不存在像在外感知的意义上的统摄性的立义;那种统摄性的立义已将内在的构造设为基底。但按其本质,这种内在的构造是处于原印象和滞留的序列中的一个僵固的、被动的、意向的一致性的过程。但我们必须更加慎重:严格说来,内在对象的变式从某方面看的确还是可能的。在多大程度上它们已在其生成的流中被构造起来(而它们是内感知的对象,却只是作为生成着的东西),就在多大程度上还根本谈不上变式。已作为当下的和同时作为刚才曾在的被构造起来的体验不可能变成有问题的,因此也不可能被否定。在这里无论如何会产生一种搭叠性的双重化和意向的相互阻碍。一个原印象只能以单一的方式消退,只能以单一的方式滞留性地下沉。不可思议的是,它被双重化了。这种必然性是绝对明确的。但前摄的持久性也属于构造的过程;已被构造起来的东西,通过其本己的内涵动机引发起一个前示,它预示了一个空乏的但却具有不确定的一般性意义的未来视域。例如,这个在我心中产生的念头(没有我的帮助而向我照面)通过其风格获得一个预示性的期待视域,而且这虽然会产生有点像进行切近规定的开放的可能性这种东西,但也会产生一个念头的中断或一个背离期待的转变,亦即会产生对其不存在的意识的可能性。如果我们把一个声音或一个声音配置纯粹看作内在的素材,看作纯粹的感觉素材,而没有任何超越的统觉,那么这一点将会变得更清晰。现在将发生哪些音调转向,音型将如何被描绘,这会变成有问题的——成问题的,只要前摄产生一种歧义性。因此,甚至在这个前摄的方向上也存在各种样式。因此,关于它们,我们的结果通过相应的变样也对内感知有效,内感知的无疑性,亦即不可变式性(Unmodalisierbarkeit)恰恰只在它现实地成就原本的构造的范围内有效。这涉及正在生成的内在体验,就这个正在生成的内在体验在每一瞬间都已进入生成并且由于作为刚才已生成的绵延的滞留的连续性而已被意识到而言。前期待的失实不可能向后要求意义的重新释义并使现实的被构造物闪烁不定。

4. "体验类型"不是经验性的事实,而是意识生活一般的形式结构

让我们现在超出感知领域而转向其他非原本的体验。对此,我们将负有对我们的明察做重要扩展的任务。在此之前,我想先说明一个一般性的意见。如果一门肤浅的自然主义心理学和超越论哲学着手探讨意识生活,那么感知、回忆、期待和想象作为体验类型的特殊标题向它呈现出来,进而是判断、感受、渴求和意欲作为体验类型的特殊标题向它呈现出来,而且它们在此情况下显现为人的意识领域和动物的意识领域中的事实性的类型,这相似于生物学的事件、生理学的事件显现为有机自然的经验性事实。

但如果我们已看到并已学会把握意向分析的意义,如果我们——用歌德式的(Goetheschen)神话来表达——已发现通向知识之母的道路、通向其纯粹意识的领域的道路,而一切存在在构造

上都发源于纯粹意识,而且一切认识作为关于存在者的认识都必须〈从〉纯粹意识中获得其最终可理解的说明,那么我们就会做出这种最初非常令人惊异的发现:在那些体验类型那里不涉及一个偶然的意识生活的偶然的特殊性,而是借助像"感知""回忆""期待"等等这样的语词,普遍的本质结构,亦即每一个可想到的意识流的绝对必然的结构得以表达,因此,也可以说一个意识生活一般的形式结构得以表达,对它们的更深入研究和在概念上对它们在奠基(Fundierung)和发生的发展中的系统的层次序列的精确界定〈是〉一门超越论的现象学的首要的重大任务。它恰恰是关于意识一般之本质构形(Wesensgestaltung)的科学,恰恰是关于母系起源的科学。

一旦我们区分了内在对象和超越对象:没有为时间构造的规则所决定,体验是不可想象的而且不处于意识关联中,也就是说,只有其在原印象的、滞留的和前摄的意向的那种已被预示出来的僵固的规则框架中被构造起来,体验才存在;那么这种认识——即感知是意识一般的一种绝对普遍的本质结构——就已随我们对时间对象性之原初构造的分析凸显出来。体验不仅存在,而且作为原本地存在着的东西和作为在生成和刚才已生成中存在着的东西被意识到。外感知具有某种普遍性,但却明显是一种完全不同于内感知之普遍性的普遍性。外感知出现在体验流——它作为感知上被给予的东西被意识到——中,这一点是一个普遍的事实,只要一个外部的感知世界(Wahrnehmungswelt)不断地为我们存在于那里,亦即以不断地一同被构造起来的身体的某个在感知上被给予的外部环境的形式存在于那里。但这种必然性——即必然出现在外感知之内在的流中，而且必然从这种连续地相互关联着的成就中产生——显然不是一种在与如下相同意义上的必然性：似乎没有这种必然性，意识根本是不可想象的。相反，意向分析在这里导致，将一切外感知和外感知的一切组织——即组织成为一个无限的、空间—时间—因果的世界——理解成一个发展形态，这回溯到一个在这种发展之前的意识，对于这个意识来说，还不可能有外部的自在存在（Ansichsein）被给予。此外还表明，这种发展依赖于各种条件，这些条件对于每一个经验性的自我及其个体的确定的体验流——这个体验流在纯粹的可能性中被考虑——来说意味着事实性（Faktizitäten）。没有确定的原素性素材的进程，空间对象性就不可能被构造起来。

5. 当下化作为感知体验的必要成分

但我们最好遵循绝对的必然性的线路，这些绝对的必然性从作为各种意识形态的一个标题的感知的必然性中获得其出发点，而如果没有这些绝对的必然性，意识自身就不可能存在。在内在的原本性中内在对象的建构向我们显示这种值得注意的现象，即我们被带回到基本的但却不独立的成分，不独立的是单纯的相位，这些单纯的相位在原印象的标题下展示了一种最纯粹的原本性中的源泉点。内感知和任何感知这种原本的意识只有就一个相位而言才是最纯粹的原本意识。与此同时，我们已拥有各种成分，这些成分不是原初的成分，不再是原初地给予性的成分，而且在这里我们遇到两种类型、两种当下化，如果这个词恰恰标识对一个不处于原本之中的当下的意识拥有的话。在这一种当下化中我们具有

"仍意识到"的特征,在另一种当下化中我们具有"尚未意识到"的特征。这一种当下化虽然在滞留上随即变成空乏的、非直观的,但它保持着原创立的知识,它保持着处于完全的确定性和存在样式中的意义。另一种当下化预先把捉获知、预期获知,并且具有不确定性的活动空间。因此,在这种形态中,当下化属于每一个具体的感知体验的原初的成分,因而就其内在构造而言,属于每一个体验一般的原初的成分,作为具体的感知的可能化之不独立的功能种类。

6. 当下化作为独立的（具体的）体验·具体的滞留及其变式

但是,我们的确也拥有具体的当下化的体验,我们拥有回忆和具体的期待,而且我们在这个标题下还拥有直观的意识和空乏的意识。此外,我们还拥有具体的空乏滞留,而不只是处于一个正在发展的感知的关联中的各种不独立的滞留的成分和连续统。

让我们首先来考察这种具体的当下化。它必然链接在每一个感知上;也就是说,在感知的最后的原本性相位（Originalitätsphase）已流逝后——例如,在鸣响的声音停止的瞬间——不再言感知,同样,在它变成一个滞留的相位后也不再言感知;我们具有一个由各种滞留构成的瞬间的连续统,这些滞留在现在按其所有相位再造起先前感知的整个进程,而且这整个连续统以同一步调经受进一步的变样,并且在持续的相合过程中保持对刚刚流逝的、只不过向后移动得越来越远的东西的意识。

当然,对意识来说,这样的滞留重又具有一种普遍的必然性,只要意识必然被看作一种连续的内感知。联结在每一个已流逝了的体验上的必然是一个对这个体验自身的具体滞留。此外，这在纯粹的被动性中发生，就像原初的时间意识一般——这个具体的滞留属于它——在僵固的被动性中进行那样。滞留的原初成就仅在于，它帮助已形成的时间对象性的意识延伸下去，虽然它能使这种时间对象性在显现上迅速萎缩并且能使它转变成一个空乏的、无差别的远离之物。正如在空间距离的定向变化（Orientierungswandlung）过程中一个最大的远视域总是展示一个锁闭，在其中，近与远的一切在现象上的区别也像一切其他在现象上的区别那样渐渐模糊和消失，在沉入过去的过程中也是这样。相继的一切区别和在它们之中所形成的内容上的区别在愈益萎缩的过程中渐渐消失为一个时间上的远离之物，这个远离之物最终已抹去了一切现象上的区别。但它们仍以在意向上被蕴含的方式存在于其中。从这个由被隐含之物构成的非直观地（而不像在空间意识那里始终仍是直观地）被意识到的远视域施加某个特殊的刺激，触发自我，把它的兴趣引向那里，而且这个远离之物现在以一个再回忆的形式浮现，这个再回忆以"再度"的形式将这个远离之物带到切近。这即使没有自我参与也还是能发生，一个明晰的再回忆能突然闯入。这当然是——就像我们将很快听到的那样——一个本质上的新东西。但在现象学上我们仍将不得不说：在再回忆中，在意向上和在明确的直观性中被意识到的东西，由于与相应的被突出的成分的认同性的意义相合而作为"隐含地"存在于这个滞留中的同一个东西出现。这表面上完全无差别的空乏表明其隐藏的意义多样性，只是按这种方式：通过变化——它已作为空乏地保持着的东西通过意向的特殊要素的个别浮动而获得这些变化——然后通过过渡进明确地直观化的当下化。但所有这些变化和过渡都按意义通过相合的综合被联结起来。

如果我们根据这些结构分析提出这个问题：在滞留的领域，存在信仰（Seinsglauben）及其变式的情况如何；那么明晰的是，对具体的滞留的变式有效的东西同样必然对具体的感知有效。被启动起来的意向性虽然在意向的变样中发生变化，而且如果感知完全停止，那么我们就具有纯粹的滞留和继续进行下去的变化。但这种变化不是对被启动起来的意向性的阻碍，它继续在相合的一致性中进行，对象的意义具有素朴的存在的样式，但按照滞留的变化却具有过去状态的变化样式。对于内在的对象性来说，与在具体的感知中一样，在具体的滞留中不一致的产生是不可能的。因此，怀疑和否定本质上被排除了。双方在此都将表明，一个学说——它把个体存在的被给予性的所谓的"明见性"仅仅限制在内感知上并且为了内感知而拒绝具体的滞留，甚至于达到这样的程度，为了原印象的点截性的（punktuell）现在而只承认一种现实的明见性——是纯粹的悖论。哪里怀疑本质上被排除了，因此否定也被排除了，哪里也就包含了存在的明见性。

让我们现在接着超越的感知再来考察各种具体的滞留。在它们那里变式的情况如何呢？我们看到：怀疑，亦即意义给予的裂变在感知领域能以此方式发生，即在内在的时间中，一个内在的体验、一个具体的体验在自身中实行超越的意义给予，亦即以预期的方式超出自身"向外指"，因而依赖于在向新的这类体验进展的过程中的可能的充实。在那里，内在的素材可能经受双重的统觉，这些素材从不同的方面被动机引发起来,而且这些方面可能相互阻碍。在此情况下,我们也谈论这种发生在感知进程中的阻碍向以前未受阻碍的意向的回射,严格说来,谈论其向滞留,因而向蕴藏在它们之中的意识过去的回射。不言而喻,这对具体的滞留继续有效,这些具体的滞留在感知停止后继续留存。因此,这样一个滞留可以具有一切样式,只要它包含一个超越的意向性。的确,即使它在未断裂的一致性中源于一个未断裂的感知,它也可能事后转变成怀疑样式,因而转变成一切所属的存在样式。为了使这成为可理解的,必须指出,例如,一个外部的事物感知丝毫不是什么孤立之物,它不是单独孤立地被构造起来,而是处于普遍的、超越论的、构造着存在的(seinskonstituierenden)关联中。首先处于这种关联中,这种关联不仅直观地构造起这一个事物,而且直观地构造起一个继续伸展着的空间事物的环境。因此,一种在周围世界的立义中的不一致性可能在某个事物位置上发生,而且这种不一致性可能超出这个位置并对仍被意识到的过去的被给予性动机引发起重新释义或怀疑。例如,我们间歇地听到好几首钢琴曲而且具有这种统觉:有人在邻室弹钢琴。突然间,我们变得犹疑不定,这是否与一个机械装置(一个小型卧式钢琴)的成就无关。随即,怀疑传入滞留的领域,亦即传布到刚才听到的曲子上。

7. 空乏的具体期待·它的变式

完全相似,就像洞察具体的滞留那样,我们也将能洞察空乏的具体期待,不仅就其在意识中的功能之必然的普遍性而言,而且就那种所谓的期待信仰(作为构造着此在的意识)以及相应的变式如何能在它们之中被理解的方式而言。

我们把那些直接附属于每一个感知被给予性之构造的期待意向——即不独立的前摄——与具体的期待区分开来,这些具体的期待——当然总是一同关涉着别的感知领域——以空乏的方式使未来的各种具体关联被意识到。前者当然属于每一个意识瞬间,因为每一个体验在内部的意识中都通过前摄〈被〉一同构造起来。甚至连具体的期待作为空乏的期待也具有其潜在的意向性,这种潜在的意向性在直观的当下化中——在其中平行于对过去之物的再回忆——得到展现;此外,这里还表明,直观性的明确的当下化,直观地被描绘出来的期待,是一种第二性的形式:描绘已然以空乏意识为前提。

至于存在的样式,除了对那些作为前摄而取决于感知自身的期待有效的东西,显然没有什么东西能对具体的期待有效。本质上可能的直观化的再造证实,只有通过完全相似于我们在感知那里所探讨的分裂性和意义搭叠才能发生一个向否定和向成问题的可能性的过渡,只是这个过渡恰恰以再造的形式出现。此外,我们在这里还观察到空乏的期待之隐含的和在一定程度上非本真的意义构造(Sinneskonstitution)和存在构造(Seinskonstitution)与相应的直观性的和描绘性的期待之本真的和明确的意义构造之间的区别:我们给相应的行为配以相同的意义,这是根据空乏于其中得以充实的那种相合的综合而进行的。直观之物在此作为直观的期待出现,具有预期性的充实的特征。这显然是一种不同于在空乏的滞留之直观化的情况下的充实,在那种情况下,它不是预期性的,而是重新当下化的。然而,这将得做更进一步的讨论。

8. （时间性的）当下之物之具体的、空乏的当下化·它的变式

最后还须指出，还有一种空乏的当下化的类型，亦即就时间性而言的当下之物的当下化，而不是在原本的直观性意义上的当下之物的当下化。我们知道，这样的当下化是一切外感知的成分，在它们那里作为空乏的视域。但它们也以独立的、具体的形式出现，亦即作为我们周遭的具体事物的空乏表象出现；例如，如果我们环视这个房间，那么窗和门的光景在我们心中立即唤起大街的表象或前厅的表象，但一般仍处于空乏的形态中。能被转化为直观的当下化也属于这样的当下化的本质。因此，我们当然随时能使一个物的空乏地被意识到的背面成为直观的，而且也能使空乏地被意识到的空间物的环境成为直观的。与此同时，我们设想，我们围着这个物转或走出门外进入前厅和大街，而且现在容许那些将所有看不见的对象各面和各个对象一同联结起来的显现系列进行。在这些显现系列中，所有这些看不见的对象各面和各个对象的当下的现实性被展示出来。在那里，这些在〈作为〉自由地可支配的东西被意识到的动感系统的每一条线路上出现的显现系列能明确地或不明确地被动机引发起来。也就是说，这些相应的意向关联能不受阻碍地和一致地伸展，或者，这些显现系列能以相互干扰的方式搭叠，因而产生冲突，而且以此方式可能产生变式。这是可以理解的，因为所有属于这里考虑之列的意向都是在被再造起来的感知上的期待意向的再造，它们被联结在作为被召唤的序列的假定的动感进程上。在再造的直观化中被揭示出来的东西隐含地存

在于当下之物的空乏的当下化中，而且这个"隐含地"恰恰以本质
上可能的展显的方式具有其意义。

　　但我们本来还可以指明〈另〉一个十分值得注意的当下之物的
当下化形态。我指的是作为意识的同感（Einfühlung），通过这种
意识，陌生的心灵生活能够被一个自我在其意识生活中意识到。
同感必然以原初的形式出现在超越的感知的关联中。它提升到对
作为自然事物性的陌生身体性的感知层次之上，这时，这个事物由
于与本己的身体的相似性而被立义为身体。与一个事物的看不见
的面通过感知的空乏意向一同被意识到的方式相似，陌生的心灵
生活——它一般不可为直接的感知所通达——通过"同感"而且多
半以空乏的方式一同被意识到。因此，同感在这里意味着一个与
对身体物（Leibding）的感知相联结的已提升了层次的表象的层
次，这种已成为直观性的表象具有其本己的直观化的方式和充实
的方式。它是一种空乏的共同当下具有，一种对一个属于身体的
一同当下的意识的当下化，但这种一同当下的意识的直观化作为
看不见的事物性当然得选取完全不同的道路。这些由身体性和在
身体上居间促成的表达的媒介所指示出来的意识体验不明确地和
不一致地出现。我们在这里对此不做探讨；对我们来说，重要的只
是举出当下之物之空乏的当下化的范例。

9. 甚至当下之物的当下化也是普遍的意识事件

　　不过，它们现在还是源于超越的范例，因而似乎我们在此没有
讨论完全普遍的事件。事实上，有人可能会说：如果任何一个可以
想象的意识都应在自身中包含当下之物之空乏当下化（Leer-

vergegenwärtigen)的形态，那么它必定可以被指明，倘若我们从内在的领域排除一切超越的世界构造（Weltkonstitution）的话。但一个内在的当下当然还是切身地被给予，在内部的意识中被构造起来，因此不是单纯被当下化了的当下。然而这不是令人信服的论据。内感知与被感知之物的当下化也许仍以某种方式是相容的。我的意思是这样：所有我们称为联想的东西在现象学上都被标识为一种存在于所谓的相关物之间的、回忆起彼此的意识关联。如果"维苏威火山"的念头使我回忆起"那不勒斯"，那么这不是一个单纯客观的事实，而且这两个念头在意识上不只是一起到场或相继到场，而是一个指明另一个，一个前指在一个念头的意识中趋向另一个念头的意识。但不仅在超越的意识中存在前指，而且在内在的意识中也存在前指，而且其中也存在这样的前指，它们从一个同时之物趋向另一个同时之物，从一个当下之物趋向另一个当下之物。例如，如果颜色素材一次或多次与嗅觉素材一起出现，那么这些颜色和气味在新的情况下将不只是重新一起在场，而是具有其意识上的共属性：在同时的被给予物中的前示附着在内在的素材上，而且被给予性不是一个生根于另一个素材的前示性的意识的障碍。但是，如果这些被前示的素材不一起出现，那么它们就在意识上"缺席"；这些前示是空乏的，同时也受阻。我的意思是这样，甚至当下之物的这种当下化也具有其普遍的含义，而且在我们这里的考虑之内。

10. "表象"的基本类型

我们已经讨论了这么多个体之物之空乏的意识方式的类型，

它们的每一个都使我们回返到直观；因为只有通过对相应的直观的展显才能本真地谈论它们的意向内涵和〈它们的〉变式。我们现在将不得不思考它们。让我们事先通观个体表象的一般类型学，亦即通观关于个体之物的被动意识之一切形态的一般类型学，就像这对我们来说已成为可见的那样。的确，在我们迄今的考察中，自我的一切主动性及其特殊成就，因而首先是理论性的思想成就、认同的成就、区分的成就、述谓的成就，等等，还处于我们的论题兴趣之外。这分为如下基本类型：

1）在直观的或充分的表象活动与非直观的、空乏的表象活动之间的彻底区分。空乏的表象活动是隐含的、非本真的表象活动，它在自身中只隐含地包含意义和存在样式，因而在自身中包含所有那些恰恰只能在明确的意识中现实地和本真地发现的东西。"现实地发现"恰恰是自身直观和从一个直观的构造过程的活性中提取出活的被构造之物。空乏的意识所隐含地包含的东西实际上不是在一个杂多的意向的过程中被构造起来的，这些意向本身完成意义给予的成就的统一性。人们可能因此将这种对立也标识为本真的意识与非本真的意识之间的对立或明确的意识与隐含的意识之间的对立。但正如我们知道的那样，非本真性（Uneigentlichkeit）的样式、空乏意向的样式对于任何一个明确和具体的意识的可能化来说却是根本性的。如果没有空乏视域的协作，就不可能有具体的对象在意识上被构造起来，这需要充盈与空乏的持续不断的交织。

2）如果我们考察空乏的意识，那么空乏的滞留和空乏的前摄对我们来说一般被区分开来。后面这个词我们从现在起一般用以代表各种各样的意识,这各种各样的意识不仅是通常意义上的期待,而且就每一种与它有本质亲缘关系的意识而言。前摄这个标题的统一性(尽管我们已在前期待与当下之物的当下化之间做出区分)及其与滞留的类型的彻底的差别性将在各种原则的特性上以相应的直观化和充实的方式——变式也一样——得到证明。

3) 此外,至于直观的意识,它按其类型学而以某种方式与空乏表象相应,它能量度这些空乏表象,因此,我们遇到感知与再造之间的彻底区分。感知是关于个体之物的原本的给予性的意识。对象按照意义和存在样式在原样式中、在原初性中被构造起来,而且如果你愿意,也可以说被制造出来。而再造则再制造、重新构造对象;它在特有的变异中以"仿佛"的样式进行构造,在此情况下,它在自己自身内作为变异出现并且根据其所有的成分和成就回指原初的意识。

但这可能有不同的方式:一个自身特有的方式是再回忆的方式,我们以前曾详细地分析过它,而且在它那里我们已经阐明了一个再造一般的本己之物。它是狭义上的再造,它在其本己的本质方面回指一个在同一的内在之流中的以前的感知。它的对象被标识为一个在同一的意识流中的过去感知的过去对象。但作为感知和处于"仿佛"样式中的被感知物的变异,再造的一般特征还会以其他形式出现,就像我们将看到的那样,这是一个本质上不同种类的形式,即以预期性地对未来之物进行直观的当下化的形式出现,以对当下之物进行直观的当下化的形式出现。对于回忆这个词,人们通常理解为狭义上的直观的再造,亦即对过去之物的或多或少明晰的再造、后回忆。人们可能倾向于把这个词一般性地与所有的再造联系起来并且谈及前回忆和共回忆。在任何情况下都缺乏一个单义的总括性的德语词,除了当下化这个词,或者想象这个词。但后者冒着多义的危险,而前者也只是可供使用的唯一适用的词,如果所有与感知对立的关于个体存在的意识方式——亦即直观的体验以及非直观的体验——应被探讨的话。它"当下化"一切,只要它意识到一切,但不是以原本的意识到的方式。

我们必须使自己很熟悉它们在本质上的差别性,而且我们首先必须提防把空乏的当下化看作只是模糊的再造,似乎在再造之明晰性的等级性中,空乏只不过意味着最低的明晰性层次,而在这个明晰性层次自身中仍有细微差别,例如,直观的想象。即使"想象"暗淡无光,相关的对象也现实地被构造起来,只要想象一般是直观,即处于对感知的意向过程之确切的反映中。对象可以说作为其多样性的意向的统一性站在再造的目光前。如果想象断断续续,那么构造的过程就会停止,而且将有一个空乏意识介入,以便此后重新转变成现实的再造性的构造。在空乏意识中没有任何东西发生,它不含有构造性的结构,在其中不可能找到任何东西。关于它唯一可说的是根据其直观化可说的东西。如果我们在本质普遍性(Wesensallgemeinheit)中明了,每一个空乏的表象都有其直观化而且绝不是与随便哪一个直观相配,而且如果我们明了,这种相配意味着什么,那么我们就知道,空乏的表象一般只是作为现时性(Aktualität)存在于相应的直观中的东西的潜能性。直观化自身(揭示)、空乏的表象向其相应的直观的过渡是构造之潜能性的现时化,构造恰恰作为单纯的潜能存在于空乏表象之中。在后者中,意义不是被给予的,不是显现着的。过渡现象

(Übergangsphänomen)被标识为空乏表象与直观之间的一种相合的综合、一个构造的潜能与相应的现时的构造之间的一种相合的综合；因此，就意义而言，则是潜在的意义或对象与现时的意义或对象之间的一种一致的综合。这种按意义和存在被表象的对象不是一个双重的对象，而是一个单一的对象，一方面，它时而只是空乏地被表象的、空乏地被意指的；另一方面，它时而是完全直观性的。在这方面——以此方式，一个可能的空乏表象与每一个直观相应，〈一个〉可能的直观与每一个空乏表象相应，而且带有这种本质性的综合——不仅显示出表象区域的一个本质特性，而且被推及一切不论多高的层次后（就像将另行被证实的那样）则显示出意识一般的一个本质特性。在这里，我们首先必须借助这些表象充分阐明这种"空乏"的特性、这种隐含的意义给予的特性，或者更好是阐明这种潜能性及其在现时性中的揭示的特性。对逻辑学来说，这将表明是具有决定意义的一点。因为为了只赋予理论性的思想领域以特权，所以处于空乏的样式中的语言性的思想扮演了一个持久的且完全本质性的角色。而且逻辑的中心问题，即标准的问题、证实性的论证的问题，以突出的方式关涉着这种语言性的空乏思想。但我因此在做先行把握。首先，还根本没有显露的是（但现在必须被表明），并非每一个对直观的适应都具有相同的基本特征，并非所有对直观的适应都是在确切的和真正的意义上给予性的。

11. 充实的直观与单纯揭示性的直观

让我们来考察再回忆这种类型。再回忆是被配给滞留这种类型的空乏表象的直观。在这里,综合是揭示性的、澄清性的直观化这样一种综合。我们将把它与前摄性的再造相对照,这种前摄性的再造乍看之下似乎与回摄性的再造完全相同,区别仅在于,它已预先指向并存的当下或预先指向未来。但在这里我们将发觉这种奇特之处:空乏的前摄作为直观的前摄的相应者具有一种双重的直观化方式,一次是充实性的直观,而另一次则是非充实性的、单纯澄清性的直观。而且在那里唯有直观化这个词适合。例如,当被期待者以感知的方式出现时,一个未来期待得到直观性的充实,但即使没有被期待者它也能被直观化。在此情况下,直观是对未来的感知的一种单纯的预期。与此相反,一个空乏的滞留或者——如果您愿意的话——一个空乏地浮现的回忆只按某一种方式被直观化。也就是说,如果一个相应的直观被添加给空乏的滞留一般,那么直观的再回忆就发生了。

充实与单纯揭示性的直观化之间的这种区别值得深思。实际上,我们已从我们对它们的空乏视域所做的感知分析认识到这种区别。是否我们通过一个合适的再造只是使一个感知物的看不见的面直观化,或者是否我们通过绕它们而行获得现实给予性的感知——而这同样是说,我们在感知的进展过程中使空乏的期待意向获得充实——这是另外一个问题。在揭示性的直观化和充实这两种情况下,综合都以未断裂的一致性的方式进行。至少,这是正常的情况。当然,还将被表明的是:也可能存在另外的情况,对空乏意向的揭示,亦即展显性的现时化也能揭露隐藏的不一致性。但是,如果执持于正常情况,那么我们在直观化和充实这两种情况下就恰恰具有未断裂的存在意识。因为在那里这也就是说:没有断裂的地方就有连贯的存在意识。但另一方面,我们有重大的区别:空乏表象(可以说作为空乏的前意指)在充实过程中得到"证实",得到确认,而在其他情况下这种意指只是得到了澄清,只是被弄成了直观性的。站在眼前的只是曾是"本真的"意指的东西。在这里说意义的单纯揭示最为适合。无论如何,意指依旧是单纯的意指。在我们的用语中,意指这个词常常用于标识任何一种意识,无论它是空乏的还是直观性的,这种意识都需要充实。在意指这个概念中存在着一个恰恰需要充实的要求这种观念。因此,甚至连直观也会有这种需要;于是,它提出单纯的"要求"。这所表明的东西也适合这里的考虑范围。我们现在把握到其中的一个片段——首先通过这个定理:并非一切直观都能呈现进入一个充实的综合的功能,亦即在与空乏表象的相合过程中以证实的方式充满它的功能。〈具有〉"意指"特征的直观不可能用作证实性的充实,而且另一方面,存在着恰恰不具有这种特征的直观。但只要——就像这是一种普遍的可能性那样——同一个直观是一个双方面的构成物,一方面是单纯的意指,另一方面是单纯意指的对立面,则如下这个定理当然有效:在〈它〉自身需要充实的这一方面,它不可能用作充实,而在另一方面它则能很好地用作充实。

在直观(而且也有可能是直观的成分)的类型方面一个本己本质性的区别由此得到标明,而且这是一个恰好在直观化——一次作为充实性的直观化,而另一次作为单纯揭示性的直观化——的双重综合中和在这些直观化的双边不同的成就中变得明见的区别。为了阐明这一点,让我们首先预断:感知——但再回忆也一样——能够用作充实,能够服务于现实的证实,但一个无论在直观上被描绘得多么明晰的期待、一个前回忆绝不能用作充实,绝不能服务于现实的证实,甚或连一个对当下之物的直观的当下化、一个共回忆也绝不能用作充实,绝不能服务于现实的证实。在第一组的直观中,被直观之物被给予,在另一组直观中则没有被给予。这种区别意味着什么呢?当然,它与对象的意义在这一组直观和另一组直观中被构造起来和因此在意向相关项方面被标识出来的本质不同的方式有关。在感知中,对象被给予,对象自身被给予,而且感知构造起具有"自身"样式的对象、在一种第一性的和最原初的意义上的自身、在切身性的意义上的自身。与此相对照,得到直观描绘的期待并不给出对象"自身",或者也像我们直截了当地但却不大清晰地说的那样,它没有使对象达到被给予性。而且这也正是我们由此——即我们说"它预期",它预期一个自身,但却没有给出它——所点明的。一个充实的综合可能在一个期待与一个感知之间进行:产生被期待者。这个关系是单方面的。不是感知在期待中被充实,而是期待在感知中被充实。此外,鉴于被期待者,一个期待原则上不可能在另一个期待中得到充实:新的期待不可能给出任何东西,因为它自身没有任何东西。在一个充实中被提供给一个需要充实的意识的东西,作为应与它相应的被给予的东西,恰恰是对象的自身。因此,需要一个意识,它拥有这个自身。但它不仅以原初的获得——就是感知——的形式拥有这个自身,而且以再回忆的形式拥有这个自身。甚至再回忆也是一个给予性的直观。由回忆被置于我们眼前的东西是对象自身,当然是处于过去状态这种时间样式中,而且这种样式在这里是原本地被给予的。但因为在再回忆中切身的当下之优先地位的缺乏而否认再回忆拥有对象的自身,这有意义吗?这个自身不属于它的最本己的现象学特征吗?如果不依据重复的回忆,明见的认同——通过它,对象可被辨识为同一的,可被辨识为其谓词的同一个主词——究竟如何可能?因此,个体的自身先天地是原创立性的感知与附属的再回忆链之联结状态的一个标题,这种联结状态通过这个自身的共同性产生,这个自身在所有它们之中以可支配的方式被给予。

12. 对充实与揭示之间区别的进一步澄清

在这里,问题现在产生了。我们已在自身给予的直观与不是自身给予的、而只是直观化的直观之间做出了一个明晰的区分。同时,空乏表象(它们本身与再造的直观具有共同点,也就是说,使它们被意识到的东西不是原本地当下的)被区分成这样两种表象:在自身给予的再造中被揭示的表象和在非自身给予的再造中被揭示的表象。空乏的前期待在直观的期待中被揭示,而且对两者都有效的是,它们能通过适合的感知获得一种完全不同的对相应直观的适应,即充实性的证实、对一个自身给予性的意识的适应。在空乏的滞留那里只有揭示性的直观化,只有这种提供一种充盈的适应,即适应一个再回忆,适应一个自身给予的表象。但这里应提出一个问题。只要空乏的滞留仍以再回忆侵占直观的充盈,它就没有得到充实吗?当然。但恰恰明了的是,我们必须根据充实的概念确切地把握在这当儿所产生的东西。如果只是因为一个意识被转入一个相应的自身给予性的意识并且与它相合而应将充实称为一个综合的意识,那么对一个滞留的揭示当然也是一个充实。另一方面,如果我们考虑到我们对意指概念的看法,并且考虑到,

"意指"标识着一个意识,这个意识似乎提出一个要求,这个要求能在充实中得到证实;或换句话说,如果我们考虑到,意指的充实叫作证实——如果我们考虑到这种情况,那么我们不应该说,滞留在其相应的再回忆中获得其充实:亦即其证实。滞留本身真的是在所标识的意义上的"意指",即在能够证实和需要证实的意义上的"意指"吗?当然,它们也可以是意指。但它们这样不仅仅是因为,积淀在它们之中的感知已不单纯是自身给予,而是带有前意指吗?而且这不是在这一点上——即在此情况下而且也正因此,揭示性的再回忆虽然是自身给予的,但同时也是意指的——得到了证实吗?因此,这将意味着,如果一个滞留可能是意指的话,那么它也可能是揭示它的再回忆,就像先行的感知那样。就这种再回忆只是揭示而言,它可绝不充实空乏的滞留,毋宁说,现在必须进行更多的充实,再回忆必须使它的意指得到充实,必须使在它之中并非现实的自身给予而是超越指向的东西得到充实,首先是在新的自身给予的表象中使其得到充实。纯内在的鲜活的滞留提供了裁定性的试样,这些鲜活的滞留当然没有任何共意指(Mitmeinung)的成分,而且我们要考虑到它们的揭示性的再回忆直接连接在它们之上。一个内在的声音,我们刚听到就中断了;如果我直接把鲜活的滞留现时化,那么它就得到了揭示,但它仍未得到证实,缺乏意指。而且再回忆也一样没有意指,因此,其再度的重复也没有实行进一步的证实成就(Bewährungsleistung)。[①] 我们在这里还考虑到,直接的滞留绝不带有怀疑,因此也不可能是可变式的,而且同

[①] 因此,以这种观念谈论前回忆和当下回忆是不正确的。我们必须在最宽泛的意义上区分回忆与期待、滞留与前摄及其直观。

时也考虑到,我们在证实的情况下考虑到一个可能的拒绝这种相反情况确实不无道理,与通过充实着意指的自身而对意指的确证相对,也存在着通过一个与其争执的自身而对意指的驳斥的可能性。我们注意到,充实的证实这个重大论题——因此,失实性的、驳斥性的抹掉可以说也一样——与变式这个我们的起点论题处于本质关联中。

无论如何,我们现在对揭示和本真的充实已获得了一种更深刻的明察。我们看到,只有我们以极度扩展了的措辞称为前摄的东西——无论是直观的还是非直观的都无关紧要——才是意指性的意向,亦即相当于一个允许有证实意义上的充实的意识的概念。我们不能迷惑于这种情况:甚至每一种自身给予的表象——尽管它们作为自身给予的表象恰好不是意指——也仍可以是意指,而我们理解这一点是由于能经验到自身给予与意指成分的相互渗透。于是,表象恰恰需要充实,或者——如果我们更愿意的话——可据其意指的方面得到证实,但另一方面,〈它〉却不可据其现实的自身给予的方面得到证实。关于这后一方面,正如我们近来已讲的那样,它自身能对其他那些它能适应的意指施行证实性的成就。

关于空乏的意向,我们必将据此断定,尽管它不是自身给予的意识,但却是一个本身隐含地拥有这个自身的意识。揭示(Enthüllung)揭示出已存在于空乏的潜能性中的东西,而且在这里这个自身已潜在地存在于它之中。但在空乏的表象中恰恰有一个"意指"以潜能(*potentia*)的形式存在的地方,这个意指恰恰就得到了揭示,而且意指现在处于被揭示的形态中:在此情况下是再造的直观,但却是一个意指性的、前摄性地预期着的直观。

随着揭示与充实之间的区分已得到澄清,关于潜能性与现时性的谈论的本质性的双重意义显示出来。在揭示中,或者——就像我们也说的那样——在澄清中,隐藏在空乏中的意向内涵得以"现实化",它被摆明,被澄清。在充实中,一个意指得以现实化,而且这是一个完全不同意义的现实化,它是一个完全不同的成就。刚好这个自身显露在充实性的直观中,它预期性地被意指,但它偏偏不包含在意指中,既不处于遮蔽的形态也不处于未遮蔽的形态。这个充实性的自身处于意指的指向中,就像目标处于箭矢的指向中那样。但意指必须首先趋向被意指物,就像箭矢必须首先朝着目标那样,而且这发生于充实的综合中。因此,继前摄而来的自身给予的直观是一个新的直观,而继滞留而来的自身给予的直观是一个已知的直观,作为滞留所源出的自身给予的感知之单纯的重新进行。

指向一个滞留的过去的意向也以某种方式"得到充实",而一个向着未来的意向、一个前摄却没有得到充实。甚至在此情况下我们也一定能把在前摄中是空乏意识的东西与在前摄中是意向的东西区分开来。意向由于动感的动机引发而存在。

13. 被动的经验过程

借助这些考察,我们已获得了一种对意识一般之最普遍结构的理解。一切意识生活——不考虑一切参与性的自我主动性——都以一种双重的生活形式持续地进行,它以双重方式持续地意识到某物,一方面是自身给予的某物,更确切地说是现时的和潜在的自身给予的某物,而另一方面则是预期性的某物、前意指性的某物。在前一方面,它常常部分是感知性的,部分与此相一致地是以滞留的方式保持着的,因此时而这时而那从滞留上得到揭示。在后一方面,(在被动性内的一切都遵循被动性的本质规则)它与自身给予一齐发展出前摄,在自身给予与意指的联结中构造起更高层次上的相对的自身给予,就像我们所了解的它在外感知那里的情形那样,而且在那里处于被动的充实过程中,但也处于失实过程中,我们还得在一些线路上关注其普遍的可能性。我们可以把所有这些认识被动性(Erkenntnispassivität)的过程称为被动的经验过程,一方面是扩展着的、证实着的经验的过程,但也是切近规定着的经验的过程,另一方面是排除不合适的经验意指(Erfahrungsmeinungen)的过程,即经验校正的过程。在穿过分裂、穿过变式的过程中,意识借否定性的抹掉重新获得合一性。分叉的可能性、居于优先地位的或然性被肯定的裁定性接替,等等。从中我们已学会理解越来越新的片段,而且越来越深刻地理解这些越来越新的片段。但我们还得更进一步,以便至少能粗略概观纯粹意识——即一个服从纯粹的本质规则并且完全得到理解的对象的构造之流——的主要结构,而且还是在被动性的基础层级。因为这是自我的自由运作活动于其上的基础,而没有对此的知识,这种运作的高级成就对我们来说则必定仍是完全不可理解的。而除此以外,首先是逻辑标准的意义和范围仍是不可理解的,逻辑标准恰恰是普遍的规则标准,根据这种普遍的规则标准,一切自由的成就——它们就像一切意识那样自身又按照自身给予的意识与单纯意指性的意识之间的本质区别发展——都能被带到一致性的充实的轨道上来。

14. 超越论的逻辑（全面重申）

让我们在圣诞假期①这段较长的间歇后投入我们的讲座。我们的方法本质上是苏格拉底—柏拉图的方法。以对作为逻各斯的科学的逻辑学之意义的模糊的、完全不确定的——一般的思想为引导，更确切地说，以"逻各斯"这个词的含义为出发点，我们着手具体的分析并且这样来规整它们，以至于随着我们对各种特殊性的具体理解，从中能同时产生一般的、但现在是完全确定的思想和目标设定，而且这些思想和目标设定能从后续进展的越来越新的、适当地被规整了的含有实事的分析中得到发展。逻辑学将我们从作为语言表达的逻各斯指引到思想，指引到能被表达的各种各样的意识。与此相一致，将我们指引到寓居其中的思想的意义，指引到其中的被意指者和在各种不同的设定形式中的被设定者。由于包含意义，意识关涉对象性，而且是在自己自身内关涉对象性，也就是说，它在各种不断更迭的意义中关涉同一之物。但这种在意识中进行的对对象性的关涉可以是一种理性的关涉或是一种非理性的关涉：逻辑学应是关于理性的一般科学。在意识中被意指物、意义和定理可以是真的或假的、合法的或不合法的，被意指的对象可以是现实地存在的或真正存在的，或实际上不存在的。

什么把意识总是标识为（而且什么把内在于它的意义总是标识为）在自身中包含真理和真实的存在的这样一种东西的呢？这应当如何理解呢？开始时在这方面仍是完全不明晰的，我们进行

---

① 1920年圣诞假期。——编者注

具体的研究：关于被动的意识和意识—自我与主动的意识和意识—自我的研究，关于睡着的意识和意识—自我与醒着的意识和意识—自我的研究，然后是进一步关于原初的时间意识的研究，关于内在的和超越的感知、回忆与期待的研究，关于直观性与非直观性之间区别的研究；关于意义给予的一致性或者说对象性的构造最初在被动性的底层进行的方式的研究，另一方面，关于这种一致性在变式中被打破的方式的研究——所有这些有序的个别研究都包含一般的明察，并且总是重新唤起一般的明察。对我们变得明晰的是超越论的问题提法和研究的突出特征和属于它们的特殊态度。自然的—素朴的认识和研究朝向预先被给予的客体和客体区域(Objektgebiete)并且全神贯注于其此在：朝向不言而喻地在场的自然，朝向人的世界，朝向数列、几何学的建构物等等的不言而喻的被给予性，而我们却形成了一种完全不同种类的且高度必然的认识和研究的可能性，这种认识和研究排除任何素朴的预先被给予性(Vorgegebenheit)，以便使任何一种预先被给予性在最普遍的一般性中成为问题。而且我们认识到这是任何一门哲学的逻辑学注定要求的研究方式，任何一门哲学的逻辑学都以彻底的方式使思想和被思者、理性、现实性、真理和最高的科学真理成为在科学上可理解的。对我们变得明晰的是，意识在自己自身内——而这就是说根据其本己的本质——进行意义给予，因而进行对象性的关涉，这种对象的关涉无论是合法的还是不合法的都一样；而且当素朴的—独断的认识和科学把对象作为预先被给予的现实性来接受时，这已是一种意识，而且是一种具有极其多样形态的意识，通过这种意识，那些对象已为认识者被构造起来，而且是在明见地被给予的标志中被构造起来。一种在其纯粹的内在中对于意识的研究必然是可能的,通过这种研究我们必然会理解,意识如何在自己自身内按照一切基本种类和基本形式进行对象性的意义给予,以及自己自身如何建构其世界及其真实的世界和各种真实的理论,这些真实的理论按一定的方法解释这个世界。必须逐步被理解而且在这种纯粹的内在中被理解的是,各种各样的意识体验如何达到综合的统一性,以此方式形成的统一性如何以本质的方式和可理解的方式始终坚持意义的同一性,然后一个作为不断更迭的规定之基底的同一的对象又如何能在各种各样的意义中被意识到。进而,意识在自己自身内如何一方面经历一致性与不一致性的变化,另一方面能与各种特殊的本质必然性产生那种特殊的一致性。这些特殊的本质必然性在这里叫作提供标准的真理,而且相关地,那些不一致性的本质特性如何得到标识,这些不一致性按标准必定"自在地"被看作虚妄。而且从那里出发,理性成就(Vernunftleistungen)的层级建构必然可以得到理解,按一定方法从真理向理论的提升的结构必然可以得到理解。

现象学还原为我们提供了这里必需的纯粹内在的研究之明见的方法,而且尤其是规定了其真正的意义。它为我们提供了纯粹的意识和这种意识的纯粹自我,而且纯粹的和普遍的本质研究必然与之联结在一起,这种本质研究不是针对那种被还原到瞬间的偶然之物之上的意识,亦即作为个别事实的意识,而是针对意识的一般的本质类型和附属于这些本质类型的各种本质必然性,例如,针对感知一般或超越感知一般的意向活动的类型,针对感知意义一般、切身的当下一般等等的相关类型。因此,超越论的逻辑学不愿是一门独断的科学而与其他这类科学并列，不愿是通常意义上的科学，它不想像它们那样处于对一个预先被给予的对象区域的指向中，它们不加考虑地将这个对象区域作为预先被给予的来接受。它想要是最终的科学，这种科学回溯到最终的被给予性，亦即回溯到那种在所有其他的被给予性中、在所有素朴的被给予性中已被设为前提的被给予性。这就是说，它想要是关于意识——作为预先给予性的而且尤其是预先给予被意指的现实性的意识一般——的科学，而且关于理论的成就和一切在理性的观念之下的成就的最终的说明性的科学被建基于其上。它的确想要是关于逻各斯的普遍的和纯粹的科学，想要是关于逻各斯之为逻各斯的科学，亦即关于认识之为认识的科学，关于已知的对象性之为对象性的科学，关于真理之为真理的科学；因而也是关于科学之为科学的科学和关于一切科学的类型的科学，这些科学的类型在自身中包含着科学的观念。但这是根据进行科学认识的意识的相应的本质相关性，科学作为真命题的理论系统，科学区域作为真实存在着的和在理论中得到规定的、在科学的思想中得到研究的对象的区域。

因此，纯粹的逻辑学必然使之成为本质明察的是，意识一般如何在自身中包含着意义，在何种结构中、以何种意向活动的方式和意向相关项的方式包含着意义，它在自身中如何使对象作为其意向的成就被意识到，于是必然使之作为某个意义内涵的对象性和某些显现方式的对象性被意识到。它得探究意识一般的本质类型学并为每一个这样的类型摆明意义给予的方式和构造对象的成就的方式。而且它最终特别瞄准那种本质类型学，这种本质类型学使真实存在着的而不是单纯被意指的对象的构造成为可理解的，同样也使任何一种对我们来说的真理论、真的理论科学和真实的理性生活(Vernunftleben)作为某种方法上的成就——借助于各种标准,这种成就的原初源泉可以彻底地被照亮——成为可理解的。但为此需要极其广泛的研究,这些研究先于一切对真理的探究而首先详细研究超越论的纯粹意识的一般类型连同其意义给予的类型,其在意向活动方面和意向相关项方面的对象的关系的类型——的确更原始,这些研究考虑到被动性与主动性的区别而对意识做出区分,而且首先关注被动性内进行的意向成就,这些意向成就已作为一切自我主动性的持久基底被设为前提。

此外还有我们先前对信仰样式的考察和与其相连的对揭示和本真的充实的考察也是在被动性的范围内进行的,后者代表被动性层次上的证验。在所有这一切中都涉及对一致性和不一致性的意识关联的本质描述,和对那些随后者在意义上发生的样态性事件——"成问题地可能的"事件、"可疑的"事件、"无效的"事件——的本质描述;此外还涉及意识对意识的一致的或不一致的附加这些突出的情况,在这些突出的情况中——就像在回忆领域内的一个期待或一个前摄的充实或失实那里一样——意指被证实或以裁定方式被消除,而不同于单纯揭示的情况,在单纯的揭示中,一个前意指只是被澄清,例如,在先于其为感知所充实而对一个期待的单纯描绘中。

15. 确证与证实

在此首先需要做点补充。我们区分直观的表象与空乏的表象,而在直观的表象下面,自身给予的表象作为唯一能得到证实的成就又被我们与非自身给予的表象——例如,就像那些单纯在直观上被描绘出来的期待——区分开来。它们似乎超出自己指向一个在它们之中没有被给予的自身,指向一个它们得以测度的表象,在这个表象中,这个自身将以证实前意指的方式被给予。或者,它们虽然也是直观,却只是预期着其他直观的直观。现在被表明为属于一切个体的表象之本质特征而且也属于自身给予的直观之本质结构的是,它们至少带有前摄的成分,带有前意指的成分,因而产生了可能的确证的关联,我们将把确证与证实区分开来。如果我们考察联结在一起的表象,无论是直观的表象还是空乏的表象,而且是不间断地联结在一起的表象,亦即在它们自身方面是一致的表象,那么它们当然具有信仰的样式,更确切地说,在它们的前摄方面具有信仰的样式。它们在信仰中预期,根据某些成分预期,就像一个在向前指向的期待方面的过程以感知的方式进行的情况那样,完全地预期,就像当它们完全具有前期待的特征时那样,例如,当我们根据各种迹象期待一场雷雨时。现在,在这好几个前意指联结成意义相合的统一性的地方,更确切地说,在预先被意指物方面协调一致的地方,这种协调一致没有产生证实,而是在本质上产生确证的意识。每一个前意指都被动机引发起来;在我们切近地研究感知和回忆的结构(亦即自身给予的表象的基本种类)时,我们就已指明了这一点。在原印象方面和滞留方面存在着已被创立的一个自身及其原初的获知的原本构造,而且它在本质上动机引发起一个向前指向的期待信仰——事件的后续进程依据当时的知识储存在一种或多或少确定的意义给予中被期待。并非只是这里,而是在一切领域都有效的是,经验知识(Erfahrungskenntnis)

的进程还动机引发起一个前意指的进程,而且一切前意指都是以这种方式被动机引发起来的信仰。现在,在具有相同意义的前意指发源于好几个动机引发源泉并且达到相合的地方,它们相互确证,或者也可以说,新的前意指确证已现存的前意指。此外,还以某种方式存在着某种像对知识获得物的确证的东西,亦即对那种从具有相同意义的重复的获知所获得的知识的确证。它有一个强度性的维度,知识变成一个被深化了的知识,变成一个被强化了的知识。现在,就在一个前意指意义上的信仰的确证而言,这种确证不能与证实相混淆,而且绝不能被同等看待。同样,相反的情况也不能。一个前意指能遭受一个断裂,因而能遭受变式的原因在于,从已获得的知识领域发射出一个动机引发,发射出一个被动机引发起来的经验信仰,这个经验信仰由于部分的协调一致而与业已被给予的经验信仰相合,而另一方面则部分地与其相争执。[①]

16. 关于经验信仰的可证实性的问题

而一旦我们说出和仔细考虑这类定律,我们就会注意到,我们在这里尚未在充分的意义上具有像真理和谬误这样的概念,而只是在一种不完全的意义上谈论正确和不正确的标准。在内时间意识中,我们具有在时间上被串在一起的体验被给予性之流,连同它们的前期待,这些前期待具有一种前指状态的期待信仰的特征。在其中所包含的超越的经验体验——即直观的和非直观的超越的经验体验——之流中,一个时空的世界被给予,而且一个需要充实

---

① 此处,文本出现一处缺漏。——编者注

的超越信仰的各色体验都持续地关涉着这个时空的世界。在两方面,信仰不仅指向当下,而且指向被前期待的未来和由回忆得到的过去,产生了各种各样的回忆信仰和期待信仰,它们可能被证实或被拒绝。现在,在所有这些方面,经验信仰的可证实性和可证伪性处于怎样的情况呢?所试探的这个公理——即每一个这样的信仰要么可肯定性地被证实,要么可否定性地被证实——可能会意味着什么?但不只是这些:这样一个信仰的本质中包含着这一种或那一种的单纯可能性,而且当一种可能性被认为已实现了的时候,另一种可能性就因此被注销了。肯定性的证实与否定性的证实、充实与失实相互排斥,这从矛盾律看当然是显而易见的。但如果我们要说,任何信仰都是在它通常要么有效要么无效这种意义上是可证实的,就像传统的排中律所认为的那样,那么其中存在着更多得多的东西。让我们通过与一个数学判断、一个趋向数学上的东西的判断信仰的对照来阐明这一点。要么它有效,它是可证实的;要么它无效,它〈是〉在否定的意义上可证实的。这是因为:无论我们是否每次都会实行证实,甚至能否实行证实,即使没有考虑,每次是否都能获得肯定性的裁定或否定性的裁定,但预先已被裁定,因而对一切现实的和可能的意识未来来说已被裁定,因此自在地被裁定的是:判断是可证实的还是可证伪的。我们只不过预先不知道,这是如何被裁定的,我们只有在作为现时的裁定的那种现实的、洞察性的证实中才能知道。这仿佛已预先被决定了,就像色子落地,无论是正面还是背面。如果我们确实使判断得到肯定性的证验的话,那么我们知道,事先已被确定的是:只可能发生肯定性的证验,而相反的证验(而且对一切可能的自我来说)则被排除了。

我们现在开始着手研究我们的各个外在经验领域,按照它们在被动性中被构造起来的方式,而且在我们到目前为止能从被动性那里理解它们的范围内。在此情况下,我们问:这——即任何信仰,无论它以什么方式产生于意识流及其动机引发,都根据证实或证伪的可能性而预先被裁定——是一个从经验的意向性的本质中获得的而且是现实地可洞察的本质规则吗?该如何理解这个"预先"呢?当然,如果发生了一个充实,那么信仰就被裁定为有效的;如果从单纯的预期中生成了一个自身把捉,那么预期就已得到了确认。但只要证实没有发生,就存在着两种开放的可能性。如果这终究要被裁定而不管是否做出了裁定,那么在此情况下这一点——即只可能出现哪一种可能性——必然是自在地被决定而且是预先自在地被决定的吗?对真理的本质或有效性的本质的澄清也就是对这个"自在地"的澄清,也许这里存在着根本的差异。事实上,像数学的以及其他的本质真理这类真理根本不同于像经验真理那类真理。这个自在按照相关性分成:1)自在的正确性,它属于信仰;2)自在真理,即在确切词义上的真理,它属于意义或定理。自在对象与自在真理相应。现在,自在属于对象。

因此,通过对照性地引入数学上的东西——在其上最容易觉察到自在有效性的特性——我们就清晰地凸显出经验性的自在的问题,并且学会理解:我们绝不可能原初地获得先前所试探的那种与经验性的自在相关的公理。这甚至涉及内在的领域,尽管其因本我(Ego)的明见性而具有优先权。事实上,即使我们想到一个意识,这个意识以被动性的方式拥有声音、颜色等诸如此类在内时间意识中被给予的原素素材,而这些素材是在生成中被构造起来的,也绝不可能洞见到:这一点——即接着一个声音之后出现的应当恰恰是这个声音还是一个一般的新声音——应该如何自在地被预先裁定。而且即使一个对某个新声音的期待信仰已被先前发生的内在经验动机引发起来,也不可能预见到:这一点——即这个期待信仰是现实地发生的,还是并未现实地发生,更确切地说,未到场,或者是以完全随意的和变化了的方式发生的——应是自在地被裁定的。

至于超越亦即空间物的世界,至少当我们认为它是在一个意识中纯粹被动地被构造起来的时,它的情况如何呢?当然,一个空间物的周围世界的构造不仅包含属于每一个现实的被经验物的内视域的大量预示,而且包含属于其外视域的大量预示——它们相互交织在一起,而且所有的经验物都与一个统一的外视域相联结,最终成为一个周围世界的统一性——因而包含对进一步的可能经验之进程的大量预示。但正是这些预示,这种被动机引发起来的经验信仰,通过无数的协调一致而获得了大量的确证和确认;但进一步的经验及其不断更新的自身给予最终不可能像它想要的那样继续进行吗?违背一切期待,违背一切仍非常有力的前确信和或然性?它不可能这样继续进行,以至于一切都变成了一团乱麻了吗?以至于一切感知上的世界秩序都破散了吗?以至于这个世界根本不再保持为经验的统一性了吗?以至于它在意识上瓦解了吗?以至于一切感觉素材都丧失了其统觉立义——这些统觉立义本身实际上只有在一致性的信仰中才能使显现被意识到——了吗?但我们认为,应当存在着自在世界,而且每一个经验信仰都自在地有效,无论是自在地真还是自在地假。

我们①在上一讲已阐明了自身证实之特有的优先地位,这种自身证实通过自身给予的信仰行为(Glaubensakte)产生,与单纯的确证相对。对后者的观点是这样:一个不是作为寓居于一个自身给予的、未断裂的表象中的这样一种信仰出现的信仰能与另一个按意义而具有相同指向的信仰相联结,能通过这个信仰被强化,亦即广义的证实,就像通过一个新的迹象、通过一个新的具有相同指向的前摄而对一个将来的事件的期待那样。但无论这种强化多么丰富,只要期待未得到充实,它就有——撇开一切情感兴趣不谈——一个缺损;在充实中发生的不是一个单纯以力量增长的方式的确证,而是事件自身现在在场——当然是在意识上在场。而且这个意识以过渡到充实的方式完成一个证实,这个证实可以说作为最终有效的证实出现:是这样,我拥有存在者自身,我不只是意指它。有关的意义内涵的存在不只是被意指的存在,而是"现实的"存在。因此,正如意义在自身给予的信仰中具有一个新的和优先性的样式,存在也同样具有表象之未断裂性的相关项。此外,在过渡综合(Übergangssynthesis)中,信仰具有证明自己是正确的信仰的特征,而且其意向相关项的相关项具有与单纯被意指的存在相对的现实的和真正的存在的特征。与此相应,对疑问的裁定、对怀疑的裁定或对成问题的可能性的裁定也根据它们是通过自身给予的、未断裂的表象进行还是通过非自身给予的表象进行的情况而不同。自身给予的裁定可以说是通过终点的裁定。而且在意识生活在其整个范围内浸透着连续串接在一起的对普遍的一致性

---

① 新一讲的开头。——编者注

的趋向——而不只是对一致性一般的趋向,而是对从自身被给予性得到测度、已从它们得到裁定的这样一种一致性的趋向——的范围内,这个表达也适合。

这样,我们已获得了最初的真理概念、正确性概念、标准概念,而且是就"真实的存在"这种存在而言。我们随即能附言:我们已获得了一个最初的和原初的明见性概念,作为从一个自身被给予之物得到证实和裁定的意识,但在那里已被设为前提的是,在一个任意的信仰及其样式与处于一个自身给予的和一致的表象中的信仰之间做出彻底的区分。

我在那里停留是为了使你们明了,在我们迄至目前的研究领域内所获得的真理、正确性等等概念还不是那些引导我们进入日常话语和科学话语的概念和我们也将其置于传统逻辑的矛盾律之下的概念。

那里还有一个要素,我们没有发现它的任何原型,亦即在一切现实的经验之前真东西和假东西预先被裁定的存在、似乎被预先断定的存在;真的东西是自在地真的,而这就是说,肯定的证验可能还是否定的证验可能,这不是开放的。

例如,如果问题关乎未来的话,那么即使在我没有做出裁定时,它也被裁定了。我们认为,任何指向未来之物的信仰都具有其预先被一劳永逸地预示出来的真理或谬误。

但是,如果我们处在纯粹的意识关联中并且考察那些在其中以被动性的方式被构造起来的内在的和超越的被给予性的话,那么我会说,凭我们的指明尚不能保证对那个自在观念的澄清。至于内在的被给予性,尤其是感觉素材,每一个现在都带来新的感觉素材。尽管有所有被激发起来的前期待,但不可预见的是,"未来将出现哪些素材"为何必然被强制性地裁定了。而就超越地被构造起来的时间—空间的世界而言,情况也没有什么不同。

这里可能还需要说明。这个世界是通过外感知而原初地被给予我们的。一般说来,它们在连续的一致性中彼此相继,而且它们同样一致性地与自身被给予的再回忆交织在一起,这些再回忆有可能使我们消除像睡眠这种缺隙。诚然,有时也出现不一致性。我们说到幻觉,经验信仰被打破了,变成了怀疑;但在经验——它绝没有完全破裂——的进展中,一以贯之的一致性却通过已描述过的重新释义和抹掉被重建起来,也就是说,一个继续保持着的,亦即面对扰乱而总是被重建起来的世界确然性的统一性贯穿我们的意识,"这"一个世界持续地存在着,只不过越来越切近地被规定着,偶尔以稍稍不同的方式被规定着。

但在这里首先形成的问题是:情况必然仍像它迄今为止——根据对我们的回忆的陈述——所发生的那样吗?外在经验必然以这种方式连续地接踵而至吗?难道情况不可能是:一个外在经验是最后的经验,而意识却延续下去吗?一个外在经验毕竟是一个合成性的意识构成物,它当然以被动机引发起来的方式出现在意识关联中。但是,这些动机引发必然这样延伸,以至于一个感知必然链接在另一个感知上吗?在这里,我们拥有动感的进程,按照联想的动机引发而链接在这些动感的进程上的是各种事物显现:亦即某些展示性的感觉素材——对于视觉显现来说,就是视觉素材——及其立义。动机引发意味着:在体验上,随着这一些素材的出现,另一些素材及其前摄的视域被要求一同出现。但这类联想的要求在现时的经验的进程中可能被注销。感觉系列必须以某种方式现实地来临，以便能够按照事物性的立义经验到以动感的方式被激发起来的各种前要求，而且能够保持对一个在场物的意识。如果这些感觉素材突然间开始出现混乱，如果我们的视觉领域突然间充满了杂乱无章的颜色，那么这些动感的动机引发就丧失了它们的力量。通常以期待的方式连接在这些动感的进程上的东西，将不再能以通常稳固地有规则的方式出现在期待信仰中，因而这将终结外感知的活动。它们的出现正意味着一种有规则的功能活动和各种已形成的动机引发在延伸时的继续编织，而且这在本质上取决于现实的感觉进程。但这种现实的感觉进程在任何时候都可被设想为一种完全不同的进程，而且可被设想为一种完全不规则的进程。因此，这是一个事实：它不是一种不规则的进程，而是使一个连续的感知进程得以可能的这样一种进程。但是，如果我们探究这个事实的真理，更确切地说，如果我们问，为什么到目前为止是这样的东西必须继续是这样或将是这样，那么这种真理显然不可能属于一种我们能够通过诉诸某种被动的证验——我们只能谈及的那些被动的证验——而裁定的真理。其次，即使我们以这个事实的真理为前提，因而假定，对我们来说，对各自经验着的纯粹自我来说，各种外在的经验连续地被串接在其意识流中而且总会达到一致性，这也仅仅意味着：对这个自我来说，一个真实世界的统一性将在各种得到确认的判断意指中不断地被保持着。但这不是说，这个超出现时的经验性的世界是一个预先被规定了的世界、一个自在地被规定了的世界，以至于对每一个指向任何时间状态的信仰的裁定或对一个相应地在假定中产生的信仰的裁定在真假方面被明确地预示出来。

这最容易通过指明受现代自然科学影响的人的世界观与其余人的世界观的区别而得到说明。对所有人来说,这个世界持续地而且好像不言而喻地存在着,而且他们认为,它还将连续地持续下去。他们在意识上进入世界未来的生活。但绝大多数人还是相信,将来的东西在很大程度上取决于各种不可确定的偶然事件,或者相信,诸神随意地决定着世界进程。存在着能够在实践上被遵循的可粗略地被预见的秩序,但仅仅是粗略地。这种确信很迟才在一种有规则地和绝对地规定着一切世界事件的因果性中形成,而且这种确信的意义恰恰在于:一切时间性的存在——而在自然的态度中,这意味着,世界之中的一切存在者——都是自在地被规定的,都是以自在真理的方式被规定的。预先没有任何东西是开放的,以便必须等待命运女神将如何裁定。在这个考察中,我们的问题仍然存在:如果一个前意指事实上已被经验确认了的话,那么最终有效性是否已按照经验确认的方式被达到了。于是,不久前被讨论的另一个困难在这里起作用了,而且以很明显的方式对外在经验起作用。外在经验不是明显当然地通向无限吗?每一个外在经验本身都仍是开放的意向,它具有各种未充实性。一个综合地进展的获知真的必然能完结吗?

让我们回到内在领域。

17. 本己的过去之自在的问题·再回忆的明见性

本己的意识过去连同其意向活动的储存和意向相关项的储存被我们看作一个可能的再回忆的领域,进而被看作一个至少在观念上可能的完全的回忆领域、真实的和确凿的回忆领域。它无论有多大的跨度都可能被遗忘；它既不能不自觉地在现时的回忆中重新浮现，也不能供我们任意的回忆支配：但我们还是确信，那里确实存在一个意识过去，而且它能以再回忆的形式被重建起来——二者显然是等值的。属于空乏的过去视域的——它锁闭每一个意识当下——是一个过去信仰（Vergangenheitsglaube），这个过去信仰本质上可为再回忆的链条而不是其他什么东西所充实。严格说来，属于这个空乏的过去信仰之本质的是，它作为肯定的信仰原则上不可能被注销，一个自身给予的直观对它的测度绝不会毫无结果。它保持为信仰视域（Glaubenshorizont），始终在场而且必然未断裂地在场。它可被测度的每一个自身给予都确实是再回忆，而且从它之中、从不确定地后退着的本己的过去中截取一个片段，现在虽然情况可能是，有关的再回忆没有坚持住，情况可能是，它被摆明为一个回忆幻觉。但这本身之所以重又是可能的，只是因为：回忆与回忆相打量。因此，过去之物作为自身给予的被坚持下来，它充当了已被摒弃的回忆信仰的标准化尺度。不可想象的是，在我的意识当下背后会什么也没有，我的每一个再回忆都将是无效的，因为无效性重又只能先天地通过再回忆得到证明。如果有这种情况，我会确信，我在这种情况下的现实的再回忆是无效的，新的标准的再回忆也可能再度呈现出无效性特征——但明见的是，每一个再回忆要么已是完全的，而这就是说，就我的过去的片段而言是纯粹自身给予的，这个片段可以使它重新在直观上明晰地复活，要么一个关于这种完全性的纯粹自身给予的再回忆是可能的；而且明晰的是，这种可能性不是单纯的想象可能性，也不是成问题的可能性,而是这样一种可能性,它为一切不完全的和欺骗性的再回忆标识出一个可被明见地凸显的观念的界限,因此,这个观念的界限在任何时候都为再回忆规定了一个自在。当我们甚至徒劳地尝试着使一个再回忆达到完全的明晰性和一致性时,这个被看到的观念自身引导我们反复地觉察到,再回忆已经以欺骗性的方式接纳了各种要素,这些要素不是曾在的(gewesen)而且不可能是曾在的——但我们牢固地坚持,过去的体验〈应〉被看作一个本身确定的东西,而对一个真实的回忆的摆明应被看作一个能在实践上提出的目标。因此,作为一个对过去之物的纯粹自身给予的意识,这个真实的再回忆是一个必然的和可被凸显的观念。在这里,经验信仰预先得到裁定,任何空乏的前摄实际上都在预先确定的意义上是可证实的。它实际上如何,这对我来说是成问题的,我现在能被迫搁置它。但它自在地如其所是地存在,一个自在地确定的东西。

18. 对回忆幻觉的意识

如果我们探求对这种事况的一个更深入的说明的话,那么我们首先得更仔细地打量这种方式,即一个再回忆——它仍是一个自身给予的意识,正如它在意识上仍被摆明为错觉,亦即裂变成冲突,继而裂变成不信仰——如何能转变为否定。秩序已预先确定,开端在本质上只可能是这样:从记忆的黑暗中,亦即从滞留的远视域中浮现出一个处于信仰的原样式中的再回忆。同样,先天地明晰的是,怀疑和否定不是以任何一种方式而是只有这样才是可能的,即最初未断裂的回忆与其他回忆发生争执。回忆能或多或少是活的，或多或少是不明晰的，它们能以间歇的方式通过空乏的非直观性的片段的中介促成直观性的片段。在这种情况下（这些纯属从例证中引出的本质可能性），空乏意向能重新与那些最初在开头的回忆中创立的意向要素发生争执，无论它是直观的要素还是已非直观的要素；但任何时候都明见的是，它们本身重又是回忆意向，这些回忆意向只能以充实的方式转变成明晰的自身给予的再回忆。由此能产生一个明晰的和本身是明见的对回忆幻觉的意识，而且我们对此能认识到，这看起来必然怎样。任何这样一个意识，对一个再回忆的任何一个明见的注销（这恰恰是明见的意识："这只是一个幻觉"），都具有摆明的类型，即对不同的再回忆之混合的摆明，而且这种摆明具有某种转化的形式，即回忆开端转化成复多性的各别完全明晰的回忆，这些回忆从现象学上看相互联系而且在这种联系中是完全一致的。

我们现在以如下方式描述这种过渡现象——这种过渡现象在其中间阶段也能包含一个空乏的怀疑和否定现象，因而后来能以裂变论证否定的明见性，论证错觉的明见性：开头是最初不间断的再回忆。随着过渡已达到非常充分的明晰性，原初本真的回忆图像溶解成好几个图像，而且最终溶解成好几个明晰的且本身未断裂的再回忆，这些再回忆属于不同的时间位置。例如，对希尔斯·玛丽亚（Sils Maria）的回忆浮现出来，我看见一个年轻的作家在我面前，而且我们在热烈地交谈。谈话涉及贡多尔夫（Gundolf）的《莎士比亚》。但是现在一个怀疑"涌起"，而如果我探究这个怀疑，那么第二幅图像浮现出来，我这时在费科斯塔尔（Fextal）的一间小农舍，亦即其寓所里与同一个年轻人在一起，他给我读格林德奥尔夫的《莎士比亚》，而且我们在那里谈论它。如果我现在重又深入第一幅被再回忆起来的图像，那么我发觉，其回忆的连续性中的一个片段纯然以自身给予的方式并且不间断地保留着。但在我听这个年轻人说与所说内容被我直观地明了的地方，有一个以前难以察觉的小跳跃存在于这个连续性中，在那里，再造以未被注意到的方式跳入第二幅图像，第二幅图像在一定程度上在视觉上为第一个情境所遮蔽，而且这第二次谈话被偷偷塞进第一次谈话。而且严格说来，同一个人同时或实际上事先已被偷偷塞进第一个情境，而那些所属于他的外部显现方式则被偷偷塞进第二个情境。明见的是，这种双重性实际上——由于一种特殊的遮盖而只是悄悄地以第一幅回忆图像的部分遮蔽第二幅回忆图像的部分——已存在于统一地出现的开端图像中，这个开端图像后来发生了分叉的双重化。

　　这种分叉，即分叉成两个各别的回忆，不是一个理论，而是一个可在其意向性中得到理解的事况。在此过程中出现的各别的再回忆不是两个任意的回忆，而是被标识了某种特性的回忆。明见的东西首先是，它们不是刚出现，而是在意识上已存在于那里，而且它们只是呈现了一个变化了的直观样式和关联。关于一个被组合起来的回忆图像之分叉的说法在其组合性的图像中有其明见性。我们在被组合物中发现两个回忆情境，当然不是两个在直观上完全被展开的回忆情境，而是每个回忆情境只有一个局部在直观性的全像中被直观性的部分代替；而情境的各补充性片段也隐含地在场，它们只是"被压制了"、"被遮蔽了"。这完全相似于处于冲突中的两个感知立义的搭叠那里的情况，在那里也是以一个共同性为基础，而且在那里，当这一个感知立义——例如，作为模特的立义——被承认时，另一个感知立义——作为人的立义连同其特有的立义要素就被压制了——却以特有的方式被意识到，仅只非直观地、仅只在遮蔽中被意识到。

19. 再回忆与联想

使搭叠和融合可能的东西以及在另一方面使回忆的开裂或者更确切地说是分叉可能的东西也可以从现象学上得到理解。如果我们考察这对各别的回忆，那么我们就会认识到属于其本质的是：这不是两个任意的回忆，而是两个以某种方式相互联系的回忆，而且这种彼此关涉性或者不如说意识联结（Bewußtseinsverbindung）不只是在明晰性中才落到它们身上。这两者是"联合着的"；这一个情境回忆起另一个情境，而且这不是某种客观的心理学事实的表达，而是一种纯粹现象学的本质处境。这种本质处境也包含在向统一性图像的融合中，只不过，它在这里呈现的恰恰是这种特殊的形态。我在我的范例中这样说并非没有道理：对希尔斯的谈话的再造是首要的，它让人回忆起在费科斯塔尔的谈话，而且两者在一种局部的混杂中对我变得杂乱无章。在这种分离中我们发现联想的特性是可描述的。一般我们能说：每一个对某物的回忆（以便在意向相关项上描述某物）本质上都是综合地——在联想的标题下——被统合起来的回忆的被给予性的一个意向相关项的关联，这个关联包含一个双重物：一个对某物的直接回忆和一个对某物的间接回忆。在每一个联想中我们都必然发现一对直接的对立环节：这一个情境中的一个相似物直接回忆起另一个情境中的其相似物。① 如果我们将这一个情境称为联想性的或唤起性的情境，将另一个情境称为被联想起的或被唤起的情境，那么在前者中原生的唤起者是一个已凸显的环节，即使并不因此而是已被注意到的、唤起一个相似物的环节。这个相似性偶对处于一种特殊的、随即可得到探讨的合一化中。它在这一个过去与另一个过去之间甚或在一个感知性的当下与一个过去之间建起桥梁。直接被唤起的相似物唤起一个与其并存者，这个并存者于是具有间接地被联想之物的特征。一个 a 回忆起一个 a′，而且由此回忆起一个并存的 b。但更严格地看来，我们必须说：唤起从相似性的对立环节扩展到与其并存者的全体领域，而且从那里继续扩展到连续的时间序列。换句话说，由相似物被唤起的东西不只是记忆领域内个别的相似物，而是——考虑到由过去的意识流构成的不可分离的空乏视域——相似物所属的整个意识当下。但穿过这整个意识当下后，〈唤起〉继续〈扩展到〉连续接踵而来的具体的流的进程。但这种唤起并不意味着明确的直观化，被唤起者可能完全或部分地处于黑暗状态，而且特殊的图像性的再造还有特殊的动机。因此，在每一个联想中，作为原生的和奠基性的联想都包含一个相似性联想，但作为不独立的片段，进而是通过邻接性产生的联想，而且首先是遵循并存的联想，然后是遵循相继的联想。

但此外还有补充性的联想原则作为现象学上可指明的也在考虑之列，亦即就所有那些在一个原初的当下意识内按照并存和相继产生特殊的统一性的东西，即产生被构造起来的对象之凸显性

---

① 在这里，一般的联想学说在其间得到阐明。相似物回忆起相似物？相合的综合也能是同一性综合——也就是说，同一之物也回忆起同一之物。

的东西，因而构造被动的复多性的东西，在再造——它已通过相似性在别处被唤起——中被重新唤起，并且能够引发当下的凸显性与过去的凸显性之间特殊的联想性的联结而言。事实上，我们一定会在现象学上扩展联想概念，并且不仅谈论作为当下的意识与在记忆上浸没的意识之间的一种联结的联想，而且谈论在一个当下意识内部的类似的联结。例如，相同性、对照以及一般说来所有那些在被动性内使在已被凸显于当下意识的复多性中作为统一性被意识到的东西都属于此列。

在切身的当下内应自为地作为统一性被构造起来的东西，是一个自为（Fürsich），作为对自我凸显的统一性，作为触发性的刺激的统一性。在好几个被凸显性已联结成一个组的统一性、一个被动地被构造起来的复多性的统一性的地方，存在着一个总刺激的统一性、一个总触发的统一性，它将它们标识为一个自为。在那里，要么特殊触发流入总触发的统一性，以至于它们只是作为总触发的要素起作用，要么这个或那个要素还施加一个特殊的触发，其声音在合唱中特别有穿透力。这是一个特殊的问题，即研究：什么创立复多性，什么使复多性自身又组织成复多性，相同性和相似性如何在一切领域都在不同的方向上起作用，节律化如何产生，在那里相同之物对相同之物，相关地，最相似之物对最相似之物，总是显示一个特别唤起性的力，而且在唤起中总是显示出一个在触发上对意识具有约束力的力。因此，尤其在相继中一个特殊的统一性通过触发力形成，例如，以此方式：一个声音自为地作为触发上统一的声音出现，一个新声音而后又〈一个〉新声音不只是以同样的方式出现，而是随即捕捉住刚刚在前出现的声音，作为一个与它相同或相似的对象,给予它一个触发性的提升,而且将分配给这一对一个总触发;与此同时,还产生一个特殊的融合而且自为地要求这好几个声音之凸显的统一性。但然后——例如,在 a、b、c 统一地流逝以后——a 再一次出现,继而是 b,然后是 c,在这里相同的 a 唤起相同的 a,而且进程唤起再度的进程,一个节律化作为一个周期化的复多性的统一性产生。但这是因为:第二次的 a、b、c 不让滞留上浸没的东西安静地向后沉〈入〉其滞留的坟墓,而是提升和保持着它的特性,尽管它下沉,并使它活着。另一方面,已流逝的相同之物唤起对相同之物的期待,一个已流逝的周期唤起对周期性的生成之进展的前期待。在我看来,这些是联想的原形式,可以说是本原的联想、印象的联想,而且它们后来还会再次在再回忆中起作用。通过原初的联想的原则,亦即那些将各别的统一性〈统合〉成联结在一起的并存或相继的复多性的原则,在原初的意识中,比如说在印象的意识中被联结在一起的东西也在再造中起作用;这不仅意味着,它理所当然在已是直观性的再造中具有相应的联结——在被再造起来的直观的统一性产生以前,它促使唤起成为直观。

如果我们现在切近地打量原生的相似性联想,那么显而易见的是,产生某种相合属于其本质。两个过去能相继得到完全直观的回忆,而绝不是在一种聚合的形态中,绝不是在一个使两个图像一起直观地进行的意识中。如果我们具有一个回忆情境而且它仍保持活力,那么一个从中被唤起的另一个回忆情境不可能同样完全直观地在那里存在。但对这两个过去的一个聚合意识(Zusammen-bewußtsein)仍与唤起一同进行,而且这个聚合意识显然以在局部相合情况下的排斥的方式进行。相合者是相似性环节，而且联想者遮盖被联想者，第一个直观的情境中的唤起者遮盖被唤起者。相合密切地按相似性的等级而定，而且在被唤起者是一个对象，即作为同一地被构造起来的同一个东西的地方，相合也是按同一性的意义相合。与这些相似性环节或同一性环节联结在一起的东西于是处于张力中，处于一种争执中。在这里，也许有人会谈论肯定的和否定的相合。如果第一个情境完全鲜活，那么从被唤起的环节发出的被联想的情境就停留在被抑制状态。但个别的局部唤起的力会变得更强，于是存在两种不同的可能性。要么从一个邻接性联想（Kontiguitätsassoziation）方面的突破使整个过去变得鲜活而且以回射的方式将这个相似性环节从唤起它的环节扯开。于是，这整个起联想作用的情境消失，它的整个图像被抑制，而且我们完全生活在新的过去中。要么这些图像彼此混杂，第一个再造的过去中坚持下来的片段与另一个过去中的片段联结成一个图像的统一性；但在那里，这种混杂也必定存在于这种情况中：那里没有进入这个图像的东西仍以被抑制的意识的样式在那里存在。这就像在"视野间的竞争"的情况中那样，在不相配的图画之立体的组合的情况中那样：一个片段和另一个片段相联结，但有可能不断更迭，而且是这样，以至于对一个片段的意识连续停留在被抑制状态。图像的统一性根据与相似情况——在那里，相似的成分作为未断裂的统一性被构造起来——的类同通过一个统摄的解释的统一性连同一个被构造起来的意义的统一性而产生。但一旦在相继中这两个情境在直观上以这样的方式分叉，以至于被抑制者的触发力获胜而且图像发展在继续进行，一旦此后这两个情境中的每一个都相继不受阻碍地流入其分别的统一性和一致性中,被组合起来的图像的双层性及其处于冲突中的部分间的联结就成为明见的。结果表明,只有那些分别的再造是现实的自身给予,而且它们按所有部分并且按其部分的所有联结在意向上共属一体。属于任何一个回忆的本质的是,它能被实行,它能被带至进展中的明晰性,能被带至当下化的当下过程的重复进程的明晰性,能被带至通过与其他回忆的搭叠而产生的编结之解开的明晰性和统摄的描抹(Übermalungen)之剔除的明晰性。而且不管这怎样一同列属主动的、在这里充满目的地活动着的自我的成就,一个真实的过去之明见性的根据却在于:成为明见的,任何一个回忆错觉都还是只有通过回忆得到澄清,而且真正的过去意义(Vergangenheitssinnes)的元素必然只能在混合中〈参与〉每一个这样的错觉,而且意义的完全充实和对一致性的回忆线路的完全阐明是一个终极存在的观念。在这样谈论观念时,请注意,在一个没有任何混合的回忆是可疑的地方,还是涉及一个极限,一个终极存在的、可被明见地凸显的、但却不是在通常意义上的被看到的界限。回忆的感性质性和整个明晰性固然摇曳不定,而真实的回忆之真实的质性是观念上的界限。

由此我们所获良多,同样,也首先是一种对被动性内错觉的起源、错误的起源的深刻洞察,更确切地说是对作为一个自在的领域的回忆领域内的错觉的起源、错误的起源的深刻洞察。

20. 康德关于生产性的想象力的综合的学说

我们的问题是在被动性能承担的范围内澄清自在的观念。虽然在充分的意义上只有在判断性的认识领域,亦即在自我之自由的理性活动领域,才能谈论有效性、正确性和真理,而且也才能谈论明见性,即那种在其中这种谈论获得原初的被给予性的意识。但在被动性的领域,就它为一切主动性创立奠基性的基底而言,我们已具有明见性的前层级及其相关项。因此,在这里必须启动基础性的研究。

在此,我们出于历史的兴趣回忆起康德的天才的直觉,这些天才的直觉——主要是在《纯粹理性批判》第一版的超越论演绎中——在其意义深刻而又不明晰的生产性的(produktiv)想象力(Einbildungskraft)的综合的学说中获得其表达。当康德在其伟大的著作中谈论一种分析的综合时,那么他指的是那种在其中以明确的概念和判断的形式被开显的认识,而且按照他的观点,这种认识回指一种生产性的综合。而在我们看来,这种生产性的综合恰恰是我们称为被动的构造的东西,恰恰是被动的意识的那些不断向更高层次发展的意向性之间的合作,这种合作可按我们的现象学方法得到揭示,一种极其多样的内在的和超越的意义给予在这些意向性中被动地进行,而且组织成全面的意义形态(Sinngestalten)和存在形态(Seinsgestalten),就像内在的体验流的统一性那里的情况一样,而就超越而言则像世界的统一性及其普遍的形式那里的情况一样。由于康德不可能认识到被动的生产(Produktion)的本质是意向的构造,而且还不可能看出真正的问题是系统地理解一切对象性之构造的本质必然性和其层级建构的进程,因此,他当然也错失了明见性问题。所有的后继者当然也错失了在其真正的现象学形态中的明见性问题,而且是由于相同的原因。

21. 内在领域的自在问题的开显

让我们把自在真理的问题或明见性的问题限制在内在领域，而且当然是出于充分的理由，因为在这里它必须首先得到说明。任何一个自身给予的表象对一个非自身给予的表象——与它达到综合的相合——实行某种成就，这种成就都暗示"充实"这个词：它把"自身"的充盈带给作为单纯意指的非自身给予的表象。被意指的存在现在作为真实的存在矗立着，作为现实的对象矗立着。但现在的情况就像我们曾经讲过的那样：一个自身给予的表象在总体上会变得可疑而且能通过否定被注销，它自身中已织入前摄。甚至在本真的自身给予与非本真的自身给予被区分开来——就像在外感知中那样——的地方也显示出：失实是可能的，而且还能使本真的显现者被抹掉。

让我们直接就内在发问：自身给予在这里是否不可能是一种完全相对的东西，这种东西根本不包含最终有效的自身或在其背后根本没有作为支撑性标准的最终有效的自身？难道情况不可能是：任何一个自身给予都可能由于与其他自身给予的冲突而失效，而这些其他自身给予重又可能由于与其他自身给予的冲突而失效，如此以至无穷？更确切地说，难道情况不可能是：如果某个表象在一个相应的自身给予上得到证实，而这个相应的自身给予随即通过否定被消除，那么被表象之物也因此作为非现实之物被给予；但后来连这个作为标准起作用的自身给予也被消除了，因此，现实之物与非现实之物始终只是一种瞬间之物，亦即某种属于偶然的充实过程的东西？或者情况是：如果我们接受某个表象，那么这本身就决定了,有一个最终有效的自身存在作为真的和永远不可抹掉之物与其被意指的存在,亦即在其中以信仰确然性的样式被给予之物相应?

诚然:我们最初从本质上认识到,在其活的当下中内在地被构造起来的存在不仅作为存在着的东西自身被给予,而且这种存在是不可抹掉的。一旦我们假定情况不是这样——我们常会做此假定——我们就会看到,这个假定由于被给予物而绝然地被注销了。无可置疑而且不可注销的有效性在这里是清楚明白的。但因为它只是一种瞬间的有效性,有何用呢?内在之物流逝而去。但在我们谈论一个真实的自身和一个最终得到证实的表象的地方,我们通过再回忆越出瞬间的意识,在再回忆中,我们一再回到同一表象,回到自同的被意指对象;另一方面,在再回忆中,我们能够一再保证或有可能保证证实性的自身是一个同一的而且不可抹掉的自身。诚然,我们是以不可抹掉的确然性的方式拥有瞬间的体验,例如,对一个我们在其当下的生成中看到的内在的感觉素材的瞬间体验活动。但只有当我们不仅把它看作当下样式中的瞬间素材,而且把它看作同一的给予者,而这同一的给予者能在任意重复的再回忆中被给予时,我们所把握到的存在者才作为自在存在着的东西被意指——也就是说,当我们把它看作时间性的素材,例如,看作在其时间性中的声音素材,而这同一的时间性与各种可能的定向相对,例如,它们产生各种变化不定的回忆。①

---

① 我对此并不完全满意。对象之物从一开始就作为时间之物被构造起来,而且瞬间的相位是一种抽象,我们最初必然造成这种抽象。因此,瞬间的不可抹掉性不是一种最初之物。

278 　　我们看到,时间形式是对象的形式,作为对象,它们伪称拥有其自在。任何关于对象的谈论都以此方式回溯到再回忆。因此,这不仅对内在对象有效。即使我们考察一个意向相关项,即使我们考察作为当下样式中的意义的瞬间当下之物,并对此做出一种客观的陈述,我们也把它理解成我们能在重复的回忆中当下化和认同的东西,亦即,具有这种再造性地被当下化的特征的"瞬间当下之物"。我们从这种考察中认识到,关于对象性——自在存在着的对象性——如何被构造起来的问题,关于它如何能原初地证明自身是这种对象性的问题,在一切领域而且完全在原则上首先导向再回忆的自在的构造问题,因此,导向这样一个问题:再回忆如何辨明自身,它在何种程度上能成为最终有效性的一个源泉。我们必须首先弄明白这个问题。但更严格地说,就一个完善而系统化的步骤而言,还缺少一个中间环节。内在地形成的活的当下,只要它在构造中生成了,在我们看来就是不可抹掉的,在这里,怀疑是不可能的。因此,这也关系到所属的活的滞留段。我们明确了然的是,任何一个仍在活的消退中延续着的滞留都不可能被变式。但重又包括在内的是,自在尚未因此而被表明。我们能够专注地把一个正在消退的声音保持在手,甚至更牢固地把握着它。这里存在着某种最原始的主动性。但情况也可能是,我根本没有注意到它,没有主动地朝向它和声音系列,它却施加了特殊的刺激。由于一个联想的唤起,它获得了一个意向的特征。也许在一个再回

279 忆中,这种刺激(这种触发)在两种情况下都会完全不自觉地爆发出来,它不仅终究会发生,而且是作为意向的充实而发生。请注意,这个再回忆是一种在本质上不同于一个滞留的东西,而且绝不

是一种在明晰性层级增强意义上的单纯对滞留的激活。一个明晰的滞留——我们在最接近原印象的滞留层级上把握到它的本质——始终仍是一个滞留。任何滞留都是其所是的东西,而且只在它所站立的流动的感知位置上具有其意向的样式。但再回忆是一种再感知,也就是说,它虽然不是感知,却是一种重新构造,即重新随原现在开始和滞留性地消退,但恰恰处于再造的样式中。因此,在再回忆中,所有的滞留层级都"重新"出现,在再造中被变式。如果这样一个再回忆现在是紧接着一个正好包含刺激的滞留之后产生的话,那么它必然是在与滞留的意义相合和存在相合中产生的。同一个正在消退或已消逝的声音再一次出现,而且我再一次经历它的存在。这能够被重复进行,我再一次自觉地或不自觉地再造这个声音或一个完整的乐句,甚至一段完整的旋律。在这里,再回忆的不可抹掉性情况如何呢?它能预先被否定吗?然而,在认识论中不是历来谈论再回忆发生错觉的普遍可能性吗?而这不是也对内在领域有效吗?

22. 再回忆,对象之自在的源泉

在这里,我们显然必须在近回忆与远回忆之间做出区分:1) 通过仍然原生鲜活的滞留,亦即仍处于环节分明的构造流中的滞留被唤起的再回忆;2)〈那种〉伸入滞留的远视域中的再回忆,例如,在对一段完整的音乐的这样的再回忆那里。

1) 作为源于唤起原生鲜活的滞留的再回忆

就前者而言,我们将说:对于再回忆重新直观地意识到的刚才的曾在和仍在下沉者来说,我们拥有绝对的不可抹掉性——而且这甚至在再回忆被重复时亦然,在那里,第二次再回忆现在从第一次再回忆获得其明见性,而不再从此刻已完全消退的滞留中获得其明见性。我们在这样一种重复的自身相合中把握到自身和自身的同一性,尽管如此,却并非没有不完全性和完全性的等级性。因为我们的确知道,再回忆的明晰性本质上摇摆不定,甚至可能时断时续。各种不同的内容要素在一定程度上就像被一团不明晰性的雾或多或少遮蔽了似的。但这不是通常意义上的那种遮蔽,亦即对象被其他对象遮蔽的那种遮蔽。这种不明晰性的雾不是对象性的遮掩,不是实在的雾。不过它遮蔽自身给予,使自身给予不完全。但刚才的曾在作为曾在是绝对可靠的,它是不可抹掉的、无可置疑的,而且在一切从它之中被给予的东西方面,在质性、强度和音色方面,都是绝对可靠的。在一切相对的不明晰性中,透过遮蔽它的雾,它都切身在场,只不过没有完全显明,只不过没有被最终现实化。因此,在这种不可抹掉性里缺少某种东西。这种事况本质上包含着:各种被给予性在不同的明晰性层级的变动中之必然的同一性相合和在朝着一个最终的、最本真的自身方向上的某种程度的增强,这个自身是具有充分显明性的自身,但这种充分的显明性只是一个可被洞见出的观念、一个观念上的极限。

但特别之处在于,绝不是首先需要以这个观念上的极限为引导,以便一个较不明晰的再造得到最初的证实。在这种与活的当下的关联中,它本身就持续具有其起源的正当性。而"起源的正当性"意味着,它包含一个自身,这个自身是牢不可破的,尽管它只是处于相对于一个极限的等级性系列中,单是这个极限按其意义就会充分展示这个"自身"。较不明晰的再回忆是不大饱和的,较明晰的再回忆是较饱和的,它是"强度较大的"自身给予,但如果它总的来说是直观的再回忆,那么它将给出一个自身,而不是给出另一个自身及其任何要素。① 但空乏的再回忆实际上不是再回忆,而是唤起,或更确切地说,是一个从记忆的浸没状态中凸显出来的滞留性积淀物的触发性刺激。② 在这里,在某种意义上还〈存在着〉近与远之间逐级性的区别。

因此,人们一定会说,我们还有另外一种等级性,亦即在延伸进浸没状态之最远视域中的再造那里,甚至已在接近它的那种再造那里。也就是说,这里所产生的自身被给予性虽然是现实的自身被给予性,而且在这样的关联中是无可置疑的,但使它们逐渐变得不确定的是:这些现实的自身被给予性伸展多远,还有什么样的规定性要素可以被现实地归入它。

2) 对于浸没的意识过去的再回忆

系统的进程于是进一步抵达再回忆,这些再回忆在直接的当下领域不具有其滞留的联结,而是可以使一个早已浸没的远离的意识过去重新复活。我们在这里讨论与近回忆相对的远回忆。对于远回忆,我在这里也持这种观点,每一个再回忆都具有其原初的正当性,这意味着,我们本质上能够洞察到:与每一个再回忆相应,也与这一组再回忆相应的是一个必然的观念,亦即一个不可抹掉

---

① 在讲座中还添加了如下内容:对近回忆的辨明还不是对一个作为自在存在对象的内在对象的认识可能性的说明。因为我们这时仍束缚于再回忆的链条上,而这些再回忆附着于一个活的滞留上,以这个活的滞留为出发点而为其自身给予的明见性所承载。只有当我们已经辨明了远回忆时,我们才有可能在任何时候都能重新辨认出一个作为存在对象的内在的时间对象。

② 参见附录九(第383页及下页)和附录十(第384页及下页)。——编者注

的自身的观念。对此,我的主导思想是:一个直观的远回忆,如果它不是一闪即逝,而是经久不息的而且在综合中是可重复和可认同的话,那么它的对象性本质上只有一种被转入怀疑然后被表明为无效的可能方式,即再回忆彼此混杂的方式。因此,这种不一致的产生,即在自身被给予的过去中开始时未破裂的信仰的阻碍和注销,必然导致分裂现象,在其中,相应的远回忆分岔成几个不同的远回忆。而且是以这样一种方式分岔,以至于完整的回忆的统一的对象性被表明为各个别对象、各个别特性和过程的融合,它们归属于各个别的回忆,而且在那里随部分其他的对象规定而自身被给予。现在,可能以同样的方式发生的是,任何一个分裂的回忆都丧失了其未破裂的一致性的特征,而且通过分裂成其他那些在自己自身内又是一致的回忆而被抹掉了。但一方面,始终保持有效的情况是,每一个被标识为错误的回忆的内容都只是对于结合着的整体的统一性来说是错误的,而对其部分来说则仍是正确的。被抹掉的东西总是那由混合所形成的整体,而那些形成这种混合的部分仍是自身被给予的,只不过它们隶属于各种不同的关联。而另一方面,这个分裂过程不可能无限地进行下去,它是各个分立之物的一种杂处,因而必然会有一个终结。然而,这已足以说明,在回忆中出现的东西作为被回忆物本质上不可能是完全空乏的,它的自身给予不可能是一个空乏的标题,而是在现实的自身给予中有其源泉,以至于使我们不得不回溯到一个纯粹的自身被给予性的链条的观念上。这些纯粹的自身被给予性不再是可抹掉的,而是只有在完全的同一性和一致性中才是可重复的和在内容上可认同的。在这里,我们当然也具有对于每一个真正的自身被给予性的部分来说的明晰性的等级性,而就此而论,最完全的自身被给予性的观念作为极限。因此,这种饱和也〈具有〉明见性的区别。在两个方面,我们当然都指明主动的自我及其自由的活动,在其自由的活动中,它受这样一种经验引导,即回忆可能被表明为错觉,尤其是不明晰性的雾可能遮蔽这些混合。因此,自我旨在彻底检查其回忆,自觉地澄清它们,研究其各部分的意向关联,借助分裂摆明幻觉,以此方式抵达真实的自身。

但对进一步的理解仍然必不可少的是,说明被动性内错误的起源,更确切地说,是说明错误在其最原初的混合形态中的起源。这个问题把我们导向被动的意识分析的一个根本部分,而且作为发生性的分析:导向联想现象学。

23. 直接的唤起与间接的唤起

联想这一标题为我们标明了一种固定属于意识一般的形式和内在发生的合规则性,而不是——像对心理学家那样——一种客观的、心理—物理的因果性形式,不是这种合规则的方式,即在人类的和动物的心灵生活中,再造的产生、再回忆的产生在因果性上的被规定方式。我们当然是在现象学还原的范围内活动,在其中,一切客观的现实性和客观的因果性都被"加了括号"。对我们在场的东西不是这个被接纳为现实性的世界及其有生命之物和因果性,而只是它们在其意向性中的现象,物现象、人现象等等。在纯粹意识这个范围内,我们发现流动的意识当下,我们发现一个感知上的意识当下总是作为切身地被构造起来的现实性被构造起来。但过去也能以再回忆的方式进入现在的意识中。更严格地说,在一个当下流动的意识的统一性中,我们发现具体的感知及其滞留的成分,还有具体的滞留,所有这一切都处于滞留的流逝中,都在渐渐消失于滞留的远视域。但此外还有突然浮现的再回忆。我们在当下之物的意向相关项成分与被再回忆之物之间发现一种在现象学上特有的联结特征,这种联结特征可用这句话来表达:当下之物使人回忆起过去之物。同样,在一个再回忆进行的同时,第二个再回忆能够以这样一种关联的方式与它一同出现,这种关联在意向相关项上的特征由此得到标识:第一个被回忆起来的事件使人回忆起第二个被回忆起来的事件。据此,一个正在感知的意识,亦即一个本原地构造着的意识可以被标识为唤起性的意识,即唤起一个再造的意识,而且这个再造的意识能够再一次以这同一种方式作为唤起性的意识起作用,作为似乎招来一个意识过去的意识起作用。

让我们粗略地考察这个关联。如果一个 a 使我们在意识上回忆起一个 b,那么联想唤起要么是直接的,要么是间接的,而且直接的联想与间接的联想始终相互交织,尽管我们自然想到的本身有可能只是间接的联想。例如,〈在〉我们刚才进行的一次谈话〈中〉,一个想法被说出来,这使我们回忆起一位朋友。这个想法属于当下谈话的统一性,这次谈话使我们直接回忆起以前与这位朋友的一次谈话,在这次谈话中相同的想法曾被他说过。在 a 与 b 之间、想法与朋友之间的联想是一种间接的联想。直接联结着的是 a 与 a′ 和 a′ 与 b,也就是说,直接的唤起从同一之物、相同之物或主要是相似之物趋向相似之物;我们说,正是桥梁环节把当下意识与以前的意识联结起来。相同之物和极其特别的意义同一之物、同一的想法,唤起对相同之物的回忆,而且唤起从那里继续趋向以前其他的意识内涵。然后唤起又继续进入持续不断的回忆系列或过去系列,它在这个方向向前延伸到当下,但也不连续地延伸到后面的过去,或者还不连续地延伸到未来之物。更仔细地看,这里还产生了几个问题。

24. 印象领域内的联想・它对于再回忆和类比性的前摄的意义

复多性已单独凸显,它作为复多性起触发作用,而且同时以一个声音盖过诸对立环节的特殊的力触发一个环节。这是一个特殊的而且肯定也是重要的问题,即研究:什么是一个复多性的诸环节能达到现象学的合一的一般本质条件,继而什么能把复多性与复多性联结起来,因而一般来说什么样的意识产生统一性,而这些统一性不是原初的个别性。"原初的个别性",它们是对象,本质上首先必然作为整体凸显出来,然后需要分析,以便使对象的部分或要素从它们那里或在它们之中达到凸显,而一个复多性的对象恰恰是一个复多性,已凸显的个别性本质上先行于它。个别性和复多性的一般条件将我们引向相同性和相似性的某种本质关系,与此相关联,将我们引向对照的某种本质关系,等等。但我认为,所有这些都涉及意向和触发的可能性条件,意向和触发以强化的方式从已凸显的相同之物传播到相同之物,从相对而言最相似之物传播到最相似之物,而且在与意识之单方面的或相互的传播或唤起的一致中具有一个将特殊触发结合在一起的联结性的力。

"回忆起某物"是一种可见的关联。例如,在相继成为作为联结起来的统一性的复多性的构造中就是这样,譬如说,一个联结起来的声音序列。最初,一个声音单独出现,也就是说,那些通过内部连续的相似性相互连续地融合的声音相位由于它们在起点和终点中的对照而形成声音线路,形成位置,一个单独的绵延统一性,它们统一地起触发作用。然后出现一个新声音,继而又出现一个新声音。但是,那里出现的每一个新声音都不是像第一个声音那样出现,就像在它之前没有声音出现似的。新声音随即与刚才在先响过的、在滞留上正在下沉的声音结成统一性关系。由于意向对象的相似性,这一个意向对象的触发与另一个意向对象的触发作为对同一个自我的触发联结成一个统一性。但不止于此。在滞留上正在下沉的声音——它本身不断丧失触发力——通过这个联结获得一份力的增加,而且随着每一个新声音它重又如此。

对统一化和这种重新唤起不断下沉的力的作用有助益的不仅是质性、强度[等等]的相似性和相似性关系,简言之,是内容性要素的相似性和相似性关系,而且是时间关系和空间关系。一个特别富有教益的范例是节律化和周期化(Periodisierungen)。让我们例举一个简单的重复:a、b、c,又一次是具有相同的内容和相同的时间关系的 a′、b′、c′。这个新的 a′ 回溯到 a,同样,b′ 回溯到 b,c′ 回溯到 c,但不仅如此,a′、b′、c′ 的联结状态也回溯到 a、b、c 的联结状态。在这种触发性的相合中,第一组的已下沉之物得到一次强化和统一化,每个新的重复也都有利于以前的重复;随着一个高级秩序的统一性的创立、一个周期性的相继的统一性的创立,甚至可以说连在滞留上衰落入坟墓的东西也被系于生活。所有这一切都是现象的合一的过程,它们是从内部看到的触发性联结的过程,而且触发性的联结同时是触发力的唤起。因此，我必须从这当中认出联想的原形式，可以说是本原的联想、印象的领域内的联想。

因为在其他情况下——亦即在源于再造的远联想（Fernassoziationen）的线路那里——也一样，在我看来，这个过程的最本质之物在于触发性的关联。

但首先必须指出，创立联结的相同的原则，它们原初地在印象中起作用，再一次在再回忆中发声。对此，我这样认为：一种不言而喻性是，当一个再回忆完全直观地展示出来时，所有个别的凸显和复多性的联结以再造的方式重又在场，它们是在相应的原初感知中被构造起来的。但在一个再回忆从一个当下联想地被唤起的情况下，在那里，这种唤起是一个过程，因此首先当下的相似之物使过去的相似之物获得再造，而且现在对不断扩展的直观的唤起的进程遵循那些其间嵌着桥梁环节的联结。如果一个当下的思想回忆起一个过去的思想，那么就存在唤起思想系列的趋向。如果思想与说出思想的人处于一个统摄的统一性中，而且这个人与其他人处于复多性的联结中而成为一个社会，那么所有这样的统一性就获得直观性的展显，或者有这个趋向。这些都属于我们正在探讨的问题。

存在一个原规则（Urgesetz），即相似之物与相似之物进入"融合"这种原初的联结，而且还有这个进一步的本质规则：一个环节的每一次唤起，由此环节发出的触发力的每一次提高，也提高了所有联结在一起的环节的触发力。但当下内的要素——它们在意识中具有其特殊凸显，因此具有其对自我的现时的触发力——不仅唤起过去的相似之物，而且根据一个进一步的规则唤起那种按并存和相继(亦即联想的规则)在时间关联中与它们连续地联结在一起的东西。此外,对我们来说现在还有类比性的前摄的规则,据此规则,当下内联想地被唤起的过去的一个类似物和过去的生成的一个类似物,亦即过去的已生成状态(过去的过程)的一个类似物,它们在相应的意识处境处于生成的进程中,作为准-生成性的（quasi-werdende）被投射进当下。因而在当下内产生一个对一个生成的类似物的意识,但这个意识不是一个回忆意识（Erinnerungsbewußtsein）,而是一个回忆意识的类似物；另一方面,就像对一个过去的生成的回忆已预先指向已知的——之所以是已知的,是因为已通过认识获得——未来那样,这个类似物也预先指向一个未来,这个未来虽然不是已知的,但却是一个已知的未来的类似物。

25. 滞留的合规则性

但如果有人问——而这将是另一个问题——应当如何理解这一事实：当下通过相似性取回已浸没的远过去,而且确实不再有任何东西现存的过去在其过去的触发性的关联中——这些触发性的关联从前确实只对过去的自我具有意义——能规定再造的唤起的进程；那么对此的回答将是：当下变成过去,作为通过滞留的合规则性对自我被构造起来的过去,而且所有滞留之物最终变成一个远视域的远滞留（Fernretention）之无差别的统一性,这个远视域抹去一切差别性。但这种抹去必须这样来理解：触发力必然随着下沉减弱,这就是说,它减弱这种力,这种力甚至在滞留的非直观性中也使各种特殊凸显、各种统一性独自成为可能,无论它们是个别性还是复多性,甚或更高层级的复多性,譬如,周期性的复多性。

平摊在近滞留（Nahretention）内的东西合拢为一个被延展者和一个连续浸没的触发的统一性，而且作为复多性的同时被给予的环节或复多性的彼此相随但却远远分开的环节存在着的东西也是这样；我会说，与时间的透视相应、与刚才—曾在在现象上的聚拢相应的是一个触发性的透视，流逝是各种触发的一种汇流。所有这一切，我们必须附加条件，只要各种反作用力、各种追溯既往的触发性的活化不是从鲜活地萌发的印象这里发生的。这样的东西的确以重复、周期化等诸如此类的形式存在着。从前已不显著地流逝了的东西，由于发掘性的唤起、由于追溯既往的触发之力的增长而仍被保持着。但不是无限地保持着。最终，唤起的力处于无力的状态，而且无差别性的视域吸纳一切在滞留上正持续不断地下沉的东西。但此外补以这个规则：这个远视域、这个已死的远滞留能从现时的当下这里被重新唤起，以这种形式，即一个激发断续地从当下进入这个视域而且能在其中产生一个凸显。这个凸显本身然后又按照从被唤起者中发出的唤起力进行传递，例如，从被唤起的模糊回忆——关于一个在相似的讲座链条上的讲座的模糊回忆——的力中。这个滞留的唤起然后以这样的方式起作用，以至于它带有一个再回忆的趋向，这个趋向然后有可能在正在发生的再回忆中被实现。

  这里当然产生了亟待探讨的新问题。这需要一门关于趋向和规则之指明的现象学，这些规则控制着趋向的实现（Realisierung）和有倾向性的意向的充实。缺乏的是单纯的同时性的联想和作为纯粹的时间联想（Zeitassoziation）——它是一切通过融合而产生的联想的框架——的序列。

26. 期待与联想

我们已从再回忆触及联想现象学，而且在我看来，它必须从那里开始着手，而且不应被卷入任何种类的再造现象，就像直观的期待现象那样，尤其是像自由的想象现象那样。至于期待的合规则性，我们已反复触及和应用它们。它们也通过我们目前的发生分析得到丰富和澄清。我们称前摄为一个被前掷的影子、一个被向前翻卷的回忆。让我们现在更明确地说，作为最原初的前摄，亦即作为印象的领域的前摄，它首先是一个从近滞留被动机引发起来的滞留的变样，而且在进一步的序列中这也对远滞留有效。如果期待就像一个滞留一样带有一个直观化的趋向，而且如果这个直观化在有相应的唤起力的情况下发生，那么被唤起的直观之物虽然不是一个全然的再回忆，但却是一个再回忆的一个特有的和原初的变异。例如，如果一个足够缓慢地进行的声音序列被重复，而且在重复时我们眼前可以说匆促地浮现出来的不是空乏的期待意向，而是一个例示它的将来者的图像，那么这个将来者的图像明显是这个声音序列的相应片段的再回忆，但处于一种新的样式中，具有一种新的功能；这个以回忆的方式被给予之物使这个将来者直观化，这个将来者不是过去之物，而是被期待者，这个被期待者在过去之物中有其原型（Prototyp）。在期待中我们不拥有过去意识，尽管过去在旁显现，它已被转化成预期，而且我们能在其中看出这一点。

让我们更详细地考察活的当下领域中的事况。未来之物的出现通过与出现过的过去之物的相似性而被期待，就像在持续的前摄的最原始的情况下就已发生的那样。

B 论 文

感知及其自身给予[①]

1. 内在的感知与超越的感知

首先,一个最基本的区别是我们是否考察对象性,这些对象性是可经验的只是由于,正经验着的主体在其论题性的自我行为中已自动地生产出它们——例如,就像数只有在计数的行为中才原初地对我们作为对象在场,或者就像理论只有在理论化的行为中才原初地对我们作为对象在场。相比之下,存在一个完全不同的原初的被给予性方式、一个完全不同的经验方式,如果对象在经验中被动地预先被给予正经验着的主体而且只有借助预先被给予性才是可经验的,那么这个主体只是实行接受性的行为,实行把握已在场之物、已显现之物的行为,然后是解释已在场之物、已显现之物的行为。由于这个对象的领域必然先行于一切主动性一般,而且由于,例如,思想对象、理论对象作为精神的构成物只有以这样

[①] 1923 年(?)和 1920—1921 年。——编者注

的方式才是可能的,即另一些不同的对象已通过接受性预先给予它们,因此,所有现象学的研究的头等之事,更确切地说,意向相关项上分殊性的研究的头等之事,是对被动地被给予的对象的研究。在正常情况下,经验和感知仅仅意味着对这类对象的经验和感知,就像有人也曾说过的,"感性的"对象——一个我们总是出于充分的理由不愿束缚其上的限制。

在被动地预先被给予的而且以接受的方式被经验到的对象领域内,我们只关涉个体的对象——一切普遍性都是自发的主动性的构成物。在这里,最彻底的和最最一般的区别是内在的对象与超越的对象之间的区别,这个区别,我们已反复应用过它,但尚未论题性地澄清它。

因此,在这一方面存在着内在的感知,即对我们本己的体验的感知,但在那里我们为我们的方法之现象学的纯粹性而操心。因此,这里的被感知物自身是一个体验,而且在这方面无须任何排除。例如,我们体验到一种愉悦。在这种情况下我们具有一个本原地给予着的对这种愉悦的意识,它[这种愉悦]不仅存在,而是内在的感知客体,而且它根本不可能以不同的方式存在。我们无须觉察性地指向它,但它却持续被意识到,因而预先被给予可能的反思性的认识。因此,贝克莱的(Berkeleysche)公式"存在 = 被感知"(*esse = percipi*)对任何一个内在对象有效,他无疑偏偏是针对外部对象提出这个公式的,就像我们马上将听到的那样,它对外部对象无效。对内在对象来说,存在与在意识上被构造起来的存在(Konstituiertsein)相合。二者一体不可分离。我说"被构造起来的存在"。因为在适当地限定在内意识的对象领域以后,我们从时间分析中认识到,一切体验在其内部的流逝中都被内时间包围,它们在内时间中具有意识上的位置和绵延。但每一个体验作为内部的时间对象都首先和原初地为内意识被构造起来,由于一条由原印象、滞留和前摄所构成的流,它作为贯穿这个内意识的统一性被意识到。存在与被知觉到的存在(Perzipiertsein)原初在感知上不相合,但存在与在重复的再回忆中可知觉到的存在相合,或者,存在与从现实的感知及其原构造(Urkonstitution)中获得的相即的被构造起来的存在相合,这相关地就是说,这里在被构造起来的意义和可一再以再造的方式建构的同一的意义与全然的对象自身之间不再能被区分开来。意义的切身显现是在其现实性中的对象自身。

当内意识作为内感知实行一个纯粹内在的意义给予,而纯粹的意识以此保持自己自身时,与此相对,我们发现外感知的超越的意义给予,尤其是那种为其他一切超越奠基的对物体性存在的感知,对物质存在的感知。"对任何一种物体性事物的感知"这种体验是一个内在的对象,在内时间中就像一个其他的体验那样被意识到。但在其中恰恰一个切身地被意识到的物体性的事物通过一个独特的意义给予被构造起来。这个已被意识到的对象自身不是作为内在的对象出现,而且它丝毫不实项地被包含在被感知中。无疑,一个人有充分的理由说,尽管物体性事物被感知到,但它们无须存在:事后可以表明,这个感知[原来]是一个欺骗性的感知。相反:事物能现实地存在而没有被感知到。这样一些陈述当然超出了纯粹现象学的领域。但如果我们作为现象学家已注意到在感知中的被感知物本身,那么我们就会发现,外感知之对象的意义以奇特的方式超越了它自身和使它现实地达到切身显现的东西。每一个这样的感知可以说都预期一个成就,而且根据其本己的本质预期一个成就,它原则上不能在相即的自身给予中实行这个成就,它预期一个剩额(自身给予总是同时是预期)——而内感知在完全切身的被给予性中现实地当下具有其对象的意义。

外感知涉及整个所谓的外部世界、房子、桌子等等。甚至当我们谈论动物和人,而在其间我们发觉我们自己是人时,这也发生在"外"感知中。所有这些人和动物本身都是外部世界的对象。首先,他们的身体存在着;他们在感知上对我们在场,只是由于他们的物体性的身体存在着。但当我们感知到它们是动物和人时,他们对我们不只是物体,而是有生命之物,它们本身也感知、回忆,而且具有任何一种意识体验。但这些意识体验对我们来说不是像我们本己的意识体验那样被意识到,它们不是从内部被感知到,而是只有通过这样一种外感知的超越的意义给予才能被给予我们,即我们刚才称为对那些在我们外部的人和动物的感知。显然,这种外感知是一种较高层级的感知:在一个最初的超越的意义给予——它在我们对物体性的身体的感知中进行,借此感知这些物体性的身体作为"外部的"东西、作为超越于我们的意识的东西被给予我们——中实行的后一个层级的超越的意义给予,借此进一步的超越的意义给予,这些在此名为身体的突出的物体性的事物在意识上作为身体为我们被构造起来,亦即作为一种心灵生活的身体、一种意识生活的身体,这种心灵生活、意识生活不是我们的心灵生活、意识生活。当然,这里产生了这个问题,即这种不可思议的意义给予是如何发生的,而且首先是外部物理的感知这种低层级的意义给予如何理解:我们的处于其内在中的意识流能在所谓的外感知中意识到原本地被给予的对象、原本地被看见的对象、原本地被触摸到的对象等等,而这些对象"外在于"我们本己的生活流(Lebensstrom)。这种意义给予看起来情况如何,这种"外在于"一般通过它获得其意义? 外感知,而且外部性(Äußerlichkeit)一般,首先是一个语词。这个名为"外感知"的本己的体验的结构看起来情况如何,其意向的成就如何变得明晰起来,"外部"如何获得其意义,在哪一种这样那样被建构起来的体验中获得其意义? 外感知的对象意义具有哪些普遍的和必然的形式,而且那些对这些形式是构造性的显现方式〈具有〉何种本质类型学? 显然在此接着这第一个问题"确切意义上的自然、单纯物理的事物性如何通过意识的意义给予被构造起来",必然作为第二个问题接踵而至的是:各种不同层级的心理—物理的客体性和精神的客体性如何被构造起来,而只有这样,这整个被给予的世界才能完整地被构造起来。因为心理—物理的自然的确已假定:物质的身体性对感知者作为被感知物被构造起来。

2. 时间的透视性与空间的透视性

我们也把外部的事物称为物体。这向我们指明空间性的形式,它以奇特的方式囊括一切作为可能的感知对象的物体性的事物,而且在无限地向外伸展中应囊括一切物体,不仅是现实的物体,而且是可能的物体。作为个体的对象,物体首先具有时间的形式,它们绵延,而且所有其绵延都属于这一个无限的时间。但就时间充盈方面来说,它们在每一个时间点上都具有其空间性的延展,因而具有在这种作为一个多维的连续统、作为一个绝对固定的场所系统(Ortssystem)的空间中的编次,这个绝对固定的场所系统在其同一性中贯穿这无限的时间,必然囊括一切贯穿所有其绵延的可能的物体性的事物。于是,一切有灵魂的物体,即人和动物,在这个固定的场所系统中也间接地获得了其可变的位置,因而同时在这一个世界——这个〈为〉空间和时间形式所囊括的统一性——中也间接地获得了其可变的位置。对一个自我及其意识来说,世界中任何一个客体和世界自身显然都只有通过那种正是在这个意识中以特殊的意识成就进行的意义给予才能在意识上存在,而且这种意义给予是问题所在。

我们始终采取现象学的态度。我们根据本质必然性考察纯粹意识。世界的现实性问题仍与此无涉,我们将世界只看作当时的意识的内在意义。此外,我们对超越论的感性论(Ästhetik)实行限制,我们排除一切判断性的知识,一般而言是整个建基于直观之上的规定性的和述谓性的思想领域。这样,我们将自己仅仅限制在直观上,进而限制在感知上,因此,也可以说限制在世界现象(Weltphänomen)上,仅就它是感知现象(Wahrnehmungsphänomen)而言。还要做更多限制:我们考察个别的物体感知。

我们也采取意向相关项的目光指向。我们在此做个巡视。我们说,可能的感知对象具有必需的时间的感性形式(Sinnesform),可能的外感知的对象也具有空间性的感性形态(Sinnesgestalt),而且这作为其时间内容的一以贯之的形式。我们发现两种形式处于惊人的类似中。在双方面,对象之物都在已构形的广延中被给予,在一种时间形态(绵延)和一个空间形态中被给予。在双方面,形态必然在显现方式的多样性中被给予,在时间的显现和透视和另一方面空间的显现和透视中被给予。在双方面，紧随形态映射（Gestaltabschattung）的都是一种在一定程度上是第二性的映射，时间充盈的映射或空间充盈（Raumfüllen）的映射。

让我们选取任何一个物体性对象，就像它在感知中被给予那样，例如，这张静止的桌子。我们现在不是把目光指向时间性的被给予性的变化和绵延的意义要素，而是指向内容。我们观察它，与此同时我们的目光不由自主地游移，而且借每一个目光调节我们都看到同一个对象，但却处于不同的显现方式中。我们还转动头部或改变我们整个躯体的姿势，走近或再后退，而且显现方式一再改变，而我们在显现方式的这种连续不断的变化中却仍具有对同一对象的意识。在观察这个事物时，我们根本不论题性地指向这些显现方式，而且不想把它们的变化称为对象的变化。这在我们的范例中变得特别清晰，亦即一个静止的对象的范例，这个静止对象之本己的意义规定在感知及其显现内涵（Erscheinungsgehalte）的更迭中凸显出来，但在它们之中只是在显现上变样，而自身不改变。这个事物的同一个面和边在不同的透视中呈现出来，就像它在感知中依次呈现那样。明见的是，没有这样的透视它作为被感知物是根本不可想象的。一个感知物只有以这种方式作为被感知物才是可想象的，即首先它的物体性的形态——这属于客观的事物意义——以某种方式展示出来，作为这样那样透视性地显现着的东西，而且是这样，以至于这个同一的和完全未变化的形态（而且按照每一个独自规定着形态的要素，按照每一条线、每一个面和每一个面与面的联结）是在一种可能的显现方式的无限性中的统一性。这同样对颜色有效。与物体性的形态之透视性的映射平行,它也同样在常新的显现方式中展示出来。对此,譬如让我们观察某个面,譬如,这个可见的长方形的桌面,以及在这上面的颜色。在每一个新的显现那里,我们区分颜色自身与颜色的显现方式。当然,如果聚焦于事物自身上,观察它自身,那么我们根本不区分颜色自身与颜色的显现方式。但一旦进行反思,我们就会发现这种区别。就对象的一切其他直观性的规定而言,情况也是这样,它们铺展在空间的形态上并在感知上将其质性化为空间充盈。

对此明见的是,颜色透视和外部事物之质性规定的所有相似的映射绝不标识一种与形态透视(Gestaltperspektive)同级序的显现方式的多样性,而是标识一种依赖于形态透视、必然紧随其后的显现方式的多样性。这里的情况与时间映射(Zeitabschattung)那里的情况相似,即我们早在时间性的透视的显现方式那里就已该觉察到的东西:随着那个总是重新定向于活的现在的过去的更迭,对象的时间形态,亦即其绵延在越来越新的透视中显现,越来越挪入远处。但在这里紧接着形态显现(Gestalterscheinungen)的变化的还有时间形态的充盈者、形式的质性化者的显现方式的变化:由于形态显现更迭,所有在那里绵延的东西也都在内容上改变其显现方式。

让我们更进一步顺应时间形式与空间形式之平行化(Parallelisierung)的促动。它将推动我们前进。甚至连时间的定向的情况在这样一种空间的定向中也有其类似情况。在每一个感知内都有一个时间的当下被构造起来,而且在这个时间的当下内一个绝对的现在被构造起来。一切过去和未来都定向于这个流动着的现在,甚至连回忆对象的过去和未来也定向于这个流动着的现在。与作为时间的定向之零点的绝对的现在相应的是作为空间的定向之零点的绝对的这里。每一个外感知都带有其现时的空间的当下,而且在这个空间的当下内带有这里这个绝对的零点。它以显现的方式存在于感知者的本己的身体中:以显现的方式,但却以一种非本真的方式。零自身不是可见的东西,等等,而是一个极限。①因此,令人不可思议的是一个叫作本己的身体的感知客体,如此突出,以至于在每一个感知那里,通常在对象的感知那里,它总是在场并且总是一同被构造起来。而且这种对象之所以无与伦比,是由于它总是"包含"零点,绝对的这里,与这个绝对的这里相关,任何一个其他对象都是一个那里。就像普遍的、无限的时间持续地且不可避免地关涉着绝对的现在那样,这整个无限的空间也不可避免地关涉着绝对的这里,而且关涉着与它密切关联着的定向坐标:我们必须把纯粹纵深远离的连续统与绝对的这里、右—左的连续统、上—下的连续统区分开来——而且这三个连续统在混合过程中产生总的三维的定向的连续统,或更确切地说,产生定向形态(Orientierungsgestalt),整个空间任何时候都在其中展示出来。将本己的身体标识为绝对的这里的载体赋予任何一个其他事物和整个当时显现着的事物世界以一个环绕着这个本己的身体的世界的特征或者"在外部",外部世界的这种不确定的定向特征,在这里被理解为在身体及其零物体性以外的东西。无论事物如何运动并且无论我的身体如何运动,这种最普遍的显现样式(Erscheinungsmodus)都没有丝毫变化,身体仍是中心,而其他事物仍在外部。但除了一个零位置,这些事物原则上能呈现出一切定向,而这

---

① 右—左的零区域,上—下的零区域,前—后的零区域。头在上,脚在下,这一只手在右,另一只手在左,胸部肯定在更上方,等等。零点是左—右等在观念上的基准点。

个本己的身体只能呈现出极其有限的定向差别,恰恰由于它的零关联。它只剩下定向旋转的显现变化,例如,当正在感知着的观察者转动并低下他的头时,显现变化就产生了,在此之际,他身体的其余部位呈现出各种变化了的视角,因此呈现出对于零位置的定向变化。因此,根据对象的意义,这个本己的身体以根本不同于其他事物的方式被标识并在现象学上被构造起来。就所有这一切而言,问题在于,如何"配合"。

此外,从这里发散出许多新问题。像变化的问题,而且首先是运动的问题,运动的可能性属于一个物体性的事物的基本本质。一个物体性的事物能在不同的方面发生变化,尤其是在其物体性的形态方面,例如,它能被变形。单纯的运动和单纯的静止是针对未变化的形态而言。形态从空间脱落,它在处境变化过程中只有在越来越新的处境中才能占据空间,这只有通过运动才能发生。我们在这里还发觉如下情况:同一个事物在形态未变化的情况下能在其不同定向中显现,因而在其不同的透视性的显现方式中显现,这种显现方式能发生变化,即使对象静止不动,而且它能保持不变,即使对象运动。对此,身体又再次起作用,亦即根据它自身运动还是静止的情况。一个外部事物的运动并不必然影响其他事物的显现方式,本己的身体的运动彻底变革一切事物的显现方式。它在某种程度上可以说恰好能与一个运动一同行进,而且以此方式,以至于抵消了每一个显现变化。此外,在一切感知那里,身体的运动都起作用,手在触摸的过程中运动,眼睛在看时运动,而且在那里身体的其余部位以各种各样的方式协助。所有这一切都属于一个现象学的问题域,通过对这些现象学的问题的解答,必定可使其得到理解的是：什么在那里超出恰好具有如此性能的身体性——带有恰好如此被赋形和组织起来的器官——之经验性的、人类的事实而在本质上属于一个外部的感知被给予性之意向相关项的成分，也就是说，一个一同被构造起来的身体性对每一个外感知施加何种类型的功能，以及它如何成就必要的贡献。也必定特别得到澄清的是：所谓的假象运动（Scheinbewegungen）具有何种必要的构造功能，为何它必定总是在那里，以及这是如何发生的，即任何一个陌生事物的运动的现象都与本己的身体的运动的这种完全不同的现象不可分割地交织在一起。

我还想对此说几句，即物体性形态——作为事物自身本己的、与事物一起运动的空间性广延——的作为事物之形式的基本规定起作用的方式。事实上，事物的一切其他特性都与它相关，它们是在最宽泛的意义上充盈这种形式的东西。就像我不久前已讲过的那样，物体性的广延或形态是事物在其中"延展"的东西。物体是可分的，而且每一个划分都把事物及其一切特性片段化，以这样的方式，以至于部分的特殊质性分散地包含着事物的总体质性。因此，笛卡尔（Descartes）把物体性的事物定义为广延物（*res extensa*）并由此把作为物体性之本质属性的广延（*extensio*）提升到一切其他属性——作为不独立的属性——之上，不是没有理由。因此，例如，事物的色彩独自什么也不是，而是伸展在事物的广延上，粗糙等等也一样。在此本应探究延展着的特性的分层，据此，事物在显现上有一个"视觉的事物"的层次，带有在视觉上显现着的空间物体，和一个"触觉的事物"的层次，带有在触觉上显现着的物体，但它却作为同一个东西被意识到，作为在量上同一的同一个空间形态被意识到，它一度在视觉上显现，同时再度在触觉上显现。否则，我们将会有两个质性化的物体，而不是一个。本应被探究的是，此后其他层次如何与这个基础层次相关联，热的层次和冷的层次，音调的规定，从事物发出的声音，还有那种不是借物体传播的辐射热，等等，同样，还有辐射光。

于是，本应区分：1）原生的感知物，它仅仅在物体性的形式方面具有其直观内涵（Anschauungsgehalt）和其直观的充盈；2）特定的物理特性和化学特性，因果的特性，所有那些关于力的谈论所涉及的特性。当然，这些特性必须像我们在感知的范围内看到它们那样被接受，例如，当锤子锤铁时，其"结果"，即锤击的成效、力的作用直观性地"被看到"，而在锤子方面，则是其沉重的力。显然，一切事物感知之所以是对物质之物的感知，只是因为，这类特性在感知中一同被意指，也就是说，它们属于这种意义。一个事物，如果它没有质量、没有能动的力，它就不是有弹性的事物，等等，就是一个单纯的幻象。因此，我们在现象学上把单纯的视觉物、单纯的触觉物——即作为单纯在视觉上或触觉上被充实的空间对我们显现的东西——称为事物幻象（Dingphantom），它只是完全意义的物质事物中的一个基础层次，这种完全意义的物质事物是彻头彻尾的因果性事物，具有因果的特性。因此，这类区分必须在意义自身中被做出，对此，在意向相关项上构造性的显现方式必须就所有区别被探究。

3. 作为个体化原则的时间和空间

因为我们已描绘出一个在现象学上高度分叉的意义问题和显现问题的完整视域，现在就让我们在另一个方向上补充我们的考察。首先,外部物体性的结构总体的两种基本形式的本己性,时间性和空间性的本己性,必须借其作为个体化原则(*principium individuationis*)的功能被理解。就像任何个体的对象那样,物体性的事物是一个时间性的事物,它具有其绵延连同一个贯通这个绵延的特性的内涵。而且这个绵延和这个绵延上的每一个时间点都绝对是唯一的。这每一个时间点亦即进行个体化的要素,因为它在一定程度上把它的唯一性传布到整个对象上。也就是说,时间规定(Zeitbestimmung)以如下方式是唯一的:两个绵延可以具有相同的长度而且它们的内容可以完全相同。但它们不可能是同一的。因此,即使两个已充实的绵延实际上也不是同一的。在相继中,在不同的时间位置上可以出现完全相同的对象性,它们每一个都具有其唯一性:完全相同——把它们区分开来的东西无论如何都是时间位置的唯一性,亦即其时间点因之而具有时间充盈的唯一性。在特性上规定每一个对象的东西在任何时候都是可重复的。这也涉及它的时间形态。不同的对象可以在相同的绵延中相继出现,而且具有充填这个绵延的相同特性;只不过,时间点自身和绵延自身绝对是一次性的。这种一次性恰恰是不可重复的。

就能同时存在而且在一切特性上完全相同的感知对象而言,它们的时间位置——它可只发生一次——以及它们的绵延的系统没有区别:这种同时之物具有同一的时间位置及其同一的一次性,而不是像彼此接续的事物所处的情况那样具有不同的时间位置及其不同的一次性。因此,时间没有使这种同时之物个体化。单独看来,它只是使各自的每一个时间位置和绵延的全部内容充盈(Inhaltsfülle)个体化。

现在,个体的绵延作为其所有规定的形式囊括每一个体的对象。因此,这也对物体性的事物有效。所有存在的东西都作为其绵延的统一性存在,它相继地充实其绵延。因此,顺便提一下,就像我们已知道的那样,空间的广延,即我们称为物体性的形态的东西连同一切在其中空间性地延展着的特性,是绵延的充盈,这就是说:这个绵延的每一个时间点就内容而言都已是空间物,只不过恰恰是这个空间物的瞬间相位。但现在就其空间充盈而言,每一个空间点,因而整个空间也都绝对是一次性的。物体性的形态虽然在运动中在对象那里仍保持不变,但就空间片段——在其中它是瞬间的——的充盈之绝对的一次性而言,它在每一个时间点上都具有其个体性。许多完全相同的事物可以在空间中重新出现,而且同时出现,它们的物体性的形态也可以是相同的,就像所有其他特性那样。而绝不可能相同的东西(这为物体性的事物性和空间性的直观意义所排除)是空间位置或场所的系统,这个场所系统使某个物体性的形态成为这种一次性的形态。空间位置的相同性必然意味着同一性。但同一个场所、同一个一次性的空间片段不可能具有多次的空间充盈,不可能具有多次的充实和实在的内涵。当然,与此相关联的是不可穿透性的原则。假如两个事物——为简单起见让我们说两个相同的事物——在运动时贯穿彼此,亦即在某个时间点上相合,那么它们就必得是单纯的幻象。同一个空间点、空间面等等就必得在视觉上和无论以其他任何方式而在感性事物性上被双重地占用。这是悖谬的。任何一个空间点、任何一个空间片段都只能有一次是实在的,不可能被双重地占用。

现在，作为可能的实在的事物性的形式的空间之绝对的一次性与时间之绝对的一次性处于何种关系？显然：时间是超秩序的形式，空间之物——它在外部直观的意义中作为形式被构造起来——必得作为时间充盈被构造起来，作为属于绵延性的内容的东西被构造起来。因此，每一个空间点的一次性都是在绵延的每一个可能的相位内的一次性，与其他同时之物相对的同时之物的一次性。在我们可以选取的任何一个时间点上，我们因此都拥有绝对的空间位置的多维系统，这样，空间就成了进行个体化的并存形式，而且已经以时间为前提。

一切在对事物的外感知的超越的意义给予中被构造起来的东西都处在——而且一定是通过幻象的结构——空间中，而且在其中根据它们的每一个场所点（Ortspunkte）都具有其绝对的唯一性。即使它是一个无因果性的、非物质的幻象，它也应得作为存在于空间中的东西显现，而且在其中具有其经由空间位置的个体化，由于其绝对的一次性。这排除一切重复，排除对同一个物体形态的双重占用以及双重的事物，因为任何一个个体（Individuum）恰恰只有通过处境的个体性才能存在。空间是持恒的并存形式，这就是说，就一切超越的、可经验的、贯通时间的并存序列而言，空间是一切超越的时间对象的个体化的形式，而且它之所以如此，因为它作为时间内容的持久形式被构造起来，而且作为一切可能的时间内容的同一形式被构造起来。

迄至目前的感知分析尚不能洞察：超越的成就究竟如何在体验活动的内在中发生。至少就感知物的基础层次而言，就幻象而言，我们必须努力获得这样一种理解。

意识与意义——意义与意向相关项[①]

1. 感知与回忆

让我们现在来考察明晰的回忆而不是感知,例如,当我们此时此刻在明晰的回忆直观中使这座剧院当下化,连同我们在那里共同经历的这些或那些事件。我们所讲的一切以某种方式重复,但却以变异的方式重复。我们直观这座剧院,我们在回忆中以论题性的态度观察它,但纯粹从现象学上看,这个直观仍是某种完全不同于一个感知的东西。

什么构成这种区别?什么使回忆及其整个意向性与感知具有如此密切的亲缘关系,而什么却使它与感知如此彻底区别开来?在对照化中,双方的特性和差异之处对我们明晰地凸显出来。在感知中,对象在此作为可以说在切身的当下中的东西被我们意识到,作为原本地被给予的东西被我们意识到;在回忆中,它只是浮现在我们眼前,作为自身不是当下的东西的当下化。感知是这种可以说亲身揪住一个当下的意识,它是原本地当下具有的意识。与此相对,存在着各种不同的当下化方式。一个当下化在自己自身中回指着当下具有(Gegenwärtigung),但却不是当下具有。它允许被当下化物——在我们这里的情况是被回忆物——这样显现,"似乎"它重新是当下的。这个"似乎和重新"是一个在被回忆物自身上出现的意

[①] 1920 年以后。——编者注

识特征，它将对象的被给予性方式标识为原本的被给予性方式的变样，恰恰标识为只是以回忆的方式被再当下化的东西。

2. 当下化与映像

人们倾向于说：我们内心有一个对象的映像，回忆是一个内部的映像。但这是错误的。而且同样错误的是这种素朴的而且非常接近原始的思想（就像它在古代哲学中发生效应那样，但在新近的哲学中也够频繁地发生效应）的观点，它将感知自身想成对一个内部图像，即关于实际上原本存在于外面的东西的图像的拥有。但无论被感知物是否真的实存着，感知就自己自身而言是原本的意识，它的被感知物作为切身地在那里的东西被意识到，也就是说，恰恰作为原本的东西被意识到。因此，在一致性的综合的感知进展中，感知被证实为它所是的东西，被证实为对其对象的原本的自身把握。同样，撇开正当性问题，无论它是一个正当的回忆还是一个欺骗性的回忆，回忆就自己自身而言是当下化意识，被回忆物被标识为对一个非当下的原本物的当下化。甚至它也不是映像。就像与素朴的感知相对那样，与素朴的回忆相对，映像毋宁说标识着一种新式的意识。因为一个图像，例如，一座半身塑像，作为一个事物被意识到，这个事物有助于使一个非当下物当下化。如果我们看它，那么我们就有一个感知，即对"半身塑像"这个物的感知。但与此同时一个当下化以一种奇特的方式被实行，它使另一个客体对我们当下化，例如，一个人头，它在这个半身塑像物中被相似化。但回忆不包含对一个第一性的对象——在其中一个第二性的对象在意识上被相似化——的感知。但同样明晰的是：由于那种在每一个图像立义中所包含的映像性的相似化(Verähnlichung)自身是一种当下化,因此,这将是悖谬的,即把一切当下化都回溯到映像上并借此臆想性地使其成为可理解的。同时,明晰的是,回忆是一种完全原始的当下化形式,也就是说,它是一种纯粹的当下化,而每一个通常的图像立义,每一个意识——在其中我们直观到作为绘画、雕像,总之作为映像的事物——都由感知和当下化(素朴的回忆的近亲)组成。

3. 自身遗忘的回忆

让我们停留在回忆上,并且让我们鲜活地进入回忆关联。于是,我们发现,在这里各种不同的实行方式都是可能的。首先,在任何时候都可能的是完全自身遗忘的回忆这种奇特的形式。这就是说,我们能完全浸没于现时的当下并且让我们自身作为现时的当下主体,而且完全直观性地生活在回忆世界里。首先,当回忆作为自我行为被实行时,就像在感知的情况下那样,一个正常的目光指向和行为指向被预示出来,在这个正常的目光指向和行为指向中,我们把握性地指向那些称作在自然的意义上"被回忆起来"的对象。在我们的范例中,指向剧院和那些在它前面发生的事件。所有这些对象和事件都具有以回忆的方式被当下化的过去的特征。但我们在这种浸没状态中也能进行反思,于是,把握性的目光转向过去的更迭性的对象观察,例如,对剧院的观察,转向我们在那时拥有的显现方式,转向显现方式中的同一之物,转向确然性、可疑性等等的存在样式,但也转向进行观察的过去的自我自身。那么,这是些什么样的反思性的被发现性呢?毕竟不像感知包含着它们那样,我们不是现实地进行观察,我们不是现实地进行感知,我们拥有的不是现实的显现方式。实际上,甚至这些反思性的被给予性也具有当下化的特征,它们是感知的当下化;而且就像正常的目光指向的回忆对象在回忆上作为事物和过去的事件被意识到,回忆对象的感知、回忆对象的显现同样作为回忆上的当下化、作为过去的感知和过去的显现被意识到。如果我们在这里始终处于自身遗忘(Selbstvergessenheit)的态度,亦即沉迷于当下的现时性,那么反思所把握在手的一切都以当下化的方式被意识到——甚至与这些浸没的观察照面的自我,此外,被回忆起来的自我,昨天正观察剧院的自我;但却在回忆上被当下化。相应地,同样明晰的是:无论这种分析在感知方面——尤其是在显现、对象的意义和存在样式方面——已向我们呈现了什么,我们都[在回忆上]重又发现;但在感知中具有本原性(Originarität)特征、原初的当下具有特征的东西这时具有当下化的特征。因此,在对照中我们看到:根据其一切直向的和反思性的现象学成分,感知完全是一个原本性的场所。另一方面,回忆完全是一个当下化的场所。但后者只是当我们停留于回忆中完全的浸没状态的态度和在正常的和反思的指向上获取其持存时有效。那时我们发现过去的(被当下化的)自我、过去的感知、过去的意义、过去的存在样式,等等。回忆的实行者现在也许会提出一个异议:可我现在活着而且具有我的对现在的回忆的体验,这是现实的体验,是原本的体验而不只是当下化。这当然是完全正确的。但回忆中自我浸没状态(Ichversunkenheit)之实行形式的前提对这个异议的正当意义来说表明了许多东西。"我现在活着"不应意味着,我作为当下的中心自我是"醒着的"而且在行动中。这个事况将变得明晰,当我们使它"达到自己自身"时,当我们使自己作为回忆者从我们仿佛正在做梦的自身丧失状态(Selbstverlorenheit)中醒来时,我们的意识到其当下的自我现在将论题性的目光发送进回忆,也就是说,从这里和现在发送到在当下现实的回忆体验中以被当下化的方式对它浮现出来的东西上,而且这是第二性意义上的回忆:一个完整的过去自我生活的片段借助当时作为被经验到的外部世界、作为剧院等等站在对面的东西被当下化。醒着的自我从现在出发直向地看这个事物,或者——总是在当下化自身的范围内——对过去的行为、过去的显现等等实行反思。已醒来的自我的目光从过去和当下化滑到作为本原性的领域的现时的当下上,而且现在通过在现在中进行的反思还发现其当下体验(Gegenwartserlebnis)和"我回忆"的行为,在其中,那些过去从醒着的自我中心这里被中心化。此外,通过回眸各个前阶段,它还发现作为无自我的背景体验(Hintergrunderlebnisse)的浸没状态中的那些过去的现实的体验。对照现在是明晰的:如果我们作为醒着的当下—自我(Gegenwarts-Ich)现实地实行这种"我回忆",那么把握性的射束就从这个醒着的中心这里朝向被当下化之物。但当我们处于浸没状态时,我们恰恰不是作为现实的、现在主动地活动着的自我出场,我们在做梦,而出场的只是过去的那个在回忆上处于做梦状态的自我。一切自我行为都作为准-行为(Quasi-Akte)被意识到,它们全部都具有以前自我的以前行为——关涉过去感知的过去对象——的当下化的特征。

因此,我们明晰地和牢固地拥有这种最重要的区别,即在两种行为之间的区别:1) 作为现在现实地活动着的自我的现在已现实地实行的行为被意识到的行为；2）丧失于回忆中的自我实行的准-行为，被当下化的自我的被当下化的行为。同时，对于醒着的自我的概念来说，由此产生了一个新的而且以前不可通达的规定，因为我们以前只涉及现时的当下行为（Gegenwartsakte）而且〈这些现时的当下行为〉只能与无梦的睡眠和无自我的背景形成对照。现在，我们已在回忆的丧失状态这种特殊形式中知悉梦的丧失状态，它不像背景现象（Hintergrundphänomene）那样是无自我的，但它的自我——尽管它确实是我的自我，亦即真正作为我的昨天的自我被意识到——却只是被当下化的自我，而不是一个现在的、现时地活动着的自我。而且正因此现在说它是：这个自我不是醒着的。醒着的自我是这种自我，它现在实行现实的行为并通过这些现实的行为驱动一个持续不断地原初涌出的（urquellende）行为生活（Aktleben），这个行为生活关涉一个感知性的当下。我完全沉浸在回忆中，在做着梦，这就是说，我的当下的体验流以本己的方式是无自我的，没有现实的自我行为，这种现实的自我行为从现在这里、从感知性的当下走向现在之物并穿过被意识到的现在的当下化走向过去之物；尽管这种沉浸在回忆中的生活是充满活力的而且尽管这种生活在当下的行为中进行，这个当下却不是论题性的当下，这种丧失在梦中［的行为］根本不具有论题性的当下，对论题性的当下来说和对自己自身来说，它都不是醒着的。只有在醒来时，作为现实行为的发射中心的中心性自我的阳光才能照耀意识流，而且回忆体验（Erinnerungserlebnisse）现在也才能变成在现时的现在的自我中被中心化的这样一些行为，变成"我回忆"的现实行为。

4. 自我的多层次性

但我们还要学更多东西。我们在这里碰到一切回忆的意向性的一种奇特的双层次性，而且由于醒着的自我——作为一个现时的当下的主体而且同时作为当下的回忆行为的主体——的出现，它已变得彰显起来。因此，生活在当下，自我关涉着一个过去。但这个过去自身是一个过去的当下。自我，醒着的自我，是一个意识上的当下领域内的主体。但这在现象学上意味着：我感知到各种各样的东西而且还有更多东西为我做好了感知的准备，我是一个现实的体验流的自我，这些体验在每一个现在都是原本的体验而且在感知中被我意识到，尽管是潜在地被意识到。但除了其他体验，在这个体验流中另外还出现进行当下化的回忆，而且尽管它们自身是我的现在的原本的体验，一个恰恰非当下的当下连同一个非当下的自我和体验流通过它们被当下化，此外还连同非当下的感知和一个在其中被感知到的非当下的外部世界，等等。我不仅存在和不仅生活，而且一个第二性的自我和一个第二性的全部自我生活被意识到，仿佛被映现在我的生活中，亦即被当下化在我的当下的回忆中。而且这还不够，不只是一种第二性的生活，而是这种生活的一种无限性，只要过去是一个连续统而且回忆上的过去的任何一个点都包含另一个被当下化的当下连同被当下化的自我和自我生活。但连续贯穿所有这些再造的各个自我是同一的，同一地是我的自我，而且我在现在的回忆中以一种可靠的确然性在其过去的现实性中意识到它。

5. 前回忆与当下回忆

对于回忆意识的奇迹，我们应做一些洞察。更深入的探究将会使我们不断更新地发现这样的奇迹。但我们必须把自己限制在真正必需的东西上，更确切地说，限制在适合于考虑回忆的意义给予的成就的东西上。因为在我们的当下进程——它涉及意识和意义与对意义的观念的澄清的关系——中，对回忆之意向本质的整个研究以及以前对感知的意向本质的研究、对意义内涵之指明的研究当然有效。

在转向这些研究以前，我们对回忆的观念做一种扩展。迄今为止，我们将其理解为直观性的再回忆，这个词不仅一般地和在完全的普遍性中标明了感知的当下化变异（Vergegenwärtigungs-modifikationen），而且只标明了使过去再当下化的这样一些感知的当下化变异，"似乎"它们是正在重新进行的感知的当下性（Gegenwärtigkeiten）。但还有趋向未来之物和甚至趋向当下之物的当下化。例如，当我们在期待上迎视一个未来的事件而且甚至已让它在直观上进行，好像它在进行似的时。最后，至于当下之物的当下化，我们的确只需要重新想一想比方说我们的剧院或市区的街道和胡同，直观地观察它们，但在这里和现在，我们没有感知它们，另一方面，[它们]不是作为处于过去的样式中的对象，例如，作为昨天看到的东西，而是作为现在存在着的东西。我们对作为后回忆的再回忆所阐明的东西（而且还将做阐明）显然也在相当大的范围内对这些新的当下化有效，对这些前回忆和当下回忆有效。这从一开始就必须被认识到。另一方面，[我]当然应该教[你们]一种更详细的分析,即再回忆之被设为理解它们的前提,是因为它们具有一种意向的建构,这种意向的建构必须被奠基于再回忆中。因此,它们不像再回忆那样具有原初性和原始性(Primitivität)。但我们不应探究这些问题,而必须满足于较粗略的断定。

6. 对回忆之内在的意义结构的阐明

我们已经断定,凡是在感知中出现的东西其本质在于,它〈是〉原本性意识(Originalitätsbewußtsein),可以在任何一个回忆中被重新发现,但却在非原本性(Nichtoriginalität)的样式、当下化的样式中[被重新发现]:因此,被当下化的事物和事件,作为被当下化的感知的那些事物和事件,附属于它们的被当下化的意义,亦即相应的对象的意义,以及在其上的被当下化的存在样式。就后者而言,我们在回忆中意识到有关的对象,作为这种对象,它们曾要么作为确然的现实性,要么作为有问题的现实性、作为揣测性的现实性等等,矗立在我们眼前。但回忆——被理解为现在现实的意向体验——还实行一种本己的意向成就,而这意思是说,它不仅进行当下化,不仅包含其自身作为被当下化的自我的被当下化的意义和存在样式,而且包含本己的现时的意义和存在样式。回忆不只是以前意识的再造、以前的意指和被意指者的再造,而是还有一个现在的自我的当下意指也与此相关。

关于原本性和非原本性的谈论标明了对象之物的被给予性样式、意识样式,即它从体验这里被给出的方式,只要正是回忆进行再造,而不是感知。但如果我们指向对象之物自身而没有任何反思,那么新的价值亦即时间价值就出现了,它们不表现意识及其样式的任何东西,但就此却表明:在对象之物自身上,与那些意识样式相应,出现了特有的性质。也就是说,在完全指向被感知物的感知中,我们发现对象作为现在存在着的对象,作为当下的对象。在完全朝向被回忆物的回忆中,我们发现它作为过去的对象。而且现在我们觉察到,在这里感性形式出现了,而且两边都出现了。因为纯粹就被感知物本身而言,就我们使其作为感知的同一意义达到被给予性的东西而言,我们具有"现在的";就被回忆物本身而言,我们具有"过去的"。如果我们具有特定的行为意指(Aktmeinungen),那么对象一次在"现在的"时间样式、当下的时间样式中被意指,另一次在过去的时间样式中被意指。两边都不取决于,这可能是关系到合法的、得到证实的感知还是关系到回忆。我们在两边都拥有意义,而且在两边我们都拥有对象的意义连同属于它们的时间样式。

7. 时间作为一切对象意义的形式

现在,在随便哪种存在样式中被意识到的东西是什么,或者最简单地说来,在回忆中作为确然地存在着的被意识到的东西是什么? 对象或事件作为过去的对象或事件。反之,在感知中,对象或事件作为当下的对象或事件、现在的对象或事件。时间或更确切地说时间样式在此进入我们的视野,而且我们必须明了,这在意义上或就意义而言可能意味着什么。我们意识到,我们对感知的意义分析是不充分的,而且我们在"意义"的标题下已为感知获得的东西不是其完整的意义。在意义上缺乏一个普遍的维度,缺乏一种意义形式。如果时间客观地被看作一切个体的、实在的对象的普遍形式,那么与此相应,它对意识来说就是一切可能的个体的对象意义的一种普遍形式。此外,它当然是一种一切对象一般和对象意义一般必然以某种方式被嵌入其中的普遍形式。如果意义是意义的逻辑学的重大论题,而且正如我们能证明的那样,它们是在表达中、在句子中表现出来的意义,那么关于时间形式的探讨对我们就具有普遍的、奠基性的意义。在中世纪和近代,人们在判断学说内面对时间样式之释义时束手无策,没有能力明了,它们是属于所谓的系词"是"还是属于对象,以及这可能意味着什么——这种束手无策和无能与完全缺乏对时间意识及其意义结构的深入研究有关。

因此,让我们重新回到感知并吸取我们的回忆分析的成果。通过我们的回忆分析,我们已在最初的和最令人印象深刻的形态中知悉当下化。这将已使我们的精神目光易于理解其他的更原初的当下化形态,它们附着于感知自身。尽管我们曾不得不将作为非-当下化(Nicht-Vergegenwärtigung)的感知与当下化的回忆相对峙,尽管我们现在还必须坚持:按其本己的本质,它只有以此方式才能是具体的当下具有,即它因此也必然是当下化。

8. 现在与原本性

为了澄清这个悖论,让我们思考,一个被感知物必然在其中被给予的现在的形式、当下的形式在自身中包含什么东西。这种要素符合感知对象在其中被意识到的原本性、切身性的被给予性样式。但这——事物现在进行,事件、旋律现在进行——意味着什么呢?确实是,它绵延!这个现在显然是一个在持续的流中以奇异的方式本原地生产着自身的完整的时间片段:第一个声音响起并继续响,结束,然后第二个声音开始,等等。但我们容易觉察到,在这个宽阔的现在内、在这个宽阔的当下内,自身重又被区分为当下与过去,而且总是有一个突出的现在成为显著的,然后随即从我们的手中滑落。一个原初涌出的现在充满了声音内涵。但这个现在已变成了非现在(Nichtjetzt),而且这个新的现在有一个新内容,时而是一个相同的内容,时而是一个在质性上改变了的内容,而且这样连续不断地继续下去。现在变成刚才。但刚才没有从意识和论题性把握中消失。不仅现在及其内容被流动的变化捕捉住,而且刚才自身又变成一个刚才的刚才,这个刚才的刚才再次变样,等等。声音和旋律在感知中之所以能作为具体的对象被意识到,只是由于这个连续的过程不仅伸展,而且作为一个意识过程通过与自己自身持续不断的相合实行一种意义给予的统一性,这种持续不断的相合当然是根据内在的意义。

9. 时间意识

通过如下思考,我们能使自己理解一个过程的必然性——就像我们现在得描述它那样——和它的意向结构的必然性,而且以此方式能使自己更容易接受它的看本身。在自然的客观态度中,我们说:如果没有一个绵延,一个个体的对象是不可想象的;它是同一之物,这个同一之物绵延贯穿这个绵延的各个相位的连续统。

如果我们将目光指向这个绵延的相继的内涵,指向那种从一个时间点到另一个时间点重新填充它的东西,那么例如在绵延着的声音那里我们就具有声音的瞬间相位、声音过程的瞬间相位,这些瞬间相位总是新的相位,时而内容不断更迭,时而内容相同。声音自身则根据情况称为变化的声音或不变的声音。现在,原则上应需要什么东西,以便这样一个同一的声音应能被意识到,因而时间对象一般应能作为一个伸展贯穿绵延的过程的同一的时间对象被意识到;而且首先,它应能作为原本的东西被给予,它应能在感知上被给予? 这样一个感知如何必然得被构造起来? 每一个感知,像每一个体验一样,也必然为意识及其主体而存在,是某种在可能的反思中可把握的东西,而且正如显而易见的那样,它自身是一个时间之物,它开始并且流逝,它拥有它的时间、它的绵延、它的过程。现在,这个意识过程必须处于何种状态,在其中,客观的过程、一段旋律的过程或一个感知获知的别的对象之物的过程达到被给予性? ——如果人们像我的导师布伦塔诺(Franz Brentano)已做的那样提出这个问题,那么可以想见,人们立即会说:首先当然是,在感知过程的每一个瞬间相位上都有被感知到的声音的过程的一个相应的瞬间相位获得感知,也就是说,在切身性的意识样式中被意识到。但这不够。因为如果在感知性的体验的进程中当时的瞬间体验转变为一个新的瞬间体验,亦即过去了,那么这个新的瞬间体验恰恰使一个新的声音内容被意识到:感知的每一个瞬间相位都使它的声音内容而不是其他的声音内容被意识到。对一个声音过程的意识、对一段旋律的意识再也不可能产生。但我们拥有这个意识,而且在感知期间的每一个瞬间都拥有这个意识;我们不仅意识到瞬间响起的声音甚或其瞬间相位,而且意识到伸展着的声音自身和旋律——当然处于一种持续不断的生成、持续不断的流动和流逝的状态。但对已流逝物的意识拥有从根本上属于此列。因此,如果没有一个"鲜活的回忆"的连续统持续不断地并且一致地与瞬间的现在的现实地和本真地被感知物交织在一起，一个感知是不可想象的。这个已在过去的感知相位中被意识到的声音素材的连续统在意识中仍继续以这些回忆的形式连续保持了很长一段，当然处于"刚才曾在"的样式中。

所有这一切都是一个有益的引介，但还不是对时间意识的结构的现象学的说明，它使一种对时间意识之原初的意义给予的现实理解得以可能。我们现在把目光指向一种感知的回忆内涵（Erinnerungsgehalt），而且显而易见的是（而且完全撇开刚才进行的这类考察），感知中的这种回忆内涵绝不会再与感知分离。

现在，让我们做更确切的思考。属于感知的本质的是，使某物作为切身在那里的东西、作为现在被意识到。但如果没有一个刚才—曾在，一个现在不可能被意识到。因此从根本上说，回忆也属于一个感知过程的统一性。我们把这种直接链接在现在—意识上的回忆称为滞留。但现在必须注意，现在被变异成刚才，真正原本的当下具有的瞬间相位被变异成当下化，这种当下化自身也经受了相同的变异。刚才变成一个新的刚才、一个刚才的刚才，这个新的刚才又变异，以至无穷。让我们在精神上凝视流动着的感知过程的某个瞬间，感知过程的流动在感知中不可能受阻，也就是说，让我们在其进程中截取这个过程的横断面。例如，当一段旋律响起时，让我们〈凝视〉某个声音刚刚起始的那个瞬间。为这个瞬间所有的附属的感知意识看起来情况如何呢？我们在此不仅拥有作为现在被意识到和在严格意义上作为原本地响起时被意识到的声音开头；而且在鲜活的回忆的一个完整的片段中拥有前此响过的声音连同其所有相位，而且还有可能拥有前此响过的其他声音。

但所有这一切都不是以相同的方式作为刚才曾在的东西被意识到,毋宁说,与已流逝的且滞留性地被意识到的过程的每一个相位相应的是一个"刚才曾在"的新样式、一个新的过去样式。换句话说,滞留性的当下化的意识就这些相位的每一个而言都具有一个新的意义结构。因此,我们的声音感知的横断面在被感知物的方向呈现一个瞬间当下的相位和一个正在分化的刚才—过去的连续统;在相关的体验方向突出一个纯粹当下具有的瞬间,限定着一个正在变样的当下化的连续统。如果我们把活的感知过程的这个已截取出的横断面在某种程度上可以说回置入[感知]流中并且注视它连续变化的方式,那么我们就会经验到,这些当下化是哪一种当下化和如何沿着过程的统一性的统一性结构确定它们。新响起的声音相位丧失其原本性,原初的当下具有变成当下化,原本的现在变成刚才曾在。但当下化变样成当下化的当下化,刚才变样成刚才的刚才,对刚才的刚才这也同样有效,而且这连续发生。因此,我们现在已获得了一个纵剖面,它与某个声音相位相关。也就是说,当我们沿着感知过程行进时,与这个声音相位相应的是一个连续统,这个连续统起始于原本的声音开头而且容许这个纯粹原本的意识流溢进无限地当下化的当下化这种连续的交织。①

但我们关于声音的起始相位所讲的东西显然适合于感知过程的整个横断面,我们刚才已考虑到它而且它属于这个声音刚刚起始的瞬间。这个瞬间横断面是一个完整的连续统,而且是在这个瞬间以前声音的所有活的当下化的连续统。这整个瞬间连续统——听

---

① 参见第177页。——编者注

我说——受向后沉入回忆的规则决定，它持续不断地变样。而且在它变样期间，它构造起一个持续不断的对刚才在先发生的瞬间意识的意识，而且以此方式处于一切在先发生的瞬间的连续的间接性中。因此，在奇异的纠结中，每一个感知的体验却以可理解的必然性展示为一个连续不断地流动着的生成，在其中一个滞留性的当下化之诸连续统的相继的连续统被鲜活地生产出来，而一个瞬间—现在在每一个充满的当下都原本鲜活地出现并在流动中为一个新的瞬间—现在所接替，但在身后却拖着它的彗星尾巴。正因此，在这个流的进展中一个连续的意识统一性才成为可能，这个意识的统一性在时间对象性连同附属于它自身的时间绵延的统一性中有其相关项。连续的意识统一性作为对同一个素材的意识，因而作为一个连续的对象意义的统一性，贯穿相继的当下化的每一条连续的线路，这些相继的当下化使某个在原本的现在出现的素材——例如，新响起的声音——活动起来。无论意识样式变成怎样的滞留性变样，无论体验本身可能发生怎样的变化，在变化中仍被意识到的东西都是同一个个体的声音和同一个声音相位，而只有时间的被给予性样式才发生必然的变化。同一个声音同一地被为意识构造起来，因为从总体上看恰恰没有发生一种体验变化，而是发生一种在这个与声音一同创始、随后发生着变样的意向性的持续不断的同一性相合中的变化。在持续不断的相继相合中，意向与意向根据其意义相合。处于持续的当下化形式中的变样恰恰保持着一个意义同一之物：作为在滞留上仍被意识到的持续不断的变样，它在意识中持续地—统一地保持着这个意义同一之物。这对处于其原本的出现和消退中的对象的每一个新的瞬间相位都有效，因而就其构造而言对具体完整的时间对象有效，这种具体完整的时间对象作为意识的（一种）具体对象，作为（一种）具体地绵延着的东西。

10. 感知结构与意识一般

如果我们这样专注于感知意识的结构连同其按连续统和连续统的连续统而系统地被秩序化和被联结起来的意向性，那么我们就会理解，这是如何发生的，即所有这些当下化——它们起源于总是新的原本性点，例如，起源于总是新响起的声音和声音相位——不会被混淆，我们声音的回响着的余音既不会彼此相混，也不会与其他同时响着的不同的声音或噪声及其意向的剩余物相混。虽然我们处于一种连续不断和形态极其多样的体验变化中；但在这种变化中，一个本身有固定秩序的对象性，而且是与其他对象性相比有固定秩序的对象性由于综合的意义相合而必然被构造起来：连同固定的绵延——它的诸时间位置已固定了——以及在沉积中的具体的对象的固定的并存和相继。尽管序列中这个声音与另一个声音内容完全相同，它是这个绵延的声音，正如那个绵延的那个声音。滞留性（Retentionalität）的各变异层级是有区别的，它们不可能混杂。对同一个绵延的声音的各个瞬间相位来说也是这样。因为从一个新响起的声音的滞留性的当下化所衍生的东西不可混淆地区别于其他任何一个声音的衍生物：衍生物的连续统有其在意义相合中的统一性，没有任何陌生意义之物（Sinnesfremdes）能擅自侵入这种意义相合。

这标明了感知的一个原规则性，因此标明了一切体验一般，只要一切体验都作为正被意识到的东西被感知持续不断地构造起来。

1)对感知和与其相对照的再回忆的一般结构的研究使我们第一次明察到:体验如何可以说不仅存在,而且在自身中有某种东西被意识到,它们如何在自己自身中实行一个意义给予,如何能在体验的变化中通过持续不断的意义相合形成并一直保持一个对象的意义的统一性。完全明见的是,个体的对象是不可想象的,除非作为时间性地被构形的对象。但这样的对象绝不可能原本地被意识到,不可能被一个无结构的意识拥有感知到。进行感知的意识不是一个空盒子,一个现成的感知客体突然落入其中,而是通过一种极其精细的意义给予的感知结构在感知中内在地构造起感知对象。它在创立着意义的体验多样性之持续不断的变化中由于这些体验多样性之连续的意义相合而被构造起来。它作为持续生成着的东西连同其时间形态被建构起来,而且在不断更迭的时间样式中被建构起来。在此必须理解这种绝对的必然性:一个对象在感知上根本不可能以其他方式为自我〈存在〉在"那里",它只有在这样一种生成中作为被构造起来的东西才能对自我显现。①

---

① 只有通过对认识及其成就的这样一种说明,亦即照彻那种最内在本质的说明,我们才能——这将在后续的进程中对你们成为完全可明察的——赢得一门真正的哲学的逻辑学。根据我们的方法,我们让逻辑学的观念和它的必然的问题性在我们中自然形成和发展,更确切地说,以此方式,即我们在系统有序的基础部分建构它。通过关注逻辑的成果的发展,我们在接下来的思义中将表明,逻辑的成果本身是什么。在个别成就方面应被表明的是,一般能被成就的是什么和应成就什么必须成为一门特有的科学的任务,一门具有空前意义的科学的任务,一门关于在最普遍的同时也是最深刻的意义上的逻各斯的科学的任务。但感知及其平行的直观的意识方式是意识的第一性的基本形态,这些基本形态适合于种属性的逻辑意识的建构,它们在逻辑的构造中是必须被铺设和被理解的第一性的基础。因此,我们绝没有离题,毋宁说,我们在这里已是逻辑学家,而不知道这一点。但按我们的方法,我们必须事先是逻辑学家,然后才能知道这一点。

2）我们在感知的结构中已知悉的规则性容易证实其作为意识生活一般的一种原规则性的普遍意义。因为这种意识生活一般不仅是连续地流逝而去的体验，而且在它流逝而去的同时，它也不断地意识到这里的这个流动。这个意识是自身感知，尽管从自我这里所论题性地实行的觉察只是例外。属于这种论题性的觉察的是随时可能进行的反思。这种意识到一切体验的感知是所谓的内意识或内感知。——于是，特别是所谓的外感知也出现在这些体验名下，它自身从内部被意识到，但在它那方面则意识到"外部的"对象，而且是对它们的感知，对树木的感知、对房屋的感知，等等。

11. 意向相关项的描述方向与意向活动的描述方向

两个描述方向已持续不断且必然地为我们所选取，而且为说明构造性的成就之故而在思想上已相互交织在一起：朝着体验及其结构的方向，与朝着体验的意义和正是在这个方向上凭借意义以及与意义一致地显示出来的东西的反方向。就像任何一种意识那样，感知在自身中使某种东西被意识到，而通常不考虑一切正当性或真理的问题。因此，我们能对这某种东西采取态度，而且能纯粹从现象学上描述在这种意识中被意识到的东西；我们把被感知物纯粹作为在这个感知中的被感知物来描述，而且刚好像它在那里被意识到那样来描述。在感知情况下的这种描述——但在其他任何一种意识的情况下也一样——亦即在意向相关项方面的描述。因此，我们在这种描述中碰到意义连同时间的形式和各种存在样式，但就像我们将听到的那样，还会碰到其他东西。相反的方向是朝着进行感知的体验连同所有结构——在所有这些结构中，意义和一切在意义上呈现出来的东西都以那些已描述过的、当下具有和当下化的连续统的方式作为贯通性的统一性被构造起来——的方向。这种描述方向是意向活动的方向。我们必须交替地选取这两种描述方向，以便理解：一个统一的意向相关项连同一个同一的意义和其他意向相关项的结构如何能在必然可变的和正在变化着的体验中、在意向活动中被成就。

12. 同一的意义与意向相关项的样式

在此，我们做极重要的评论，这个评论适用于一切意义，即意义属于有关的体验，亦即它包含在有关的体验中，根本不是作为实项的成分。因为如果我们获得一串对绝对同一的意义的体验，那么我们的确拥有各别的体验，而不是共有一个个体的同一的实项片段的体验。的确，这将排除拆分。我们能在今天和明天意识到绝对同一的东西，但这并不意味着：就像在一个盒子中那样，在意识中有同一个个体的片段。因此，这个同一的意义是一切意识体验的一个在观念上同一的要素，所有这些意识体验在这个意义方面相一致。

如果区分意识和它的对象而且在现象学的态度中把对象单纯看作被意指的意义，那么意识自身就为我们预示了一条可能的认同的线路，这条线路从有关的意识延伸到越来越新的意识，作为对同一个被意指的对象的意识。因此，正是认同，在它们之中，例如，就像在一个被感知到的声音的情况下那样，声音自身作为对象连同其对象的规定是论题性地被抓取的东西、被认同的东西，作为各种各样的再回忆的同一对象。正是这一点规定了客观的意义这一概念。同样,在一个活的感知内,在每一个新的现在出现的新的声音相位在持续不断地沉入同一个声音相位的意识的滞留的变异中,只是它正经历刚才—曾在的样式并继续经受暗化。但是,与那种在其对象的意义给予的标题下通过当时的意识自身被预示出来的同一性内涵(Identitätsgehalt)相对,我们在包含同一意义的不同的体验中具有那些在意义上作为被给予性特征出现的区别。不仅意义和显现方式如此,而且其他那些不是原本的或再造的展示的被给予性方式也如此。因此,一个再回忆可以较为鲜活或较为黑暗,如果不是竟然完全黑暗的话。在后者的情况下,对象仍被意指,仍被意识到,但可以说是完全空乏的。但并不是意义空乏的,它的确仍通过同一个意义被意识到,作为这个如此被规定的对象。在当时正暗化着的声音相位之滞留的变异的连续性内,情况也是这样。它仍按其意义被保持,否则就不会发生不断地被构造着的同一的绵延以及同一的总体声音,但我们称为意义的这种同一之物具有暗化的样式。我们把这称为意义的意向相关项的样式,而不是列属意义自身的样式。因此,所有那些将感知意义与相应的再造的意义区分开来的区别列属于此。

　　源于一个为我们所熟悉的领域的其他的意向相关项上的区别是这样一些区别,它们与体验按背景体验与行为体验(Akterlebnissen)的区别相符而且是极其多样的,因为背景绝不是一个完全死去的东西。在背景中被构造起来的对象,就像我们讲的那样,或强或弱凸显出来,它们对睡着的或醒着的自我施加或强或弱的刺激。如果自我变得注意起来,那么它将第一性地和论题性地忙于它们,或者只是第二性地忙于它们,或者甚至只是非论题性地忙于它们,等等。所有这一切赋予作为同一的意义的"对象"以不同的意向相关项上的特征,这些特征本身不属于可能的认同的行列,而在这些可能的认同中,被意指的对象自身得到规定。这个对象是同一之物,而不同于所有这样的意向相关项上的区别。

同样,在单纯的意向相关项中,我们现在考虑时间性的定向的区别,这些区别在意向相关项中具有一种突出的地位,因为它们具有一种特殊的本己性,正是在确切意义上的显现方式的本己性。

13. 原印象、滞留、前摄

我们马上附加一个术语上的进一步的定义。感知就其内在的对象,亦即其意义而言是本原地给予性的。但我们看到,它只能如此,只要它是正流逝而去的纯粹的当下具有与当下化的一种彼此共处,它作为流的相位(Stromphasen)是不独立的。我们把每一个感知的这种瞬间的纯粹的当下具有——在每一个瞬间都有一个新的当下具有——称为原印象。它的成就是处于现在样式中的一个对象性地被充实的新的时间点的原创立。我们把属于感知的每一个瞬间的、"刚好"现在已出现的东西的当下化的连续统作为滞留来处置,它们融合成一个滞留的统一性,但这个滞留的统一性在连续统的每一个相位上都具有一种新样式。

通过更仔细的考察,我们觉察到(而且这将是一个必要的补充),还有一类新的当下化属于感知,我们将它们称为前摄。它们是由滞留的进程从一开始就持续不断地被激发起来的连续发生变化的前期待。不断有一个未来视域被唤起,尽管较为黑暗而且相对来说较为不确定,持续地有一个未来,更确切地说,一个常新地被改变的刚好"将来的"未来被构造起来。响起并继续响着的声音在意识上响于未来,它可以说伸展开双臂迎向感知。无论这种前期待的连续性(Vorerwartungskontinuität)多么空乏和不确定,它不可能是完全不确定的,可以称为"将来者"的风格是通过刚才的过去之物被预示出来的。将来者的意义内涵也必然随着现实的出现者和过去之物的变化而变化——在那里,甚至这种变化也仍在滞留上保存着。如果每一个鲜活的过去都是一个连续地消退了的当下的映射连续统(Abschattungskontinuum),那么每一个正将来的未来都是一种第二层级的映射,即那个最初的映射连续统前掷的一种阴影。一个原规则正在于,每一个滞留的进程——在纯粹的被动性内,而没有主动的自我的共同参与——都随即并持续不断地动机引发并由此产生期待意向,这些期待意向按照风格的相似性被规定。这些期待意向要么能被充实,要么能失实。对同一个东西的感知的进展以如下方式得到标识:不仅期待串接在期待上,而且总是又出现一个新的原印象,它必然充实以前所激发起的期待线路(Erwartungslinie)——也就是说,假如而且只要被感知的仍是同一个东西。失实只能事涉个别的要素。

对每一个可能的感知对象一般来说,通过这种由原印象、滞留和前摄这些一般性的词所标明的系统的体验结构,其意义结构和其意向相关项的被给予性的完整形态被预示出来,而且它是根据一般的和必然的特征被预示出来。

14. 滞留与再回忆

如果我们现在把感知的意向活动的结构与作为过去之物之直

观性回忆的再回忆的〈意向活动的结构〉相比较,我们以前已深入研究过它们;那么本质的区别就会跃入我们的眼帘。虽然当下化,亦即那些所谓的鲜活的回忆,所描述的滞留的复合体,也属于感知的本质构造(Wesensbau),但不仅仅,这些鲜活的回忆是不独立的,因而就像它们出现时那样,绝不可能被独立化。它们按本质和意向的成就而根本不同于再回忆。请注意:根据我们的分析,构成再回忆之基本本质的是,一个完全具体的感知在其具体化中重又被当下化。它的内在意义因此被当下化,它的被感知物作为仿佛重又站在眼前的东西——而且这是被回忆起来的客体。感知是一种在连续的流动中发生的综合的意义成就。因此,再回忆当然相应地也同样是在连续的流动中发生的综合的成就,而且似乎在内容上是同一的东西,但恰恰处于"似乎"的样式中。感知是原本性意识。但它不只是在其原印象中是原本性意识,尽管在其中它以优先的方式是原本性意识。当然,只有这种在纯粹的点截性的现在中闪亮着的新的声音相位以切身的当下这种纯粹的特征被意识到,也就是说,只是就它而言我们才具有纯粹的当下具有。按其剩余的相位,亦即滞留的相位,感知也仍然以某种方式是原本意识。因为如果滞留只当下化那些正消退着的声音相位,那么这种当下化必然具有其使具体的感知连同一种原本的成就可能化的功能。在那里原初地被构造起来的东西恰恰是过去的最初的形态,亦即最原始的形态,而这些过去是作为刚才—曾在和作为必然属于活的过程的现象的东西的过去。单凭不断变化着的原初的过去的持续相合,同样,单凭被前期待的未来的持续相合,时间性地形成的声音过程的同一性,因而每一个感知客体连同其同一的时间点的同一性的确就在意识上实现了。它在连续的接续（Nachwähren）和延续（Fortwähren）中实现。或者，就像我们也能说的那样：原印象的构造性成就和使它持续不断地变样的滞留的连续性的成就以及前摄的成就是一种唯一的、不可切分的成就，通过这种成就能被意识到的只有内在的、在时间上延展的对象，亦即一个具体的个体对象。因此，感知从整体上看确实是一种原本意识。反之，我们在通常意义上称为一个回忆的东西恰恰是原本意识的对立面。一个感知原本地成就的一切东西，更确切地说，这整个感知流的意向活动的结构和意向相关项的结构的系统，回忆在自身中使其达到当下化，而且其唯一的新样式是"重新"。回忆使一个时间对象性以如下方式重新被意识到：回忆使它再进行一次，完全如此，仿佛它被感知到似的，但所有这一切——当时的现在、刚才、将来只是"重新"被当下化——所属的感知都不是现实的感知，而是被再造的感知。因此，包含在其中的滞留和前摄不是现实的滞留和前摄，而是滞留和前摄的再造。再造不是像一个感知的摹本或一个感知之单纯微弱的余响这样的东西，就像休谟（Hume）和自休谟以来的感觉主义心理学所说的那样，而恰恰是意识的一个新的基本种类，在其中，自我意识到，以前的感知连同其被感知物的再当下化（Wiedervergegenwärtigung）正在发生：只有从这个意识出发才能理解关于再当下化、关于回忆的说法的意义。显然，我们也可以对期待及其前直观化的（vorveranschaulichenden）形态说类似的话。

然而，前述需要一个补充，而且差不多是一个纠正。滞留和前摄是过去和未来的原始的创立形式，亦即最初的创立形式。但滞留和前摄作为当下化的原形式是空乏形式。只有那种使过去被唤起的直观的再回忆才把过去创立为处于曾在的和仿佛重新被经历的样式中的当下之直观的充实形态,而且未来的前直观(Voranschauung)也是这样,前摄之直观性的现实化把未来之直观地被意识到的形态创立为处于将来的和仿佛在预先享有的样式中的当下,亦即处于在预期中被经历的样式中的当下。

空乏形态在发生上先于一切种类的直观,先于处于一切显现样式中的对象性之一切在感知上的构造。没有任何事先没有空乏地被表象和在直观中得到充实的东西能达到直观。

15. 再回忆与客体化·"对象"

这些新的意识种类独自使精神生活,一种处于认识、评价、意欲和行动中的生活得以可能。倘若没有再回忆(倘若一个意识生活没有它是可能的话),那么只有当时在感知上被构造起来的对象性对自我存在,即存在于其当下的时间性的生成中。但实际上对自我根本不存在完全意义上的对象,的确,自我缺乏对一个在各种各样可能的把握中可把握的东西的意识、对一个存在者的意识。这个存在者,我们能一再回溯其上,能认识到它是同一个东西,进而能把它作为一个可自由支配的所有物来占有。因此,完全缺乏对一个东西的表象,与使其被意识到的可能的观察相对,这个东西自在地存在着:一句话,恰恰是一个对象。为此需要再造和再认知。正如康德业已在其超越论演绎中所认识到的那样(只是局限于空间的客体性)。感知在其原印象、滞留和前摄的流中使其原初地作为正在生成着的统一性被意识到的东西必定能在重复的再回忆中被再回忆起来,而且能被认识到是同一个东西,作为我以前已感知到的同一个东西。但对意识自身来说,重复的再回忆作为对同一个东西的不断更新的再回忆被意识到,通过同一性综合被意识到。当我们因此注意到某些认同的行为,亦即认识的行为时,我们预见到那些构成种属性的逻各斯领域的行为。现在,这种在感知自身中且独自被构造起来的同一之物——就像它先于一切再回忆和一切主动的认识而在纯粹的被动性内被构造起来那样——还不是"对象"。"对象"是认识的相关项,其认识原初地存在于综合的认同中,以再回忆为前提。

这适用于各种各样的对象,也适用于直观性体验的那些意向活动的和意向相关项的结构,这些结构在我们的现象学研究中已成为我们的科学对象。的确显而易见的是,我们根据再造获得了我们的所有断定,例如,关于意义和意义结构的断定:我们例示性地比较对同一意义内涵的各种各样的感知,但我们只能在与从前体验相关联的再回忆的链条中通过对共性的重复遍历和认同进行比较。①

16. 对象的时间性延展作为意义延展

如果我们从对回忆的研究回观先前关于感知的研究,那么

---

① 再感知的链条和再回忆的链条与它们的认识功能。就对普遍的认识而言,对相同之物的感知的链条。在相继地且均匀地分段的感知的统一性的范围内的认识,亦即,在尽管分段但却连续的感知的统一性的范围内的认识,就像我在穿过房间时以观察的方式看那样,在此期间,我转身重新回观以前的对象,由此,一个感知的统一性发生了。而这个处于回观中的感知是对同一对象的感知,是对它们的再感知,但却是处于已发生了变化的原本的时间位置上的同一对象。

我们不仅觉察到，我们只有基于再回忆和基于被回忆起来的感知的分析才能获得一切对存在于感知中的东西的认识。（甚至我们关于回忆的认识也需要：我们不仅回忆起，而且我们进行反复的回忆体验并在再回忆中使它们自身获得分析的认识和比较。）而且这一点也凸显出来：一个当下化的区域，更确切地说，一个特殊形式的回忆的区域——这种特殊形式的回忆即所谓的原生的回忆或滞留——不可分离地属于一切感知自身。您请注意：任何一个现时的感知现在（Wahrnehmungsjetzt）都连续不断地和稳定地向后沉入一个意识上的刚才，这个刚才迅速消退并消失在黑暗中。因此，我们称为被感知的当下的东西是一个常新的活的现在连同一个直接的过去铺展，亦即"刚才"的铺展。我们已更切近地研究的回忆是再回忆，而且如果它具有一种感知的当下化的特征的话，那么它当然使感知现在连同属于现在的本原的刚才—曾在当下化，这在再回忆中是以前的、早已过去的刚才—曾在。

由于它们错综复杂，我们已不能对所有这些意向的纠结做深入的分析。但我们明晰地看到的是这种情况：在感知的起点上不足以区分其感知意义与存在样式，而是还有一个可变的时间性的样式同样不可分离地属于感知的对象意义，因而同样属于再回忆的对象的对象意义。感知对象是个体对象，而且其再回忆是个体对象的当下化；所有这样的对象都必然在一个时间性中被给予，而且这个时间性作为同一的对象意义的规定被构造起来。首先，每一个体之物在常新的现在和常新地变化着的过去的样式中被意识到。但另一方面，每一个过去，亦即过去的现在作为同一个东西、作为同一个时间性的意义在任意多次重复的再回忆中是可认同的,而且这个时间性的意义已包含在处于其创立原初的时间的现在的原初的感知中。在此,我们也能阐明:说彼此相继、连续地过渡的不同感知按其对象的意义相一致,也同样是说,瞬间性的感知的现在相位和连续地被合并的滞留性的回忆在对象的意义上相一致,而且在一个未变化的对象的情况下完全相一致。此后相应的再回忆具有同一个对象意义。相反,时间样式是各个不同的,而且属于这些行为的瞬间相位的那些时间点自身也是各个不同的。关于对象,属于一个感知的连续性的是绵延的统一性,它在这段绵延期间绵延。绵延的每一个点都通过一种持续可变的现在的样式或曾在的样式在意义上展示出来。但如果我们注意一个时间点或一个时间点上的对象之物的话,那么它贯穿"挪入过去"的一切变化和再回忆及其时间样式的一切变化仍同一地保持为同一个东西。与此相应,在其整个绵延中的对象和这个绵延自身也是任意重复的再回忆中的一个同一之物。因此,我们发现对象意义在观念上无限多的显现中作为显现中的同一之物呈现出来,在一个时间性的延展中,亦即在这个绵延的时间性的延展中呈现出来。这个绵延不在于我们称为对象的方面的显现,毋宁说,它依其每一个点都具有其时间性的映射系统,这些时间性的映射就形式而言对每一个点来说都是相同的,因为每一个时间点都以原初涌出的方式作为现在被构造起来,而且遍历它的过去而且是越来越远的过去的样式。这个时间绵延是这个对象的绵延。原因在于:它标明了一种与连续的显现的相合——它构造对象的意义——不可分离而与其一同发生的相合,亦即同一个时间点的那些时间映射的相合。对象意义和与其交织在一起的时间的意义构成一个共属的意义统一性,而且存在样式——即"确然存在着的"或"可疑地存在着的",等等——涉及两种成分。

借此,我们已阐明了逻辑的基本观念,按其起源阐明了原始的意义结构,我们已知悉它自身而且已一般性地知悉那些在意识上原初地构造着它们的体验结构。

17. 再造的意义与过去样式

上一讲的考察已将感知的意义给予的功能与相应的再回忆和前回忆的意义给予的功能关联起来,而且已显明,它们能共同起作用。现在,有益的而且甚至十分必要的将是,进一步完善最初引入的对象的意义和意向相关项的概念,与此同时,我们还将进一步知悉这些行为种类之构造成就的重要方面。

在观念上与每一个感知相应的是可能的回忆的一种无限的多样性,所有这一切回忆都使同一个感知当下化,正如同它在自己自身中那样,而且以此方式使被感知物本身当下化,使意义当下化。所有这一切无限多的可能的体验现在虽然都具有同一的对象意义、完全同一的对象意义,但它们在所谓的"意向相关项"的方面却是各个不同的。让我们考虑。两个回涉同一个感知的再回忆显然只有在一个变样了的过去中才能意识到被再回忆起来的对象性,例如,以前听过的旋律。如果我现在听到一段旋律而且它明天出现在我的回忆中,那么这段旋律就是以"昨天"的样式浮现在我眼前,而在后天浮现的回忆中则是以"前天"的样式浮现在我眼前。

显然,相似的东西一般也有效。这意思是说:与那些在每一个感知内就已起作用的滞留连续不断地变化相似,具体的感知的那些停留在黑暗的背景中的具体的滞留也同样连续不断地变化。所有这些相继得到实行的再当下化——通过这些当下化,停息在黑暗的意识背景中的东西获得一种再造的现时化——必定按僵固的规则而有所不同,它们自身在相互关涉中发生了变化。它们虽然包含同一的再造的意义,但却处于一种不断更新的样式中。换句话说,时间对象自身,[例如]旋律、声音,在这样一个再回忆链条中虽然是个体上同一的——就像它自身,它的绵延同样是个体上唯一的,而且在这段绵延中,每一个在声音上充实了的时间点都是个体上唯一的。但过去的样式,因而对不断重新原初地涌出的现时当下的定向的样式,发生了连续不断的变化:刚才,昨天,前天,等等。

如果我们说,对象挪入过去,那么初看起来我们想说的是,它改变它的时间而且只有其充实的时间点的相对处境在其过程的统一性中始终保持相同。但这将是错误的。每当我们在再回忆中回忆声音过程,它都是个体性的同一个声音过程,而且原因在于,过程中的每一个时间点保持其同一性,但其定向却处于变化中。这可以在明见的认同性的认识中被洞察到。只有这样,这才是可能的,即一个统一的、普遍的时间为我们被构造起来,在其中,所有无论何时都能通过一个当下化作为存在着的东西被我们意识到的东西具有其稳固的位置。时间自身是僵固的位置系统,每一段个体的绵延连同其点的系统都僵固地位于其中。因为每一个时间点和每一段时间绵延原则上都不可能在相同的定向中多次出现，不存在一个对象在时间中的变动，不存在与运动类似的情况。

因此，我们必须区分属于对象的意义的同一的时间点或时间绵延与其定向样式，后者是这段绵延的连续不断地变化的被给予性方式。由此又明见地区分出：客观的意义与意向相关项一般。我们曾把对意义和意向相关项上的一切东西——我们在这个目光指向上按照意义和在意义上发现的东西——的目光指向称为意向相关项的目光指向。但我们在意义上明见地发现定向样式，那种在每一个新的直观中变样了的"过去的"东西、"进一步过去的"东西，等等。作为变化着的东西，它不属于客观的意义，不属于同一的被意指物。属于客观的意义、属于那种绝对同一地保持不变的东西的是绵延自身和每一个时间点自身，而不是偶然的过去样式。

我们也可以说，必须在绵延自身——它在那里总是作为被感知物本身的时间形式显现——与这段绵延的"显现方式"之间做出区分。在此情况下，显现方式这个表述当然还可以有其他含义；例如，明晰性的差别和时间透视（Zeitperspektive）的差别就属于此列。

对感知对象的时间形式有效的东西（然后进一步对回忆上的被再当下化物的时间形式有效的东西）也对具体的对象自身有效，因此，那些在绵延中绵延着的实事性的内涵，亦即那些时间性地分布的、充实着绵延的内涵也一同添列在内。在内容上这样或那样得到规定的具体的对象自身本质上只能在不断变化的时间透视和定向中被给予。对象作为在时间上被构造起来的东西必然经历显现的变化,它自身作为显现着的客体并不随显现变化而变化。在感知或回忆的正常的目光指向中,它是作为同一个客体持续地被意识到的东西。从现象学上说:同一的对象意义及其时间规定和质性只有在总是不同的定向和时间透视中才能被给予,即在一种不断变化着的意向相关项的状态中被给予。

18. 意向相关项学说

我们曾在意向相关项方面提到一种考察,它在对纯粹作为一个意识的对象的对象的直向的目光指向中(或换句话说:处于对对象的意义的目光指向中)同时研究被给予性方式,在这些被给予性方式中这个"对象"呈现出来,更确切地说,"意向相关项"的被给予性方式的状态在作为意识对象的对象自身上呈现出来。因此,定向样式和一切可称为时间性的透视的东西依此得到指明。意向相关项学说(Noematik)完全一般地描述处于显现方式的状态中的对象。它研究所有这些显现方式,而没有这些显现方式,对象之物根本不可能显现,不可能被感知到,因而根本不可能被直观到。因此,意向相关项学说研究每一种纯粹作为给出它们的直观的对象的对象;换句话说,研究它们的在其结构中的对象的意义。但它同时还研究整个对象——作为意义及其每一个直观的成分——的不断变化的意向相关项的显现方式。在这里,我们已完全一般地把对象一般纯粹看作时间性的对象,因此唯独意向相关项的显现方式凸显出来,它们带来时间性。每一个存在于各自的对象意义中的时间规定、每一个时间点、每一个时间段、每一个时间形态都是一个相应的无限多样的显现方式的统一性。每一个体的对象作为时间上构形的对象都是时间性之物（res temporalis），而且在这种最初的意义上是广延物，因此，这按本质规则意味着，它只有在某个合规则的显现多样性的系统中才是可经验的。这种合规则性，因而属于这种合规则性的整个显现系统，对恰恰作为时间对象的一切可想象的个体对象来说是一个共同的东西，无论这些对象属于哪一个属、属于哪一个区域。

但这些从意义的时间形式这里得到规定的必然的显现方式不是唯一的显现方式，即意义作为个体的对象性的意义能规定经验着的直观的可能性的显现方式。换句话说，在时间形式中伸展的东西，在不同的时间形态中充实时间形式的东西，即这个形式的内容，也有其显现方式。它不只是有显现的变样，它获得这些显现变样是由于它按时间透视而随其时间形态发生映射。

然而，我们不可能直接提出关于在意向相关项上的对象的构造问题而不考虑时间性的延展。我们知道：一切可想象的对象都具有其可经验性，而且连同其可经验性在内具有一个时间性的构造。但是，一旦我们不考虑这种最一般之物而探究时间内涵（Zeitgehalten）和它们的显现方式，研究就必然分裂了。因为这里是这种场所，在那里，最高层级的，但也是最空乏的东西一般作为一般可想象物的一般性、作为对象一般被划分成诸真正最高层级的属。但根据我们处身于其中的属的情况，这些时间性的内涵恰恰是异质的，而且作为这样的东西具有依对象的意义和对象意义的意向相关项的样式而基本不同的经验方式和意向相关项上的构造方式——当然，除时间构造的普遍之物以外。

19. 对象极·对象的意义是否是观念上同一的[①]

我有一连串再造、一连串再回忆,在其中,我意识到同一个过去的内在之物,例如,一个感觉素材。每两个这样的再回忆是分离的,它们自身是内在的时间对象,自身是可能的重复的再造的对象,而且每一个再回忆都是可认同的,在明见性中作为同一个存在着。因此,我们具有不同的再造,它们作为不同的存在者,属于不同的时间位置。但被再造物是同一个。我们能说"它实项地存在于每一个再造,亦即作为瞬间的体验片段的再造中"吗?但这一个被再造物——它标明一个唯一的时间位置或时间段——于是将同时在不同的时间位置上存在着,被再造物的时间和再造的时间于是将是同一个时间。如果我们采取对时间上不同之物的回忆,那么这些不同之物的时间秩序将与它们的回忆的时间秩序同一,这是荒谬的。在这里,被回忆物被看作其时间位置上的真正的存在者,就像我们也就回忆的秩序谈论真实的秩序那样。但如果我们采取被意指的过去,或者更确切地说,采取被意指的时间对象性连同其被意指的时间位置,那么就回忆自身而言这些真正存在着的时间位置又怎样呢?这些在时间上分离的回忆包含其作为实项的成分的被意指性吗?这还不存在困难。每一个回忆都具有其被意指物,而且这个被意指物本身具有其同一的时间位置,就像回忆在正是这些回忆——作为出现在真实的体验流中的体验——的真实的关联中具有其时间

[①] 在这一点上,我与《观念》处于矛盾之中,而且否认,意向相关项的统一性、对象的意义超越于体验。

位置那样。因此,这再次表明,没有理由把"意向相关项"从体验中挪开而且否认其作为一个实项的要素的特征。

静态的现象学方法与发生的现象学方法①

在发生的规则的标题下,我们应区分:

1) 在体验流中个别事件的接续规则之指明的意义上的发生的规则。它们或者是具体事件之直接的、必然的序列的规则,或者是这类具体事件的抽象相位、要素之直接的、必然的序列的规则,例如,滞留必然链接在已消逝的体验上,或滞留的相位必然链接在各自的印象的相位上。或者它们也可以是间接的接续的规则,例如,联想规则,在一个体验的当下(Erlebnisgegenwart)内再造出现的规则,同样还有期待意向出现的规则——在最宽泛意义上的空乏意向,充实的或未充实的指明或回指。

2) 规整着统觉的形成的合规则性。统觉是这样一些意向体验,它们在自身中意识到某种被知觉到的东西,这种东西在它们中不是自身被给予的(不是完全的);而且只要它们具有这种特性,它们就叫作统觉,尽管在此情况下,它们也有这样的东西被意识到,即在它们中真正自身被给予的东西。统觉超越其内在的内涵,而且本质上属此的是,在同一意识流内其连续不断地链接着的片段中,一种充实性的体验是可能的,它在充实的综合中提供其作为同一个东西的自身被给予之物②,而在另一个体验中却提供非自身

---

① 1921 年。
② 意思是说,不是实项地、相即地被给予的,而是本真地被感知到的。

被给予之物和自同之物。就此而论，这里存在一个规整未来的规则，但只是一个未来的可能性的规则，关于意识流的一种可能的延续、一种在观念上可能的延续。

因此，在这种一般性中定义的统觉是一个囊括任何一个自身给予的意识、任何一个直观性的意识的概念。① 本原的统觉是感知，而统觉的每一个想象中的变样都恰恰在这个变样的形态中包含统觉。如果我们现在考虑到，每一个当下的意识（体验流的每一个现前片段）不仅被意识到，而且作为现在当下的、印象的被意识到，亦即"被感知到"；那么这也同时意味着，在每一个当下的意识

---

① 应考虑如何界定统觉概念。统觉——一个意识，它在自身中有某种个体之物被意识到，这种个体之物在它之中不〈是〉自身被给予的（自身被给予的并不是实项地包含在感知中的），而这就是说，只要它具有这种特性，尽管它在自身中此外还有某种东西自身被给予。即是说，它可以统摄性地意识到某物，而在同一个恰恰比这个统摄活动伸展得更远的意识中，这同一个东西也仍可以是自身被给予的；例如，如果我们据此把一个符号意识（Zeichenbewußtsein）称为一个统觉，那么随着这个符号意识，被标识的东西也可以是在一个意识的统一性中自身被给予的。或者在一个六面体—感知的统一性中显现一个六面体的面，而且同时显现另一个面；但这一个面的显现伴随着对另一个面的指明，而另一个面是自身显现着的面。而且就一个外部的显现者的自身被给予性成分来说，情况一般也是这样。任何一个动机引发都是统觉。一个体验 A 的出现在一个意识的统一性中动机引发起一个体验 B 的出现；对 A 的意识具有一个超越指向的、"指示着"一同此在（Mitdasein）的意向。但在此应说的是：每一个未充实的意向、每一个未充实的视域都包含动机引发，包含动机引发的系统。这是动机引发的一种潜能性。当充实发生时，就存在一个现时的动机引发。我们也可以说，统觉自身〈就是〉一种动机引发，它动机引发起任何可能在充实过程中发生的东西，它向外动机引发到空乏中去。但这取决于对统觉和动机引发的更确定的定义。我们确实也不能说，一个符号，当它不是指号时，动机引发起例如一个语词符号。但问题也在于，我们在此情况下想说的是否是统觉。因此，我们的概念得到了极其宽泛的理解。在此需要更深入的研究。如果我们说的是统觉，那么知觉并不必然表示一个设定性的意识，因为在此情况下一同被知觉到的东西并不必然一同被设定，更别说在"被感知到"的意义上被知觉到了。

对意识理论来说，根本性的乃是对超出自身进行意指的意识（超出其自身）——在这里叫作统觉——与联想的关系做普遍的透彻研究。

中都有一个"统觉"。事实上，无法想象，每一个当下的意识在其本质上从现前向新的现前的流动中没有超出本真的现前者（Präsente）去把握；无法想象，它没有滞留的和前摄的视域，没有一个对意识过去的共同意识（Mitbewußtsein，尽管必然是一个非直观的意识）和一个对将来的意识（无论多么不确定）的前期待。因此，如果在意识流中某物确实"从某物中产生"，那么统觉就必然从统觉中产生。在此无须考虑，是否存在能被置于意识流的"开端"上的原统觉（Urapperzeptionen）。无论如何：存在着统摄性的视域，存在着各种这样的视域、各种统摄性的意向（我也说：共现着的意向），它们必定根据意识生活之普遍的合规则性在意识流的每一个位置上产生，正如上述的范例表明的那样。但这样的东西也一样，它们能在这条流的每一个位置上产生，尽管不是一定得产生，也就是说，只要它们受那些在每一个位置上都是可能的条件的约束。属于后者的是那些通常可以在联想的标题下考虑的意向。在这条流的每一个位置上都可能的是，又产生了与以前的境况相似的境况（我选择一个空洞的标题，它首先得在科学上获得内涵），它们使人回忆起以前相似的境况，回指它们，它们也有可能达到直观，然后作为充实它们表明是与当下的境况综合地统合在一起的，等等。因此，只有当其他特别类似的统觉已先行发生，这些统觉才能出现，而且这些统摄性的联结——它们展示出一个联结着的现象的统一性——也是一样。

（我们是否也可以这样来定义统觉：一种意识，它不仅一般地在自身中有某种东西被意识到，而且同时使它作为另一种东西的动机引发者被意识到，因此，它不只是有某种东西被意识到并且此外还有另一个不包含在其中的东西,而是它指明这另一个东西,作为附属于它的东西、由它被动机引发起来的东西。无论如何,对先前的定义做一种扩展和进一步的界定都将是必要的。)

但也会出现复杂的统觉类型,这些统觉类型,一旦它们在这里存在,就会根据在一般可生产的条件下的原规则而在后续的意识流中重复。的确,它们持续地贯穿这整个意识流,就像所有自然的统觉、所有客观的实在性统觉(Realitätsapperzeptionen)那样,但这些统觉自身按其本质而具有一个历史、一个据原规则的发生。因此,一个必要的任务是,确立从原统觉中形成统觉所遵从的那些普遍的和原始的规则,并且系统地推导出那些可能的形成,亦即根据其起源说明每一个被给予的构成物。

这种意识的"历史"(所有可能的统觉的历史)并不涉及对在一个事实性的意识流中或者甚至在所有事实性的人的意识流中事实性的统觉或事实性的类型之事实性发生的指明——因此,与植物物种和动物物种的发展没有任何相似之处——毋宁说,统觉的每一个形态都是一种本质形态,而且具有其据本质规则的发生,因而在这种统觉的观念中已包含着:它必须经受一种"发生的分析"。而各个别的统觉(当它被看作事实时)的必然的生成并没有被给予;而是只有发生的样式与本质发生(Wesensgenesis)一同被给予,在这种发生的样式中,这种类型的某个统觉必定已原初地产生于一个个体的意识流中(一下子,或者也可以是分别地);而且在它(可以说是作为原创立的统觉)产生后,这同一类型的个体的统觉便能以完全不同的方式产生,亦即作为以前已形成的统觉在发生上的后果而产生——根据可理解的原始形式的各种规则。因此,意识的理论完全就是统觉的理论；意识流是一个持续不断的发生的流，不是一种单纯的彼此相继，而是此从彼出（Auseinander），是一种按必然序列的规则的生成。在这种生成中，具有不同的类型学的具体统觉从原统觉中或从一个原始种类的统摄性意向中产生出来，其中包括所有那些使一个世界的普遍统觉产生出来的统觉。

每一个统觉都具有在意向活动和意向相关项方面的结构。每一个统觉都以它的方式实行一种意义给予和一个处于信念的样式中的对象设定（Gegenstandssetzung）。我们必须实行的是一种本己的分析形式，以便照彻一个统觉的意向性，根据意向活动的和意向相关项的结构描述可能的充实类型和可能的、全面的、完整的或正不断地变得完整的充实的系统。在这些描述的情况下，亦即在这些构成性的描述的情况下，还不存在关于一种解释性的发生的问题。同样，当我们从作为一种与一切统觉有关的普遍类型的属特征的原本印象（感知）转向一种构成性的特征，在这些描述中是转向所有那些在滞留、再回忆、期待等等中的样态变样，而且因此遵循一个系统的统觉秩序的原则时——这个原则与统觉按最高的对象属（现实的和以可能的方式实存着的对象区域）的划分相交叉——也不存在关于一种解释性的发生的问题。因此，一门普遍的意识学说就是一门普遍的统觉学说，与一门关于可能对象之最高范畴及其范畴的变样的普遍学说相关的是——一门普遍的构造现象学，在它之前是一门关于那些囊括一切统觉范畴的最普遍的结构和样式的普遍现象学。但此外还有一门普遍的发生理论。①

---

① 现象学：1) 关于一般的意识结构的普遍现象学；2) 构造现象学；3) 发生现象学。

因此,"解释性的"现象学与"描述性的"现象学就以某种方式被区分开来,前者作为合规则的发生的现象学,后者作为可能的、无论以何种方式在纯粹意识中生成的本质形态的现象学,以及这些本质形态在"对象"和"意义"的标题下在可能的理性领域内的目的论的(teleologisch)秩序的现象学。我在讲座中没有说"描述性的"现象学,而是说"静态的"现象学。静态现象学提供对意向成就的理解,尤其提供对理性成就及其反面的理解。它为我们指明意向对象的层级序列——这些意向对象在较高层级的被奠基的统觉中并且在意义给予的功能中作为对象的意义出现——以及这些意向对象在那里是如何起作用的,等等。但在这些研究中,我们一方面涉及统摄性的形式,涉及意识方式,它们如此普遍地被思考(亦即被搁置在如此不确定的状态),以至于它们必然属于每一个单子(Monade)的装备(感知,回忆,等等)。其他的统摄性的形式和意识方式则具有不同的普遍性和必然性。因为如果我们从"自然的世界概念"以及从作为认识主体的人的自我出发,那么本质的理解就提供了一个单子的观念。单子恰恰与这个相应概念的一个"世界"相关,因而我们在其中获得各种单子的一个纯粹范围,在这些单子的意识流中"必然"出现相应的统觉类型(时空的—因果的事物,动物,人),尽管它们也许并不必然属于一个单子一般的观念,这无论如何并非从一开始就直接是先天确然的。

此外:在自然的态度中,我们在与人相应的单子中发现的实际上是处于个别的形态中的特有的理性事件。我们〈试图〉根据一切可能的理性关联系统地研究意向的类型学(也就是说,在最底层是在相关的对象性之"一致的"、不断得到确证的可能的经验关联中研究它们的关联,最终,研究这些单子的整个世界)——这种意向的类型学通过对"人"和"世界"的观念做现象学—本质的理解被提供给我们——并且获得其本质形态。同样,在可能性的自由领域,我们研究一个理性一般——即形式的—逻辑的理性,等等——之形式的合规则性的本质结构。除却我们在自身中形成相应的思想以及实现真理外,我们还通过它们认识到,可能的理性主体(Vernunftsubjekte)会如何思维,我们由此在不确定的一般性中建构纯粹理性的主体和它们的理性活动的形态。在这些理性活动中,它们献身于真实的存在和真理并射中它们,而且也同样献身于真实的价值和善并射中它们。但我们并未因所有这一切而认识到:一个可以说在完整性中的单子看起来怎样,以及这些完整的单子个体性的哪些可能性得到了预示,并且是通过何种个体化的合规则性得到预示的。

对此应注意的是,我们处于理性领域内、处于活动的自我的领域内,而且如果在此没有不断地谈及发生,活动的统觉的形态就不可能得到描述,也就是说,活动的构形的关联性的统一性(作为意识的统一性,它是意向的构形,亦即统摄性的构形)就不可能得到描述。每一个推论都是一个活动的统觉,作为活动的构形,它是一个判断,因为另一个判断已先行发生了——一个判断是根据其他已做出的判断而做出的。结论判断出自前提判断,它是从它们之中被产生出来的,体验在发生上出自奠基性的体验,尽管在此情况下其他发生的关联起着一种奠基性的作用。每一个活动都以此方式被动机引发起来,而且我们在行为领域具有纯粹的发生,它作为纯粹的行为发生(Aktgenesis)处于这样一种形式中:我在实行行为时被决定了,因为我已实行了其他行为。此外,我们具有这样一些行为,它们由触发被动机引发起来而且与非行为的领域处于发生的关系中。最后,我们还具有纯粹的被动性领域内的发生,尽管在此情况下那些在以前的主动性中有其起源的构成物也可能起作用;但它们自身现在是被动地浮现出来的。

因此,在关于发生的学说中,在"解释性的"现象学中,我具有:

1) 被动性的发生,亦即在被动性内发生的生成之普遍的合规则性,它始终在那里,而且无疑像统觉自身那样具有位于更深处的起源。特殊的类型,它们属于被动发生的普遍观念。

2) 自我—参与和主动性与被动性之间的关系。

3) 纯粹主动性的关联、形成,作为观念的对象之主动的成就和实在的产物之成就的发生。第二性的感性:习性之物之普遍的意识规则(Bewußtseinsgesetz)。所有习性之物都属于被动性。因此,习性地生成的主动之物也属于被动性。

4) 如果所有种类的发生及其规则被获得了,那么问题就在于,在何种程度上我们能对一个单子的个体性、对它的"发展"的统一性、对在本质上给予所有个别的发生以一个单子的统一性的合规则性陈述点什么,哪种类型的个体的单子是先天可能的和可建构的。

5) 而且与所有这一切相联系,我们有这样的问题:在何种意义上一个单子的发生能伸入另一个单子的发生而且一个发生的统一性能有规则地使众多的单子联结起来;一方面是被动的发生,它在一个人类学的世界(或一个动物的世界)之构造的情况下指明被构造的生理过程和这些生理过程在物理世界与对应的身体的统一性中的条件性；另一方面是在我的思维、评价、意愿为他人的思维、评价、意愿所动机引发的形式中的主动的发生。因此，对单子的个体性的考察导向众多并存的且在发生上相互联结在一起的单子的个体性的问题——就"我们的"世界而言，导向对自然的心理—物理的世界和共同体世界进行单子论的（monadologischen）阐明的问题。

6）与此相关联的又有对一个单子进行发生的解释（Erklärung）的问题。在这个单子中，一个统一的自然和一个世界一般被构造起来，而且从那时起始终被它的整个生活所构造，或始终被一个突出的生活片段所构造，此外，一个具有动物和人的世界在持续不断的证明中被构造起来。

先行于此的是对世界统觉（Weltapperzeption）和在世界统觉中所实行的意义给予的静态说明，但就像看起来的那样，只有通过对个体化做发生的考察才能实行一种绝对的世界考察、一种"形而上学"，才能理解一个世界的可能性。

7）我的被动性处在与所有他人的被动性的联系之中：同一个事物世界为我们被构造起来，作为客观时间的同一个时间被如此构造起来，以至于由于这同一个时间，我的现在与任何一个他人的现在，因而他的生活当下（连同一切内在）与我的生活当下，在客观上是"同时的"。结果，我的客观地被经验到的和被确证的场所与任何一个他人的场所具有相同的场域性，它们是同一些场所，而这些场所是我的和他人的现象系统的秩序——它们不是分别的秩序，而是在"同一个时间中"相互协调的秩序——的索引。这就是说，我的生活和另一个人的生活一般不只是两者实存，而是一个生活"参照"另一个生活。并不只是在我之中有感觉以这种或那种秩序如此这般地出现,以至于根据发生的规则必定会有一个自然为我被构造起来,并且这个自然会一直被保持;毋宁说,有一个具有固定类型的身体已居间促成了此事。已实现的还有这种可能性,即在被给予我的自然中碰到与我的身体相似的事物。此外:不仅据此产生了同感,同感也已得到确证,因为其他自我的内向生活有规则地被表达出来,而且我的共现(Appräsentationen)据此一再重新得到规定和确证。

发生的原规则是原初的时间意识的规则,是再造的原规则,然后是联想的原规则和联想的期待的原规则。此外,我们还具有基于主动的动机引发的发生。

如果我们将静态的关联与发生的关联相对峙,那么问题就在于,是否能实现一门像意向活动与意向相关项的关联这样的静态关联的系统现象学,也就是说,在此情况下发生之物(Genetisches)是否能完全被排除。总之问题在于,应当如何编排这些研究的顺序。明晰的是,我们首先将以各种基本类型为出发点,这些基本类型——正如我上面所说的那样——部分将会必然发生,部分将会展示为可能性。这个问题是关于系统学(Systematik)的引导线索的问题。对象类型呈现为引导线索,亦即来自存在论的引导线索。随此还有各种构造性的目的论。在此情况下,被编织出来的是一致性的被给予性的观念的可能性,是各个单子流——在其中一个成就的统一性被构造起来——的观念的可能性,而此外的其他可能性被看作对应形式。

另一条引导线索是作为一种发生的统一性的一个单子的统一

性,然后是关于可能的单子之类型学的研究,亦即关于一个体的单子的统一性、一个体的自我的统一性之可能类型的研究,关于它必定会发现的东西的研究,以及关于它必定会发现自己自身的方式或它自身带有个体的性格特征的一个后来(有可能通过他人的性格特征)可被认识的规则的方式的研究。

从自然态度着手,我们也可以将"自然的世界概念"当作引导线索。我们把自然的世界提升到本质之物(Eidetische),将它分层,突出构造性的对象的类型,并且在不考虑发生的情况下描述构造性的意识,最后,描述世界这种类型的构造。

也许,当我写下后面的话时对明晰性是有益的:

开放的体验领域内的必然的序列:将来者后来不只是到来,而是根据必然的序列之可明察的规则必然地"接踵而至"。当然,我们可以把这个可明察的规则称为一个发生的规则。

所有的"视域"或所有的"统觉"当然以这种方式产生。但在"静态的"考察中,我们则有"现成的"统觉。这些统觉作为现成的东西出现和被唤起,而且有一个远远落在身后的"历史"。一门构造现象学可以考察各种统觉的关联,在这些统觉中,同一个对象以本质的方式被构造起来,它在其被构造起来的自身性中作为被经验到的和可经验到的东西显示出来。另一门"构造的"现象学,亦即发生现象学则追踪历史,追踪这种客体化的必然的历史,因而追踪作为一个可能的认识客体的客体自身的历史。客体的原历史(Urgeschichte)回溯到原素性的客体和内在的客体一般,亦即回溯到它们在原初的时间意识中的发生。在一个单子的普遍发生中包含客体之构造的历史,这些客体为这个单子存在在那里,而且在普遍的、本质的发生现象学中,这对一切与可想象的单子有关的可想象的客体同样有效;反过来,我们获得一个单子的层级序列,这个层级序列与客体的层级相应。

我现在必须对《观念》做一次审查,以便明了:如果我也"以构造的方式"考察一切内在之物的话,那么什么东西仍会将意识结构的学说与构造性的考察区分开来。

C 附　录

附录一　（附于第6—8节）对冲突现象的描述，不考虑执态[1]

模特——人。人胜出：而且模特在其确定的空间定向上被表象，而绝不是在随便哪一个空间定向上被表象。但这是一个奇特的被表象状态（Vorstelligsein）。它类似于这种情况：在我看到一个对象的同时，一个被它"抑制的"亦即在视觉上被它遮蔽的对象——我刚才看到过它——以"空乏的"方式对我在此，它在其确定的定向上、在其确定的显现方式中显现，而不是在"现实的"颜色等等中显现。它不是被给予，而是空乏地被表象。或者类似于这种情况：我在黑暗中面对着我周围的已知对象，抓住它们，走近它们，而只有在例外的情况下才〈具有〉当下化的直观。而且即使这样的直观发生，它们也使与它们同一化的空乏的被表象物和空乏的被知觉物当下化（因为当下化不是知觉[Perzeption]）。这些是相似的情况。这种相似性在于这种方式：我们将它们与完全显现

---

[1] 在1920年与1925年之间。——编者注

(Vollerscheinung)相对而标识〈为〉空乏显现（Leererscheinung）。对此有一些理由说，空乏连续地转变为充满，而且反之亦然。也就是说，只要完全的立义的清晰性和明晰性受制于逐渐的区分，但完全的立义在此情况下可以在包含大量剩余的空乏的被立义物的同时，还包含大量剩余的完全确定的被立义物和知觉性的被立义物。它确实站在那里，我只是没有看到它，或只看到少许的一点，只有一丝模糊的感觉，好像在黑暗中我还有一线微光似的，而我在此情况下透过完全显现者的几乎不可把握的模糊性所看到的是这张完全确定的和十分熟悉的书桌。

但这严格说来涉及一种真正意义上的逐渐分层吗？被看见之物的充盈逐渐分层，与空乏地被知觉物相对的完全被知觉物的量可以说逐渐增长。但我们能说：完全的知觉本身在空乏的知觉中有一个限度，这个限度是一个越来越少的充满？这在某种程度上是真的，在某种程度上是假的。显现总是源于两个成分（在这样的情况下）——一个完全显现和一个空乏显现——的一种混合。但充满自身不是空乏的一个等级，而空乏也不是充满的一个等级。空乏本身是某种东西，但它同时也是限度，因为在保持意义的情况下充盈的逐渐衰减（我们可以假定，它最初丝毫不含有空乏）也随着含混化导致空乏性（Leerheit），直至剩下纯粹的空乏性为止。但这必须反复被思考。问题是：空乏显现是否只不过是一种很模糊的显现，以及它是否相反不是一种本己的显现。问题重又在于，是否完全显现——只要它包含一个纯粹的意义——在自身中含有一个空乏显现，它只不过呈现明晰性的充盈。

但在我看来，冲突恰恰证明：两个完全的显现（而且不只是相对的,而是绝对的,即不依赖于充盈的明白性)不可能同时保持在相合中,它们只能相继地存在。但一个完全的显现能以搭叠的方式与一个空乏的显现合一,而且这甚至必然属于冲突意识(Widerstreit-bewußtsein)。在完全显现被意识到的同时,空乏显现也持续地被意识到,恰恰作为它所是的东西,作为被空乏地意指者。如果它变成充满的,那么相反的显现就必然变成空乏性。

说完全的显现包含一个空乏的显现(而且这然后将是纯粹的意义),这在我看来也是不允许的。因为空乏的显现具有其空乏的充盈,它是某个面的显现,而且具有其"背面",这个背面是一个在另一种意义上的空乏显现(我们不应将被遮蔽者的空乏与被统握者的空乏相混淆),因而在我看来这也是不允许的,即是说:一个完全显现的充盈遮盖了一个空乏显现;毋宁说,在空乏转变为充盈的地方,充满替换了空乏,代替空乏的展示,我有一个"现实地"给予的展示。

但冲突也能以另一种方式出现在一个知觉性的意识的统一性中。一个感知显现在进行,而且这可以是一致的。进程中的一致性是某种不同于一个相位中的一致性和作为连续的一致性的一段绵延中的一致性的东西,它不是连续的不一致性(充满和空乏的搭叠)。当然,两种一致性密切关联,而且将按其本己性澄清彼此。

因此,我们谈论进程中的一致性和进程中的不一致性。意义在显现的进展中不断变化,事物从不同的方面显示出来,而且还发生质性的变化、运动,等等。这种变化系列是一致的,以前出现的东西没有被后来的东西抛弃、注销,后来的东西没有与以前的东西发生争执。

但变化系列也能变得不一致。我持续地看这个物,它作为不变的东西、静止的东西出现,具有某些性质。我从某个面看它,绕它转一圈,而且我现在看到,它不同于我对它所做的立义。我停留在"静止的、不变的物"这种立义上。在这方面,进展着一个一致性的流,但我现在看到的东西与它相抵触,不适合它。这个物虽然是同一个不变的物,但它现在是不一样的。"它现在是不一样的",也意味着:它过去是不一样的。以前的感知相位不再是现时的,但它们没有变成无,它们接着存活于滞留中,而且滞留牢牢保持着作为 α 的立义,它为那种对持续物的稳固意识做出了其必要的而且按意义是统一的贡献(同一地,但却在时间上被向后推移了),而且这个滞留在我看到 α' 时达到裁决。这个对 α' 的感知和对总体显现的感知,更确切地说,是对"现在显现"(Jetzterscheinung)的感知,属于 α' 的显现,与 α-显现的滞留相合,但却在冲突中相合,而在一致性的意识的情况下,这种相合将会是一致性的相合。

因此,我们在遍历一个事物的过程中、在连续的感知的进展中看到(而且绝不仅仅是,倘若它"回到这个事物的同一个方面")感知的现在相位(本原的相位)与作为以前的感知相位之本原的当下化的滞留相合——而且应是一致性的相合,如果这整个感知意识是一致性的话;另一方面是不一致性的相合,在那里情况不是这样。这显然是完全不同的事件,尽管它们与以前的事件密切关联。

如果我在感知过程中遍历事物的被给予性的系列,那么就绝不只是偶尔存在一次相合,而是存在着连续不断的相合,也就是说,只要我具有持续不断的统一性意识(Einheitsbewußtsein),只要我看到这同一个事物,只要我具有相合的现象的一个连续性:这种相合的确是统一性的意识。在此情况下，意识以这样的方式流动，以至于始终有一个新的现在，一个常新的、本原的现象作为相位被意识到，而且这个新现象一再持续不断地变成不新的现象，原知觉（Urperzeption）变成滞留，它通过同一个现象的滞留之扩展的链条一再被向后推移。当然，如果一切都已流逝了，那么整体又在与新的现在现时性（Jetztaktualitäten）的关涉中被向后推移。由此表明，向后推移是滞留自身的一个要素，如果在滞留中没有任何东西现存作为秩序的基础的话，那么它们甚至连一个接一个地得到规整也不可能。随每一个现时的现在，我们都有一个处于其系列顺序中（在"并存"中）的滞留的"聚合"，而且这整个系列处于"相合"中。不仅那些直接邻接的相位，而且那些间接关联着的相位也相互渗透，具有协调一致的统一性。而且反之亦然，如果一个新的"不一致之物"出现，那么不一致性就有可能传遍这整个连续性，或至少会传遍这个连续性的所有片段。但这是怎样的呢？确实只有以这样的方式，以至于每一个"切近规定"，即一个未被规定的意义要素所受到的"切近规定"，此后都继续被保存在每一个相位中，尽管当然只是以"一同被意指性"（Mitgemeintheit）的形式。因此，每一个相位实际上只是直接与最近的相位相合，而与它的冲突则传递得这么远，只要有关的意义要素作为意义上确定的东西包含在持续不断的系列中。但这样一般的描述也许还不够。

我们有各种不同的情况：

一个暂时的一致性突然变成不一致性，也就是说，连续的统一性没有继续坚持下去：出现了一个相位，在那里先行之物的滞留以冲突的方式与新东西相合。"不同"的意识产生了，例如，同一个面,持续的白色突然变成黑色。带有冲突的相合。可以说,黑色遮蔽了滞留的白色。

但现在必须说:情况可能是,在一个位置上产生了不一致性,而且与此同时产生了整个立义的转换,而且是这样,以至于整个已流逝的系列经受了相同的转换,因此之故,整个系列包括已引起破裂的新东西在内都变样成一个一致性的系列,而且现在还继续一致性地向前流动。于是,我具有直至现在的、现时的滞留系列,而且这个现时的滞留系列与一个"想到的"滞留系列——这个滞留系列事实上没有进行——处于冲突相合(Widerstreitdeckung)中。有可能我实行再回忆而与此同时产生一个具有改变了的立义的当下化,这个当下化不是真正的再回忆,因为我的确已做了不一样的立义。我以前把这个模特连同其机械运动视为一个正活动着的女士,而现在发生了转换。我于是回忆起以前的过程,我在回忆中重复这些运动,但我现在将它们作为模特运动来理解。因为我们现在具有整个系列的相合,冲突中的相合,同时,这个变化了的直至现在的系列变样成一个一致性的系列。

一个完全不同的情况是:当客体刚刚变化时,它的颜色"突然"变了。不一致性关涉一个要素,而客体始终保持一致,而且这种突变无须——即使只是就有关的意义要素而言——让一个新的立义进入业已流逝的东西中。因此,在这里我们看到,在某个位置上的不一致的统一性如何无须对以前系列的一致性实施追溯作用。

但问题当然是,这是什么样的作用呢？为什么我说"原来不是人,而是一个模特"——而为何不说"这个人突然变成了一个用木头等等做成的模特"呢？现在,新东西以及所有一切东西都是以我改变立义这样的方式被动机引发起来的，而如果不是以这样的方式，我就有一个非动机引发的突变，而且"缺乏"被动机引发起来的东西。颜色的突变是一种不一致性，但这种不一致性能被动机引发起来，它是点灯等的结果。

不一致性可以在保持一个一以贯之的统一性的情况下连续地出现，于是，我们具有连续的变成他者的过程，具有连续的变化。

那么执态扮演何种角色呢？现在谈到动机引发，这确实是执态的问题。一旦我们不考虑这些执态，我们就只有处于应和和反对中的相合的事件，处于连续的不变中的相合的事件，处于连续不变的片段中和在突然不一致的位置上的相合的事件，以及处于连续背离纯粹的一致性（不变）中的相合的事件，亦即像处于持续变化的情况下的那样一些事件。此外，还有处于这一种类和另一种类相互嵌合在一起的片段中的相合的事件。

这些是在不考虑执态的情况下可能的显现事件。如果我们不考虑执态和它们的"动机引发"、它们的"要求"，那么我们就不可能把自由的想象与现实性区分开来。在自由的想象中，我有一个事物显现，它开始流动，它开始随意构形，开始突然变换其意义要素，这是纯粹的混沌。

执态与执态可以相协调或发生争执。这种协调不是显现间的相合或者其意义间在"一致性"中或在"冲突"中的相合。

但对这一切我根本不满意。而且我认为，这种情况确实以前就已存在。除了执态以外，显现却什么也不是；显现只是抽象。执态是一种抽象的显现样式，这种抽象的样式〈作为〉不断变化着的东西在显现的标题下使一个存在物（Wesen）得以保持。

附录二 （附于第 8—11 节）感知和再回忆中的意义与存在样式①

让我们现在采取进一步的措施。我们讲过，一个感知事后能被摆明为幻觉感知。让我们现在来考虑这样一种情况，更确切地说是这种情况，在那里一个感知依其显现内涵来看在某个方面始终保持着感知的特征，但却呈现出本质性的变异，这种本质性的变异我们可能知道是幻觉意识。我从我在柏林的大学时代的一个体验出发。有一次在蜡像展览馆猎奇时，我在身旁的其他观众中看到一个女孩，她手里拿着目录，饶有兴趣地观展，与我看的是同一件展品。一会儿以后，这个女孩令我生疑。我意识到，她只是一个雕像、一个专为骗人的机械的模特。在这样一种情况下内心发生了什么事？现在，我们起先摇摆不定，两个感知立义相互冲突，在这个例子中是有血有肉的人和由木料和蜡制成的机械制动的模特。即使我们已变得确定无疑，我们还是能随意从这一个立义转入另一个立义，因而能将站在我们面前的东西时而"看"作人，时而"看"作模特。但是现在，在先前发生的女孩感知与目下这种看到这同一个女孩的感知的对照中显露出一个本质性的区别，尽管不仅客体是同一个客体并以切身性的样式显现，而且它出现于其中的感知显现的序列，那些视角序列，在本质上是相同的。不久前这个女孩还以确然在此的方式站在我们面前，现在却处于幻觉的特

---

① 1920—1921 年。

征中,处于无效性的特征中。意向的对象、感知意义在某个方面恰好相同,但在意识上却处于不同的"存在样式"中:这一次是全然存在着的,另一次是无效的、不存在的。严格说来,前一个特征仍以某种方式包含在第二个特征中,"存在"包含在"不存在"中,就像这个表达正确地点明的那样,它仍在其中,似乎被注销了,被抹掉了。

当我们顺应对待女孩和模特的态度更迭的趋向并且使处于相互冲突中的显现的客体依次处于论题性的目光中时,我们就会遇到相同的对照。这时,意向对象是不同的;但不仅如此,其存在质性化(Seinsqualifizierung)也明显是不同的:这一个意向对象,亦即女孩,被质性化为无效的,另一个意向对象,亦即模特,被质性化为现实的、全然存在的。如果我们此外还注意到我们怀疑性的摇摆的中间相位,也就是说,注意到关涉着这两个对象的怀疑的意识样式,那么在二者中就附带有一个第三种类的质性化的特征,而且在这里二者以相同的方式存在:"可疑"的特征,或常常具有相同意味的是,"有疑问"的特征。这种特征在自己自身中被标明为原样式"存在"的变样:可疑是可疑地存在着的——在其中同时还存在一种抹掉的变异,亦即这种变异,它从对立环节趋向这里,但却没有达到决定性的突破。

我们现在也注意到属于可疑性或成问题性的意识的自我倾向,它在对这一个客体的论题性的指向中将存在判给它,然后在对另一个客体的指向中又承认这另一个客体是存在着的。而且我们注意到,当我们陷入这一个倾向时,这一个客体向我们提出作为存在者的诉求,而另一个客体却作为与它争执的东西和无效的东西,反之亦然。情况可以是:这些自我的倾向不是产生于现实的争执。无论如何，在这里都会产生两种成问题的可能性的意识，而每一种成问题的可能性都有某种东西支持。但也许还会产生这种意识：更多地支持一种可能性，而且自我给予它以优先地位，但却未能转变成决定性的信仰。于是我们具有新的质性化，一方面是各种可能性中一种可能性的质性化，另一方面是那些与可能性有关的或然性的质性化。可能性和或然性自身在其本质特征中又作为一种"存在"的样式出现：可能存在，或然存在。容易看到的是，彼此相关且属于意识统一性的环节的数目可以大于二，并且在观念上是不受限制的。

通过这些现象学的指明，我们已取得一个重大的认识进展。每一个我们称为外感知的意向体验，因而所有的感知一般，本身都内在地具有其对象的意义。我们看到，这必须做双重的理解，两个意义概念分离开来：1) 意义可以指感知的完整所是，而这意味着意向对象连同其存在样式（定理）；2) 但"意义"也可以指单纯的意向对象，它可认同地贯穿整个有可能不断更迭的存在样式。同一棵树，亦即作为确然性地被信仰的东西，后来被怀疑：它是否存在，等等，（定理质料）单纯的、非质性的对象意义。因此，每一个感知都具有意向对象本身，但是，更确切地说，总是而且必然地使这个意义质性化，而且就像我们用术语说的那样，在某种存在样式中被意识到。"存在"这种样式被标识为原样式，与此相对，其他的质性化是样态的变样：可疑地存在，可能存在，或然存在，等等。必须强调的是，这些存在样式属于对象的意义，而根本不属于显现内涵，不属于论题性的目光，等等。因为当我们反思它们时，譬如，使它们成为反思性的感知的论题时，例如在怀疑的情况下，我们没有在它们上面获得可疑性的特征。可疑的是外部对象——它存在在那里，按其存在被意指——而不是在反思中的显现，显现是完全确然地存在的、全然地存在的：反思就一切体验表明，显现内涵一般绝不可能在自身上带有这样的样式。

我们在这里注意到，在回忆那里就像在感知那里一样，我们事实上表明，一个内在的意义是多样性体验的同一之物，而且能以明见性的方式指明。如果我们对同一个过程进行各种各样的回忆，即我们在以前的感知中已原本地进行的过程，那么这个在一切回忆中被意识到的东西和也有可能被意指的东西明见地是同一个东西，它在一种相合的综合中一再作为同一个东西、作为同一的对象意义凸显出来。作为在每一个回忆中被意指的事件，它是过去的事件。与必然有一个存在样式属于感知的意义完全一样，也必然有一个存在样式属于这个意义，要么是曾在的原样式，即"它曾经确实是这样"，要么是曾在的一种样式。因为回忆确然性（Erinnerungsgewißheit）的确也会发生变异。对我们来说，可能成问题的是：是否曾在确实像它在当下化中出现的那样，还是在某个方面像它在当下化中出现的那样，是否有关的过程确实这样进行。我们能做出否定性的裁定，或具有处于猜测性（Vermutlichkeit）的样式中的被回忆物，等等。这不仅涉及一切直接的回忆对象，而且涉及一切可通过沉进去和通过反思从回忆的当下化内涵（Vergegenwärtigungsgehalt）中被汲取出来的内涵，因此，还涉及被当下化的自我、它的自我体验（Icherlebnisse）、它的行为。在每一个指向上，我们都发现回忆意义（Erinnerungssinn）和附属的存在样式，完全就像在感知那里一样。

但就像我事先预告的那样，我们现在在回忆的情况下谈论的意义和存在样式绝不是被当下化的意义和存在样式,它们由于其特有的意向的套接结构而存在于回忆中,亦即以这样的方式:它是当下体验的一个片段,在其中一个具体的片段从同一个主体以前的体验流中被当下化,一段体验,它当然与它的意义和存在样式一起被当下化。但是,过去的自我的这种被再造的体验为我——即我现在所是的我和现在体验到这种再造的我——在场,我能够从现在这里论题性地抓住它,能够将昨天的感知事件作为现在被回忆起来的东西来把握,而且现在将其作为我的过去的事件来把握。这种当下的论题性意指恰恰在这种过去的事件中作为被意指的、过去的而具有其现时的意义。而且我现在确实对它有把握,或者我无把握,我揣测它,等等。也就是说,存在样式确实属于我的现时的回忆对象性(Erinnerungsgegenständlichkeit)。因此,在此区分出:1) 被再造起来的过去感知及其意义——我通过置身于我的过去的"我感知"而把握二者——;2) 现在的回忆及其意义。二者能在一定程度上相合,但不必然这样。因此,情况可能是:我在专心于回忆的过程中发现,我进行过某些感知,而且我从现在这里确信,作为昨天的我,我曾以此方式感知——但〈我〉现在认为,这个感知是一个错觉。在我的当下的动机引发处境中,我昨天看作一个人的东西,对今天的我来说则被看作一个木偶。我们非常习惯于"接受"被再造的感知这种存在样式,它们构成我们的回忆的那种非实项的但却是意向的内涵;被回忆起来的感知信仰、被回忆起来的怀疑、被回忆起来的揣测等等不仅被接纳为再造,而且我们也不假思索地一同信仰它、一同怀疑它,等等。但我们不超额采取多种态度,而是采取新的态度。当然,只要总的来说存在一个确然性的基础，就可以谈论一个回忆，一个从现在发源、正确然地被给予着的一般的过去——它关涉着我的过去自我——连同过去的体验、意指，等等；而且这个当下的一般的确然性具有这种特征，即它使从现在发源、在它之中被当下化的确然性现时化，亦即采纳这些被当下化的确然性。从这个基础出发随后也能发生细节上的背离和不采纳。——就回忆的存在样式而且作为如同属于每一个感知那样属于每一个回忆的内在意义的存在样式而言，这足够了。

附录三 （附于第11节）可能性本身的明见性与样态上的无穷变样[①]

当处于一种相互争执的多义性中时，我们获得少许预期：一个未来必定来临，但各种各样的期待意向相互阻碍彼此的确然性并赋予它们以"也许"的特征。不同的成问题的可能性是支持不同动机的不同的经验根据，可以说是这些不同的经验根据使期待射束获得这些可能性。但是现在，几个互不相容的、不可共存的可能性可以这样被给予，以至于每一个可能性都有"经验根据"支持，但这样的可能性具有不同的"分量"，而且通过对这些"分量"的比较性的考察，其中的一个可能性最终可能被标识为或然的可能性，与一道的其他所有可能性相比，它具有"超重分量"。

但所有这些可能性在恰当的意义上又都是对象性的事件；也就是说，实在的可能性作为揣测的可能性和或然性可以像其他对

---

① 1922—1923年。

象性的事件那样被意指,而不是自身被给予的,不是在明见性中被把握的,它们可能虚假地被意指,在向自身给予性的明见性过渡的过程中被证实为无效的,或在相反的情况下,这些被意指者可能被证实为真正存在着的。

我们在这里偏爱谈期待事件(Erwartungsvorkommnissen)。但如果我们考虑到在每一个超越的感知中都包含着预期的话,那么我们就会看到,这整个区域都属于此列。外感知中的所有预期要么是现实的期待意向,要么是意向的视域,它们可以说正待转变为期待,[至于]意向的视域,它们是被严密地包裹着的期待的潜能性。但这是一个太大的论题。无论如何,这里都必须提到经验性的确然性样式。

所有这些都是在一切在我们看来是哲学的兴趣指向之前已发生的事件,这些事件在日常的经验生活和科学生活中起作用,而且在那些为传统的逻辑学所指明的判断形式的样式中有其烙印。但对我们来说,它们是可指明的、本我论的(egologisch)领域内的形态。如果我们试图摆明这个领域内的绝然的可指明物,那么我们就不应只是着意于那些在绝然的确然性中可指明的个体的事实,着意于绝然的全然存在者。我们必须明了,在哪里一个可能的存在浮现在我们眼前,或者,在哪里就本我之纯粹的体验领域内未来的来临或过去的存在而言归纳的可能性和或然性向我们呈现出来,虽然我们对于全然的现实性、对于在过去或未来中的绝对确然的存在和如在不能做任何绝然的陈述,但另一方面,我们还是能获得绝然的明见性,因为相关的可能性本身而且作为可能性、作为猜测性和或然性具有现实的储存。我们也许能在其自身性中把握它们，完全原初地具有它们。而且这恰恰也对一般性和一般性中的个别性有效，所有这一切都是对象。

例如，或然性——即，如果我具有一个正在延展着的事物的现象，我就会在感知上以一定的序列顺序获得它的某些视角——当然不是绝然的确然性。如果我在这里纯粹对这些视角做判断，而不是对事物之实在的实存（Existenz）做判断，那么我就不应对全然的将来者做任何陈述。但另一方面，我对此具有绝对的明见性：这些视角的当下变化——对它们我具有不可抹掉的当下确然性（Gegenwartsgewißheit）——使将来者的延续而且是以这样那样附属的新视角的形式的延续成为或然的。绝然地被给予的是将来者的或然状态，而不是将来者自身。一个视角自身只有在感知中才能作为绝然地存在着的被给予（或者说，能够被辨明）。将来的视角的或然性本身是在已描述的这种动机引发关联中绝然地被给予的。或然性在其中可以说是作为这种或然性自身被经验到、自身被感知到。A的或然性是一个不同于A的对象，A的或然状态的现实状态、现实的持立是一种现实状态，它不同于全然的A的现实状态。重要的是，认识到可能性、或然性、普遍性和事态等等诸如此类的东西也是"对象"，而且具有其原初地被给予的、也有可能是绝然地被给予的方式。

此外，在这里还应注意如下情况：关于每一个对象，它作为现实性是确然地存在着的，我们有可能谈论它会存在的可能性，或谈论或然性、可疑性等等，而且这甚至能确然地和实际地发生。但是现在，如果可能性、或然性等等本身是对象，而且有可能是真正存在着的现实性，那么它们也重又存在可能性、或然性等等。因此，这些样态的变样在合理的套接中恰恰无限地提供这样的对象,尽管不总是实际地提供。如果"A 会存在"是或然的,那么"A 会存在"是或然的这种或然性等等也可以处于持续不断的迭复(Iteration)中。这样一个对象的现实状态在一种确然性中被给予,而且是在一种明见的——亦即使对象在其自身性中立于眼前——证明性的确然性中原初地被给予。

此外,我还想做一些少量的补充。这些样式在各自的体验中被意指或被给予。因此,我们具有这样一些体验,一方面,它们自身存在而且在最好的情况下按此在和如在的成分在绝对的确然性中被把握;另一方面,它们是在自身中包含一个意向性的体验,在自身中意指某物并且有可能以绝然的确然性的方式意指某物的体验,但因此,在那里以绝然的确然性的方式在它们之中被给予的东西全然不是体验,全然不是具体的、个体的素材,而是这样的素材的可能性和或然性,或关系、事态、普遍性,或某种预期性的存在,例如,在原初的动机引发中的将来者,等等。此外,与意向性的交织相应的是这些明见性的交织,因而是这些样态的对象性的交织。这些交织导致其不独立性,这种不独立性在它那方面又引发相似的、明见的指明。

应特别注意如下情况:如果我们在观察一个事物时纯粹瞄准将来的视角的变化,那么我们就会持续具有一种对将来者的明见性,这种明见性具有一种推测的明见性而不是一种全然的将来存在的明见性的特征。但将来者之猜测性的存在的这种明见性不是某种孤立物,它处于这样一种关联中,这种关联赋予其猜测性以据条件而定的猜测性的特征。而且这种受制约状态是自身被给予的受制约状态,而且本身属于我们的指明的范围内的一种很重要的类型。

附录四 （附于第14和15节）裁定的层级·接受性与自发性[①]

但反过来,如果我已拒绝的这些成问题的可能性之一——例如B——在经验的现实性中发生变样,那么就丝毫不存在这种拒绝,我对B的无效性声明就没有正当性,就是"虚假的""错误的",这种可能性恰恰作为证实了的现实性,是那种我承认的可能性,是我必须配给赞同性的有效性的那种可能性。但相关地,我先前所做的判断,即对我以前所偏爱可能性A所做的那种肯定的裁定,由于其与经验现实性的冲突是"站不住脚的",我必须撤销对A的赞同,把有效性声明变成无效性声明。

这样的事件是立于判断者眼前的令人不快的可能性,因而它们陷入正当性怀疑和正当性疑问之中。我们由此看到,就最普遍的本质结构而言,问题仍始终是问题——一个朝向回答的实际意向。

回答总是意味着:彼此反对的成问题的可能性的各成问题的选言转变成一个不成问题的联言,即相互协调和相互支持的现实性的联言;在自我的行为举止领域内与此平行的是:令人不快、实际起阻碍作用的怀疑转变成不受阻碍的和令人满意的、变得缓和的自我态度,转变成一个对其中某个可能性的判断裁定;至少隐含地与此相联结的是一个反对其他可能性的否定的、驳斥性的判断裁定。

这合于问与答的一般本质。但另一方面也存在着不同层次的

[①] 1923年。

合本质的问题,而且自身辨明问题构成极其重要的高级的问题层次。首先是这个问题,即一个实事是否处于某种情况,而且这个问题趋向一个相应的判断或一个联言的判断联合作为回答。因此,这个问题是探究业已做出的判断之正当性或不正当性或以前存在的确信之正当性或不正当性的高层次问题。判断性的执态的正当性——就像我们只是暂时能说的那样:可靠性、可论证性——或不正当性,这现在是成问题的。因此,这个问题本身的形式上的本质结构没有发生变化,这种成问题的内容已改变了它。

当然,在种属性意义上的逻辑判断不只是一般裁定——一般裁定当然总能被看作对问题的回答——,而是判断裁定,即它同时令人满意地回答相应的正当性问题,亦即出自论证的正当性裁定。

我们由上述的考察所看到的是:被动的、只是统摄性的基底领域内的事件与自我的行为方式和执态领域内的事件以奇特的方式联袂进行,以及如何因此产生原初的歧义性,这种歧义性现在一下变得可理解了。

如果我们接受纯粹的"感性物",亦即纯粹是感知的实事的东西,那么我们最多只是启动作为觉察者的自我,因而只是作为潜在的统摄性的意向性之开启者的自我。我们也许能说,真正的接受性概念在这里有其位置。这个处于单纯觉察性的和观察性的状态的自我处于单纯接受性的状态。它虽然是醒着的自我而且本身以"我思"(*ego cogito*)的形式生存,但这种形式本身包括一种单纯的被动性和主动性。这种接受性是特定的自我的"自发性"(Spontaneität)的可能性之奠基性的前提,亦即自我性的执态之可能化的奠基性前提和——这里正讨论的东西——判断性的执态的奠基性前提。

在接受性内,存在样式意味着统摄性的意向的样式,意味着其不受阻碍的——在这里,亦即处于延续的流逝之一致的充实过程中——意向的样式,或阻碍的样式,断裂的样式,彼此阻碍的、以争执性的"对立"形式相互联结的意向之间的"否定的"综合的样式——在其意向的意义相关项之相应的裂变和变式的情况下。一个对象意义被另一个对象意义完全注销或相对注销,亦即以一个成问题的可能性被相反的可能性"反驳"那样的方式,而且反过来(也一样,随后以双重抹掉的方式被恢复)——这些是纯粹的统摄性的事件或感知意向相关项方面的事件。而且在其他的直观那里也一样,例如,在再回忆那里。

现在,我们在这里不由自主地用与在自发性的领域内所用的相同的语词谈论否定,甚至有可能谈论肯定,谈论存在的确然性,谈论对一个成问题的对立的裁定,亦即通过对一个未断裂的经验之一致性的被动的重建。但在自我性的领域内发生的东西,自我在自由的执态中(在确然性地做裁定、做判断、做肯定和否定时)由自身所实行的东西或在受阻碍的执态中(在处于怀疑状态时,进而有可能在处于问与答的状态时)由自身所实行的东西,这些事件与那些在以接受性的方式被构造起来的〈领域〉内的事件绝不是同种的事件,而且具有相同名称的相应概念绝不具有同种的本质。裁定之间的相适配、它们的所谓的一致性——而且对一个真正的自身确信的无争议的保持也是一样——作为一个执态,是某种完全不同于一种处于被动的统觉中的一致性的东西;同样,由自我自身作为拒绝、作为持反对态度所实行的对确信的注销,确信之间的相互争执也一样,是某种完全不同于那些被命以同名的统摄性意向的东西。的确,像意向这个表达也已表示某种完全不同于执态性的自我意向（Ichintention，在统摄性意向的基础上）和单纯统摄性意向的东西。然而，这里对我们来说重要的是必须完全分明地认识到：统摄性意向综合一致地相互交织而且相互统合，或者它们相互对立和分裂——它们单独进行，而且这随它们自身一同发生。但裁定不是随之有某种东西发生的体验。它们不像统觉那样具有一致性和不一致性作为可以说实事性地产生出来的本己性，借此构造着、持守着经验对象或使经验对象彼此压迫和抑制；毋宁说，我做裁定。如果我裁定一个成问题的可能性，那么我"必定"做出摒弃那些竞争性的可能性的裁定。这里的这个"必定"和否定意味着什么？这个"必定"在这里并不意味着这会自行发生，就像在统摄的领域内一切都自行发生那样。毋宁说接受性的、肯定性的裁定——我根据这一个方面实行它——取决于我，即我必须"前后一致地"实行相应的拒绝，而且这个"必定"意味着：在这个动机引发中"我只能这样"。

而如果裁定之间相互争执，就像在怀疑的自我状态中那样，那么争执意味着，我由于另一个裁定的动机引发力而必定放弃接受这一个裁定、这一个立场，而且反之亦然。但与处于相互竞争的统觉之间被动的彼此抑制和彼此遮蔽——这与已知的视觉领域内的竞争现象确实非常类似——中的动机引发力相比，这是一种完全不同的动机引发力和一种完全不同的动机引发作用。我在裁定中被动机引发，动机引发我去做裁定，而被动的动机引发与机械的力和因果性有些类似，尽管只是类似，因此绝不是自我的动机引发（Ichmotivation）。而且在进一步的、在此尚未被考虑到的最宽泛的判断领域同样如此；例如，当我突然觉察到，一个我在对一个问题的裁定中所做出的判断抵触以前的某些确信，与它们相争执。确信作为确信、判断作为判断并不共处于一个统摄性关联的统一性中，毋宁说，统一性在这里是在作为自我、作为自我性的动机引发中心的自我中被构造起来的统一性，它是自我作为自发性的自我的合一性，这个自发性的自我——它从统摄性领域触发性地被动机引发起来——现在这样或那样地做裁定并总是做新裁定，而且现在还被动机引发重又放弃判断裁定。然后进一步被动机引发以这样的方式构形和建构它的判断系统，以至于它只包含那些受保护而免遭放弃的判断；也就是说，自我提防着以免得做不同的裁定。因此，它作为自我保持一致，与"自己自身"保持一致，作为前后一贯的自我。我已讲过的东西我已讲过了，我已裁定的东西保持被裁定状态。因此，我始终是同一个，即，同一的、一致的自发性的主体。

对此应十分注意的是，每一个判断性的裁定（因而每一个评价性的裁定和意欲性的裁定也一样）绝不止一个瞬间的自我行为；而是每一个行为都要么是原创立性的行为，要么只是重复性的行为。作为原创立性的行为，它凭裁定创造一个持久的自我的裁定性。这个已如此做出裁定的自我，作为自我从现在起是一个不同的自我。在它之中已有某种东西积淀为其持久的规定性，而且如果自我现在重复这个判断，那么它只是"使之现时化"，亦即使以前在它之中作为其持久的裁定性存在的裁定现实化。这个新的、明确的判断于是不仅作为对以前裁定的再回忆出现，而且作为以前的但却延续不断的裁定出现，作为仍属于且以前就属于自我的裁定性的现实化出现。

虽然我们在讲座中以前就曾以某种方式谈过，但我们现在更加明晰地认识到：属于主体性之普遍本质的习性（Habitualität）在被动性与主动性中——或更确切地说,在接受性与自发性中——恰恰具有不同的特性。在被动性中,习性转入滞留而且经由滞留转入看起来死寂的遗忘,这种看起来死寂的遗忘在再造、再回忆的标题下可以被动的方式重新被唤起。这涉及一切体验。

但是,在自我主动性中,习性意味着不同的东西。因为自我不是体验,而只有"我思"(cogito)才是一个体验,而且从它那里产生自我,只是就自我是发射点、体验的自我极而言。这个被极化了的体验、这个"我思"形式的体验具有其可能的再造,这些再造以信念的样式而且在正常情况下以一致性的确然性的方式再造它。但如果我现在重复我在昨天初次所做的裁定,那么这不是单纯的再回忆,而正是我的判断裁定性的现时化。作为体验,抹掉能以再回忆之错觉的形式发生。而作为自我的裁定性,则存在一种完全不同的抹掉。这包含:它能因我根据新的动机做出不同的裁定而被注销。回忆保持不变,但我在判断中已改变了自己。我们可以说,自我作为自我持续不断地通过其原初的裁定而发展,而且总是现时的多样性裁定的一个极,即一个由肯定的和否定的执态之可现时化的潜能组成的习性的射线系统的极,而且与这些执态相应,它在自身中拥有整个可重新展开的历史,当然是借助再回忆。

据此,我们认识到,如果我们像这样已按接受性(或者甚至位于接受之前的被动性)获得了关于自我生活的分层的明晰性而且另一方面按自发性获得了关于自我生活的分层的明晰性,而且现在形成了这种作为自发性的执态的一个基本种类的判断的概念,那么一切描述和本质规则性的考察——它们归属于判断(作为执态的判断)的标题——当然都落在一门超越论的感性论的范围之外。因为这门超越论的意义学说恰恰想要从构造上详细探究一切感性的统觉事件,亦即感知上的统觉事件以及一般说来直观性的统觉事件。如果它被扩展成关于接受性一般的超越论学说,那么位于其之上的是关于自发性的超越论学说。因此,这门关于自发性的超越论学说当然不仅包括判断。一个愿望和实践的追求已随疑问介入。此外,还存在着情感的自发性和意愿的自发性,存在着自发性的评价和自发性的、实践的自我行为,存在着评价性的和意欲性的裁定,每一种活动都处于不同的自发性样式中。

附录五 (附于第 16 节) 直观性表象与空乏表象[①]

我们习惯于将直观性的表象与空乏表象对峙。二者都包含视域。空乏视域缺乏一个显现性的内涵,它们是显现的潜能性。但是,那些具有确定指向的空乏表象情况怎样呢?它们具有其已分化开来的、或多或少丰富地构形了的对象意义。我们恰恰也能将某个与其"视域"相对的"内容"归于它们。如果我们更仔细地比较直观与空乏表象的话,那么我们会说,同一个东西,一方面空乏地被表象,在直观中则达到显现。但撇开其"外视域"不谈,直观也不是完全饱和的直观。〈它们具有〉内视域,又的确具有内容上被规定了的空乏内涵(Leergehalte)。我们将不得不说:空乏表象和直观是最宽泛意义上的"表象"。

就其意义内涵而言,每一个表象分成一个本真的表象内容和

[①] 1926 年 8 月 27 日。

一个视域内涵（Horizontgehalt）。后者分成外视域和内视域。这个本真的表象内容具有充盈方面的等级性；当它具有充盈时，它是直观性的，而且按照充盈化的等级性而或较完全或较不完全是直观性的。这个表象内容在直观性的充盈中构成显现。空乏的显现、空乏的图像标识着零直观性这一情况。但问题是，这些表述是否适当。显现意味着直观图像意义上的直观，亦即处于充盈中的表象内容。同一个表象内容可能被清空。相应的直观性表象和空乏表象以同一个本真的表象内容表象同一个东西；因此，它们作为体验是不同的，它们按照这个内容、按照总的对象意义相合，这个总的对象意义是现实地包含在每一个表象中的、以分析的方式可展显的意义（展显作为对实项地包含在这个意义中的东西的特殊注意没有另行改变这种表象性的体验）。同一个分析性的（或本真地被表象的）表象意义一次具有或多或少直观性的充盈，另一次具有零充盈，但这不损害表象的具体化——有点类似于无色性作为有色性的清空没有导致一个零强度的情况，在其中现象消失了。

还应注意的是，关于表象和直观的说法在此当然发生了游移，以至于时而空乏视域一同在握，时而没有。如果没有空乏视域，的确没有任何事物的表象是具体的。

一个表象，就它未转化为分析地被展显的形式的表象而言和就它的表象内容（因此，直截了当地说来，总是被理解〈为〉本真的表象内容）未在展显性的综合的可能形态中被认同和被固定下来而言，被称为含混的表象。在这个形态中，同一地被表象的对象作为规定基底与各种规定区分开来，而且以这样的方式，以至于形成了这种统一性形式：对象是α、β……——但这先于一切概念的述谓。这种分析地被展显的形态的建立产生了表象之分析的清晰性。——我们不能说,一个感性对象的显现(直观图像)与幻象一样,幻象当然是直观性地生成的对象自身。

在"超越论的感性论"中,当在这里追踪这些属于特定的显现和空乏表象的事件时产生了一段相关联的研究。首先,连续的感知、其他直观样式的连续的直观、连续的表象如何达到综合的统一性,与此同时,特定的显现和表象内容一般如何被统一起来,如何构造起统一的显现、统一的表象内容。例如,在一个感知的连续性中,属于每一个感知相位的是一个瞬间显现。在每一个新相位中,这个瞬间显现可能完全相同,但这只是一种极端情况。因此,对同一被感知物的感知是这样,以至于这个被感知物在连续绵延的和完全未发生变化的显现统一性中显现。但正常情况是,每一个瞬间相位都呈现一个不同的显现,但在那里,这些显现联合成一个显现的统一性,而且绝不是以单纯求和的方式,而是以综合的构造方式,等等。此外,属于此列的还有关于近像和远像的学说,等等。在这样的考察中,我们活动在一种论题性的抽象中,只要动感的要素在一切领域都一同在本质上起作用,而在开始时却没有被引入论题。

附录六 (附于第16节)意义与直观[①]

在相即性(Adäquation)的情况下,像通常那样,我们也必须区分感知与其他直观。在感知中,对象原本地被给予,而且按假定是相

[①] 可能是1918年与1921年之间。——编者注

即地被给予的,在其他的直观中,它不是原本地被给予,但它(相即地)被当下化了,相即地被图像化了,等等,即它是相即地直观性的。

意义——在其中对象本身被意识到——在相即的感知中是完全确定的,它没有为对象留下任何不确定,它是对象本身的意义而且是完整的意义。

但意义不是空乏的、尽管完全确定的意义,而是彻头彻尾"充满的"、仿佛被直观的充盈所占据、所充实的意义。我们绝不可能在直观之物本身中将意义与充盈这两个成分并置。只有通过空乏的意义与充满的意义的对照,我们才能获得这种区分,亦即通过直观与空乏意识的综合。也许我们可以说:这种抽象的同一之物,即我们就不同的意识行为称为意义的东西,是一个本质(意义本质),它以本己的方式被特殊化,而且按照两种基本方式:以直观性的方式(而且在本原的直观性的感知领域中)和以非直观性的方式,即空乏的方式。但此外还存在其他方式,而关于这些方式我们绝不可以说,它们是同一个种的种差化,例如,就像颜色等等的种差化那样。在任何情况下,我们都必须区分处于相即的感知的样式中(甚至在这种样式中)的直观性的(在此是本原地直观性的)对象内容与存在于其中的意义,只要存在一个不带有直观性行为——这些直观性的行为的对象是同一个东西,而且从观念上看,可能是完全确定的——的本质的同一之物。被充实的意义在感知的情况下显然是对象自身,而且当我们使实存的设定得到一同规定时,它包含着对象的可种属化之物,亦即从个体上被理解的本质,而另一方面,它包含着个体化的时空处境(在此情况下,"空间的"只应是一个合于那种有可能超出时间状态的并存的个体化者的语词)。二者在相即的感知中达到本原的被给予性。(当然,我们不是说,任何一个对象都是相即地可感知的,我们知道,超越的对象按其本质排斥这样的感知。)

在不相即的感知的情况下,我们在意义与被充实的意义之间具有一个持久的张距。对象是被充实的意义(作为完全被充实的意义)的观念。同样,在完全确定的意义与不确定的意义之间当然也存在一种跨度,而且这种完全确定的意义是一个观念,这个观念包含在对象自身的观念或原初地被给予的、完全充实的意义的观念中。

但还应强调在非原初的直观的情况下的重要区别。在这种直观中,意义和对象,即感知在意向相关项方面呈现的一切和在自身中作为观念的目的包含的一切,都以变异的方式被意识到,而且这种变异带来新的意向相关项的成分。

附录七 （附于第 20 节）信仰与意向[①]

如果我们谈论信仰,谈论一个存在意识,那么我们想到的却是一个在有关的体验中的指向状态,即意指着对象的指向状态。信念是意指。意指可能意味着:我意指,我在信仰中指向某物。但在被动性内我们已发现一个意向,作为属于意向体验本身的结构的东西,而我没有作为进行指向的、有可能进行裁定的、进行认识追求的主体行动。它是事实上使一个具体的体验——例如,一个也许在背景中已激起的期待或一个回忆——成为一个意向的体验的

---

① 1923 年。

东西。这同一个体验后来可能从自我处彰显起来，这个意向呈现出"我思"的行为样式。在现在的意义上的意指意味着某种完全确定的东西，当我们考虑到我们的经验分析时，我们完全明晰地获得这种东西；它是那种最终构造统一的对象意义的意指，而且构成一个作为指向对象的意识的意识之形式的基本结构。

在宽泛的意义上，信仰固然是一致性的对象意识一般的形式，但意识之所以指向对象性，只是由于一个从协调一致的诸意向的射束中被合一化的总意向被现时化了，而其余的对象意识仍保持为一个环境，这个环境在动机引发性的境况下随时都能呈现出具有特定指向的意向性的形式。这规定了信仰作为活的信仰，而且所有的变式都在其上发生。每次受阻的是意向，发生争执的是意向与意向、信仰与信仰，但信仰在争执和被质疑的样式中因此恰恰已被变式了。同样，正是信仰意向在进入综合的过程时被确证或在未断裂地坚持下来的对立意向上撞碎，被注销。于是，一个特殊的情况是，综合是一个证验的综合，一个空乏的信仰意向在终结于一个自身给予时以证验的形式被确证，而且在这里的自身被给予状态（Selbstgegebensein）中侵占射中——作为最终的射中——的正当有效性的特征。

这样，我们已一直进展至客体化的意识的根源，因而已进展至一门真正的关于判断和认识的理论。

当然，这种实行现在必须首先在所有高级层次上开始，另一方面，这种重大的区分——它贯穿一切意识而且休谟业已在印象与观念这种多义性的标题下使其达到顶点——现在必须成为决定性的。它是纯粹的想象与立场性之间的区分。我们的一切分析都活动在立场的(positional)领域。在纯粹的想象生活中不存在信仰，而只有准-信仰(Quasi-Glauben)、信仰想象，就像那里不存在意欲，不存在评价，而只有〈一种〉进入这种事的想象。

在讲座中，我已经给出了我想要给出的东西：进行说明并导致最终理解的工作的一个基础部分，唯有通过这项工作，对我们完全隐藏着的意识生活——因为它是我们的活的生活——的意义和成就才能得到澄清。但在这里获得的最终的自身认识不是一种专业特产，而是一切真实的和最终的世界理解的源泉。在理解了客体性在意识中的构造的情况后，我们必须从这里向上攀登，说明对象性的所有特殊区域的构造："自然"、身体性、社会性、文化的确定的构造。

附录八 （附于第 24 和 25 节）
再回忆的绝然性[①]

1. "再回忆是可疑的"这一假定的后果

事实上，一个怀疑论的幽灵浮现出来，而且威胁愈益增长，即回忆的可疑性的幽灵。我已径直谈论我的意识流，我不仅未加思索地把回忆用作当下的现象，而且把它用作进入我的超越论的过去体验的入口。但是，如果回忆不再是我过去的思维(cogitationes)之绝然的确然性的一个源泉的话，那么我就不再能谈论我的无限的生活流，不再能谈论我的过去的自我和我的过去的意向

---

① 1922—1923 年。

体验;就此而言,我也必须听凭现象学还原的支配。我只具有瞬间当下的"我思",而且只有当我的反思的目光指向它时;而当它进行时,如果我对它做出一个陈述:它相即地适应现象学上的被经验物,那么我绝不可能重复这个陈述。因此,我既不把当时在现实的意义上的"我思"当作事实,也不把有关"我思"的定理当作在通常可重复的和可重新证实的真理意义上的真理。如果"我思"消逝了(如果我一般也只能做出如此程度的绝然的陈述),那么我虽然能回忆起它,但即使我像确信当下的体验一样绝对地确信现在的回忆,却不绝对地确信被回忆起来的体验。因此,我不能绝对地确信,那个作为过去的东西浮现在我眼前的体验是否是现实的。如果我不能绝对地确信,那么我就根本不能要求对其做出陈述——根据我的指导性原则——而且对其所形成的陈述像它仍处于当下状态时那样少。如果我重复它,我就具有一个新陈述,但我只能通过诉诸可惜是无用的再回忆来证实这个新陈述。

因此,我根本不能谈论我的无限的生活流,谈论我的透过一个无限的过去而延伸进一个无限的未来的生活,不再能把现象学的时间说成是现实生活的一种现实的形式,等等。因此,我看起来似乎被捆在绝对不能生育的"我在"上:我感知——现在,当我感知时;我思维,也就是说,当我现在思维时;我有感受,而且只有当我有感受时;等等。在此期间,我能反思性地旁观而且能做完全无用的陈述,这些无用的陈述无一具有甚至只是丝毫的持久的真理的苗头,而是刚好只有对流动的当下生活(Gegenwartsleben)的无结果的、流动的适应。是的,确实无结果,因为一个结果恰恰是一个永久的价值,而不只是存在于产生的瞬间的存在者。

2. 在再回忆上的两种超越论还原

我作为超越论的本我和我思绝然地被给予我,看起来似乎只有在超越论的自身感知(Selbstwahrnehmung)中才作为自我绝然地被给予我,这个自我是现在正在感知或现在正在再回忆或现在正在感受着、意欲着的自我,而且也许我自身必定会寻求这里的界限。但是,我也通过再造的行为——例如,通过再回忆——作为过去的自我并且根据我的过去的感知、再回忆、感受、期望等等被给予我,而不只是作为过去的经验性的自我、作为在世界的过去时间中的过去的人被给予我。

在这里,必须做如下说明,而且在我们已经稍稍获得现象学这方面的入门训练后,这将容易为我们明了。就一个再回忆而言,存在着两种现象学的还原,或更确切地说,两种超越论的还原,而且这对一切当下化也同样有效。我们假定有一个对一首歌的再回忆。那么我们具有:1) 一种对现在明见地作为体验的现实的再回忆的现象学还原,这个现实的再回忆具有某位歌手的过去的歌作为意向的对象。在此情况下,出发点是"我现在具有这个再回忆"这种自然的反思。2) 但值得注意的是,不仅存在一种对当下的再回忆的反思,而且存在一种在再回忆内的反思。因为就像我们自身以前已觉察到的那样,属于其本质的是,它不只是一般地使一个过去之物成为直观性的,毋宁说,它使这个过去之物作为以前被我感知之物当下化。这首歌不只是时间上在先的歌,而是——根据再回忆的本己意义——我听过的歌,而且它是我自身在一个反思中发现的东西,这个反思是我在再回忆中以侵入其意向的内涵的方式实行的。

如果我现在从这种仍完全是非现象学的反思出发,从"我已听过这首歌"出发,那么我现在作为现象学家就能对它实行还原,把歌和歌手之时—空的世界现实性加括号。于是,我获得超越论的现象,更确切地说是过去的超越论现象,亦即我的——本我的——以前对这首歌的听觉性的感知,在此情况下,这首实在的歌本身只是这个听觉活动的意向对象。

按这种方式,我能获得我的回忆的整个领域——因而所有对客观的世界性的事物和事件的回忆,此外,所有回忆一般,例如,对我已实行过的数学证明的回忆——不只是作为当下的事实,而是作为在现象学上按照其被回忆起来的意向内涵被还原了的东西。而且在此最终产生的东西是我的——本我的——过去的超越论生活连同其一切过去的极,只要它们是对象极(Gegenstandspole),这些过去的极就有括号,而这个在一切领域都同一的自我是超越论的自我,而且不应有括号,与过去的超越论体验一样不应有括号。

对此,我们也可以这样来把握:在再回忆的情况下和在一切其他的当下化的情况下,就像还应被阐明的那样,我们背离了我们以前的排除原则,即排除一切在体验自身中所实行的设定。我排除的只是设定,只是那些对过去的客体性的回忆信仰,而不是那些隐含在其中的对我的过去自我、我的过去体验和我的过去感知——在其中,过去的生活以感知的方式被意识到——的信仰。我们之所以突出这一点,正因为过去的超越论主体之物恰恰也是超越论主体的,而且我们在开始时想要就本我的统一性和它的——无论是当下的还是过去的——体验能够达到的范围一下子侵占整个超越论主体性。在此情况下,我们遵循明见性,这种明见性本身部分存在于现象学的当下反思(Gegenwartsreflexion)中,部分存在于现象学的过去反思(Vergangenheitsreflexion,亦即侵入回忆的意向内涵的反思)中。但我们不问,是否这种明见性是一种绝然的明见性,是否它优于——例如——外感知的明见性(这是我们为了哲学的开端而必须排除的)。

我们能以与对待后回忆同样的方式对待前回忆,对待期待。从对一个自然事件——我在感知的过程中所期待的——的未来进程的期待通过现象学的还原变成一个对未来的超越论的自我生活的期待。因此,总的说来,超越论的或现象学的体验流和具体的超越论主体性——我以此方式所获得的——具有其活动性的当下相位(Gegenwartsphase),此外还具有无限的过去流(Vergangenheitsstrom)和未来流(Zukunftsstrom)。只有通过承认各种当下化,超越论的本我才具有一种无限的生活连同一种在两边都无限的内在的时间形式。

3. 感知流中的各种明见性和附属的表述的明见性

1) 就对象之绵延不断的个体的当下而言,一个内感知是绝然明见的,在我们的例子中就是在现象学上被还原了的声音,我们指向它,作为现在之物和现在延续不断地一同涌出之物。这种一同涌出同时是迎面涌来,把握活动趋向现在正闪亮者,而且持续不断地迎向新的闪亮者,迎向新的现在,而且张开臂膀迎接它:一个持续不断的把握活动,它持续不断地把握新东西,并且在持续不断的把握活动中把握延续者本身。这个延续不断者是在持续者和延续者的意义上的绵延不断的声音。这个把握性的意向是一个不断得到充实而达到饱和的意向,而且是在充实过程中连续的重复意向,亦即连续地指向新东西的意向,这个连续的重复意向重复地得到充实,而且这样持续不断地进行下去。正是在此过程中,声音的存在作为延续不断的当下、作为在延续中的原初存在相即地被给予。在此,我们必须说,不可抹掉性是在充实的、确实充满的自身给予的意义上的相即性的结果。它是持续不断地被充实的意向,就像我们刚才所说的那样。

2) 但我们还有另一种属于绵延不断的声音的明见性,而且凸显出来的是,绵延和绵延的明见性具有双重意义。因此,我们区分:

a) 延续者,即持续的声音本身;

b) 声音段,即过去的和在"持续的"当下达到顶点的声音段。而且在其中,每一个相位都以滞留的方式在不同的而且持续不断地变化着的"刚才过去"的样式中被意识到。

在这里,我们也有不可抹掉性,但不再有真正意义上的相即性。在这里,不存在充分的亦即被充实的自身被给予性,而恰恰只存在处于确然性样式中的"仍把握在手""仍被意识到",但这种确然性在某种程度上仍是不可抹掉的。

我们在这里一般地看到这种必然性:正如作为持续不断的东西被意识到的声音本身具有确然性的样式,作为刚才过去的东西被意识到的声音也同样具有确然性的样式。这种确然性样式以不变的方式贯穿意向性的整个连续统。但如果我们也考察内容之物——这在那里是确然的——和适合这里的现象的描述的明见性,则是有益的。声音感知全然是对延续不断的声音的把握,而且这个声音在其全部的充盈中恰恰作为持续不断地被充实的东西被给予。如果我们把它称为"小提琴声"或仍一般地称为"声音",那么这个语词意指就借助相应的要素得到测度,即存在于相即地被给予的声音本身中并且在延续中连续地相合的要素。在何种程度上我们具有这样一种在向前-"持续"中保持不变的要素(它在此情况下达到持续的相合)和一个语词(它恰恰借助其语词意向得到测度),我们就在何种程度上具有陈述的明见性,当然,只是在持续本身中。但一般来说至少必然存在"声音"一般;延续者之感知被给予性的统一性作为连续的综合的统一性是不可想象的,倘若这整个统一性没有为一个一以贯之的相合的成分所承载,亦即为一个所有的相位都必然共同具有的本质的普遍之物所承载的话。因此,我们能在绝对的相即性中谈论声音,也能进一步谈论小提琴声,谈论刺耳的、响亮的声音,等等。这个在延续中的原本的自身相合发生在直观的原初现前的区域。这个活的直观的当下的区域不是数学的点,而是已具有一个完全直观性地被充实的铺展范围连同一个绝对现在的顶点。在这个区域中,在最原初的形态中被把握到的还有连续性、变化、强度变化和质性跳跃,等等。一个变化甚至在声音的持续不断中也能连续地持续,而且一般能在充实的明见性中被陈述。

于是,如果目光指向具体的当下的空乏部分,那么尽管空乏,所有这类描述也能具有一个明见的内容,亦即以一种在那里到处传播的方式,即在本真的感知——在其中,对所陈述的一切的充实的直观发生——的现时的当下,这种能与滞留的领域内的同一之物相合的东西被给予的地方。例如,空乏的声音滞留是一个相合的连续统,这个连续统终结于直观的声音被给予性,因而我能谈论刚才曾在的声音;这个普遍的语词,尽管我现在才使用它,却适合这整个连续统。这个刚才直观地被给予的东西是声音,这个过去之物,作为按其空乏的意向而与直观之物相合的东西,也是声音。因此,描述的明见性将会以某种方式来源于感知的直观性领域。

在这些情况下,即在那些从延续不断的感知本身中获得的内涵通过与空乏的滞留的相合给予这种空乏的滞留以一种可以说是被传播过来的明见性和一种明见的解释的地方,再回忆不必起作用。于是,描述的明见性的依据和前提在于,有关的滞留的对象性独自在清晰性中——尽管空乏——被把握而且在这种从原本的直观中原初地获得的意义中通过比照性的相合被解释。在表述与一个当下的原初的被给予物的这样一种原初的适合——例如,当它涉及一个瞬间的刮擦声时,滞留这个刮擦声(在这个刮擦声沉入过去的过程中)时——没有怀疑的地方,表述一同下沉,但却必然保持着其表述信仰(Ausdrucksglauben)。表述的重复将已是再回忆的问题了。

所有这些迄今已描述的明见性只具有一种瞬间的、附着于感知和滞留之流的不可抹掉的确然性;但凭借它们我们对于生活之无限的过去和未来不具有它们这种绝然的确然性,对于同一的自我不具有它们这种绝然的确然性,这个同一的自我是这种无限的生活的主体和各种确然性的主体,甚至在源于原初的感知的原初的活的确然性随原初的感知一同消逝后,主体也能一再证实这些确然性。这种"一再"只有借助再回忆才会发生,而且只有从再回忆中才能产生这种自在事实的可能性,这种可能性在感知中被原初地经验到,但能随时重新被经验到,重新被认同为同一种可能性,因而能重新被描述,而且能随时以同一的方式和在同一的真理中被描述。因此,换句话说,有一种与瞬间的真理相对的永久的真理。但问题将在于,这如何得到澄清,以及绝然性(Apodiktizität)和相即性在这里情况怎样。

滞留是刚才过去之物的一种不可抹掉的确然性,但这个进行把握的自我——它试图抓住它的对象,试图以认识的方式如其所是地侵入它——抓入了空乏。这种指向其对象的意向在再回忆中具有其充实形态。再回忆给予在其充实性(Erfülltheit)中的过去之物本身。

再回忆能发生错误,这是哲学家们一致同意的学说,而他们在这里事实上却想要否认错觉的可能性。这也适合超越论的再回忆,即那种在超越论地被还原了的领域内的再回忆。每一个对一个以素朴的—自然的方式被摆明为错觉的再回忆的超越论还原都产生——就像人们能容易确信的那样——一个被证明为错觉的超越论地被还原了的再回忆。

然而,在这里我也必须背离传统,我必须拒绝对再回忆领域内每一种绝然的明见性的无限制的拒绝,而且必须从缺乏分析这一点加以说明。

4. 再回忆作为再造及其与滞留的关系

再回忆的基本特征是"再造";其中包含一个双重物和一个双重意义。再造可以意味着当下化。这是一个普遍的特征,这个特征是再回忆以及其他当下化所特有的；每一个想象——偶然浮现的或凭空产生的——都是一个当下化，但因此还不是再回忆。属于直观的当下化的是，它作为感知的变异被给予。以想象的方式表象某物，而且是在一个再回忆中表象某物，这是"仿佛感知"某物，但恰恰只是"仿佛"。这个仿佛被感知到的声音开始并绵延，而且属于感知的全部构造性的形态，滞留和向前指向的期待意向连同原印象的过渡领域（Übergangssphäre）的全部活动——所有这些也属于当下化的储备。但所有这些都具有"仿佛"的样式。与感知确然性——作为对现在的个体的声音存在的确然性——相应的是回忆确然性。但回忆上的现在——它因此具有"仿佛"的样式——未被信仰，与全然的现在不同，不是确然的，而是像整个被回忆物的内涵那样。这个回忆上的现在具有重新被当下化的现在的特征，这个现在以重新激活的形式、再感知的形式、"仿佛"再度进行的感知的形式被当下化。最原初的过去意识是作为彗星尾附属于每一个感知的滞留的意识。如果这种具有如此本质不同的特征的再回忆也应称为过去意识的话，那么它与滞留就必然具有本质的关系，而且与它处于一种认同性相合的综合中或能够具有这样一种本质的关系。

这样一种综合在哪里得以产生呢？现在，首先一个相应的再回忆能作为对同一之物的再回忆浮现或有可能随意被产生出来，而一个滞留仍在进行，也就是说，一个鲜活的过去之物仍凸显，尽管空乏地被意识到。一个乐段已沉下去了，同一个乐段"仿佛"再度被听到，它仿佛从头至尾再度进行，在再造的样式中进行。"同一个乐段"——我们这时意识到它；这就是说，空乏的滞留，它在此情况下当然继续进行其本己的活动,亦即使过去之物作为越来越远的过去之物显现,但本身作为同一个东西显现。这个空乏的滞留,我认为,与仿佛新响起的乐段综合地一致,而且在相合中,滞留的空乏被充实以充盈,这种充盈在复活中重新被建构起来。直观之物作为充实性的或真实的自身被给予滞留之空乏的被表象者。甚至其内部的要素和分段的整个充盈也一齐在直观的充盈中、在完全的再回忆中显露出来,这些要素和分段在滞留中已〈变得〉不确定和模糊了。

5. 再回忆的明晰性层级

当然,我们对此还必须考虑再回忆像一切当下具有那样的一个特征。它可能是在极其不同的明晰性层级中的当下化,它可能在其进程中自身在明晰性方面起伏不定。如果它停止了,那么它就会以类似于一个感知在其停止后的方式变成空乏的,但它然后不是一个全然空乏的滞留,而是一个空乏的再回忆,它自身在空乏中具有这种本己性,即它是一个空乏的滞留的再回忆。但它同时也是刚才现实地进行的直观的再回忆的体验的现实的滞留。

但从再回忆的本己性我们也认识到明晰性的等级性,再回忆的本己性在于,它作为同一个过去的重复是"可重复的",而且在我们这里还作为同一个滞留的过去的重复。这可以说已通过最初的再回忆得到揭示,但因此也已被保持在手,而且通过新的再回忆,它更加被保持在手,并且再度被揭示。因为在最初的再回忆停止后,的确又有一个空乏的意识。由此我们看到,不同的再回忆在互相过渡中虽然在对象的方面相合,但还不必然是完全相同的;这一个揭示对象较多,另一个揭示对象较少,这一个含有较为丰富的凸显性的和直观性的特征,另一个则较少。因此,按其本质,在作为当下化的再回忆中存在着一种内部的充盈和空乏的等级性,以及一个上限,我们称为完全的回忆;它再造感知对象性,并且隐含地以充分的方式再造感知自身,而且它使空乏的被滞留物获得最充分的展显,重新唤起所有在其中已变得不明晰和模糊的东西。

给予这个问题——我们从何知道,这是否是一个建构性的童话——以回答的是,指明对同一个东西的再回忆的一个重复系列(可能的重复系列),在其中,我们有可能随意达到较高的明晰性层级。在这种过渡中,我们看到,同一个东西越来越充分地达到直观的被给予性,但这同一个东西——它以前已被意指——仍是部分地、空乏地被意识到,而且我们甚至获得了对一个存在于这个进展方向上的极限——即饱和的充实、完全的充实——的明见性。〈我们获得了〉这种认识,即一般必定存在一个极限,因为每一个可能的再回忆(如果它一般被充实的话)都在单义性(正是对象的同一性)中被充实。

6. 再回忆中的错觉和绝然性

但我们也认识到错觉的可能性;首先是再回忆中"描抹"的可能性。被再回忆者原初是空乏的被意指者,它应在复活的直观中、在"仿佛"被变异了的感知中获得其充实。被产生出来的、直观地被构形的图像与空乏的被意指者相合。但这能形成一个明晰的图像,这个明晰的图像虽然在基本特征上是被意指者的现实地被充实的表象,但已描进了另一些特征,它们并不列属这个图像,亦即,不是意指的相应特征的充实。这本身常常可从内部觉察到。空乏的意向借直观化得到丰富；随着空乏的意向之新特征的唤起，现在也能意识到，直观的特征已侵入，它们与这种新唤起的意向成分发生争执，不是它的充实，而是虚假的描抹。的确，可以摆明，在一个再回忆图像的统一性中发生融合的是源于不同的过去的东西和〈本身〉在开始时已不可觉察地生成的东西，因为空乏的滞留惰性极大，先行的直观化通过"联想"而坠入过去领域。如果我们这样进行深入的考察，那么就能很好地理解，再回忆能弄错。

但同样无疑的是，为了在开始时逗留于滞留之揭示的现在区域，再回忆也具有绝然的内涵。绝对明见的是：我刚才听到一个声音构成物，看到一抹风景，而且我没有错误地设定我〈在〉再回忆中具有的这个声音构成物，毋宁说，在那里一个风景感知已终止了，等等；而且在此情况下绝对明见的是，我具有一个过去、一个个体之物、一个时间之物，它具有某种普遍的风景特征，等等。显然，属于再回忆的是——只要我们在与一个滞留的充实性的相合中思考它——后者的不可抹掉的确然性；而且我们正因此而具有绝然的确然性的是，在再回忆图像中显示出一个真实的自身，这个真实的自身能在极限中被接近，而且〈它〉在充实的意识中应有可能被达到。但在此还应注意，滞留的这种"刚才过去"作为重新被当下化的现在被揭示出来。而且在每一个重复的再回忆中，由于囊括这些重复的综合，这个重新被当下化的现在都以同一之物出现。因此，它同时也是"刚才"过去了的东西。再回忆的本质的确在于，它将被回忆之物标识为仿佛被感知之物和重新被感知之物，亦即被标识为仿佛重新延续不断的当下。由于它是充实，滞留的这种"刚才"在它之中被揭示出来。

由于在原本的现在在感知中被给予之物连续地转变成滞留的"刚才",然后以重新被复活的方式显现在再回忆的"仿佛现在"中,而且有可能显现在可随意被重复的新的再回忆中,在各种不同的样式中的被给予物由于综合的认同而明见地作为同一物出现,作为同一个体之物出现,作为具有其同一时间位置和时间绵延的同一时间对象出现。感知上的当下或原本的当下、回忆上的当下或再当下(Wiedergegenwart)都是被给予性样式,都是同一个体之物的显现方式,这同一个体之物的原初存在作为持续地被建构起来的延续(一个稳定地被产生出来的绵延的统一性)恰恰可一再作为绝对同一物被再造出来和被重新认出,也就是说,"重新"被经验。

7. 重复的被回忆物的过去样式

在重复中,每一个新的再回忆作为体验本身都是一个新的当下,而且即使每一个新的再回忆都再造起同一的东西,并且每一个在相同的明晰性层次的情况下都具有相同的内涵,却仍以不可改变的必然性的方式存在着一种本质的差异。在每一个再回忆中,在重复中以完全相同的方式的被重复者,[例如]同一个绵延着的声音,都必然具有新的过去样式。

每一个再回忆,当它在一个新的现在中使同一个非现在被意识到,而在其中一个处于原本的"持续"中的新的当下开显出来时,它借助与这个当下自身的关系给予被回忆物以一种新样式。但这是就每一个再回忆在自身中包含一个尚未被开显的意向性而言,这个意向性对每一个再回忆来说都是一个变化了的意向性。当然,只有通过充实性的开显才能看出,这是何种意向性和这种不断变化的过去之物意味着什么。

更进一步:在每一个再回忆中一般都有一个意向的趋向,即指向其被再回忆起来的本己的内涵以外的趋向。这个趋向的充实稳定地导向一个不断前进的再回忆的连续统,以至于一个被当下化的当下的连续统,即一段连续地被充实的时间,重新被当下化出来。这个连续地被开显出来的再回忆最终终结于连续地延续着的感知当下。例如,我刚好再回忆起会客室里的一次会谈。我让它进行,我在再回忆上遵循这种趋向,即趋向链接性的和连续充实性的再回忆。因为我回忆起敲钟声,回忆起"是做讲座的时间了"这一意识,然后回忆起前往,最后,我此刻正在此,在这个现时的感知当下,我现在就在做讲座。

8. 再回忆及其期待视域

在这里,现在可以普遍地被阐明的是:每一个原本的自身给予,每一个感知,就像我们知道的那样,在自身中都包含一个持久的前摄趋向。它有一个期待视域,这个期待视域指向未来。每一个现时的原当下都作为连续地在先发生的前摄的充实出现,类似地,每一个再回忆——的确,它在自己自身中被标识为感知的一种样态变样,被标识为处于"重新"和"仿佛"样式中的感知——在自身中包含一个前摄的趋向。同样,每一个在"重新"和"仿佛"的样式中出现的当下相位,亦即过去的现在,也作为充实出现。但是,这里的事况并非这样简单,只要再回忆同时是一个当下的体验,也就是说,自身作为感知上的当下出现,同时由于其当下化的意向性而也是一个过去。就后者而言,它再造起期待意向之连续的充实。但还不止于此。当在感知那里将来者是新的并且只有在来临时其内容才能完全得到规定,而且有可能与一个太过确定的期待相反地得到规定时,当在这里甚至可能出现完全不同于被假定的东西——只要对象的统一性在时间上中断,并且有某种完全新的对象之物成为被感知物——时,在再回忆中情况是这样,以至于在确然性中出现在那里的东西根本不是新东西,而是预先已知之物。它刚才的确已在那里,而只是被再回忆起来。原因在于,被再回忆之物本身是内容上确定的被期待之物,而且在一个确然的和明晰的回忆序列的统一性中具有在内容上完全遵照期待和"必得这样来临"的特征。在序列的必然性中,回忆根据确定的内容得到确证,因为当它是完全的时,它本质上不提供任何新东西,而是提供那种早已知悉的东西。另一方面,就再回忆作为当下现象而言,属于它自身的还有一个前指的趋向,即对后续进程的再回忆的联想的期待的趋向。两种关联———即过去之必然的序列的关联和联想的关联——都终结于终点感知,第一种关联处于对象的当下中,另一种关联处于构造着这个对象的当下的感知体验的当下中。

9. 对远过去的再回忆

我们迄今已探讨了建立在鲜活的滞留领域中的再回忆的〈这些〉必然的本己性。如果我们现在转向再回忆一般的本己性并且考虑对远过去的再回忆,那么我们显然必定会说,那里属于这个滞留的特殊功能的一切本质之物仍继续存在。只是我们现在被引向无差别的空乏视域。一个更详细的研究对此将表明，这个无差别的、空乏的滞留视域以此方式经受了其最初形式的唤起，即在主体的当下生活中，某些凸显性开显了一个联想的趋向，这个联想的趋向在其充实中意味着一个从空乏视域的已成为无差异的东西中的凸显。如果已有一个再回忆，而且在直观的进程中，那么在它之中被再当下化的当下本身能以唤起的方式起作用，亦即对空乏视域的新要素起作用，换句话说，〈它能〉唤来新的被遗忘物。这将是一个处于"重新"的样式中的凸显，但绝不是一种以再回忆的方式的回返，即回到处于其原初滞留的流中的那些从前的滞留——这样一个滞留是某种抽象物，这种抽象物只能存在于这个具体的流中——毋宁说，它是一个具体的但却空乏的意向，这个空乏的意向被唤起而且现在自身含有一个本己的触发力，在它那方面现在则通过一个开显它的再回忆的过程侵占充实。以此方式，空乏的内容获得自身被给予性的充盈。于是，再回忆自身带有其前指的意向，因此，要求新的充实，而且再回忆系列以此方式被再造起来，直至现时的当下。这个浮现出来的、较旧的意向自身作为从空乏视域（因而恰恰作为一个无差别物——亦即一个由不同的滞留转变成无差别物——的分化物被给予）中浮现出来的东西被给予，作为从遗忘的黑夜中浮现出来的东西被给予。

原初的再回忆和这个再回忆的进程的每一次重复都同一地产生相同的对象性或相同的事件，它们同一地具有各个相同的时间点和时间绵延，以及从总体上说相同的总的过去段。但却又不完全相同。因为正在生成中的当下已进展了，尽管再回忆过程的重复再度从同一出发点通达现时的当下。因此，这个当下恰恰是一个新当下,而先前的当下已成为过去,也就是说,它现在构成再回忆上流逝的时间的末端。因此,明晰的是,每一个再回忆,甚至在它就其前摄而言没有被开显时,恰恰还是在自身中暗含着:它自身中意向地但却未被开显地包含着直至当下的时间系列,它自身作为体验属于当下,而且这处于"充实的开显"这种进行样式中。因此,几个关于同一个东西的再回忆必然使这同一个东西以不同的方式被意识到,把它标识为处于不同的过去距离中的过去之物,标识为始终关涉着活的当下——作为流动的时间段的最终目的——的过去之物;这个流动的终端向前移动,因此,同一个过去之物随每一个新的再回忆变成一个更远的过去之物。在此情况下,以前的再回忆和再回忆系列的整个内涵必然包含在每一个紧接着的再回忆和再回忆系列中,而且只要它们相合,时间系列就同一地是同一个时间系列,同一个体的、绵延着的对象或事件的系列。

10. 超越论自我的不死性——不可能的事:超越论自我是出生的

让我们采取一个重要的新步骤。如果我们为此接受当下之延续的必然性,那么我们一定会上演一出期待之批判。当下必然是充实的当下。尽管正在"持续的"的统一的对象会停止,这个"持续"的过程自身却不会因此停止。这个"持续"是"不朽的"。如果声音停止了,那么对此则有另一个东西作为持续的当下在场。世界可能不存在——正如我们所表明的那样,这是一种可能性。相反,悖谬的则是,内在的存在停止,这个过程停止,即在这个持续中被构造起来的当下存在停止。不可想象的是:一切都停止,于是什么也没有。一旦"那么—不存在"的思想呈现，就假定了一个"那么—存在"，不存在与之相争执。人们把生活流的一种臆想性的停止归咎于任一个别的存在的可能的停止。停止自身作为对象的停止以一个不停止为前提，亦即以意识为前提，在其中停止被意识到。

因此，确定的前期待可能欺骗〔我们〕，但进展中的时间意识的结构和新当下的构造的结构却仍具有僵固的必然性。原因在于，活下去和活下去的自我是不死的——还有纯粹的超越论自我，不是一定会死的经验性的世界—自我。我们根本不否认世界—自我的死、其身体的分解，因而根本不否认其在客观的、时空世界中的不可发现性，在它之中的不在场（Nicht-dasein）。当然，与自我的不死性——就像它现在被给予的那样，作为总是重新被充实的当下的不可抹掉性——一同被设定的还不是一种无限的、未来的时间。这首先得被推导出来。但我们还根本没有朝着过去的方向推导出无限的时间，而正要着手。

但是，如果我们现在在回顾而不是在前瞻中考察当下，那么作为绝对的必然性产生的是，每一个当下都作为一个过去的充实出现。也就是说，每一个当下、每一个"持续的"存在一方面不仅自在地具有一个不可抹掉的前摄的形式："必然会有一个新的现在来临"；而且另一方面具有一个不可抹掉的滞留的形式。而且不仅每一个现在都留下滞留，不是已有了滞留，现在是不可想象的。新出现的声音，即刚刚起始的声音，当然还没有本己的滞留环境，但必须有一个刚才曾在、一个先行的感知。正如停止只有在过程中才是可想象的，而过程自身的停止却是不可想象的，同样，开端只有在过程中才是可想象的,而作为过程的开端却是不可想象的。先于开端的无业已以某种东西为前提了,这个东西可能与之相冲突。在开端之前可能存在一个空乏,一帘无差异的、单调缄默的暮霭,但即使这也是过去之物,具有时间之物的本质结构。

与此相应的是,每一个再回忆必须有一个属于开端、属于被再回忆起来的"持续"之开始的意向视域,这个意向视域——似乎这样——可重新被唤起,因此,我们无限地达到新的可能的再回忆。然而,这将太过草率。我们甚至还不知道可能的重新唤起的本质条件,亦即再回忆的本质条件。通过不属于这里的更详细的考察,的确表明,再回忆是作为一个行为的感知的变异,也就是说,它以一个醒着的自我为前提。甚至通过联想而发生的背景的唤起也以凸显为前提,亦即以带有对自我的触发的东西为前提。因此,自我也被唤起。在没有凸显的地方,自我沉睡,连联想也是不可能的。这尚未得到正确的说明,因此,时间构造不能不加考虑地被建立在再回忆之无限的可重新唤起性之上。在交互主体性(Intersubjektivität)中情况有什么不同吗?

在对同一个东西的重复性的再回忆的可能性已得到说明后,我们发现一个同一的无限的时间处于无限过去的必然的样式中;处于一个必然可变的样式中,因为一切过去的时间都得在不停变化着的和必然持续不断地变化着的过去样式中被给予。时间只有作为原本的当下或作为过去和作为将临的未来才是可能的。但是,原本的当下是延续不断的当下,亦即一个持续不断的向着未来的当下变化。因此,每一个过去都是一个延续不断的和随所属的当下不断变化着的过去。但是,在这些样式的变化中,已然过去的是一个无限的时间,而且这个时间中的每一个位置、每一段都是绝对僵固的和同一的,亦即在完全的确然性中可一再被认同为同一个东西。因此,超越论的生活和超越论自我不可能是出生的,只有世界中的人才能是出生的。作为超越论自我,我是永久的;我现在存在,而且这个现在包含一个过去视域,这个过去视域可无限打开。而这就是说:我是永久的。

未来最终意味着无限的时间,这一点容易理解。再回忆表明,在每一个过去的当下被前期待之物已一再且必然作为新的当下出现,并已成为过去,而且现在一般能看出这种必然性:附着于每一个当下的前摄视域具有诸充实的可能性,但只是处于一个被前期待的当下的形式中,因而处于一个被前期待的过去的形式中。未来的东西,将存在的东西,是同一个东西,它首先在重复的前回忆中是可认同的,回忆具有感知的预期或当下的预期的特征,而且只有通过这些感知自身的出现和其后认同性的再回忆才能获得其充实。因此,将存在的东西必定会成为当下和过去,必定会成为可认同的时间。

由此得出了一个无限的内在时间的必然性,或换句话说——我不知道,一个人如何能忽略这种绝对的明见性——,过去的超越论生活的无限性。但这绝不是说,这过去的超越论生活总是各种行为和体验的一个可揭示的背景,或换句话说,超越论自我总〈已经历了〉一个醒着的生活,一个在其中有各种不同的东西发生的生活。毋宁说,一个缄默和空乏的生活,也可以说一个无梦的空乏的睡眠,作为这样一个生活是完全可想象的,即它虽然也具有这种必然的结构,而且暗自以被动的—感知的方式显现,但没有任何凸显,因此,没有任何自我把握(Icherfassung),没有任何个别触发和行为的活动,以至于自我可以说没有出场,而睡着的自我是我思之单纯的潜能性。始终存在着通过生活的变异出现凸显的可能性,因而存在着苏醒的可能性。

让我们略过〈一个〉更深入的关于再回忆领域内的经验(Empirie)的探讨(也许将能表明,每一个再回忆都再造起它的被回忆物连同一些绝然的内涵,因此,一个可被否定的再回忆和一个错误的再回忆具有一个必然的真理内涵),而转向期待领域。在这里,我们满足于这样一个容易被阐明的断定:每一个现在都具有其未来视域,或者就像我们也可以说的那样,都必然转入一个新的现在。声音的停止意味着被构造起来的意向统一性的中断,但那里必然有一个新充实的现在,而且重又发生变化,或更确切地说,存在着一个蠢立不动的形式:其获得原创立的意向意义随即转变为滞留,而随之以现在形式发生一个新的原创立。期待绝不是绝然的——但就形式而言却是绝然的。自我继续生活着,它始终必然面临着其超越论的未来;具有某个内容的被期待者无须出现,但作为替代存在着另一个内容,总是有某种东西发生。而且存在一个已为作为本我的我预备好了的"总是"。但这个未来具有时间形式,而且与过去的时间形式相同,虽然是以不同的方式被构造起来的。将来者具有其直观性的当下化,这种直观性的当下化处于一个前当下化(Vorvergegenwärtigung)的形式中,处于一个期待图像的形式中,这个期待图像预期一个现在,因而预期所属于整个流的滞留中的流去,亦即一个所属的过去——但这个所属的过去现在作为将临的过去被预期。未来的东西,在它是当下以后,将是过去的,而且它将与现时的现在联合,这个现时的现在然后相应地将是继续后置的过去,与所有现在是过去的东西一道。后面这种过去也将已相应地后移。

因此,这个未来结构产生了主观地被定向的时间的未来拉力,依时间定向(Zeitorientierung)之可活动的零点被定向,依现在被定向,我作为感知着的自我矗立于现在,作为当下的自我。重又不可想象的是,超越论的自我停止。显而易见,这并不意味着:人已永久地并将永久地生存,而且生与死、人在自然中的出现和从自然中的消失——比如说,通过创造或毁灭——与生活之超越论的无限性完全相容。原则上说,身体中的灵魂不是不死的,也就是说,它不必被看作不死的,而且实际上按日常经验它一定得死。但每一个人—自我都以某种方式含有其超越论的自我,而且其超越论的自我不死亡而且不产生,它是处于生成中的一个永久的存在。

11. 一方面,再回忆的绝然性;另一方面,期待的绝然性

由于所有这一切,我们已看出必然性,没有什么东西能任意改变它们。因此,尽管一个再回忆可能是不完全的,尽管它可能是弄错的,但它却分有这些必然性。它是再回忆,也就是说,它不可能完全不包含丝毫绝然的明见性。它以处于过去的样式中的我的绝对生活连同内时间的必然形式为基础。再回忆的错觉意味着:"被意指的过去能被涂盖",但背后存在着过去和同一的时间,以及处于不断更迭的过去之必然的样式中的同一的个体的生活内涵。

但就未来而言,则期待指向它,期待仅仅是预期性的,而且像

一切预期那样可能弄错。但生活是一种活下去，而且时间的规则也把一个绝然的内涵推给期待。

但在相同的方向上仍可向前推进。属于超越论的经验认识（Empirie）的还有一个在联想的或归纳的期待的标题下的期待的合规则性，这种联想的或归纳的期待允许某些内涵被编排进空乏的未来形式。且请考虑自然的感知信仰的超越论转向，即转向那些超越论现象的进程的确然性，在这些超越论现象中呈现出同一个经验对象、同一个物理的自然客体。这可以用作一个庞大的例证等级，例如，自然的、素朴的同感确然性（Einfühlungsgewißheit）或动物和人的客观实存之确然性的超越论翻转，就是这样。显然，被期待者的不出现的可能性属于期待的本质，因此，这种归纳的经验不可能有绝然的有效性。甚至在这里也有绝然的内涵，这些绝然的内涵当然转入信仰样式，因此，转入实在的可能性和或然性；而且这在期待确然性（Erwartungsgewißheit）起作用的一切领域都有效。

12. 扼要重述

在我们的研究结束后，我们可以这样来标明结果：普遍的现象学还原已经向我们〈揭示了〉我们的本我——对每个人来说，本我都是他自己的——连同它的体验流作为一个具有所属的生活流的自我大全（Ichall）的核心。绝然的还原产生单纯作为可能的绝然经验的领域的本我，而且整个研究实际上几乎都是为了界定具有其绝然的内涵的我思的范围。我在。一旦我反思自己，我就不可能把自己设定为不存在的，而不只是就活的流动的当下而言。而且在此情况下不可否定的不只是流动的我思自身。我处于其可变的且具有固定构形的显现方式中,带有一个无限的时间领域、一个无限的过去领域和一个开放的将临的未来的无限性。

当然,为了绝然的还原,我必须将我的无限的时间生活(Zeitleben)中的庞大储存加括号,尽管这种无限性本身是绝然确然的。因此,我必须将未来的每一个确定的如在(超出时间形式和其可变的被给予性方式的形式)加括号。过去,已完结物的领域,已提供给我很多很多。持守在再回忆之本己性和我的明见的权能(Vermögen)之本己性的基础上,追求明晰性,重复对同一个东西的再回忆,等等,我能获得一个被经验物之同一性的明见性,而且对于其如在也能获得。因此,在内在的领域,更确切地说,在过去的内在的领域,通过观察、凝视和直观地规定,我能实行在某种程度上可以说是"客观的"经验,能使自己确信那里具有时间性的此在和如在的东西。但我们只对滞留的近领域的再回忆具有绝然的明见性,亦即与搭叠和混淆相对的可靠性,这个滞留的近领域处于在被再回忆物的具体内涵方面有相当多的完全性中。而且甚至在这里也存在着绝对明晰性——这种绝对的明晰性允许过去之物之个体的完全的自身显露出来——的极限,一个不完全免除怀疑的极限情况,而无论如何都不是这样一个情况,即它可随意在一切领域被生产出来。例如,如果我们想要重复一个不明晰的、流动的想象,甚或一个不明晰的、流动的再回忆本身,即作为它现在所是的这个体验,而现在第二个不明晰的再造出现了,那么我们应如何确信这一点:两种流动的不明晰性二者都具有绝对同一的不明晰性内涵?

因此，一般而言我们会说：内在的经验虽然就这种被经验物——即在并非不显著的周围的被经验物——而言是客观的和绝然的经验，但被经验物就规定性的内涵而言则只是在类型上确定了，此外，它关涉一个完全确定的和不只是在类型上一般地得到标识的个体的过去素材(Vergangenheitsdatum)。至于较远的过去之物，则虽然情况相似，但这里类型上的一般性是这样一种一般性，即它就特殊的特征——它在这些特征中以分化了的方式被给予——而言甚至对混淆、错觉保持开放。有可能确证它的方法重又指向一个真实之物的观念，而且给予一个真实之物的存在和观念上的(idealiter)可摆明之物以绝然的可靠性。但每一个现实的再回忆却都会具有其不可靠性的范围，尽管也总会必然具有某种一般的和不可抹掉的内涵。

附录九 （附于第25节）被给予性方式的两种变更

1. 在明晰性范围内的近和远的变更

2. 作为遮蔽、模糊性的不明晰性的变更[①]

模糊的被给予性，直观的被给予性的不明晰性。一个回忆，一个期待，一个可能的经验：被回忆物"不明晰地"、模糊地浮现在我眼前，它显现，但就像在黑暗中，被黑暗涂染。同样，在感知中，亦

---

① 1920年与1926年之间。——编者注

即在黑暗里、在黑暗的黄昏里、在雾里的外感知,或者当我主观上感到"头晕目眩"时,我却仍看到东西。

在这里,存在一个本己的在现象学上关于被给予性方式的区别:1) 正常的、明晰的被给予性,带有其近与远或接近与远离的区别,一种等级性的区别,这种等级性不是相对明晰性的等级性,而是一种在被看到的关于这样一个系列——在明晰性的范围内——中每一个被看到的同一要素的实事内涵方面较多的或较少的充实和充盈的等级性。它是一种自身拥有的等级性、自身显现的等级性,这种自身拥有是一种在明晰性(纯粹的明晰性)的范围内的纯粹的自身拥有,而无关乎在完全性的等级性中的纯粹性。我们能说:纯粹自身被给予的是显现,而显现者自身被还原到本真的显现者,它是透显性的,即自身透过显现而显现,而且这种对象的自身或有关的要素的自身越完全地显现,它就透显越多,透显越大的充盈。最佳的显现,即绝对近的显现,是绝对的最大值,在其中,透显停止,而且显现不再透过自身指明新东西,而是自身就是终点。

2) 与此相反,在雾状的被给予性的情况下,显现自身是雾状的、"不明晰的"。在这里,我们处于另一种等级性中,这种等级性一般来说不服从我们的自由变更(Variation),而无论如何都是以不同的方式服从我们的自由变更。

个别被还原的显现——被还原到本真的显现——不直接就是自身展示(Selbstdarstellung)、对象之纯粹的自身展示,它恰恰被雾化了,被罩上了雾霭。尽管对象重又透过雾霭或烟雾而显现,但却是以此方式:恰恰其本真的、明晰的自身显现(Selbsterscheinungen)透显出来,而且透过这些自身显现,客体显现。

附录十 （附于第25节）自身拥有与再回忆中的隐藏·再造与滞留[1]

如果我们在上一讲的结束语中说，在近的再回忆中，依据所有要素的被回忆物的自身在不可抹掉的存在样式中被给予，那么这也对持久的限制有效，这种持久的限制造成遮蔽（Verhüllung）的等级性，这里的遮蔽称为相对的不明晰性。根本的东西是这种在此不可能足够明确地得到强调的明察，即这种遮蔽不是一种由内容陌生的要素而且甚至是对象性的要素所产生的遮蔽或遮盖。不明晰性的雾，在其暗化的较深层次中，不是什么对象之物，不是对象性的遮掩。这的确也只有在视觉素材那里才会有意义。如果声音变得不明晰了，那么这种不明晰性不是声音的混合；一个模糊地被再造起来的响亮的声音不是一个微弱的声音，也不是代之以与另一种音质或音色的一种混合。这是一种完全独特的遮蔽：这个自身不可抹掉地被意识到，但却被远远地推入一个本己的维度，而且这种"远的"和"近的"具有一个双重的极限，即绝对的明晰性和绝对的黑暗——后一个极限类似于强度的零点，而且这个零点像是原则上已被排除了，因为一个绝对黑暗的再回忆将不再是再回忆，就像一个在绝对的静默中被感觉到的声音在感觉上不再存在，一个绝对零强度的感觉不再是感觉。

人们恰恰也不应将真正的再回忆，即一个正在生成的复活者

---

[1] 1920年。

之再造性的重新构造的意识过程，与我们称为空乏的回忆的东西相混淆。我们最好将空乏的近滞留与空乏的远滞留区别开来，而且也不再把这种远滞留称为回忆。如果一个音乐的动机支配了后续的音乐律动，而且仍继续保持在手，如果它一再触发自我，自我之本己的注意射束也有可能回返它，而没有现实地再造它，那么这可以用于说明这个对照。在现实的再造过程中，这个动机从头至尾持续不断地演放或至少分段演放。在所有较高层次的意识领域，情况的确也是这样。如果我做一个论证，并且逐步地实施最初的前提——主词设定、谓词设定，等等，然后是进一步的前提，那么就要求这种推理形式：我回返这些前提。于是我说：结果是。但并非像是我们得在其建构性的步骤中再度实行它似的。判断已做出，而且回捉性的观察溯源于那个在判断做出中已完成了的并且只是滞留性地被意识到的而绝非直观性的统一性，这个统一性在这里同样不可抹掉地载有它的自身。以这种方式，一个关涉着一个远远地落在后面的过去的滞留——我认为，我们只能把它立义为相应的近滞留之不可分离的后续——获得特殊的凸显，也就是说，它的对象性的过去内涵（Vergangenheitsgehalt）突然能独自产生触发，而且有可能促成自我的一个目光朝向，而没有发展起一个现实的再回忆。我忽然想起一个遥远的过去，这个突然产生的思想从所谓的无意识中凸显出来，这个在特殊凸显的特定意义中被意识到的东西只是其中的一个岛屿。所有的当下都又流入远滞留的这个无差别的背景中。它自身没有任何凸显——但偶尔有某种东西凸显出来。它凸显出来，那就是说，存在一个完全非直观的触发，它存在的方式与一个刚才消逝的和音非直观地浮现的方式完全相同，[这个和音]有可能将我的注意力引到自己身上，但我也许完全徒劳地想要使它重新变成直观的。情况也可以是，一个再回忆瞬间作为直观闪现，但它随即——亦即在最小一段直观的构造后——又中断，因为它恰恰闪电般地消失在黑暗中。但在这个黑暗中它绝不再继续被织造，仿佛这种构造的过程以难以觉察的方式继续进展似的。采取这样的设想将是一个完全空乏的假设。毋宁说，它然后重又采取相应的远滞留的样式，而且尽管具有根本不同的现象学方式，但链接的持续性却很好地被理解——作为据意义同一性的相合和据普遍的规则方面的相合，这个普遍的规则是，每一个直观都呈现出一个从明晰性直至强度的零点的下降，而且是这样，以至于在零点自身内发生一种突变，即突变成意义同一的空乏滞留。——的确，这能如此简单地被接受吗？

附录十一 （附于第26节）联想的因果性的概念[①]

再造的合规则性，回忆（期待）的合规则性，"自由的"想象和统觉的合规则性：问题是，对此什么东西是本质规则性的并且依此是可理解的。在这里能在何种程度上根据其动机解释——从"动机"出发并根据"动机引发"规则去理解——回忆的形成和发展、期待的形成和发展、游戏性的想象进程的形成和发展，再则超越性的统觉的形成和发展呢？当然，动机概念在这里〈是〉一个完全非本真

---

① 1920年与1926年之间。——编者注

的动机概念,因为本真的动机概念与自我行为有关。它是一种"因果性",但它活动在内在的时间意识中,并在其最底层上就已活动(甚至在内意识中就已活动),而且〈它〉当然一点也不亚于"范畴"意义上的因果性,为此必须有一个本己的术语:实体的(或自然的)因果性。①

我们现在应如何命名亚人格的(unterpersonalen)心灵之物的这种因果性呢?我们恰恰应称之为:亚人格的因果性吗?但这是易误解的,因为人们在这个表达那里也会想到心理—物理的因果性,而涉及的却应是一种纯粹在心理的"内在性"中进行的因果性。或者我们应——无论这个表达如何不充分——谈论联想的因果性吗?那我们就采用这个术语。这种联想的因果性在原初的时间意识的范围内起支配作用,但也以某种方式在被构造起来的内时间和亚人格的内在性的时间对象性的范围内起支配作用。但严格说来,这时因果性的意义和附属于它的各种规则的意义双方是不同的。此外,同样显而易见的是,在被构造起来的统一性与构造它们的流和原初地进行着构造的时间体验的多样性之间也必然存在着各种规则、各种必然性关联。通常在谈论"联想"时,我们已想到被构造起来的不同层级的统一性。感觉素材使人回忆起另一个感觉素材,而外经验的对象也使人回忆起另一个经验对象(作为这样或那样显现的东西,的确甚至作为这样或那样被空乏地表象的东西)——一种关系,它指的不是自然的关系而且不应被理解为自然的关系。

---

① 如果站在心理—物理的平行论的立场上,那么就可以用叔本华的(Schopenhauersche)话说:从内部看,动机引发＝因果性。但这种立场不应就此被提倡。

所有从原初的被动性中（没有主动自我的任何共同参与）被构造起来的对象都是"联想地"（亦即根据这种亚人格的、纯粹内在的因果性的规则）产生的，所有那些预先被给予人格自我（有可能在人格性的最低层级上就已预先被给予）的对象，首先是所有异于自我的（ichfremd）对象，都是"联想地"产生的，因此，作为最初的对象，所有这些对象在其意向的构造的建造中都不回溯到自我的某种"介入"。活的自我行为正是根据某种人格的规则由自我产生，而不是联想地产生的。但自我、人格本身不是一个统摄性地被构造起来的统一性吗？而这种统觉不是像任何统觉一样回溯到"联想"吗？

附录十二　（附于第27节）关于原初时间意识的学说之原则性奠基的注释[①]

一个完全均匀、完全没有变化的声音——这是一个被凸显之物，但却是一个极限情况。那样如何能有某种东西在过去和未来凸显出来呢？但我们必须依照其他情况把这种现象作为极限情况来解释，而在认识中就综合地产生了这种明见性，即过去和未来被延展而且被填以均匀的充盈。完全的静止、绝对僵固的物体等等也是这样，它们都是极限概念。而且像这样，这整个时间意识学说都是一种概念上的观念化的产物！这种观念化本身将必须构造性地被描述，而出发点因此将是具体的和不连续的现象的领域——

---

① 1920年与1926年之间。——编者注

而且被当作原现象。因此,开端是原现象类型的描述。——通过原现象解释现象的方法。

附录十三 (附于第 27 节)原当下与滞留[1]

当下领域作为被构造起来的素材的领域,鲜活地流动着的认同贯穿显现的多样性。——"绝对的"当下领域＝处于其多样性中的统一性。多样性本身是"印象的"——作为原并存(Urkoexistenz)中的瞬间多样性。被牢固地排序。印象的双重概念。新的感性素材,新的感性"点";滞留的并存带有作为瞬间原并存的感性点。但许多感性点带有可能附属的〈滞留〉。

这在原当下内涉及感性点和以前不同的感性点的衍生物的聚合。在一个原当下内不可能有对同一个感性点的若干滞留存在。

组织:1) 所有连续恒常不变的滞留联结在一起的统一性,这些滞留相互关联地属于一个点截性的一线性的时间对象。一个色点延续着、变化着。在一个原当下内没有这样的尾巴,只有新的时间对象在原初的流动中的起点,这个结构鲜活地过渡进一个新的结构。新点,线的构造性起点,因此,新的滞留的横系列之流动的生成。另一方面,消失——停止:无头的滞留横系列,最终,滞留的横系列的成零。活的原当下——在活性中综合地、认同地起着作用的系列的融合。

2) 但另一方面,在同一个原当下内还有在场域性的秩序中按

---

[1] 1920 年与 1926 年之间。——编者注

非同一之物(并存)的连续性发生的融合。"触发"=〈作为〉统一性之条件的活性。——在流动中,两种秩序是一种同一的形式,这同一的形式只能被占据一次。因此,每一个原当下都被一个新的原当下排挤,与此同时,共属一体的滞留的纵系列产生。

滞留的规则再次在这种流动中起作用。在一个原当下内,我不仅具有原恒定性(Urkonstanz),而且具有那些属于刚才过去的原当下的滞留。但我相信能表明,为了理解这一点只需要一个态度变化,而且这并不导致无穷回退。流动本身是原现象,而必须被设为前提。

如果现在认同的综合继续延伸,那么各同一性线路和同一性渠道则因清晰性的进一步减弱而汇流进一个零点。在相合的情况下发生的变动是连续相似之物的相合,亦即融合,在其中相似之物连续地与先行之物融合,但却被延展,因为排挤是一种变异。它不是遮蔽——说遮蔽是错误的。它是在一个僵固的系统中的一种连续的变异,这个僵固的系统总是现成存在在那里,而且是这样一种变异,它不断地把以现在的形式存在的东西推入以刚才—曾在的形式存在的东西,等等。刚才—曾在的形式重又不可能被占据两次,等等。

关于原当下,我们能说的是,"无意识"在它之内是意识;在一个零意识内,无意识的感性客体与其他一切无意识的感性客体无差别地"被意识到"。所有那些以前在原当下内还有差别的滞留汇流,而且是这样,以至于各同一性线路不再显出差别,更不用说还呈现一种内部有差别的对象意义了。现在剩下的唯一的东西是一个视域意识(Horizontbewußtsein),即一个不确定的、无差别的、完全黑暗的总体过去的意识。因此,它还是意识,空乏意识,其对象之物是无触发的,无差别地包含着所有的一切,即曾也同样是以一个无穷的过去的无差别的形式存在于那里的东西。触发和联想涉及被构造起来的对象性。

视域的唤醒:在活的当下内我们具有各滞留线路的末段,在其中已丧失了清晰性,而就空乏的"某物"而言——作为刚好还确然在握的东西——就只剩下触发力了。

一个从别处而来的触发的强化能使这种空乏的意识醒来,能唤醒它;它作为或多或少明晰的再回忆或迅速变得明晰起来的再回忆而得到澄清。"再自身给予"。

在原初的时间流(Zeitfluß)中,所有显现者的所有显现方式如何紧缩成一个无差别的零的呢?如何紧缩成一个空乏的呢?而在这个空乏中,所有的显现者像显现本身那样保持无差别吗?它真是一个零吗?还是一个单纯的"点",一个"素材",一个在自身中确实内容空乏的、不可划分的、无差别的"内容"?

附录十四 (附于第 27 节)
同时性联想的成就[①]

无关联的直观,首先是感知,和在一个意识流中有关联的直观;因此,例如,一个感性领域内的感知之有关联的统一性＝一个视觉感知——在若干这种统一的感知中间,这些统一的感知互不

---

① 可能是 1920—1921 年。——编者注

联结；也就是说，它们没有产生这样一个感知，即它将在一个感知对象中、在一个连续流逝着的多样性（一般来说是一个连续的多样性）之连续的（触发性的而且有可能是论题性的）统一性中拥有〈其〉相关项。但在一个连续的统一性内，特殊统一性能凸显出来，亦即能施加特殊触发，而且它们能这样，是因为在搭接性的统一性内，亦即在一个搭接性的连续性内，不连续性是可能的，强度的不连续性，等等。因此，这产生了带有被凸显的"部分"的统一"整体"。在整体中，部分具有本质的统一性，在其他联结中则具有非本质的统一性。相同性、相似性都不是联结的统一性，因此不在考虑之内。整体是同质的联结。由个体组成的"单纯的"复多性是没有任何本质联结的复多性，它们是异质的。异质之物在时间上联结起来不是通过个体的存在物，这些个体的存在物具有时间形式。

但在各个单独被构造起来的连续的统一性不是通过连续性促成联系的地方，例如，在不同的感性领域的凸显性中，在直观不相关联的地方，它们最终仍以某种方式"联结在一起"。分开的直观在作为时间意识的内意识中是合一的，它们"在各自的现在中"联合着，也就是说，每一个直观都必然属于一个连续性，即原初地构造着时间和时间对象性的意识的连续性。但两个这种分开的连续性相互统一地—单义地（ein-eindeutig）联合着。更严格地说：每一个瞬间的当下包括其原印象的现在和它的尾巴都与一个平行的当下"联结着"，与另一个滞留的变异系列"联结着"。这种联结是同时性联想（Gleichzeitigkeitsassoziation）的联结。正是联想在被动性内分开的统一性意识之间产生一个更高级次的统一性，更确切地说，产生一个联结，这个联结作为对意向对象的意识构造起一个对象之物的统一性,分开的对象的同时性的统一性。也可以说,原联想是非本质种类的联结,一种不是基于本质的联结。

　　同时的各别物有可能统一地起触发作用或能够统一地起触发作用,因为它们是联结在一起的,而它们联结在一起,不是因为它们一同起触发作用。我们也具有在一个统一的直观内被构造起来的同时性。但不相关联的直观,甚至感知,就像本身相关联的直观一样,也构造同时性而且必须构造这样的东西,因为它们是综合地联结着的,在宽泛的意义上具有关联。一个原初的联想把所有在现在的样式中不相关联的出现者联结起来,而且这种不相关联者的原联结(Urverbindung)从总体的瞬间意识恰恰做成一个总体、一个统一性,它作为这种统一的东西是一个感知,而且原初地构造一个时间系列。因此,为每一个各别物的现在构造一个联结、一个由各别的现在联结在一起被构造起来的现在,亦即它们的同时性;因而也构造这些分开的被构造物的时间关系一般。

　　如果我们具有不相关联的感知和再回忆,那么再回忆作为内意识的体验就与作为体验的感知"联结"、联合成一个本原的体验统一性,这就是说,内意识是一种"感知"("内"感知)的统一性。通过联想被构造起来作为同时性的东西是当下之物和本身被回忆物,但被回忆物自身不是本原地作为现在之物被给予,因此也不是作为与现在同时之物被意识到。因此,不相关联的直观的最原初的联结是在作为内感知的内意识中的联结,它在有关的直观的意向对象性之间创立一种原本的关联,只要我们把这些有关的直观理解为内感知并且就这种意向性来理解,但不是:只要我们——如果这些有关的直观是当下化——就其当下化的意向性来理解。因此,就像被回忆物不是原本地被给予的那样,被回忆物与当下之物之间的联结,即时间联结(Zeitverbindung),也不是原本地被给予的。但它也不是被再造起来的,它不是再造性地自身被给予的。当下的 A 和本身被再回忆起来的 A 是同时被给予的,但当下之物和被再回忆起来的过去之物却不是全然作为同时之物被给予的。一个在当下和过去之间的意向关联通过内意识中的意向体验的联想被建立起来。

391　　联想＝每一种联结性的意识,这种联结性的意识奠基于各别的意识中,并把这些各别的意识联结成一个更高级次的意识。相关地:一种在对象之间的意向的对象关联,这些对象要么在实事上无关联地被构造起来,要么——如果它们相关联地被构造起来——已构造了一个搭接性的直接关联,作为各别的被凸显之物的一种非实事的关联。

　　从这样的连续统——例如,各个领域——到整个生活的这种统一的贯穿扮演了什么角色呢?

　　此外,这些领域是彼此异质的。什么为异质的领域间相互的联结和唤起创造了同质性呢?时间构造的统一性创造了一种现象的连续性的形式统一性。创造?的确,还是通过"原初的时间联想"。但它不是已经以同质性为前提了吗?一切"现在"、一切在现在的形式中的异质之物恰恰由于这种形式而具有形式的同质性吗?但在这里形式与内容的对立意味着什么呢?它确实只能意味着,意识与意识以一种最普遍的方式相联结,通过一种共同性,这种共同性以相关的方式是一种意向活动的和意向相关项的共同性;而一切联结都是通过"共同性"、通过相同性和相似性的联结。

这种最普遍的相同性和相似性不是片段上的相似性，而是一种以独一无二的方式使其他一切共同性得以可能而且又共同规定着它们的相似性。对于所有那些在其他情况下作为内容被给予的东西，相似性恰恰为这样一种说法提供了根据，即内容必然在一种时间形式中被给予，必然在一种不同的样式中被给予，必然在一种连续不断地变化着的被给予性方式中被给予，等等。

因此，存在一种普遍的联结，它把各种体验联结成一个意识；一切体验都具有一个意识流的统一性。一切内时间的体验都在一个内时间中作为时间的统一性被构造起来，并且在时间样态的被给予性方式中作为意义的统一性被构造起来，但不是这样，以至于每一个体验都单独被构造起来而且每一个体验都服从同一个时间构成的规则。毋宁说，每一个原印象的出场的现在样式虽然在每一个体验中都是它的现在，但它同时是一个现在、一个样式，这一个样式把所有这些体验联结起来。然而，具体的原现象是统一的"流"这种原现象，包括始终重新作为现在的统一的原印象的出现和在统一性中一再发生的滞留上的变化、在已描述的连续统中一再发生的滞留上的变化，这些连续统每次按所有的横断面构成一个统一性相位（Einheitsphase，甚至一种点截性的统一性）。这是一种原初的统一性，或更确切地说，一种原初的统一性形式。内容是会发生更迭的东西，也就是说，如果我们把处于活的流中的具体的统一性与回忆流（Erinnerungsflüssen）做比较，或者如果我们置身想象中，那么这种统一性就会不断发生更迭。但构造性的时间意识的这种统一性形式是必然的，而且它的继续进行根据沉入一个空乏的滞留的规则而必然连续地链接在一个活的统一性上，这个空乏的滞留可通过再回忆唤起。在此情况下,每一个活的当下、印象的流的〈每一个〉现时性都共同与一个隐含的可能真实的再回忆系列密切相连,通过这些再回忆,一个统一的过去被证明是过去流(Stromvergangenheit)。属于活的当下的是这种自由的可能性,即自我实行一种活的当下的、真实的再回忆的连续性。最终的描述和分析在此尚付阙如。活的当下(充满的"当下")的僵固形式和流经这个形式的东西:一个无时间性(Zeitlosigkeit)的形式,在其中时间被构造出来。

附录十五 （附于第 27 节）统一性意识和它的相关项：同一的对象[①]

我们现在把注意力转向一个新的普遍论题,即康德的模糊的综合标题所暗指的东西。让我们以我们到目前为止的考察为出发点,同时我们反思:我们究竟是如何获得我们的最后系列结果的。因此,我们紧握一个对象,例如,一个被感知的对象,并且让不断更迭的感知关涉着它,但然后也让另一种不同的意识关涉着它,因此,这同时形成对照;也就是说,同一个对象被感知到,一再别样地被感知到,亦即从不同的面、视角,等等,然后被再回忆起来,而且可能也是通过不断更迭的再回忆,然后被展示在映像中,等等。

但现在不应忽略的是,当我们这样来谈论"同一个"对象——它在不同的思维样式(*modis cogitationis*)中被意识到——而且在

---

① 1922—1923 年。

现象学还原的范围内谈论它时,这里不只是一种不断更迭的连续性的或不连续的多样性的意识在伸展。毋宁说,这种多样性是一种被统一化的意识多样性,的确,这许多意识在其统一性中也是一个意识。我们因此遇到统一性意识和同一性意识——其相关项是这同一个意向对象——的基本事实。

每一个别的感知和在一个延续性感知的连续性中的每一个相位都具有——单独和抽象地(in abstracto)看——其意向对象。但多样性的和不断更迭的感知的整个连续性是一个感知,而且具有一个意向对象。而如果感知过渡进所谓的鲜活回忆,或更确切地说,过渡进滞留,而且此后一个明晰的再回忆浮现出来,这个明晰的再回忆关涉着对象以前的时间相位(Zeitphase),那么这同一个意向对象贯穿所有这些在其统一化中的意识样式——或者像我们然后在比较统一的意识的不同相位时那样同时说:每一个相位本身都具有其意向对象,但同时在一切相位中意向对象都是同一个,而且它在整个统一性意识中都是同一个。统一性、自同性通过一个奠基在多样性的意识中的高级意识被意识到,正是被"综合的"统一性意识意识到。因此,这个"综合的"统一性意识能将构形十分不同的、在现象学上差别很大的意识结合起来,而且它确实能以这样的方式进行结合,以至于在不同的和十分不同的意识中被意识到的东西全都作为同一个东西被意识到。当然,某一个意识不可能与随便哪一个意识综合地联结成一个统一性意识。但另一方面,没有任何一个意识是孤立的。此外,没有任何一个意识不将在〈自己〉自身中已经是一个连续性,不将已经让相位或部分区分开来,这些相位或部分本身已经是意识,而且以综合的统一性的方式在意向上构造起对象的统一性。我们也能这样说，相位，而且有差别的具体的意向体验也一样，通过"相合"而融合成同一个。在这里，在我们在其统一性功能中——就像任何种类的素朴的客体感知、客体表象那里的情况一样——考察意向体验的最简单形态的地方，就已在其延续性的流中向我们显露出一种奇异的意识特性，我们将称之为极化（Polarisierung）。让我们重新考虑：无论什么能单独作为一个"我思"、作为一个意向体验来考察的东西，都单独具有其意向的对象。但当深入探究一个与另一个意识——它又具有其意向对象——综合地—统一的意识时，这一个意识和另一个意识能以奇异的方式指称同一个对象。

注意：以奇异的方式。因为体验流毕竟以时间上的彼此外在的形式存在。以依次接续的方式存在的东西其所有的片段都〈是〉分开的，属于部分和要素中的每一个相位的东西只属于它。而一个体验——它在一个统一性意识中与另一个体验相调和——的意向对象与这另一个体验的意向对象应当仍是同一的，而且这种同一性——注意——在许多情况下是一种绝对明见的同一性，例如，像在一个连续的感知和滞留的统一性中。我们看到，这里一个奇特的区别明晰地显露出来，亦即在"实项地"栖身于体验中的东西——在它们之中作为实项的要素被包含的东西——与作为一种非实项的要素栖身于它们之中的东西之间的区别。

在此首先应注意属于我思和它的流的现象学时间的本质形式。客观的时间，它像空间一样，是自然的形式，对我们来说是加了括号的。但意向体验本身具有其时间性，即使我们已排除了世界的任何设定及其客观的时间，时间性仍继续留在意向体验中。

一个体验，作为一个在这种"内在的"时间（就像我们也称呼的那样）中伸展着、开始和结束着的体验，在其时间位置中具有其个体化；如果它在现在，那么它就不可能在以后，它的每一个相位都具有其个体的时间位置。因此，总的说来：所有那些是体验的部分的东西都被时间位置从个体上固定住了。因此，时间上不同的体验不可能共有某个个体的部分。在最宽泛的意义上，个体的不独立的规定也属于部分。我们把所有那些在现象学的—时间性上束缚在一个体验上的东西称为体验的实项要素。但意向体验于是不仅具有实项的要素，而且具有非实项的要素，因此具有其意向对象和所有那些隶属于意义的标题下的东西。

虽然意向对象也以某种方式在现象学时间上被给予。如果我感知一座房子，那么在感知体验从相位到相位延伸期间，意向对象"房子"是正显现着的对象。感知的现象学上的时间延伸也是被感知物的某种现象学上的时间延伸的条件，而对象之客观的时间绵延不断地归属于意向对象本身。但现象学上的时间位置只固定意向体验而不固定意向对象。意向对象不会被时间个体化。如果我们做若干对同一个对象的直观，例如，若干对同一对象的再回忆，那么它们在时间上固然完全是彼此外在的，在实项上根本没有一点共同之处，但它们是对同一个意向对象的再回忆，它们没有一点实项上的同一之物，但却有观念上的同一之物。我们可以直截了当地说：与意向对象性的关系意味着某种在现象学上可指明的体验的极化。任何体验都是意向的体验，只要它作为对某物的意识在自身中有一个极，也就是说，能与某个其他体验而且在观念上无限多的体验产生认同的综合，在此之际，这个观念的极作为同一之物——但不是作为实项的同一之物,而是作为意指的同一之物、意义的同一之物——在统一性意识或同一性意识中达到相合统一性。

但在同一的统一性意识中的相合可以是一种十分不同的相合,而且能够给予自同性以一种十分不同的意义。意向的对象可以是一个具体的对象,因而,同一性可以是这个同一具体对象的同一性。我们于是具有总体的同一性。但意向也能指向一个对象的特性或指向在与另一个对象的关系中的一相对性质。而在从对具体物意识到特性意识或关系意识的过渡中,对具体对象的总体意识以某种方式与对部分或相对性质的特殊意识相合,借此,我们已指明了认同综合的新方式。此类综合以后在语言上在述谓的命题中表现出来,这些命题当然总已包含被包在自身中的十分复杂的同一性综合。每一个"是"(ist)都以不确定的一般方式指示着一个同一性综合,而且每一个位置、每一个词形变化也是这样,每一个词形变化都能通过一个"是"被明确地表达出来。

我们在此也进行区分:1) 素朴的、综合的统一性意识,它单独存在于每一个素朴的、持续的具体的感知中,或单独存在于一个正是这样的再回忆中,在那里,连续地发生自身相合,亦即内部无区分的自身相合;2) 正是本真的综合,在那里,具体的、独立的和分开的感知或再回忆与其他随便哪一种意向体验产生同一性相合,而且形成"这个和那个是同一个"这种分环节的同一性意识。连续的统一性和不连续的同一性综合区分开来。

在确切的意义上,我们通常只在后一种情况下谈论认同的综合,或更简单地说,谈论一种同一性意识。但每一个意向对象实际上完全只是作为一个具体完成了的行为的意向之物的对象,而且这样一个意向对象已具有其现象的——时间上的延伸,因而在其中已具有一种连续的自身相合。只有通过抽象的区分或通过突出个别正凸显出来的连续性的片段,我们才能注意到存在于每一个意识中的在同一意向对象中连续相合的要素。

于是,自我的一切特定成就、参与、触发和执态都关涉着"意向对象",这些在不断更迭的意识综合中的观念的统一性极(Einheitspole)和同一性极(Identitätspole),关涉着这些在个别的意向体验中就已是非实项的极。遗憾的是,对于这种特定的自我之物,我们没有任何名称。但我们能详细地指明自我通过被它意识到的东西——亦即通过每次都这样显现的、在这种或那种意识样式中被意识到的对象——的被触发状态;然后指明注意的朝向和注意力的不同变样;同样,指明各种执态,例如,信仰的执态、评价的执态,重又处于不同的样式中;指明各种追求样式,诸如悬念、渴求、意欲、射中;指明展显性的、关涉性的活动,即汇集性的活动,把一个和另一个统握成一个复多,一个关涉着另一个。

附录十六 (附于第28节)论相似性联结[①]

相似性越大,素材彼此越接近,相合越强烈,合一性就越胜过差异。两个素材不存在差异,没有间距,却还是通过综合统合起来,融合在一起。如果我们考虑多样性的素材,它们通过相似性之

[①] 1920 年与 1926 年之间。——编者注

普遍的、持续的中介而达到统一性，那么它们全部融合成一个内部未断裂的统一性、一个无不连续性的统一性。

在并存中是这样，甚或在相继中也是这样。例如，一个持续的声音——本身在质性上持续相同，同时在强度上持续增长——，当通过连续相继的综合产生持久的无间距的相合时，但在声音之连续的"越来越长的流动"的过程中强度的增长却变得显著。如果我们撇开一个中间段，那么强度的增长就变成一种间距，因而变成一种对照。在纯粹的相同性的情况下缺乏这种增长现象，这种持续的相合不带有一个隐含的差异的持续增长。

现在，什么东西在意识上构成一个对象的统一性，由此这个对象作为其他统一性旁边和在其他统一性中间的一个统一性在并存和相继中凸显出来？什么东西导致：从几个个别的被凸显之物，亦即从几个个别性却又能生成一个高层次的个别性，一个自成一体的组、一个构形、一个多环节的整体，作为这种东西能在意识上被给予？而在另一个方向上：什么东西充当不分环节的个别性，这种个别性不是作为复多被意识到，而它却暗含着许多东西，的确，连续的许多东西，而且通过一个观念上可能的划分随时能从自身提供这许多东西？显然，应当首先和原初地对内在的领域提出这样的问题。

明晰的是，统一性、同质的和异质的统一性以及作为统一性的复多服从本质条件，而且借这样的问题我们被带回到那些在时间形式内内容上联结着的和内容上分离的相似性的综合和对照的综合。被凸显之物与其时间性的环境形成对照；在何种程度上有融合，在何种程度上就没有什么凸显性。被凸显之物然后能通过相同性或高度的相似性而重新达到一种特殊的统一性，相同性或高度的相似性在意识的统一性中——无论是在并存中还是在序列中——产生综合的联结。但从这里出发必须做进一步研究的是，在相同性方向和所有较高层次的关系方向上的多样性。

在一个印象的当下中的唤起和相似性联结——印象的当下无须一下子被构造成多样性的对象——一个最初的对象很可能受到偏爱，并且以某种方式被统摄，因为它作为最初的对象最快满足统觉的条件。但在此期间，各种相似性也同时能被凸显出来，受邀参与各种相似的统觉，并且能在它们于印象（不自觉地进入视野的中心领域）期间的变化过程中庇护它们。这类东西必须首先被"拆解"，回返到原始的极限情况。在一个相似性的综合中的复多性的感性素材，一个对，一个触发性的兴趣——我们同样得考虑它吗？在这里，我们同样有凸显、意向和触发的关系问题。如果对这样形成，以至于它是完全相同的，那么它只能统一地激起一个触发性的兴趣，倘若我们排除统摄性的要素的话。于是我们能说，这样一个触发性的整体必然动机引发起一种遍历和搭叠的生产（Erzeugung）吗？在单纯的相似性（和相同性）的情况下也可能在这里或那里存在各种要素，这些要素激起不同的触发性的兴趣，但它们却保持平衡。

统一的相似性联结可以作为相同性联结被意识到或作为单纯的相似性联结被意识到。在后一种情况下，各个借搭叠而凸显出来的要素的不叠合能通过遍历被摆明。一般来说，相似性联结有两种形式：

1）先于搭叠的原形式，在纯粹被动的并存中；

2) 由主体所实行的定格的形式,即对这一个东西的定格,然后对另一个东西的定格,在此之际发生内容上的搭叠——自我的目光束不仅切中这一个东西,而且切中另一个东西(可以说:在印象上和滞留上都被意识到吗?)。这另一个东西仍在自我的把握之中,而且在这里,在部分和要素方面的叠合与不叠合显露出来。

但这个行动不造成一致和不一致。在原形式中,统一性已作为亲合性的统一性(融合的统一性)被构造起来,而差别性、凸显性和分别则作为融合的否定性被构造起来,但却作为一个统一性形式被构造起来。对此当然发生展显的成就,因而发生在展显之下的比较的成就,由此,特殊的相同性、特殊叠合和特殊差异"显露出来"。

我们于是有原形式中的相似性联结和在对过渡的考察中的相似性联结,有对相继——例如,重复系列——的比较。

在印象的领域内的"唤起":某种东西出现,这里已有我的兴趣。在印象的当下内的并存中有一个或几个相似之物——这个兴趣散布到这些相似之物。

综合,例如,在一个原初的当下中的并存的综合和在一个原初的序列中的相继的综合,处于流动中。并存综合(Koexistenzsynthese)不是生产性的综合,它不是从先于综合的存在者出发然后形成一个联结物,它不是先有一个存在者,然后有另一个存在者,把它联结到第一个存在者上,并由此产生整体。相继性的综合构造相继,但它把印象与滞留联结起来。我们在此能说:由于现在的存在者的出现,它本质上遮蔽了前一个现在的刚才已出现者,旧东西以因果性的方式被新东西变异。这些是流动之持久不变的因果必然性。它们必然是因果的综合。如果在一个当下内出现两个相似之物，那么它们并非先存在，然后生成它们的综合，而是我们把〈作为〉在这样的综合中的并存者出现的东西称为相似的。奠基者和被奠基者彼此共处不可分离，必然步调一致。但在一个相似性偶对——它作为"对"生成，因为这一个环节新出现了——那里情况不也一样吗？当然，在一个当下内，一个相似之物能出现，能延续下去，而且新出现一个与它相似之物。但在此情况下综合不是随后才发生，综合与两个此在一起到场。——当我们考察唤起时，情况怎样呢？那里的情况根本不一样吗？一旦一个 a 由于一个兴趣而具有某种力，而且在空乏视域中〈存在〉一个兴趣上的相同之物，综合就发生了。本己的东西是：从空乏中的浮现以"由于"的特征发生，因为在当下内兴趣已配给了内容，或者这个兴趣的内容已出现。

附录十七 （附于第28节）感性的相似性联结·感性的相同性与埃多斯[①]

相似性和融合；相似性，凸显，激起遍历：

一个原素性的素材（并存性的或相继性的）的总体——这些素材在一个意识中出现——通过共同的相似性而且就它所及的任何范围而言具有一种把它们联合起来的感性的合一。

这首先意味着：无论在哪里我们都发现已在一个意识中凸显

[①] 可能出自讲座的时间。——编者注

出来的素材，我们以相似性关系立义它们，我们发现它们恰好以某种方式——这种方式叫作相似性联结——感性地联结起来。而反过来，在我们于个别的遍历和黏合性的相互关涉之前已将一组内容置入相似性联结的地方，存在着关涉性的相似性立义（Ähnlichkeitsauffassung）之观念的可能性（本质可能性），通过这种关涉性的相似性立义，那些属于成对内容的相似性关系为我们〈被〉构造起来，亦即原初地达到被给予性。

我们谈到一种相似性的等级性；这种等级性回指一种"感性的相似性"的等级性，亦即感性的相似性联结——它是一种"较密切的"或"不大密切的"相似性联结——的等级性。（在此之际尚无须探讨，这如何与联结着的内容相关联，相同的内容是否能在不同的密切性中联结在一起。）诸相似性联结、诸相似性组重又能具有相似性联结（"联合"成相似性组），等等。

我们在这里考虑到的相似性联结涉及已凸显出来的、各别的内容之间的联结，而且这些联结可以是作为整体的具体的整体之间的一种联结或一种由于部分或要素的整体的联结，正如分析表明的那样。而且"分析"对相似性关系——即对象之间的关系——起作用。而且在此情况下对象既可以是具体物也可以是抽象物。如果我们在这里断定、分析和展显相似性，那么我们"注意到"，要素发生了本己的相似性联结，整体自身于是以不同的方式具有相似性联结：它们"通过"要素及其相似性纽带联结起来。

我们把作为关系的相似性和相似性关联看作已凸显出来的素材之间的关系或合一。但素材何以会凸显出来呢？素材何时在并存中凸显出来？何时在相继中凸显出来？在此我们想起施通普夫

(Stumpf)对融合的引入,融合——就像他在那里推进的那样——恰恰涉及这一点。融合是那种阻碍一个复多性意识亦即一个凸显的东西;只不过,他在这点上实际上已做了如下考虑:如果通常内容具有这样一种本性,以至于它们形成复多性,亦即在并存中(他只考虑到并存)从彼此凸显出来并将产生一个感性的关联,那么现在在内容的本质中出现一个妨碍者,这个妨碍者抵制"复多性"的形成。就像我们看到的那样,而且就像在进一步思考的情况下可更强烈地感觉到的那样,如果我们要使这里所有交织在一起的关系获得明晰的分析,就必须克服不小的困难。

最初规定分别的东西是什么?不相似性(异质性),即实事上的"无关联之物"。相似性是那种一般会产生"关联"的东西,在处于相关的关系中的意义上的"关联"。(无关联之物＝那种彼此无丝毫关系的东西,即实事上的陌生者、异质者。)

因此,这有点像同质性,而且同质的内容在并存和相继中具有关联,并与关联一起共属某些关系,即相似性关系和相同性关系。

也许最好还是在任何地方都不说相似性而应说:同质性的联结和关系,与那种不是由同质性产生的联结和关系相对。因此,同质性涉及实事性的本质的共同性,在第二性上涉及交织在一起的关联特征的共同性。

因此,在某种意义上,同质性在并存和相继中是"融合性的"。但在何种意义上呢?① 同质性的关联、相似性的关联在异质性的不关联中具有其对立物。颜色与声音,就它们的本质而言,是"分

---

① 为什么在这方面未考虑时空之物?它毕竟也属于"同质性"。

离的"，而且这种"分离"意味着，不同质性是"复多性"的条件（不是必要的，但是充分的）之一，或是"复多性"之凸显的条件之一，"复多性"的凸显使每一个内容的"单独触发"成为可能，亦即处于并存中。不同质的并存着的内容处于这样一种关系中：一个内容不妨碍另一个内容凸显，或在这点上不妨碍它，即它单独起触发作用并且有可能单独通过把握获得凸显。（但对于注意力来说，一个内容会受偏爱，例如，一个内容很强烈，因此强使接受，另一个内容则不。在那里，每一个内容都能同等清晰地凸显出来；凸显出来不是强使接受。）这不是说，这里没有其他的"干扰"，这一个内容和另一个内容都一向满足凸显的条件。而另一方面，这样的条件在同质性的情况下可能是充分的，例如，就视觉领域中的感性素材或并存的声音素材而言。

关于同质性，我们在并存的情况下，尤其在相继的情况下不能说，它随其增长的程度而妨碍分离，如果个体化的规定受到相应的抑制的话。时空上邻接的内容凸显得越多，它们在同质性中的间距越大，它们就越"不相似"，而且如果间距是零（从观念上说）的话，它们就必然丧失凸显。凸显越大，"融合"就越小——可被标识为等值的。

凸显作为分离实际上没有等级。如果我们仍把它立义为等级性的话，那么原因在于，本质的间距虽然满足"单独存在"和与之恰好相合的东西的条件，满足在被给予的个体化的境况下的特殊把握的可能性条件，但是，对特殊把握的刺激越大，成为特殊被把握物的"容易性"越大，相似性间距就越大。但所有这一切都是本质规则性的关联。

相似性相合(Ähnlichkeitsdeckung)的合———如果相似性接近零，或换句话说，如果相似性要么是零，要么本质连续地相互交织而且连续性与个体化的瞬间相合——就会借所属的规则而生成一种连续性的融合，根据这些所属的规则，个体化的瞬间的连续性足以为同一的本质"延展"出这个连续性奠基。另一方面，在不断更迭的本质的情况下，足以为本质连续统(Wesenskontinuum)以一种广延的形式延展出个体化者奠基。这样的连续统和相位部分是"不分离地"合一的，而只有当另外的凸显动机产生了，它们才可分离。相似性重又用作：同一个体化的形式（时空段）并置在两种本质充实(Wesenserfüllungen)中，其中的一种本质充实显出分别，另一种则不。由此在内部无间的延展中产生一种图形化，阻碍那种发生关系的相合。

但在这里有不少困难。就相似性和相合而言，绵延也在考虑之内，例如，就像空间的延展那样，但不是绝对的时间位置。但绝对的位置在这里不是对这样的相同性和相似性或比较起作用吗？不是至少对空间起作用，即使不对时间起作用吗？但也许不。我们[使绵延]达到比较性的搭叠，而这不是一种场所和时间自身的认同。

所有关于内容——它们有这样或那样的性质，具有这些或那些内部的谓词，这种或那种具体的本质、属要素、种要素，等等——的谈论都使我们回返到比较和相似性关联。但在此还应当说，我们需要一个有关个体化的规定的更普遍的语词。我们可能会说：本质共同体和本质差异。我们就对象谈论相似性，而这里的问题是：我们把什么设定成了对象，我们已突出了什么东西。如果我们选取空间和时间中的个体对象,内在的对象也一样,那么它们在场域性处境的更迭期间是同一对象。因此,这也应被考虑。对我们来说,第一位的东西是关联,它由同质性规定,而我们描述这里现存的那些关系,并通过本质和关系描述规则,这些规则是我们通过比较和通过述谓获得的。但如何还能有不同的情况呢?

如果我们从一个相似性领域选取一组各别的素材,那么就存在这种可能性:这些素材完全相同。也就是说,它们不只是相似,不只是"很相似",而是它们在相互关涉中"重复"。我们也说,"同一个东西"多次到场,一再是"同一个东西"。情况可能是,重复的这种相同性是一个观念、一个观念上的极限,而任何关于这种重复的谈论都以与这个极限的关系为基础。

402　　从现象学上看,相同性(在单纯的重复这种意义上)与单纯的相似性区分开来,单纯的相似性逐级远离这种相同性,通过相合在黏结和思想上的"搭叠"——它通过"比较"发生——中呈现的方式。相似性伸展得多远,"感性的"相似性这种特有的联结形式伸展得多远,比较性的"相合"的可能性就伸展得多远。虽然可以说:各别的内容之复多性预先被给予得多远,比如说,一个二元性(它最终也许以一种最宽泛的共同性为前提),黏合和比较的可能性就伸展得多远,在那里发生了某种综合,它把所谓的比较环节带入一种思想上的搭叠中,带入一个视线中,即一个贯穿两个内容的目光束的视线中。但只有哪里〈存在〉相似性而且相似性伸展得多远,一个本己的事件才会伸展得多远,这个本己的事件我们以"相合"标识。在相似性意识(作为一种相似性的关系的意识)中,相似之物——它们先前彼此外在,而且感性地联结在一起形成一个感性的复多性（一个复多性，它尤其被标识为相似环节的复多性）——一起进入一个新的处境中，而且在这个新处境中，它们获得一种共同性，那些已搭叠起来的素材"相合"。在相同性的情况下，相同之物完全相合，它们"叠合起来"，它们生成一个无差别的统一性，这个无差别的统一性使各别的相同之物的本质成分汇合成一个唯一的本质成分。这个唯一的本质成分只不过在那里处于两个"版本"中，只有通过比较（带至相合）的过程，它才能从两个"版本"生成一个相合的本质成分。在另一种情况下，这一个相似之物和另一个相似之物的本质成分也进入一种相合关系，但它们俩始终停留在相合的阶段；每一个本质成分不仅属于各别的环节之一，因此是各别的，而且每一个本质成分就其本身而言也是各别的，作为远离另一个的本质成分。但在这种间距中，这两个本质成分仍有某种统一性，它们具有一种共同性的统一性，而且在这种相合阶段，相互关联着的对象的共同性自身可被看见。这种二元性及其共同性的统一性会越来越接近完全共同性的统一性，恰恰是相同性和无间距的本质性的相合，而且如此接近〈它〉，以至于我们恰恰在谈论一种近似的相同性、一种相似性，它几乎完全是相同性。但现象上的区别仍继续存在，尽管是连续的过渡。

假设相同的素材的一个感性的复多性预先被给予，一个素材是另一个素材的"重复"。在实行观念上可能的比较的过程中，相同的素材按其"共同的本质"发生一种叠合性的相合。这些本质在此情况下凸显出来，而且当它们无间距地达到无分别的统一性时，仍然可能有两种不同的东西显露出来，并且处于把握的焦点上。一方面，这个一能获得观念化的抽象，作为绝对同一的埃多斯，埃多斯单独被把握为对象。但作为一个对象,它不是存在于某处的个体要素,而且不只是作为这一个体和另一个体的凸显性的本质要素的同一之物,而是作为一个"普遍的"本质。这个"普遍的"本质"被个别化",而且只有"偶然"处于这个或那个个体中才"被个别化",也就是说,它在任意一个个体中都能"同样有效地"被个别化。因此,它——正如〈它〉此时此地(hic et nunc)具有这些现实的个别化(Vereinzelungen)——在任意一个于想象中呈现出来的可能个体中(被给予的现实性的想象重复而且关涉同是在这种重复的意义上的另一个重复)同样具有可能的个别化,而且与所有这些个别化相对而保持绝对的同一性,"相应的"个体自身在想象上的塑形和变形不受时间性的产生或消失的影响,不产生,不消失。人们可以把这种柏拉图式的(platonische)埃多斯、这种纯粹的本质称为"实体化了的"可能性,但绝对的本己之物是:这种"实体化"(Hypostasierung)本身具有其绝对的正当性,在被给予的个体—现实性之自由的想象变样中,或者一开始就在纯粹的可能性(没有丝毫的现时的现实性归于它们)的想象的被给予性中,这种在重复中相合的本质似乎已脱离了其个体的基底,这种同一之物能被达至纯粹的同一性,而且能单独被设定为对象——一个对象,它带有一个由可能的个别性一般构成的开放的视域。在这些可能的个别性中,它被"重复"、被个体化、被个别化,但不是作为事实,而是作为纯粹观念上的可能性,这种纯粹观念上的可能性允许无限地自由建构新的这类可能性(一个"无限的范围")。相关地,在这里与这种带有视域的埃多斯自身如此相对立的是个别之物"一般",即纯粹可能的个别之物或一个复多,一个由个别之物构成的开放的—"无限的"范围,在这些个别之物中,它能被个别化。对埃多斯的归纳性的把握在一个"自由的例示"的基础上进行,即在一个由自由地被表象的和在"任意性"的意识中被想到的个别性构成的视域的基础上进行,这些个别性通过感性的相同性联结起来,而且通过比较的置换被转化为本质的相合。埃多斯作为对象的构造与包含在同一个意识中的、这个埃多斯的"一般"—对象的构造不可分割地联结在一起;根据目光转向和把握的情况,埃多斯被设定为对象和与自身同一之物,或者任意的个别之物被设定为拥有埃多斯之物。但在此情况下,第一个客体化被预示为原生的客体化。因为尽管对象必须在纯粹的可能性中——亦即不是作为现实性,而是作为自由的可能性——预先被给予,而且尽管它们在此情况下是有关本质的对象,但它们尚未作为本质的个别化被构造起来,尚未作为"分"有观念上的同一之物的东西被构造起来。毋宁说,只有通过相合(搭叠),每一个对象才能作为同一个本质的个别化存在,而且只有通过脱离与确定的个体及其确定的现实性或在任意性的意识中的准-现实性(Quasi-Wirklichkeiten)的关联,才能产生埃多斯与埃多斯的范围的相关性。例如,如果我从现实性(感知或回忆)出发,而且在此情况下我觉得其现实性无关紧要,如果我在想象中任意改造它们,如果我走向新的个体,这些新个体只会重复迄今已被给予的东西,如果在此情况下开放的"等等"(Undsoweiter)的意识被构造起来——我们称它为一种在这样的重复中无限进展的可能性的意识(而且这是一种完全独特的意识)——,如果我们在进展中实行综合的相合,而在这种综合的相合中同一之物显露出来;那么首先是对作为纯粹的埃多斯的同一之物的把握,这种纯粹的埃多斯关涉这种"等等"的视域，其次是对任何一个任意的个别之物"作为"这个同一之物的个别之物、作为其个别化——观念上可能的个别化——的意识，而且又是对个别之物作为这个开放的无限性中的环节、这个"范围"中的环节、这个由任意的个别性构成的大全性（Allheit）中的环节的意识，"所有"这些个别性都具有同一的纯粹本质。再者，一个特殊之物是对一个个别之物作为一个个别的现实性的把握，在此情况下，我们实行现实性意识（Wirklichkeitsbewußtsein）的设定，或实行一个想象的个别之物的设定。我们在想象中以仿佛的方式实行其现实性，我们站在它的基础上，把这个个别之物用作可能性的现实性并牢牢保持它。于是，现实之物或被用作可能的现实性的东西作为一个现实性存在或〈作为〉一个现实性的萌芽存在。在其中，埃多斯现实地被个别化（或将会被个别化），而且在任何情况下我们在此都具有一个关系意识，一个意识，在那里被设定的个别之物"在述谓上"被规定（作为一个可能的述谓的基底——不只是就字句而言，而且是就有含义的表达而言，就含义理解而言），作为存在着的 a，在那里 a 标识着本质（在某种意义上的"概念"）。

埃多斯的个别化、本质性的本质的个别化在通常情况下索性被标识为本质，在这些个体中还有一个双重的个别化概念：个体自身称为个别的个体、本质的个别化，但在本真的意义上，它们之中的本质要素称为本质的个别化。在每一个体中被个别化的——正确地说来——是本质。在每一个体中存在一个个别化的要素，为此，个体自身称为本质的个别之物，而这个要素不是个体，个体其实还具有不同的要素。但这需要本己的论述。

但搭叠性的相合还导致其他东西。尚在一般性意识（Allgemeinheitsbewußtsein）和个别分有一般的意识〈发生〉之前，与相合一致，在被纳入搭叠的过程的个别的素材上发生了一种相互间的凸显。每一个别上的共性凸显出来，而与差异之处分离开来；在每一个个别上显露出各种要素，它们不相合，而且这只是对我们这里的被重复者（相同性的被重复者）的相合这种情况有效，而且是对任何相似性都有效。甚至在这里，我们称为"相合"的东西也只是涉及相似性的本真基础，那种在这里或那里进入统一性关系的本质，它仍然与一种有差异的东西联结在一起。

任何比较也都或明（explicite）或暗地是区分。如果个体的相同性是完全的和严格的相同性，整个个体的本质的同一性属于它，那么相同之物通过个体的差异被区分开来。明见的是：相同之物是各个不同的，而各个不同之物是由于某种东西而各个不同的①，而且这某种东西，即相同之物的差异，在相应的目光转向中显露出来。其在此关联中的必然性当然产生于这种普遍性意识和认识：一个个体差异的注销或每一个差异、至少个体差异的注销也注销了分别，因而注销了相同性。各别的对象是"彼此不同的"，它们必然具有不同的规定，在它们中或在它们上的任何一个东西都将它们区别开来。区分的关系与叠合性的相合的关系处于相关的关系中，而且就本身看来是一种肯定的关系，但它与相合关系处于排斥（不相容性）的关系中。

---

① 由于某种东西而各个不同：相同的质性由于强度的差别性；相同的个体（具体物）由于其时空处境的差别性；相同的具体部分由于其联结的差别性。在局部的相同性中，一个整体可能与另一个整体的部分（片段）相同，或者，这里或那里的一个相同部分可能与不同的补充部分联结在一起。

附录十八 （附于第 28 节）联想与综合[①]

综合在其各种不同形态中作为一个自我的生活的合一＝宽泛意义上的联想。立义为这棵树、这张白纸，等等。对树的一个片段性观察，现实经验的一个开端。综合处于同一物中。意向的相合朝向一个最佳值。统觉的风格的相合。客体远离，变得不明晰。与接近相对，接近总是在某个方面通向最佳值。但相合仍处于同一物中。只要相似性进展；同一个东西的显现方式就行进，显现方式就连续变样；但共同性在此情况下因其中的连续相合而处于意向的关系中。

没有主动关涉，没有一种相似性关系之构造的相似性意识。相关地，相似性作为一种关联、联结（我称之为感性的相似性），但一种主观的关联，在主体中作为主观上被构造的对象的联结形式被构造起来。

相似性作为一种特殊的、"凸显性的"联结，作为一种特殊关联单独起触发作用。人们也许会说：在一个意识领域内产生统觉的地方，也"感性地"现存有相似性联结，但因此还不是"显露性的"、分别性的、凸显性的。什么东西阻止分别？什么东西带来凸显？这些问题无论如何都必须对个别的对象——作为在一个意识的统一性中感性地被构造起来的东西——提出。意识领域的统一性总是通过感性的关联、感性的相似性联结和感性的对照被建立起来。

[①] 1925 年 4 月 6 日。

无此则不可能存在"世界"。我们也许会说：感性的相似性和感性的对照（它本身以某种相似性为前提）存在着共鸣（Resonanz），这种共鸣为每一个曾经被构造起来的东西奠定基础。存在一个普遍的意识规则，即从每一个特殊意识或特殊对象都发出一个共鸣，而且相似性是共鸣者的统一性。此外还有凸显的特殊规则。共鸣是一种间距性的相合、一种处于分离中的相合。本质上属于它的是过渡的可能性和一个搭叠性的相合之产生的可能性，而在此情况下的相合者（被达至叠合者）在特殊行为中分别被设定和被意指。一种相似性关系的构造，分析和比较的可能性，看出同一的共性作为一般的可能性，等等。感性的统一性作为在并存和相继中连续的相似性。并存和相继的瞬间性"领域"。与此相对的是间距性的唤起。

如果我主动地指向一个对象，把握和观察它，那么在我的意识领域内所有相同之物都处于共鸣中，而且处于特殊的共鸣中，这种特殊的共鸣将特殊触发建立在自我的基础上并且使相似性综合获得凸显，即使不是获得特殊注意（尚未达到特殊触发）。有助于此的是目光主动转向相似之物，借此搭叠发生，而两个对象仍分别被把握和被意指。这个对凸出来，作为感性地联结着的统一性，作为复数，它可以变成单数。唤起从最初被注意到的 A 出发，它对 B 自在地具有唤起者的关系特征和相似性的基底的关系特征。在对 A 的观察中分析和展显，而且这然后又规定了相同之物的分段、相似之物的分段，只要其中相似的特殊要素必然通过共鸣被唤起。如果特殊的兴趣盯着α，那么鉴于 A′也盯着α，α与α′形成一种特殊相似性，感性地联结成一个相似性的特殊统一性。诸如此类。

比较，即通达一般的路，由被唤起的相似性规定。如果兴趣在其具体的展显期间盯着个体，那么具体的相似性就被唤起，而且是规定性的。当存在"相似性"——就像存在整体的"相似性"，同样存在被展显了部分的"相似性"——时，就存在具体的相同性。

在此应注意：相似性是因共鸣而生的统一性，亦即因"和谐"（Harmonie）、"一致"而生的统一性。但和谐不排除等级。"完全的"和谐作为共鸣、间距性的相合是相同之物的重复或相同之物的和谐。和谐也不排除不和谐（Disharmonie）；受干扰的和谐自身只有在一个和谐的基础上才可能存在。不和谐是搭叠性的相合中的冲突的相关项。这产生一种完全不同种类的不完全性的和谐：这一种和谐只是低级的等级性，而且在重复的相同性之等级性的极限中有其对照。另一种和谐是在部分或要素的任何冲突中的和谐——不考虑和谐的等级性——的干扰。

更严格地看，在此必须说：只有业已在那里的东西才能发生共鸣。共鸣是"据于相似性的联想"。只要一个被动的—感性的统一性被产生出来，联想这个表达就适合。在最宽泛的意义上，据于相似性的再造性的联想也属于此列。甚至被再造物也已经在那里，只是并非处于直观的当下化的"现实化"中。尚未被当下化之物已与唤起者形成联结。唤起同时意味着一种重新激活的趋向。当一个背景对象被把握和被展显时，它就被重新激活。甚至这也是一种"再造"，以再当下具有（Wiedergegenwärtigung）的形式的再造。（如果我第二次看到一个对象，那么我再次认出它，而且与非直观的、空乏地被唤起的回忆一致，我也具有作为再当下具有的感知——但在这里，再当下具有不是由共鸣产生，也就是说，不是已先有一个唤起性的相同之物,而且当下具有不是被唤起的共鸣。)

如果一个通过共鸣——例如,从感知当下而来——被唤起的空乏的远滞留成为直观性的再造,那么原初的当下具有就在新的、"似乎"的样式中被复活,它在再回忆这种样式中被重新激活。

因此,我们具有在据于相似性的联想的标题下共属一体的各种不同的统一性形态:

1)相似性联想作为在连续的滞留中的完全被动的联想,而且在连续的并存(领域)中,也同样作为完全被动的联想。

2)并存中的相似性联想、由共鸣产生的相似性联结在一个当下领域内是不连续的。在此情况下,唤起性的环节要么已被注意到,要么它由于一个特别强的触发性拉力而发生唤起作用,这个触发性拉力是它已对自我施加的。

3)相似性联想由于不连续的唤起而从一个已凸显的感知当下或当下的再回忆共鸣进近的和最远的滞留领域(共鸣进被动的消逝者和在自然的积淀中"被遗忘物"的领域)。

4)甚至这样的事件也像在不断重新认出(再感知)和(直观性的)再回忆情况下的感知那样,再回忆当然是不断重新认出——关涉着连续被唤起的并且一同被联结在被动的综合中的远滞留。

但是,相似性联想与"邻接性的联想"不可分离。联想是唤起。唤起不只是由共鸣而生的唤起。共鸣者按照其直接性和间接性唤起其并存和相继的整个关联。被唤起者必然唤起其周围环境,而且优先的是其中的现在被唤起者或曾经被唤起者。

然而,对联想的这种描述是不充分的。在最宽泛的意义上,联想恰恰是最宽泛地被理解的综合,即一个自我的总体意识的统一性（作为最初的、与社会意识相对的、原初的总体意识统一性）。无论一个自我体验到什么，每一个特殊体验都被嵌入体验的总体统一性中，而且一切体验都是意识，一切"体验"都要么是意识，要么是意识对象。但意识自身同样被意识到。没有什么东西能突然进入我的生活，没有什么不适应这个关联的统一性的东西能落入我的眼帘，忽然被我想到。这个关联是意识关联，在其中，一个唯一的、被构造起来的意识对象性的关联被意识到。

当然，我是从对我的生活的统一性的反思知道这个关联的，而且通过归纳的方法，我认识到这个关联的先天。

1) 最初的关联——原联想的领域——是原初的时间意识中的关联。在这里被构造起来的是具体的意识当下的原层次（Urschichte），或对一个自我是本质必然的原对象性——作为一个自成一体的宇宙——的原层次。也就是说，流动的意识自身在连续流动着的联想中、在连续直接的交织中、在僵固的合规则的被动性中作为对自己自身的综合统一的意识被构造起来，而且这种在其中统一地作为不断更新的具体当下被意识到的东西，即现在这种形式的合感知之物连同其滞留的、活的流动的过去，持续不断地转入一个睡着的远过去的视域和一个开放的未来的视域，但这个开放的未来只是期待视域。

没有任何不适应它的东西能作为环节或要素被纳入每一个这样的具体的当下（具体的，只要我们不以抽象的方式和观念化的方式把单纯点截性的现在、本真的感知——脱落了滞留——的要素看作当下）。一个当下——它自身是一个从一个当下到另一个当下的流动——的当时的总体是一个整体。

但在这里有人会问：难道不可能存在完全的无关联之物、绝对的分隔物——就像在一个被构造起来的事物世界中存在各种完全分隔的世界区域，同样，在纯粹的内在的原素"世界"中也的确存在各种无关联的感性领域、视觉的领域、听觉的领域，等等，它们的确在内容上彼此无关，彼此不相联结——吗？让我们丢开客观的世界，在这里考虑它的本质可能性会扯得太远。而关于内在领域，回答却容易。在每一个领域内，我们都具有这个领域的内部联结状态，这种内部联结状态恰恰只能拥有作为视觉物的视觉物，等等。但此外我们具有一个普遍的形式统一性，形式本身起联结作用，但也只是在一个自我的生活中起联结作用。就这个自我连同其并存和相继的关系而言，存在内在的时间形式，首先作为一个具体的当下内的联结的形式。

2) 属于一个自我的整个生活当下的，除了原初的感知当下的基础层次连同感知上的原素性素材和领域以外，还有被奠基的综合成就——被动的和主动的综合成就——的上层，"被奠基的"，就它们已经以下层及其"客观的"、一般而言对象的成就为前提而言。奠基可以是一种直接的或间接的奠基；因此，我们在这里又能发现可区分的层次，而且更多，因为每一个新的构造性成就又为原初的时间构造的规则所决定，因此，这里的意识生活像任何领域一样服从卓越的迭复原则。如果我们停留在上层，它源于单纯的被动性或接受性（主动性的最低级形式，而且不像汇集、比较、区分和关涉活动，甚至不像展显性的、关涉性的联结，这种联结源于各种联结性的特殊主动性，带有所属的各种独特的构成物），那么我们就会碰到通常意义上的联想（在再造中起本质作用），但也会碰到一种广义上的联想。在这里一般说来完全成问题的是一种间接的被动综合，它作为一种第二性的东西被附加于原初的当下。这里是相似性联想的位置，相似性联想作为由共鸣产生的、新的较高层级的、相似之物的联结，这种相似之物已经被联结在一个当下领域，它源于直接的、连续的相似性综合。在这里，并存的综合在于那种在一个现在中原初的出现者的一种合规则的、连续的相似性融合，而与之不可分离的相继的综合则在于一种原初的变样，在变样时，各个变样相位作为连续的相似性相继地融合。在较高层级的联想中，我们具有共鸣唤起（Resonanzweckung）这种新东西，而且具有与共鸣唤起联结着的唤起这种新东西，它通过邻接性的规则而产生，据此规则，共鸣者一同唤起它的关联。

在此情况下，作为可能的现象出现的还有作为不和谐的对照，即与通过共鸣产生的被唤起者和从这种被唤起者自身出发并且在与它的相合中通过联想（回索性的唤起）产生的被唤起者的对照。

与单纯接受（Rezeption）的主动性和所属于它的、对对象的特殊触发性的要素的单个遍历一起进行的还有一种作为融合和相合的联想的被动综合：对象自身及其特别被注意到的要素。只有当对象的设定和要素——它在统一性相合中通常只是被动地与对象合一——的设定被联结在"这是α"的判断综合中，而且当判断上的配补和有关事态的较高的综合统一以此方式进展，述谓的系列在对主体环节的认同中被连接在主体上时，一个主动的、此后可述谓的综合才能产生。在被动综合中，它们只是依次被动地与仍保持在手的对象处于相合之中。

在接受性之观察性的遍历过程中，每一个特殊要素——它得到特殊把握——都立即唤起每一个相同的要素，使它获得特殊共鸣。但在代之以存在不相同的要素的地方，这种不相同的要素则作为"不同于"属于此列的要素、不和谐性的要素、对照性的要素被意识到。如果 A 以共鸣的方式唤起"相似于它"的 B，那么 A 与 B 就借此形成相似性的统一性，而且这是一种和谐（Konsonanz）的统一性，也就是说，它们"融合"，它们尽管保持分离，但却形成一种远相合。与此同时，一种局部的不和谐成为可能的，因为相应的要素的和谐按照一个更普遍的要素产生各种不一致的基础。但这种"不同于被期待的东西"之所以出现，是因为在已产生的相合或共鸣中相同的要素指明邻接着的相同要素，而代替相同的要素，一个不同的要素处于被给予的关联中，占据相应的位置，注销它。

附录十九 （附于第 28、29、31—36 节） 论联想的现象学[①]

唤起和统一化——在活的现前领域内。在远过去领域内（Fernvergangenheitssphäre）的唤起。

唤起作为激活——亦即被纳入"活的"当下领域。远领域内睡眠的唤醒。

在当下领域内：触发性的背景与前景之间的区别。在触发性的前景中：论题性的领域——即自我把捉到和把握到（有可能仍然

---

① 1926 年 2 月 12—14 日。

在握)的东西——与非论题性的领域之间的区别。"前景"借此得到规定,即触发性的射束已经达到自我,刺激它,已经以唤起的方式叩问它,但尚在来自自我的赞同发生或一定得发生以前。

"意识等级"中的"活性"——在特殊意义上的"意识";无活性(不是较少的活性)——"无意识"。因此,没有等级性吗?但却有极限。

间距性综合(Distanzsynthese,与作为彼此融合的连续融合相对)。间距性综合作为彼此融合,作为有间距之物(不邻接之物)的勾连。因此区分:各别物之直接邻接性的联结——作为一个连续的融合内的直接的分别(对照)——与各别物(但不毗邻之物)的间接邻接,即间距性联结。间距性对照(Distanzkontrast):间距性的联结物是连续地联结着的,在一个连续性的统一性中联结着,就此而言是间接的。连续的联结进程为邻接性的和非邻接性的特殊素材奠基。非邻接性的各别物不是被融合在这个统一性中的,而是在彼此分离的、对照性的要素凸显的情况下的联结(相合,融合)的综合。正因此,具体物处于对照——例如,就"颜色红和绿"而言的间距性对照——中,处于形态上的相同性、相似性中。(如果一方面这些远对照[Fernkontraste]缩小,另一方面近对照[Nahkontraste]——它们创立在邻接情况下的分别——变平缓,那么什么样的现象必然产生呢?)

问题:1) 特定的现前"意识"的"活性"就这种活性的等级而言情况如何呢?更确切地说,a)整个现前领域的等级统一地看来(普遍的鲜活性)情况如何呢? b)各个感性区域和其中的个别性或其中的特殊联结的等级情况如何呢?

就整个现前而言,活性的等级能一下子改变吗?鲜活性的区别。就一个统一性区域、一个感性区域而言,它能统一地改变。而且这也对各种特殊性有效。什么东西决定变化呢?而且由于显然存在着某种像活性之增强的传递的东西、某种像"唤起"的传递——即向较高级的活性的"唤起"——的东西,因此,哪些东西是这种传递的动机和规则呢?

2)现前的范围是活性领域(Lebendigkeitssphäre)的范围。这个范围能发生变化吗?必然发生变化,因为现前领域处于流动中,而且连续地寄存于"无意识"的领域和接纳新东西——新东西作为印象之物,亦即不是从遗忘领域(Vergessenheitssphäre)接纳的东西。但与这个过程一致仍然能发生从遗忘领域的接纳——按照新规则。

这个范围通过"唤起"睡眠者、无意识而扩展。

对照伸展得多长和多远,融合作为混合性的融合——即连续性的融合、中断性的融合——就伸展得多长和多远。

连续性有三种形式:1)在通常意义上逐渐过渡的连续性、逐渐疏远的连续性,因此,那种通过对照(自身是一个属于此列的现象)的持续缩小而不再允许特殊意义上的对照产生的连续性最终是它的零形式;2)连续性作为产生于相同之物的相合的东西,作为相同之物的融合,即不只是在差别性中相适合的东西的融合;3)很相似之物的混合——但不是通过连续的相位过渡——允许一个新的相似之物产生。相同性作为混合的极限情况,作为零混合。在现前领域,当然不会随之发生分立的—有间距之物的连续性。分立的—有间距之物在一以贯之的渐次的连续性的范围内分离开来,并且以分隔物之统一化这种特殊的方式"联结起来"、结合起来。结合性的联结是连续性的对立物，并且以连续性为前提。与此相反，则是各种视觉领域的竞争和在混合的连续性中各种视觉领域的融合。

作为无关联之物的对照，对照是在一种连续性的基础上或在一种不相关联者的相似性综合的基础上的一种结合性的联结内的分离之物、对立之物的触发性的合一。竞争、争执是对立之物的不合一性。混合是"不同之物"、对立之物的合一，但这种统一是相互离得"近"，而不是通过联结。

就构造性的体验而言，尤其是就"由……显现"而言，对照者的"由……显现"是"关联性"的或不关联性的，在一个构造的一致性中相关联——一个活的当下的构造的统一性，而且尤其是印象的存在领域的统一性，是一种关联的统一性。冲突通过不关联性的直观被构造起来。作为混合的融合是一种特殊的关联形式，即各种直观"渗透"而成的一个直观的统一性（在此情况下发生了一种特殊的抑制，即将先前的争执者抑制成"无意识"，但不是在关联性的远过去领域而是在活的争执中，这种抑制作为压制而发生，即压制成非直观性，但不是压制成无活性——相反，活性在争执中被增强，类似于其他的对照情况）。

唤起作为活性的增强，亦即从某个位置发射出的触发性的增强：唤起在时间上作为传递，因此前提是，活性、触发性在这个位置已得到增强。

但我们不应说：这里在时间上发生的东西在一个正在增强的当下的关联中以非时间性的方式行动。诸统一性具有关联并且具有活性的统一性——这种关联的触发性由唤起的功能性关联规定。一切特殊的关联都是由特殊的唤起关系产生的关联,而这些特殊的唤起关系则由内容性(Inhaltlichkeit)规定,由连续性和对照的内部的各种统一性条件规定。

但这在印象的对象领域的连续"建构"中得到传播。在相继中,在过程的建构中,这种建构是这样一种连续的生成,即连续的融合和凸显。但这里的前提是在每一个瞬间当下的"非时间的"矗立,它不是生成性的。每一个瞬间当下只有以此方式,即既"处于"连续性中又"处于"不连续中,才能在其生成中、在其变化中产生序列。

但应仔细思考,在何种意义上这必须被接受,甚至在何种程度上这一般是完全正确的。天生的盲人在开视的瞬间——在瞬间就构造出一个有序的当下吗?我们不能反过来说:只有在正在生成的连续性中,统一性才共生,使它们自己与其他的统一性分开,而且现在还构造起绵延物的并存。只有之后才能在一瞥之下、只是醒来睁开眼就立即看见一个分环节的印象的"世界"。"各种印象"的"混沌"被组织化——这些印象还不是意向性的拆解和意向性的发生所回溯其上的对象,即还原要素、发生的原要素(Urelemente)。不分环节的亲合性,不分环节的"对象"。这些综合根据各种原则做成对象,这些原则只有通过"分析"才能获得。在先被给予的和明见的总是印象世界的"现成的"结构,连同其各种统一性及其决定着这些统一性的各种触发性。我们如何能由此描绘出一种源出于混沌的观念上的发生呢?连续生成的融合在这个方向的相继的线路上满足融合的条件和形成对照的条件,因此在这个线路上可能生成特殊的统一化,然后可能进一步生成较高层级的统一化。在其中起支配作用的是顾及滞留和前摄的认同的综合。

但是,这类混沌的相继的瞬间线路(每一条线路属于瞬间当下内的一个"感性的点")能留存吗?究竟是否可能存在〈一种〉并存的规则性——作为并存对象之必然的创造呢?

诸平行的相继的统一性只能是"具体的"统一性,而且它们在"诸具体的当下对象"的绵延性的并存的合生(Konkreszion)中必定是具体的,这些具体的当下对象在相继的连续性中作为绵延性的具体的当下对象被保持。一个或多或少绵延性的当下必定能作为具体的对象性的当下存在。因此,具体化的条件和对照的条件也必定在"绵延性的当下"得到满足。而且现在融合了平行相继的瞬间线路的系统。

概念上的区别:处于相继中的"感性的点"的混沌(没有相继的具体对象的构造)——处于瞬间的并存中的感性的点的混沌,而且在每一个并存中。

各个感性领域互相混沌地联结在一起。到目前为止我们只是在质性上具有一团混沌。但在时间形态上存在着共同性。而诸感性领域对此无须互相照应,就此而言仍是混沌。但每一个感性领域都是一个和谐有序的统一性。我们也可以从这团混沌开始,然后问:如果在原印象的当下已存在着这种秩序,即内在的统一化,那么时间的综合就属于每一个原印象的当下;但如果每一个新的这样的当下突然变成一个无系统的新当下,如果相互排斥的当下不相配,那么时间的综合的规则、认同的综合的规则究竟能否起支配作用呢?每一个新的瞬间印象都把刚才存在的瞬间印象挤到一边。它与这个刚过去的瞬间当下"毫无共同之处",而且这个刚过去的瞬间当下与它的刚过去的瞬间当下"毫无共同之处"。(我们在这里能设想较低的极端和"极度的极端"的不同的情况和类型。）没有任何融合的条件和具体的统一化的条件得到满足，因而每一个被排斥的当下都无法遏止地沉入"无意识"。

当印象的瞬间——感性获得新的印象的瞬间——感性的支撑时，它的原初的活性只能作为"滞留的"活性被保持。持续的相继必定能以这种印象的当下聚合的每一个感性的点为出发点。现在，所有这些当下的点能像感性领域那样相互陌生吗？每一个当下的点都是一个单独的属吗？于是，将不会有并存中的联结，不会有并存的具体化，不会有绵延性的存在。

对所有属于此列的观念的、抽象的可能性的这类分析、建构必须被实行，以便理解印象的当下"世界"触发性地形成的结构。

存在于讲座中而且也存在于上文中的一个错误是：感性领域并非互相混沌地联结在一起，或者说，肯定不是互相混沌地联结在一起。如果每一个感性领域都单独构造起各种对象，那么它的确作为时间形态中绵延的东西被构造起来。因为相同的绵延的充盈化，亦即平行的绵延的充盈化是异质的，它们不可能相互形成对照，不可能发生相互争执，正因此绵延完全与平行的绵延融合——一切同时之物都是这样一种被融合起来的同时性的同时之物，这种同时性只有作为不同的、异质的充盈化才分裂开。但这不足以使"平行的"绵延之绵延的同一性变得可以理解。它们源出于唯一一个原印象的当下。

因此，我们通过同质的时间形态也拥有各种触发性的异质者的关联。

节律的显现也是这样，它们起始于不分环节的内容的素朴的重复，即时间形式的共同性，这些共同性在不同的感性领域能作为相同的东西出现，并且为触发性的关联奠定基础。一个灯光信号的节律能"使人回忆起"一个声音信号的节律——相同性可以是触发性的提升之过渡的桥梁。正因此，甚至通常的联想也能从一个感性区域蔓及另一个感性区域。在实事的相似性与形式的相似性相联结的地方，就像在灯光串的例子中那样，唤起当然是最强的。

但相似的东西也对场域性形式（Lokalformen）和处于这些形式中的场域性形态有效，或能对场域性形式和处于这些形式中的场域性形态有效。在此我们不能说，具有相同形式的同时之物在无差别性中达到融合。

问题还有，不考虑或除了传递或从无意识中的唤起性的提升或唤醒之外，各种触发相互之间处于何种情况。在此情况下，各种触发彼此有益，但各种触发也会相互干扰。一个触发——例如，由极端的对照（"剧痛"）产生的触发——会压制一切其他触发，或会压制大多数触发（不应不首先确切地考虑各种关联！）——这可能意味着还原到触发性的零——但不也存在着一种触发的压制，在其中触发被压制、被遮盖，但还是现存的触发吗？这一点在这里不是始终成问题吗？尤其是：自我（在被刺激时）的刺激物样式（*modus excit〈andi〉*）的触发，触发之间的争执。获胜的触发没有消灭另一个触发，而是压制它。（在感受和本欲的领域：各种感受，各种追求，各种评价，它们由于某些动机引发而化为乌有——例如，通过澄清，无价值性成为明见的，并且通过内部的侵占，价值触发被化为乌有。另一方面，各种感受，各种评价，它们被外来的东西所克服、所压制，在争执中被压制，而争执导致无法调解，导致并非真正的"和平"。）

持久性。也就是说，从"无意识"中流出的各种触发会继续存在于那里，但被压制。集中的注意力——压制兴趣的各种触发，但是另一种兴趣。

在活动性的当下中的新东西有益于一个被压制物，并唤醒它。

附录二十　（附于第30节）时间作为个体性的形式和主观的变化[①]

个体的存在作为时间性的存在：它有当下的存在样式作为其原初的存在样式，而且具有其非原初的"不再"这种样式（它的过去的样式）和"尚未"这种样式（它的未来的样式）。（当下与主体——作为各自个体的经验的主体——的生活当下相关。）个体的具体的存在者在具体的当下是绵延的存在者。它存在于一个当下的绵延中，并且作为在原初涌出的现在（原当下）必然转变成过去状态和越来越远的过去状态的过程中绵延着的东西。它面临着尚未生成的未来，这尚未生成的未来作为较远的未来接近当下，而每一个现在的过去化都把位置让给一个紧接着来临的现在，这个紧接着来临的现在自身变成了现在的原当下。

具体的当下的样式是在绵延中作为连绵——它与沉入曾在步调一致——的现时的存在。个体之物的绵延是在现在中现成的绵延，在现在中，它已完结了而不再绵延。也就是说，个体不再是现

[①] 可能是1922年与1926年之间。——编者注

时的现实性。一个完结了的绵延有一个开端、一个个体的实事内涵的原初的现在，这个原初的现在身后没有任何过去之物，这种过去之物属于个体的实事内涵。这个完结了的绵延有其终点，它完结这个绵延。但个体在其现时的绵延中处于绵延的持续变化中，而且绵延完结了，因此，这个完结了的绵延变成越来越远的曾在的样式。过去是已完结了的时间、已完结了的绵延，这个已完结了的绵延本身虽然持续不断地变成过去样式，但却同一地保持为同一个绵延。这种完结了的时间是在过去样式的不断变化中可被认同的绵延的时间。未来也具有在未来样式的变化中的同一性。未来的存在者，未来的绵延物（在这里前提是，它实际上将会在一个现时的当下变成现实，而且将从那里开始变成越来越远的过去——而这正属于存在着的未来），在我看来，未来的绵延物是在未来样式的变化中的同一之物和在直至远处和越来越远的远处——它们是在变化过程中链接着的过去样式①——的变化中的同一之物。在不考虑那些在其中以合前提的方式联合成统一性的内容充盈——这些内容充盈以合前提的方式满足统一性的各种条件——的情况下，这种同一之物是这各自的绵延的个体性的形式。这是"自在地存在着的"时间形式、绝对的时间，正如它被称为客观的时间那样。但时间只有作为时间性对象的同一性形式才是其所是，并且只有在完结了的时间的"永恒的"变化中才〈是〉其所是，只有在现时的当下和尚未来临的未来的"永恒的"变化中才〈是〉其所是——各种样式，它们本身只存在于相互关联和变化中。

---

① 有待考虑其他样式：以永恒的方式，亦即处于一个"永恒的绵延"中的现时状态。这在何种程度上是可想象的呢？永恒的过去。以及未来呢？等等。

附录二十一 （附于第33和34节）
感性的、多重射束的触发·感性的组
——本真的集合对象性[1]

在内在的领域：若干不同类的素材——一个声音，一个颜色，等等——同时发生触发，每一个都已单独凸显。被触发的自我分别时而随从颜色，时而随从声音。由触发的并存（若干触发性的特殊射束指向自我，在自我中会合并以此方式统合起来）会产生一个处于个别把握中的相继，在此之际已被把握的东西根据具体情况被放弃了，但也有可能被保留下来，因此产生了一个集体的相继。

这样一个集体的相继还不是本真的集合（本真的集合——所有在场者是**一个**对象）。它缺乏一个理论兴趣的统一性，而且在我看来，首先缺乏一个对象兴趣的统一性——一个对存在和如在等等的兴趣的统一性，它给予那些在个别把握中起作用的特殊兴趣以统一性。在从声音到颜色等等的过渡中，刚才被把握的东西仍能保持在手，因为这种特殊兴趣，因为对这个在此存在的东西的特殊意向，在其上能被看到的东西尚未完全被充实，而且对下一个环节的兴趣变得越来越紧迫，越来越成为压倒性的。但新的情况是，一个综合的意向蔓及各个意向，而且在一定程度上那里有一个意向，这一个意向虽然在每一个特殊把握中被充实，但在每一个特殊把握中都同时被充实；当它在这

---

[1] 可能出自讲座的时间。——编者注

一个特殊把握中被充实时，它仍不满足于这个特殊把握，〈这〉是因为它除了这个特殊把握之外同时还需要另一个特殊把握。

如果我们设想尚在一切统觉之前的事况，那么最原始的事况是：各种不同触发处于同质状态。因为否则的话将只会考虑本能（Instinkt），是它创造了共属性。于是，这也可能会被看作一种对前世生活的回忆和一种较暗的背景统觉（Hintergrundapperzeption）。因此，如果我们排除这一点，那么我们有感性的组的情况。在一切朝向之前，各个在特性中起触发作用的东西结成一个共同体，它们处于"共鸣"的关系中，一个提升另一个。也就是说，一个对自我的触发性的刺激提升另一个触发性的刺激，反之亦然，但是以这样一种方式：这些触发性的刺激并不处于分离状态，而是联合成一个多重射束的触发性刺激的统一性。在其中，这些增强了的触发性刺激被合一化，而且在这种合一化中，每一个刺激都具有相互促进和彼此共鸣的（相互"提醒"的）特征。自我随从它吗？它能随从整体而且首先想要随从整体，即综合的触发的统一性，它把握着未划分的感性组；但它通过一串相继的特殊把握将这种处于充实中的栖身于触发的对整体的意向继续推进到那些包含在其中的触发性意向的充实。在此情况下，共同之物在过渡中以综合的相合的方式相合并凸显出来，不同之物被分别开来。以此方式不仅产生了一种特殊把握——这些特殊把握将以前特殊的被把握之物保持在手——的相继，而且现在各种新的兴趣和和意向被动机引发起来：一个环节一个环节地被把握的东西不是单独引发兴趣，而是彼此十分相关，它们处于实事性的关系中，它们分有同一个同一的本质，它们通过不断凸显出来的差异而区分开来，而且这里在过渡中通过相合而重新被构造起来的东西，即共同之物，产生触发作用，并以此方式趋向于一个新的、更高层级的把握，等等。

于是，让我们转向统觉：就像这样一些过程被启动和被实行那样，各种经验统觉也必然以同样的方式产生。也就是说，对一个尚不明确的组的一瞥（甚至也许对它的背景感知——即单纯的群组触发——就已）唤起一个统摄性的视域、一个对一个集合（Kollektion）——作为复数的展显、述谓等等的基底——之形成的意向。

但在此属于统一的实事性的兴趣——这种兴趣贯穿作为统一性的集合（或者说，趋向意指的统一性、集合意向的统一性）——的本质的是，必须在作为被意指的复数的集合本身与遍历的相继——亦即被汇集物之被给予性的时间序列——之间做出区分。集合是一种意向的统一性，它只能先天地在相继的序列——在某种程度上可以说是作为集合的各个视角——中被构造起来。

我们在此必须区分：1) 对明确的个别把握和集合把握的意向，或对明确的集合、明确的聚合之形成的意向；与 2) 对更广阔的统摄性视域之充实的意向，〈对〉比较、区分、相互的关涉和规定的意向。在前一个方面，即在真正集体性的方面，如果每一个包含在不明确的统一性中的东西都在某个遍历性的把握的序列中获得了特殊把握，那么意向就得到了充实；在那里，在另一个序列中对所有环节的第二次遍历产生关于同一个集合的意识。在前一个方面，每一个特殊把握与主导性的群组之总体把握"在局部的认同中"相合，而且特殊把握的链条或局部的认同产生完全的认同，亦即以多射束的统一的意向之完全充实的形式。但重复有助于明白的和"清晰的"充实，有助于那些持续不断地统一地被给予的群组整体的同一性之明见性的完善和各个别性之总和的明见性的完善。

不应忽视：如果我们有一个绵延性的感性对象，那么其触发绝没有因朝向而停止。刺激总是继续处于活的状态，而且它总是继续把我拉向自己，即使我在它那里并已"全神贯注"于它自身。同样，组也总是继续存在于引力的统一性中，作为刺激之多射束的统一性，作为对集体的特殊知识的趋向之多射束的统一性，作为一个囊括各个别知识的多环节的明确的知识，因而作为认识。触发不因把握而终结，它〈不〉是单射束的，但也〈不〉是多射束的。

组被把握为组，被统摄为集合。一个统一的对象的意向指向聚合，指向这些对象的聚合，这些对象统一而隐含地包含在群组意向中——而且指向它们全体。但在此需要大全性思想的一种本己构造吗？先于已朝向各个别对象的统摄性意向，我尚未拥有组，只有当我有一个统摄性意向的统一性时，我才拥有它，这个统摄性意向在各个别的对象把握和对象设定中得到充实，但不是在个别的意指统一性中得到充实，而是在集体地集结着的综合意指的统一性中得到充实。

附录二十二　（附于第35节）
空乏视域和关于它的知识[1]

我缘何知道，滞留性的空乏视域还意味着过去意识呢？而这"空乏视域"究竟是什么呢？

问题是，我们目前做出的而且确实有理由做出的这些区分相互之

---

[1] 1922年。参见对这个附录的总注，见第525页。——编者注

间的关系如何,或者就滞留所谈及的各种变异相互之间的关系如何:

1) 滞留的变异作为滞留,作为原当下的样式向各种原过去(Urvergangenheiten)的变化。在此能谈论一个零点极限吗?

2) 直观性的消退,带有一个零点极限:空乏。

3) 清晰性向不清晰性的变化,凸显性向不凸显性的变化。

现在成问题的是,这里能在何种程度上谈论持续性。如果响起一阵车轮滚动声或一阵均匀单调的敲击声〈或一阵〉嘀啾声,那么我开始时有清晰的区别,我能注意到每一个在周期性过程中正凸显出来的个别片断。但我很快就只有一个以均匀分段的事件(Geschehen)之统一过程为特征的显现,在其中我不再能提取出个别的片断,只有类型上的滚动、嘀啾和敲击,作为整个系列被凸显出来,但个别的片断是"不清晰的"。尽管在其中存在着周期化,正因此我拥有一连串的周期化,但在各个周期化内不存在确定的差别,而只有一个我可能注意到的类型之物。但甚至这个类型之物也迅即终止。由连续的自身相合产生一个统一性。每一个新的滚动都是滚动,而以前的滚动在相同性中延续,而且这种处于接续中的相同性本身是一个意向的相合现象。但缺乏差别性,就只有整体现象被离析出来。在此情况下,嵌入点、开端或个别已突出物——即中断相合者或迫使分离者(通过"不同于被期待者"的东西)——可以作为一个突出的凸显点继续粘着于总体统一性中。但开端有可能变得完全不确定,均匀地继续下去的滚动没有清晰的、被凸显的开端,有一个直观性的"活动性开端"、一个在凸显衰退成空乏的情况下在被凸显的总体统一性内继续进展的开端;它有一个不确定的"开端视域"(Anfangshorizont),没有完结点,无穷。

这是原初的遗忘,即成了"无意识的"滞留之物,成了无意识的刚才—过去之物。另一种无意识是那种从一开始就已不清晰之物,尽管它是直观的,感知领域——而且已在原印象的领域——,它没有本己的触发力。然而,这里必须区分:1) 具有其凸显和原初的区别的东西,和 2) 在变化过程中已丧失其区别而且有可能重新呈现其区别,但却对自我不具有"有效的"触发的东西。但这样还有凸显吗?凸显不是相当于触发,只不过自我没有通过一个至少瞬间的转向或一个瞬间的"迎向一个片段"——这还没有成为把握活动——而参与任何凸显吗?这里无意识将是未被把握到的东西和那种自我也不能被拉向它那里一段距离的东西。而被遗忘物是那种不再有任何凸显的东西。

但是,事况有诸多困难。这种从背景中重新浮现意味着什么?如果旋律仍在继续并且从空乏视域中浮现出某种源于浸没了的开端的东西,那么整个已变成空乏的关联仍以某种方式与现在一同浮现出来,或者说,与具体的和仍处于上部光中的当下一同浮现出来,过去中的前段——它与处于触发性的意识中的刚才—过去之物一致——在其中延续。如果我唱完一首歌的首段,那么开头凸显了很长一会儿,但它最终"消逝了"。但当末尾提醒我新的开头,而且新的开头出现并唤起我以前的开头及其这整段已逐渐消失了的关联时,这首段就作为统一性对我站在那里,而它并未被再回忆起来,而且这在继续唱新段时更是如此。

这是种什么样的唤起呢?同样,如果一个声音序列产生并且被重复,在其开端已逐渐消逝而没入空乏后,又通过重复和新的重复被唤起,那么这显然不是再回忆。当然,触发力在重复系列中减弱，而且它作为系列本身消失在空乏中。

可能相似的是，一个乐句或一个很大的关联与一个新发生的并且通过这个关联而被提升为统一性的关联形成一种音乐关系的情况。但那就只能说：空乏恰恰也是意向性的一种样式，它是一种形式，在其中滞留的变样"变得逐渐模糊"，"丧失"其触发性的特殊力，但根据某些本质规则它们能重新获得触发性的特殊力。唤起无疑是一种新样式，但我们将不得不说，这种唤起不是在这样一种意义上——例如，好像出现了一个新的感觉素材——创造一种新体验，而是使正不断变化的滞留上的变化以恰恰处于变化中的滞留的样式获得触发性的形式。当某种已浸没了的东西通过重复被唤起，被从"遗忘"中拽出来时，过去样式也被触及，它在唤起的情况下属于被拽出来之物。"被遗忘物"在原初的已成空乏的意义上不是一个神秘莫测的无，对此只能确定一种实在的可能性，即在某些情况下能以因果性的方式产生一种新现象；一个盲目的外部的合规则性，其背后不存在任何东西。而是在内部存在着浸没了的生活，只不过是以"未凸显出来的"现象的形式存在。因此，可能还是得说，无意识在一切领域，甚至在当下领域原则上都会具有相同的风格。而且有人会把凸显和无意识以这样的方式联系起来：从对象方面说，例如，凸显是一种具有质性上的差异的现存状态（Vorhandensein，意向上被构造起来的存在），等等。但这种现存状态本身不是凸显，毋宁说，凸显是特殊触发，而且特殊触发恰恰以某些条件为前提，这些条件致使人们总得谈及一种凸显，它与另一种凸显（某物之凸显）相对。

因为一切超越论的主观生活都是意识，都是意向的生活，而且所有我们作为一个我思置入内时间中的东西本身都符合意识的原规则，符合时间构造，因此，每一个滞留流的"不朽性"与每一个别意识的不朽性具有同样多的意味。也就是说，每一个别的意识都处于永恒的时间性变化——作为时间样态的变化——中，而且每一个时间性变化都保持其个体性，保持其时间位置，保持其个体的内涵，保持其意义。无限的遗忘领域是一个"无意识的"生活领域，这种"无意识的"生活总能被重新唤起。

但此外当然还有若干一齐被唤起的过去发生搭叠的现象，另外还有再造现象、联想现象和融合现象。

1) 每一个感知都有一个滞留的空乏视域，它本身是未分化的空乏滞留。我缘何知道，这个空乏视域不断吞噬滞留之物，而每一个滞留之物最终都浸没其中呢？只有仍保持凸显的东西才能被重新把握。这我缘何知道呢？而如果我转向另一个东西并且只朝向它，那么我就放弃了已被把捉的东西，于是它逝去了。这我缘何知道呢？我具有放弃的现象和转向一个新东西的现象，而且具有重新回转的现象，因而具有仍然在握——即"某种东西"仍在那里——的现象；同样，当我处于对当下对象的感知中并且持守着它而未发生回转时，也是这种情况。如果后来发生了回转，那么我仍然把握着一些已凸显之物和一个作为无论是什么东西的背景。但我知道，它必定具有相同的结构，我具有曾在，我知道必定存在一个时间系列。我具有一个空乏的、不确定的、非直观的过去。但是无疑，我不是通过再造才知道这一点的吗？无论在何种情况下都存在一个滞留之物——不是随便哪一个滞留上的附加物，它持续地在那里，而是滞留。也要考虑这种情况，即如果我已做了两次把握，并且在前转后重又回转，那么我回忆起这两次把握和统握，然而我在滞留的领域，亦即在滞留的声音的领域却不再发现任何有差异之物。甚至这一事实——即曾存在一种有差异的多样性、一种复多——也能通过目光的回转被把握到，然而这种复多却不是一种可个别地把握之物；而一个作为必然形式的滞留系列这种最普遍之物和不确定之物的情况也是这样，或更确切地说，一个在样态变样中继续进展着的过去这种最普遍之物和不确定之物的情况也是这样。但是，尽管所有这一切，我至多具有不确定的无穷性或无可名状之物，我后来通过再回忆揭示其为过去（在本真的意义上）的无限性。

因此，仍旧这么多：滞留的领域几乎全部由空乏表象组成，这些空乏表象具有一种流动的连续的关联，包含各种不确定性，而且这个滞留的领域转变成一个本身完全不确定的关于一个"无穷的"过去的空乏表象。在此情况下，过去的这种无穷性不能被设想为像一条明晰的线路那样，而且不能被设想为由一个作为假锁闭（Scheinabschluß）的视域点（Horizontpunkt）所锁闭的线路。

2）属于空乏滞留的本质的是可充实性，而这种充实是再回忆。并非每一个再回忆都是当下之滞留性空乏视域的充实。因为这种空乏视域是被遗忘物，它延续被分化了的滞留的过去线路，而在那里被揭示的东西还是"刚才"曾在的东西或"不久以前"曾在的东西，而且其再回忆的进程连同其各种再回忆前摄（Wiedererinnerungsprotentionen）通入具体的当下的刚才—曾在中，以至于被再回忆起来或被揭示出来的时间段随即与活的当下相统一。

3）一个正浮现出来的再回忆，比如说远再回忆（Fern-wiedererinnerung），按其时间性内涵首先具有这种本己之物，即它以再当下化的方式将一个时间(一个时间对象性)设定为一个带有一个持续的前摄视域的过程(processus);这个过程作为位于当下滞留(Gegenwartsretention)及其视域的方向上的过程被给予,而且它与我们上面已熟识的过程相似,是一种对视域的重新唤起。但由此表明,空乏的视域具有一种对当下的邻近、一种刚才和一种以前的过去,而且再回忆通过一个过程——像在近区域内那样——充实一个被特别唤起的空乏的位置,同时它在这个过程中也进行唤起(向前指向的联想),被唤起者则在进一步的再回忆中得到充实。最终将达到近视域(Nahhorizont)和那种仍活着的滞留的区域以及具体的当下一般的区域,由此远视域在一条直至作为再回忆过程的当下的线路上得到揭示。

4) 每一个再回忆就其重新被构造起来的准当下而言都具有一个过去;就像每一个感知本身从过去中向上浮现出来那样——另一个感知已在它之前发生了。每一个感知都有一个鲜活的过去的背景。

每一个过去(附着于再回忆的滞留)都能被揭示,等等。最终,每一个过去都被揭示为一种无限的时间的进程,这种无限的时间终结于活动性的当下。

5) 过去视域通过再回忆得到揭示,未来视域通过感知得到揭示,而且每一个感知本身都是对一个恰恰先行发生的感知的空乏视域的充实。

再回忆能发生,过去能被个别地揭示,而且能在整体上为这样一个明察所揭示,即一个再回忆可能一再发生,它揭示已被揭示物的滞留性视域。

未来一定会得到揭示吗? 它总是一定会产生一个当下吗? 问

题是，当下是否能被还原到一个完全空乏的视域（纯黑的意向性）。如果没有一个"新当下"，这样一个空乏视域是可设想的吗？这些极限情况是本己的而不是无关紧要的问题。

附录二十三　（附于第35节）空乏视域的潜能性问题[①]

对我来说，问题是，应当如何解释那种从某种东西中浮现出来的空乏视域的潜能性，以及究竟是否应当谈论一种唯一的遗忘视域。如果有某种东西浮现出来，那么显然这只有通过一个空乏意向和充实的出现才能发生。而且空乏意向业已同现在和比如说一切其他仍以这种方式出现者具有一种意向关系。意向的充实趋向最后终结于正展开来的充实，这种正展开来的充实总是唤起新的充实趋向，直至现时的现在。确实属于每一个这样的意向的本质的是，它可以此方式被充实，有可能可任意地被充实。

另一方面，属于当下的本质的是，尽管有其局限性，我还是能探问其过去，能深究它。但只有以此方式：我从当下唤起过去，我不能连续回退遍历这条路径。而如果生活是一种"单调的"此在，例如，一个始终处于均匀的、无差别的进程中的声音，那么我将不能回退。这甚至具有十分重要的意义。如果生活的"开端"、初期是一种无穷的单调性，那么它将是一个不可穿透的遗忘的时期。而如果各种这样的单调性时期由内容上的多样性所居间促成，但却是这样的多样性，它们没有满足交互联想的任何条件，那么每次只有一个不单调

[①] 1922年（？）——编者注

的生活是可通观的,而不是一个超越所有时期的生活的综合统一性。只有当可爱的"上帝"在死后为我们创造了一种具有如此多样性内容的新生活,以至于联想能超越所有的时期而伸展时,这才会可能。但是,"连续的无限性",例如,一个无眠的无限生活是一览无余的吗?因而一个回跳——而这于是仅只"无限地"进展却没有尽头,而且绝不会导致一个再回忆起这整个生活的再回忆——会是无限可能的吗?因为再回忆只能向前伸展,而且在没有开端的地方就不存在完整的向前进行的重新生活(Wiederleben)。

因此,必须说的是,如果一般应谈论一种连续被回转的联想,那么它在均匀的连续统中——但也在一个均匀的流逝中(例如,在"同一个"声音一再以相同的间距的流逝中)——不可能获得任何优先的动机,因此,在一个被动的再造中不可能动机引发任何趋向的效应,因而也不可能动机引发任何优先的触发,不可能动机引发任何注意和任何重新激活的意愿。

只有在出现不均匀的给予物的地方才能发生唤起,而与此相应,再回忆必然具有回跳的形式。

附录二十四 (附于第 37 节)
唤起的结果和原因[①]

但这里什么东西能称为"唤起",什么东西能成就"唤起"呢?透过烟雾——用比喻的说法?然而不是回荡在一个过程的层级上,即

---

① 1920 年与 1926 年之间。——编者注

一个仍有差别的层级上——在其中遮蔽发展的程度还较小——吗？最终甚至于感知的重建吗？这个过程实际上不能被建立两次。

如果一个兴趣被调转向一个下沉者而且这个下沉者仍保持凸显，那么这个过程固然不会受阻，却保持一种"凸显性"。关于已下沉的素材的凸显性，我们能与谈论一个白底上的图形的凸显性在相同的意义上谈论凸显性吗？这种凸显性是现存的或者不是，而且只能通过颜色差异等等的产生而产生。唤起使滞留的雾变得稀薄了吗？与其他的滞留的融合变得稀薄了吗？否则在当下与一个连续被遮蔽了的过去之间没有产生一个综合，这个连续被遮蔽了的过去经过所有连续的遮蔽，但它不是一个无，而是被遮蔽了的过去。遮蔽的变异（Verhüllungsmodifikation）、当前滞留的远视域（正如我说的那样，它没有停止其变样）没有在这种意义上得到凸显，以至于一个以前的过程层级将会重新显现，它当然不是实项地存在于远视域中，恰恰也只有通过再回忆和通过使"再"被感知物在再回忆的样式中"再"消退才能产生。

但这个视域隐含地包含着一种遮蔽和一种遮蔽的连续统，它恰恰是一种 n 阶层级的遮蔽，比如说，在其中某种合意识的东西作为 n 阶层级的当下存在。如果现在远视域也是一种模糊融合——〈在〉其中所有一式无差别的东西都作为"被遗忘物"存在，一种遮蔽，即一个当下被另一个当下遮蔽，后者又被第三个当下遮蔽，等等，那么在总融合中——正如它现在是体验——恰恰蕴含着所有当下，而且每一个当下都处于遮蔽中。这些隐藏的当下现在能被唤起。一个唤起穿透遮盖物，作为一道综合的射束，它朝向一个当下中有关的对象之物。这能意味着那种在其中对象在唤起的当下中被意识到——在其中它"现在""仍"被意识到（尽管不是单独在一个在当下中凸显出来的意识中被意识到）——的空乏滞留被凸显出来了吗？

在此应考虑的是：如果一段旋律结束并消退了，那么我以"一束"目光回指它，进入滞留的统一性，这种滞留的统一性作为相继的时间整体在自身中载有这段旋律。当进展在印象的阶段时，这旋律是一段正在生成的旋律。它只有完成了终结的相位后才是已生成的旋律。指向生成者的目光束是一道不同于指向已生成的整体的目光束。它不是指向最后的声音或指向正在尾音中生成着的旋律的"目光束"，它指向整体并且能转入展显。这个意向在一个相继的再感知中得到充实，在其中旋律总是"重新"进行。

属于一个对象一般的统一性的是一个相继地进展着的构造的统一性。这个统一性在远视域中也属考虑之列，而且唤起是一道"目光束"、一道对这个一的意向射束，这个一作为以前的旋律——即完整的旋律——的空乏的总滞留存在在那里，亦即存在于这个空乏表象中，而且是为这道射束所唤起之物。因此，我以前的观点是正确的，即唤起进入远视域并且在那里唤起滞留（但是各自关于具体的事物、过程等等的滞留），以联想的"射束"的形式——唤起者是一个当下的相似的客体，例如，被感知的客体或处于鲜活的滞留中的客体，等等，因而综合是一种在感知与空乏的远滞留之间的综合。

但由于"远处"恰恰在任何时候都在那里作为视域存在于当下中，因此，在所有能相合之物之间一定会产生相合吗？但这里在唤起的情况下涉及一种的特殊的综合——作为一种正以因果性方式生成的综合——样式，因而涉及一种新的成就：从一个 a 指向了 b，而且与此同时 b 被 a 唤起。这个 a 在"当下"——它首先已凸起——恰恰得有一种特殊性,以便具有唤起性,而且在不同的强度等级具有唤起性;而且以便恰恰唤起 b,这必定又以某种方式建基于它自身之中。无疑,实验在这里是有用的。它们为我们提供例证,因而提供可能性;通过意向的分析,我们于是能看到,什么东西能在考虑之列,以及这里各种本质规则在何种程度上起作用,它们如何最终必然如此。它们的确是各种动机引发。

如果我们假定,在被动性内一切能相合之物当然都存在于相合综合中,亦即没有本真的因果性,那么联想的综合就不是单纯的相合综合,而是某种新东西,只不过这种新东西以相合综合为前提:作为相似性的联想。那种应作为唤起者起作用的当下之物具有——有人可能会说——一种特殊的兴趣,而且属考虑之列的不是所有相似之物,而是这种相似之物,它处于相似的关系中,这种相似的关系将会符合一种相似的兴趣。根据特征复合体($\alpha\ \beta\ \gamma$),这种对 a 的兴趣取决于其类型。就($\alpha'\ \beta'\ \gamma'$)而言与这个 a 相同或相似的东西甚或与它同一的东西优先。然而,不只是内部特征在考虑之列,毋宁说,这种兴趣也许属于处于其情境中的 a、处于其关联中的 a(形象的综合)。在关系性的述谓的展显和形成之前,关联原初地产生了性质上的特征。这为 a 提供了外部特征,这些外部特征也在考虑之列。而且甚至可能很显著。在一个印象的当下内,情况也是这样。如果一个 a 引起一个特殊兴趣——一个"小石块"被证明是一块骨化石的片段——,那么通过特殊的综合会立即显露出另一个相似的东西,这些特殊的综合有助于一个相似的立义。

一个人在某个情境中〈显得〉可疑——他立即使我想起相似的情境。于是发生了那种尚未讨论的、由邻接性产生的联想,兴趣和唤起转入这个情境。但什么东西隶属于兴趣的标题呢？它必定是一个主动的兴趣或一个主动兴趣的被动的变样吗？

附录二十五 （附于第40节）
动感和潜在的期待[①]

就像我们以前看到的那样，在一个外感知的情况下，期待意向的线路只是一条从总视域之多维的连续统中凸露出来的线路——这个总视域标识着总的共当下。这种线路是特别通过现时的动感进程、通过主体的眼球运动等等被动机引发起来和被现时化的线路；正是通过这种动机引发，它获得了现时的期待特征。[②] 所剩的视域是一个潜在期待的系统。它是那种符合系统地被构造起来的总动感之主体的可支配性的潜能性。这个视域的其他线路可以说能从其睡梦中被联想地唤起，而没有丧失其非直观性，而且它们与所属于它们的动感的空乏表象一同被唤起。每一个这样的唤起都产生一个特殊的空乏表象，这个特殊的空乏表象不是一个期待，但与这样一个期待具有本质上的亲缘关系，恰恰作为一个潜在的期待。这些附属的动感在自身中载有能（Können）意识，亦即策动它们的能意识，因此在进一步的序列中载有那种使被它们动机引发起来的显现进程（亦即"共当下的"、看不见的对象的诸面）得以进行的能〈意识〉。因此，这涉及前摄的变样形态，这些变样形态本质

---

① 出自讲座的时间。——编者注
② 原初的"原素的当下领域"通过动感得到改造。随着系统的前摄的形成发生了"超越对象"的构造，因此，期待也是构造性的。

上与它们共属。

对于每一个外部的共当下——即周围熟悉的事物的共当下——来说，情况也是这样。如果我们的目光沿着房间转并且经过门，那么首先门外前厅的空乏表象随即被唤起。它不是一个期待；我们可是不出门。出门时，我们当然就会具有显现系列，作为被前期待的东西，在其中进程（在相应的主观样式中）将变得可见。但被唤起的表象却具有变异了的期待特征，即潜在的期待特征。这里出现的空乏表象，其中也包括期待（前摄），全都具有一个共同的基本特性。总是从现时的当下之物前指、进一步指向另一个当下之物，然后进一步从可能已空乏地被意识到的东西继续指向另一个空乏地被意识到的东西，特别是在继续进展的运动中正被意识到的东西。我们在这里遇到的每一个空乏表象都处于一种奇特的关联中，在其中一个东西指向另一个东西，而后者又指向另一个东西（时而连续地，时而不连续地）。那里〈那个〉被指向的东西本身具有一种意识的特征，具有"被意谓物"的特征、"被意指物"的特征；就像指向者具有指针的逆向特征、意向发射点的逆向特征那样。从意向发出的环节和处于这种关联中的环节既是意向的出发点又是意向的照准点。但情况也可能是，在开端上存在一个自由的环节，例如，一个感知上被给予的环节，没有指向对它发生，而是有指向从它发出。

显然，对于那种在其中某物作为这种意义上的被意指物而突显出来的意识，我们需要一个词。遗憾的是，对此语言失效了，它不可能对现象学的区别感兴趣。甚至现象学的语言在开始时也不适合处理这种奇特的意识，它的特殊地位和功能没有立即被认识到。下面我将谈谈联想的意向，以此也表明，它涉及被动的领域内的一个基本特性，而不涉及一种主动自我的意指。

附录二十六 （附于第45节）再回忆的重复和本质同一性[①]

两个明晰的再回忆本质上如此共属一体，以至于它们能在一个明晰的再回忆之连续的统一性中被调谐。一个明晰的再回忆能随意被重复（就像每一个回忆那样），但它们只能在一个本质上完全同一的明晰的再回忆中和同一个关联中以调谐的方式起作用，在同一个位置上以调谐的方式起作用。一个明晰的再回忆的重复是一个观念的重复，只要撇开偶然性，每一个再回忆作为体验将是完全相同的，而且就同一个自身将在其中被给予而言完全相同，同一个意识过去和同一个意向意义在这个重复中被构造起来。一个对曾在意识及其意向对象性的完整的再回忆的观念。

如果一个再回忆是另一个再回忆的一种单纯重复，它们只是作为重复才被区分开来，或只是被区分为这个和那个，那么我们就把两个再回忆称为关于同一个具体本质的回忆或本质上同一的回忆。

具体说来，一个再回忆是一个生成，在这个生成中，一个时间对象性重新成为直观性的，而且以这种方式作为过去自身被给予。没有任何一个再回忆能包含两个作为片段的本质上完全相同的再回忆，每一个关于同一本质的再回忆都给予一个过去，而且每一个再

[①] 1920—1921年。

回忆片段都给予不同的过去。每一个回忆都具有其各种视域,这些视域同属于其本质。而且回忆的这些视域——它们是一个回忆的各个部分——必然是不同的。一个回忆的每一个具体的部分也都能单独作为回忆出现。每一个再回忆都能通过重复被复制,但在一个扩展的回忆中却不能通过重复被复制。每一个相即的再回忆作为本质都是一个无所不包的明晰的再回忆的环节,因此,最终每一个相即的再回忆都是一个包罗万象的再回忆的环节,这个包罗万象的再回忆处于永恒活动的状态,是一个活动的观念,只要它对每一个现时的现在而言都是一个新的观念,亦即在一个连续的统一性中包含所有相即的再回忆,这个连续的统一性实际上包含所有直至现在的过去。当然,正如对于每一个相即的再回忆而言只存在一个重复,对于这个包罗万象的再回忆而言情况也是这样,而且这也关乎这种规则,〈即〉两个相即的回忆——它们在时间对象性中联结起同一的起点和终点——只是唯一的一个回忆。两个相即的回忆不可能通过两个相即的回忆被联结起来,它们不同于单纯的重复。

附录二十七 (附于第 45 节)两个基本的明见性概念:自身给予一般与纯粹的自身给予[①]

一门全面的再回忆理论,各种再回忆作为意识流的自身给予,作为内在的客体性,亦即那种正以内时间的形式被构造起来的体验对象性的多样性的自身给予,其中包含作为内时间自身的自身

---

① 1920—1921 年。

给予，我是说，一门全面的理论就必须系统有序地宣明再回忆的本质规则，其中包括其可被看出的极限形式的本质规则，亦即充分的自身给予的本质规则。这显然将是纯粹的时间规则（Zeitgesetze）自身的相关项。

通过已取得的进展，我们获得具有最普遍效果的利益，而且首先是明见性概念之构形的利益。它现在分裂成两个基本的概念。第一个明见性概念是自身给予一般，一般说来，作为对某物的意识的意识概念伸展得多远，它就伸展多远。每一个意识在信仰的样式中都意识到它的某物；但它有可能是对一个分裂物、一个以某种方式变异了的东西的意识，而回指另一个意识，即未变异的意识。每一个意义给予在信仰的样式中要么是自身给予的，要么是非自身给予的，而且这种非自身给予的意义给予能被证实或证伪。二者都回溯到自身给予。自身给予的意识从最宽泛的意义上说是明见的，与盲的意识或只是有保留地预期的意识——就像在直观的期待那里的情况一样——相对，它是看的意识。这种意义上的明见性有各种等级。只要一个非自身给予的意识只能以它为指向，只能以它为标准，只能在它之中得到充实，它就已是一个正确地给予的意识。这种明见性是高级意义上的明见性的低阶。只有一个已在自身中载有一个自身的意识能在高级意义上被标准化，也就是说，能被逼近一个纯粹的自身。

于是，第二个明见性概念，即确切的明见性概念，就是纯粹的自身给予——从属于这种本质规则，即自身给予可以具有程度不同的明晰性，因此可以具有程度不同的充分性。这种明见性的相关项是真正的自身、真实的存在。严格的明见性是一个观念，即一个充分自身给予的体验——在这种情况下它靠近一个不明晰性——的观念。它的相关项是真实存在者的观念,这个真实的存在者在近似的意识中——在其中这个观念作为极限被看到——绝对不可抹掉地被给予。

所有这一切不只是对个体对象有效,甚或不只是对我们已考察的内时间对象有效。例如,当我们在宣明期待的本质规则时已说,未来的来临明见地被动机引发起来,而如果动机引发者获得明晰的再回忆,那么对期待上的未来的预期的那种有根据状态恰恰通过某些根据被自身给予,而且在充分明晰性的情况下恰恰具有高级意义上的明见性,这种高级意义规定了所有关于理性的谈论。如果在明见的动机引发中两个彼此争执的前期待被动机引发起来,那么一种在两个未来可能性和猜测性之间的冲突就明见地被给予。甚至不存在——同样,或然性,等等——也成为客观的,或毋宁说,它具有其客体性,它具有其纯粹明见性的观念、纯粹的证实和证伪的观念,而属于证实的是其不可毁灭的同一性。我们通常这样说,以至于我们在纯粹的意义上理解明见性,而且我们需要极以为常地具有这种严格的明见性。也许人们将不得不承认,我们在许多情况下都很接近这个极限,而且这种"很接近"也是一个被给予物。然而我觉得,这真正的自身在一切领域——甚至对公理来说——都具有一种极限特征,我们能达到它,在这时候我们"触摸"它。但这在此已离题太远。

您已看到,我们如何已在很大程度上被我们关于最初的自在的构造,亦即关于内在领域的构造的研究所推动,以及我们如何已在我们的研究中澄清了关于一个作为自在的客体性的构造的所有问题提法的基本特征;在那里自在的观念如何把我们带回到自身被给予的体验与非自身被给予的体验之间的区别,带回到那种通过逼近纯粹的明见性而自身被给予的体验之证实的本质可能性;纯粹的明见性如何是一个观念,其相关项是一个绝对不可抹掉而且可不断地与自身认同的自在的观念,显然,这串关联必然在一切领域都同样有效。探寻自身被给予的体验的系统——它将在这些自身被给予的体验中达到纯粹的自身给予——因此就意味着,具体建构纯粹证明的观念,只要它能——而且必须——先于自我的一切逻辑活动被构想,因此存在着每一个可能的世界认识(作为进行规定活动的认识)的承载性基础。存在着的东西必能达到证明性的被给予性,而且真实的存在与可能的证明性的被给予性——更确切地说,完整而充分的被给予性——是相关项,这个思想就超越论的考虑而言是一个早已达到的思想。但这个思想达到充分明晰性的高度只是由于这种认识,即意识按本质规则是自身给予的成就的这样一个流,它所有的意义给予都服从作为标准的观念,这些观念不是从外部被带进来,而是仿佛天生于它。在其本质上,因此不是作为不可理解的事实,而是作为明白可理解的规则,一切意义给予都在于证验和证伪的可能性,属于它们的是最终的澄清之稳固的可能性,亦即纯粹明见性的稳固的可能性。但这纯粹的明见性在一切领域都标识着一个可看出的极限,这个极限——它被主动的自我取出和追求——标识着一个绝对不可移动的极,在这个极上,所有在它之中会聚的意识线路都必然保持一致性,因而都必然保持信仰的不可抹掉性。实际上,自我的一切完全性追求(Vollkommenheitsstreben)都趋向与自己自身的一致性,而这就是说，它自己寻求其永恒的极而且力图这样来指引其意识路径，以至于它们绝对地指向目标，而这同样是说，它们是绝对一致的。每一个意识都以它的方式是一个信仰。"本身保持一致"意味着，在客观的意义上对象性地被意识到的东西在信仰上始终保持不破裂状态。但它却可能在进一步的意识进程中发生破裂。不可打破的是一个绝对自身给予的信仰，而且根据真理规则（Wahrheitsgesetzen），一切信仰、一切意识本身都关涉着可能的绝对的自身给予，都可标准化到它那里，而且在其中有其标准，作为最后的、不再能被增长的充实的标准。

但超越论的逻辑不应满足于这样一些形式的、一般的构想，它必须——尤其就超越的世界的客体性而言，而在底层是就物质自然而言——摆明意识类型，摆明其本质关联和本质规则，它们在纯粹主体性的内在中使自然的客体性成为必然的和可理解的。不仅必须显明那些对空间世界具有意向关系的意向体验的一般类型，而且不仅必须根据其意向活动的和意向相关项的结构一般地研究自身给予。它恰恰也必须构建观念的自身给予，当然，作为观念，相关地，在其意向相关项方面则作为正被构造起来的观念的自身。

附录二十八 （附于第47节）
世界之明确的可确定性问题[①]

一个自然的观念与那种与之不可分割地交织在一起的主体性处于何种关系？自然是处于主观的多样性之更迭中的一致的统一

---

① 1923年。

性。属于自然的构造而且属于自然一般的构造的是一个在形式—本质上被规定了的结构系统,这个结构系统摆明了一个自然的构造的纪律。属于一个可能的单个的自然——确切地看,一个个体的自然——的不只是形式的一般之物,这一般之物当然是一种抽象物,而是一种确定的内涵。但这种内涵是一种完全确定的内涵吗? 它在何种程度上是完全确定的? 因此,例如,感觉素材的内涵,但还有所有那种使有关的经验现象个体化和使在其交往的生活的总体关联中进行经验的主体之全部属于经验认识的生活个体化的东西。

如果我们考虑已给予的自然,即事实的自然,那么它属于事实的自我大全。个别自我的事物和世界现象在何种程度上能更迭并且在其个体的内涵方面总能有一个剩余,而这个剩余并非由自然的构造来规定呢? 在这里我们首先遇到第二性的质性的问题和相应的普遍的可能性问题,这些可能性问题关系到一个自我大全一般和一个可能的自然一般。每一个自然构造(Naturkonstitution)之本质上的形式系统在何种程度上具有一种不确定的开放性,构造通过第二性的质性而同属于这种开放性,而且在一个共同的——对一个正常交往的主体性来说——直观的自然的构造的形式中虽然按形式属于它,然而除了形式之物以外,却有一个内涵仍是不确定的,它不确定地来自那个被假定为连续地被构造起来的自然本身。

但现在产生了进一步的问题。自然的明确性、自然的自在存在意味着一种交互主体的自然的如在,即对关涉着每个人的"每个人"都是可认同的自然的如在,所有那种自然所是而且按其一切事物和本己性所是的东西的如在；与此相应的——就像必须被表明的那样——是一门关于自然的"客观的"科学之必然的可能性，它由"精确的"自在真理构筑而成，这些"精确的"自在真理对就其主体性而言的每个人都是可确认的，而且可按一定的方法从其现象方面确认。一言以蔽之，自然对每个人都是"可计算的""可数学化的"。存在一种自然的数学模式（Mathesis）、一种关于一个自然一般的"数学的"存在论，而在事实方面则存在一种可借助它作为普遍的方法而生产出来的"数学的物理学"。

但现在必须把自然与世界大全区分开来。我存在于现时的生活中，而且我发现自己是正经验着我的周围世界的主体，开放的无穷多样的其他自我主体也属于我的周围世界的无限性。就像我"拥有"我的身体，是这个身体的功能性主体，而且借助这个身体，我是与我的周围世界及其主体发生认识关系、构形关系和交往关系的功能性主体。同样，这些主体也作为身体性的和通过其身体性发挥功能性的主体被给予我。而且在交往的体认中，我们相互间同时被给予彼此，而且以功能性地关涉着同一个世界的方式被给予，我们全都属于这同一个世界。对作为功能性自我主体——个别地或以社会共同体的方式起作用——的我们来说，世界是大全和客体的大全统一性（Alleinheit）；而客体在此指的是，任何对一个功能性的个别主体性或共同体主体性来说具有个体的、具体的此在的东西。更严格地说，这种客观的此在的意义在于，它以这样一种方式是可经验的和在经验上可认识的，以至于它能作为同一个东西被任何人认同，作为相同规定的基底。而且作为这种基底，它应当在任何时候对任何人都是可证明的。

但在这方面,自然作为最初的和基本的客体性——这种客体性对一切自我主体都在一种本真的意义上是可经验的、可感知的,尽管是在经验之无穷的开放的无限性中可经验的、可感知的——与主体性自身、自我自身区分开来。自我自身只有在感知上作为对我而言的我自身才是可经验的、原本地可经验的,通过我自身(在自身经验中),而对另一个自我主体则只有在身体性的表现中和在因这种表现而被创立起来的心理—物理的统一性关系中才是可经验的。

动物、人作为心理—物理的统一性只有在我的身体—心灵的内经验(Innenerfahrung)中才是可经验的;只有我才能经验到我的身体内的功能活动,因此将我的身体经验为身体,以此方式经验到处于与这个身体的这种功能的统一性中的我自身。我不可能像感知身体那样感知一个陌生的身体感知,而且我不可能像经验正在这个身体中起作用的自我那样经验陌生的自我——不可能本真地经验。我以"同感"的方式经验到这个世界中的陌生的主体性和人,即以在"同感"这个表述中发生的共现的方式,共现对我绝不可能变成体现。

客观的世界是心理—物理的世界,而且它是文化世界,文化世界已获得了由功能性的人的主体性所配给它的文化谓词,这些谓词具有其经验和证明的方式,但却是这样一种经验和证明,它以对陌生主体及其身体—精神的功能活动的客观经验为前提。

这在世界的自在存在——世界之明确的可确定性——的问题上具有何种含义?世界大全包括一切事物、动物和人,包括一切文化和历史。自然在特殊的意义上是客观的、自在的;我们认为,对它来说一种数学的认识应当是可能的,它应当是可计算的,任何问题对它来说都应当具有其预先已裁定了的和对任何人都能以相同的数学方法计算的答案。自然——在我们看来——从无限地被给予的经验这里、从无限的经验事实的群组这里应当是理论上可预期、理论上可建构的,它应当是一个明确的数学系统,而且一门自然科学应当是可设想的,它应当按照欧几里得(Euklid)的方式从无数的公理(存在论的基本定理)和无限的事实中以演绎的方式在自身中容纳自然真理(Naturwahrheiten)及其基底的大全。

但这样一种理想也能为世界大全、可能的自然经验的领域(非本真的客体性通过表达被包括在内)被确立起来吗?宇宙——它在表达中达到被给予性——是明确地可确定的并且遵循数学的明确性原则吗?这究竟有没有意义?

对一个明确的自然之合法意义的合法的意义规定和界定业已造成了困难,自然与主体性——的确,它本质上作为经验着的、思考着和发挥着功能的主体性一同在那里,在现实性中和在实在的、自由的可能性中发挥着功能——的本质关系业已造成了困难。然而只要我实行感知性的动感,转眼球和活动手,由此介入自然自身,这种功能活动就已造成了困难。而且在这里我们一般还有远超于此的困难:与毕竟不能与自然分开来思考的主体之现实的和可能的介入相对,自然的自在具有何种意义?什么样的自在包含在可能经验——进行经验的主体的经验——的一致性的观念中而且可建构为观念呢?

因此,物质自然——作为一个处于心理—物理的关联中并且关涉着主体甚至自由的主体的自然——的明确性的意义已必须被阐明，并且首先根据本质和可能性被刻画出来。

人们试图接受这样的观点：世界一般连同其动物的身体、动物的和人的心灵，连同这些心灵的一切"心理现象"、一切行为和一切社会的统一化和文化构形，应当是明确的。世界的某种"明确性"如何能在一种适用的、理性的意义上得到规定呢？其可能性的本质条件是什么？它如何恰恰可根据本质内涵和必然的本质组分被建构为形式的观念呢？

一个完整的世界不是只有在一个以绝对理性的目的为指向的自我大全的观念下或在这种观念下——即自我大全（世界为它并在它之中被客观地构造起来）处于一种"前定的"（präetablierten）却又本质必然的"和谐"中，处于一种向人格的和交互人格的（interpersonalen）理性之必然的发展中以至于绝对理性的自我大全的观念是隐德来希（Entelechie）——才可能是明确的吗？

我们不可以说：甚至只是作为一种可能性也绝不能预先接受这种观点，即一个完整的世界在正如物质自然所是的情况这种意义上应当是明确的。进一步的考察也许表明，对一个数学上明确的世界、一个在一切方面都是可计算的世界的要求是一个原则上错误的要求。

人们可以说：主体的生成可能包含一种发展趋向，而且必然包含它。但主体的发展可能而且必然约略地发生。心理的生活可能甚至必然在数学上是不明确的，但却指向一个明确的存在。如果现象世界的绝对只在自身中有一个明确的结构、一个观念、一个理性的观念系统（Ideensystem），这使自然科学得以可能，那么问题就在于，什么使文化和文化科学得以可能，什么使一种理性的生活——在最高层面则是一种社会—伦理的生活——得以可能。自然的明确性可能足够了，而流动的生活却可能而且必然仍旧是不合理性的、不明确的。当然，如果自然、社会性和文化是使连续进展的科学得以可能的这样一种东西，如果客观的世界是使连续进展的科学得以可能的这样一种东西，那么主体性当然也必定是理性的，只要它必然可重构于这种客观性而且从主体性方面必然是连续一致地可直观的。但这种可重构性将只是一种合理性（Rationalität）的结构，而尚不意味着上面所要求而且首先——好像它理所当然就是一种可能性——已假定了的合理性，即一种在所有个别的要素方面都明确的主体性的假定的合理性、所有的生活脉动的一种可计算性的假定的合理性，因此，一种"数学的"合理性。

因此，这其中存在着一种自然认识的可能性的所有问题，存在着躯体学的（somatologisch）和心理学的认识的一种完全别样地被奠立的可能性的所有问题，存在着一种历史的、社会科学的和文化科学的认识的可能性的所有问题；存在着相应的科学的可能性的所有问题。一门自然数学（Naturmathematik）的最终意义，一门文化数学（Kulturmathematik）之不可能性的最终的明晰性，尽管甚至文化也具有其先天，甚而社会性也具有其先天。精确的自然规则的问题，连同对个体的物理的此在的精确规定和对历史事实的不精确的科学规定的观念的问题。"历史的规则"，与自然概念相对的精神科学的概念。

概念译名索引

（德—汉）

（概念后的数字为原著页码，即本书边码）

A

Abhebung 凸显 105,133,149,152,154,156f.,161,169f.,175,182,192,200,205,228f.,272,285,287,289,376,378,380,385,397ff.,405f.,420ff.,426

Abschattung 映射 3,17ff.,296f.,329

Abwandlung 变样 16,25,36,50f.,59,88,156,163,168f.,172,174,177,209,226,230,232,235f.,289,304,317,337,340,351ff.,354,356,375,395,410,421,423

Abzielen 瞄向 84

adäquat 相即的 18,67,292f.,336,363f.,366,368,430

Adäquation 相即性 363,368ff.

Affektion 触发 42,46,84,111,131,148—166,168,173,272,278,285—288,342,378,385,388,395,397,415—421,425

affektive 触发性的 50,55,57,131f.,135,149—158,162—176,179—183,187,189,191,194,196,198—200,272,286—288,376,388f.,397,408,411f.,415,417f.,421

Affektivität 触发性 150,166—168,177,413,414,421

Affinität 亲合性 132,148,150,156,159,197,413

Ähnlichkeit 相似性 122f.,129—135,137—139,144,157,179f.,185,190,192,195f.,271—273,285f.,288,346,389,391,396—402,405—408,410f.,415,427

Ähnlichkeitsassoziation 相似性联想 10,271,273,408,410

Ähnlichkeitspaar 相似性偶对 134,135,271,398

Ähnlichkeitsüberschiebung 相似性搭叠 131

Ähnlichkeitsverbindung 相似性联结 131,396—399,406,408

Ähnlichkeitsweckung 相似性唤起 123

Ähnlichkeitssynthese 相似性综合 185,406,410,412

Akt 行为 27,42,56,85,209,228,239, 291,307—309,327,329,342,353, 360,363,367,378—380,395,436

aktive 主动的 36,50—52,54f., 57—59,64,70,82,92,102,115, 133,163,203f.,207—209,214, 229,254,274,323,327,342—344, 386,406,409f.,427,429,432

Aktivität 主动性,活动 52,64,76, 82,102,111,129,133,210,216, 228,242,256,275,278,291,342, 358,360,409f.,432

Aktualisierung 现时化 15,42,244, 246,331,360

Aktualität 现时性 244,251,306,392

aktuell 现时的 12f.,15,26,29,43,54, 69,71,104,107f.,124,166,179, 180,184,187,198,245,252,264— 266,287,289,297,306—309,311, 328,331,337,348f.,353,360,370, 375—377,380,403,416f.,424, 428,430,434

Allgemeine 普遍,一般 41,48,131, 230,327,330,369,405—407,410, 433

Allgemeinheit 一般性,普遍性 10, 40,64,78f.,81,83,163,254,291, 310,337,341,355f.,382

Anderssein 别样存在 48,98,190

Anmutlichkeit 诉求性 43,45,48f., 228

Anmutung 诉求 43,44,46—52

Anschauung 直观 4,23,40—42,58, 63—65,67—75,79—81,83,91— 97,102f.,169,174—179,181f., 194—198,200—202,242,244— 251,257,266,273,287,295,303, 319,326,332f.,338,346,358, 361—364,370,372f.,385,389f., 394,413

Anschauungsmodus 直观样式 31,269

Anschaulichkeit 直观性 168f.,194, 236,239,254,268,361,363,420

Ansich 自在 103,105f.,109,111f., 192,208,212,214,218f.,260f.,

266f.,276,278f.,281,432,435

Ansichsein 自在存在 234,433,435

Antizipation 预期 63,94f.,105,157, 186,198,202,246,290,293,354, 379,381,431

Apodiktizität 绝然性 365,370,373, 381

apodiktisch 绝然的 48,110,125,355f., 366,368,370f.,374,380—383

Apperzeption 统觉 17f.,31,35,118f., 136,150,199,232,238,336—342, 345,359,361,385f.,397,405f.,418

Apperzeptionsauffassung 统觉立义 106,261

Appräsentation 共现 18,344,434

Apriori 先天 220,408,436f.

Aspekt 视角,方面 3—6,30,298,329, 355f.,392

Assoziation 联想 76—78,84,98, 116—119,121—125,137,151, 153,157—159,163,165,178, 180—182,184,187,189,195f., 241,270—273,283—287,289, 337f.,344,373,376,378f.,386, 388,390f.,405,407—411,415, 422—425,427

Assoziationstatsache 联想事实 120

Assoziationsweckung 联想唤起 123, 284

Assoziationsprinzip 联想原则 153, 180,271

ästhetische 审美的,感性的 87,150, 361

Auffassung 立义 17f.,28f.,31—37,54f., 63,101,107,121,159,171,175, 199,231,238,270,275,305,346, 348f.,405,427

Auffassungsintention 立义意向 34

Auffassungssinn 立义意义 42,63

Aufhebung 注销 31,33,95,114,228, 268,282,358,405

Aufmerksamkeit 注意,注意力 151, 153,167,385,395,400,416,425

Aufmerksamkeitssphäre 注意领域 153

Ausdehnung 广延,延展 140,146f., 295f.,300,302,401

Ausmalung 描绘 78f.,81f.,97,257

Außenhorizont 外视域 6—8,11f.,67, 106,201f.,207,261,361

Ausweisung 证明 200,214—216,218, 222,343,432,435

B

Bedeutung 含义 93,153,167,212,242,245,253,285,288,312,319f.,332,435

Begründung 论证 102,145,245,358

Bekanntheit 已知性 11,15

Bekräftigung 确证 66,69,95,189,258,262

Beschreibung 描述 40,68,71,76,79,88,123,171,270,320,340,346,349,370,387,408

Besonderung 特殊化,特性 8,41,43f.,48,130,133,225

Bestand 成分,持存,储存 18,33f.,139,204,235,299,355,369

Bestätigung 确认 37,63,69,95,189,200,262

Bewahrheitung 证验 66f.,69,73,78f.,81,83—85,88f.,96f.,99f.,102,104,108,201f.,227,257,263,365,432

Bewahrheitungssynthese 证验综合 70

Bewährung 证实 70,79,89,92,95,98f.,101,104f.,124,207f.,213—215,219f.,247,249f.,257—260,262,431f.

Bewährungssynthese 证实综合 70

Bewegungsempfindung 运动感觉 13,15

Bewußtsein 意识 3f.,6,10,14,17—20,24,29,32f.,35—40,43f.,49,53,60,66f.,69,72f.,76,78,83,85,89—91,94,96,98,100—102,105,107,110,117f.,120,123,128,130,135,138,144,149,167,170—172,179,189,192f.,203f.,206—218,220,222,226—235,238,240—258,261—264,267f.,272—277,283—285,287,292,294—296,304f.,311—321,325—327,332,337,339f.,342,345,347—352,364f.,371,374f.,378,386,388—396,398,402—406,408f.,411,419,421f.,426,428—432

Bewußtseinsdatum 意识素材 166f.

Bewußtseinserlebnisse 意识体验 210,226,241,255,293,321

Bewußtseinsgegenwart 意识当下 117,209,266f.,271,283,408

Bewußtseinsgenesis 意识发生 1891,210

Bewußtseinshorizont 意识视域 6

Bewußtseinsleben 意识生活 73,98,
138,208,232f.,240,252,262,294,
320,326,338,365,409

Bewußtseinslebendigkeit 意识活性
166ff.

Bewußtseinsleistung 意识成就 17,19,
38,295

Bewußtseinsmodifikation 意识变异 32

Bewußtseinsmodus 意识样式 35,40,
311,315,317,351,393,395

Bewußseinssinn 意识意义 23,32

Bewußtseinsstrom 意识流 24,105,
108,192,204f.,208,212,215f.,
218,233,243,260,265,271,294,
309,336—339,341,365,389,391,
430

Bewußtseinssubjekt 意识主体 156

Bewußtseinssynthese 意识综合 76,
129,395

Bewußtseinsverbindung 意识联结 270

Bewußtseinsvergangenheit 意识过去
114,118,163,204,211,237,266,
281,284,337,429

Bewußtseinszukunft 意识未来 104,
211,260

Bewußtseinszusammenhang 意识关联
106f.,233,241,257,263f.,408

Beziehung 关系,联系 16,39,42,55,
71,83,96,115,121,123,126,136,
140,203,219f.,251,256,268,283,
300,342,372,375,395,399—401,
405f.,417—419,422,427,433f.

C

Chaos 混沌 191,350,413f.

D

Darstellung 展示 5,16,18f.,23,193,
322,347

Dasein 此在 11,17,19,214f.,237f.,
254,356,382,398,424,434,437

Datum 素材 14,17f.,34,67,105—107,
110,127,129,131,134—142,
149—152,156,158,163,166—169,
172,181,187,190,214,216,232,
234,237,241,261,263f.,264,277,
317,356,384,386f.,389,396—402,
405,409,417,425

Dauer 绵延 10,15f.,69,129,135,
139—143,232,292,295—297,
301—303,314,318,322,329,
331f.,347,369,374,401,415—417

Deckung 相合 5,10,13,20,70f.,79f.,
88,92,98,130f.,133,138,145,

161, 175, 189f., 195—198, 206, 229, 236f., 239, 245, 247, 271, 273, 276, 286, 314, 318, 325, 329, 347—350, 353, 369f., 385, 388, 393—396, 401—407, 410—412, 420, 427

Deckungseinheit 相合统一性 3, 8, 11, 394

Deckungssynthese 相合综合 75, 79, 131, 145, 164, 427

Deutlichkeit 清晰性 182, 346, 362, 370, 388, 420

Deutung 释义 27, 312

Dinglichkeit 事物性 11, 24, 240, 294, 302f.

Disharmonie 不和谐 407

Diskontinuität 不连续性 142, 389, 396

Doxa 信念 51—53, 63, 65, 364

doxisch 信念的 48, 65, 68, 84, 89, 98f., 101, 339, 360

Durchstreichung 抹掉 22, 30, 32f., 51—53, 98, 107, 115, 207, 228, 230, 250, 252, 264, 276, 282, 351, 358, 360

E

Ego 本我 105, 261, 355, 366—368, 380—382

eidetisch 本质的 119, 123, 341, 345, 404, 433

Eigenheit 本己性, 特性 3, 28, 65, 78, 100, 137, 140, 167, 176, 208, 213, 243, 301, 322, 347, 359, 372, 376, 382, 434

Einbildungskraft 想象力 275

Einfühlung 同感 95, 240, 344, 434

Einheitsbewußtsein 统一性意识 348, 390, 392—395

Einheitsbeziehung 统一性关系 138, 286, 405, 434

Einheitsbildung 统一性形成 131, 152—154, 159—162, 165, 172

Einheitsform 统一性形式 133, 140, 160, 362, 391f., 397

Einigkeit 合一性 59, 138, 252, 359, 396

Einigung 合一 132, 138, 165, 179, 285f., 398—400, 405, 410, 412

Einstellung 态度, 观点 17, 56, 62, 109, 214, 229, 254, 266, 295, 304, 306f., 314, 320f., 341, 344, 351

Einstimmigkeit 一致性 15, 27f., 35, 52, 54, 59, 66, 98, 107f., 115, 184,

199，227—231，246，254f.，257，
262—265，267，282，347—350，
358，432
Einstimmigkeitssynthese 一致性综合
98
Einzeichnung 充填 7，23，185
Einzelheit 个别性 59，120—122，129f.，
155f.，161，186，190—192，285，
354f.，396，403f.，411，419
Empfindung 感觉 15，108，265，343，
384
Empfindungsdatum 感觉素材 17f.，
28，37，106f.，110，232，261，263f.，
277，334，386，421，433
Empfindungsgebiete 感觉区域 197
Empfindungskomplexe 感觉复合体 26
Empirie 经验 380f.
empirisch 经验性的 47f.，76，105，191，
221，233f.，299，355，367，378
Enttäuschung 失实 22，25，29，31—34，
87，104，257，259，276，324
Entscheidung 裁定 36—39，43，46，
48—51，53f.，57—59，61—63，104f.，
108，259f.，262f.，357—360
Entschiedenheit 裁定性 49，58，252，
360

Entfaltung 开显 109，152，276，287，
375，377
Enthüllung 揭示 71，81，94，131，198，
200f.，205，244—246，248f.，251，
257，374，423
Entelechie 隐德来希 436
Ereignis 事件 66，69，123，258，262，
336
Erfahrenheit 经验性 108，265
Erfahrung 经验 10f.，26，45，48，50f.，
53，58—60，89，93，95，102—104，
106—109，123，136，175，184—186，
191，207，213，215，252，260f.，
264—266，283，291，341，358，
381—383，405，416，434f.
Erfahrungsglauben 经验信仰 101，
104，106f.，258f.，261，264，267
Erfahrungserlebnisse 经验体验 103，
259
Erfahrungssphären 经验领域 104，260
Erfahrungswahrheit 经验真理 105，
260
Erfahrungswelt 经验世界 175
Erfassung 把握 97，121，151，156，166，
369，403f.，418f.
Erfüllung 充实 8f.，12f.，15，19，21—23，

25f., 29—32, 37, 41, 43, 60, 65—68, 70, 78f., 83f., 87f., 91—93, 95, 97—100, 102, 104f., 181, 189f., 199, 201—203, 205f., 212, 227, 237, 239f., 243, 246—251, 253, 257, 259f., 262, 275f., 289, 326, 337f., 340, 358, 373—379, 383, 418f., 423f., 432

Erfülltheit 充实性 371

Erfüllungssynthese 充实综合 67f., 78, 89, 91f., 336

Erkenntnis 认识 11, 21, 96f., 102f., 113, 120, 150, 208—210, 215, 221, 233, 254, 256, 281, 292, 319, 327f., 331, 341, 345, 352, 365, 373, 405, 432, 435f.

Erkenntnisstreben 认识追求 85, 87, 364

Erinnerung 回忆 35f., 81, 86, 88, 91f., 94—96, 99, 107, 110, 114f., 122f., 183, 186f., 192—194, 198—200, 203, 210, 232f., 235, 243, 248, 250, 254, 258, 264, 266—270, 273—275, 278, 282f., 285, 287, 289, 304—313, 315, 317, 324—326, 328—330, 334f., 341, 349, 352—354, 360, 365—368, 373, 376, 379, 383—385, 393, 404, 407, 429f.

Erinnerungsanschauung 回忆直观 86, 92, 304

Erinnerungsglaube 回忆信仰 104, 199, 259, 267, 368

Erinnerungsintention 回忆意向 80, 88, 268

Erlebnis 体验 17, 19, 24, 26, 29, 68, 70, 72f., 76, 84f., 97, 103, 120, 123, 166, 204, 208—210, 213f., 218, 226f., 231, 233, 235, 237, 244, 259, 267, 292f., 307—309, 311, 317, 319f., 321f., 327f., 330, 334—337, 342, 352, 354, 356, 359f., 362, 364, 366f., 372, 374f., 377, 382, 390f., 393—395, 412, 421, 426, 429, 431—433

Erlebnisgegebenheit 体验被给予性 103, 259

Erlebnisstrom 体验流 126, 197, 233f., 276, 308f., 335—337, 368, 381, 393

Erscheinung 显现 3, 5—9, 11—18, 23, 27, 29, 34, 37, 67, 93, 195, 261, 264, 297, 306f., 329, 347, 350, 352, 361—363, 383, 387, 389, 420

Erscheinungsgehalt 显现内涵 296, 350, 352

Erscheinungsmodus 显现样式 298, 326

Erscheinungssinn 显现意义 24

Erwartung 期待 7, 13, 26, 29, 31, 47, 51, 54f., 69, 71, 74, 78f., 83, 87f., 94, 97, 119, 129, 184f., 187—190, 192, 200, 211f., 232f., 235, 238f., 243, 247—249, 254, 257f., 261f., 273, 289f., 324, 326, 340, 344, 355, 364, 368, 375, 377, 381, 385, 428, 431

Erwartungsglauben 期待信仰 32, 103—105, 108, 188, 238, 258f., 261, 264

Erwartungsintention 期待意向 29, 52, 74, 87f., 238, 240, 246, 290, 323, 354f., 371, 375, 428

Erwartungshorizont 期待视域 55, 186, 232, 375, 409

Erwartungstendenzen 期待趋向 54, 188

Erwartungsvorstellung 期待表象 75, 186

Evidenz 明见性 47f., 65—67, 69, 102, 105, 112f., 115, 163, 165, 188, 204, 237, 261, 263, 266, 268f., 275f., 280f., 283, 331, 334, 352, 354—356, 368—371, 373f., 379, 382, 387, 419, 430—432

Existenz 实存 355, 381

Explikation 展显 133, 151, 240—242, 362, 373, 397, 407, 418, 426f.

Extension 延展 140f., 160, 328f., 333, 401

F

Faktum 事实 3, 108, 241, 255, 265, 299, 339, 403, 432, 434

Feldform 领域形式 136, 197, 199

Fernassoziation 远联想 286

Ferndeckung 远相合 157, 410

Fernerinnerung 远回忆 112, 114, 279, 281f.

Fernhorizont 远视域 112, 117, 149, 236, 268, 279, 284, 288f., 426

Fernkontraste 远对照 411

Fernretention 远滞留 288f., 384f., 407f., 427

Fernsphäre 远领域 177f., 187, 411

Fernsynthese 远综合 161, 175

Fernvergangenheit 远过去 190, 288,

376,409

Fernverschmelzung 远融合 139,161f.

Fernweckung 远唤起 161,181,184

Fließen 流动 141,315

Fluß 流 112,135,141,173,218,231, 279,313,316,327,337,368,370, 376,380,392,394,412

Formensystem 形式系统 174,194f., 195,198,433

Formung 赋形 164

Fortpflanzung 传递 151,154—156, 163,168,412f.,415

Fülle 充盈 7,12,23,30,34,37,67,70, 81,88,143,174,201,206,241f., 249,276,300,302,346f.,361— 363,369,372f.,376,383,387

Füllung 充盈化 79,152,158,164f., 361,415

Fundierung 奠基 233,387,409

G

Gefühle 感受 150,232,416

Gegebenheit 被给予性 6,18,23,71, 86,94,98,106,113,156,200,220, 222,237f.,241,248,254f.,263, 275,293,296,312,344,363,373, 383,398,419,432,435

Gegebenheitsmodus 被给予性样式 125,311,313,317,374

Gegenständlichkeit 对象性 17,19, 75,90,111,114,121,126,128, 152,162,164,171,177,180,182f., 185,192f.,199f.,202,205,209f., 212,222,254,256,278,282,291, 326,330,341,364,370,377,394

Gegenstandsbewußtsein 对象意识 225, 229,231,364

Gegenstandskonstitution 对象构造 32,172f.

Gegenstandsphase 对象相位 165

Gegenstandssinn 对象意义 229,312, 329f.

Gegenwart 当下 21,47,71,78,86,93, 104,110f.,113,122—125,127—129, 132,135,137f.,142,156f.,162— 173,177—185,187,189f.,192— 195,197f.,204f.,208,213f.,216, 241,246,248,255,259,271f., 277f.,280,285,287—290,297, 304,306—309,312f.,317,323f., 326,331,366,368—370,374— 380,389f.,392,396—398,409f., 413f.,416f.,421,423—427

Gegenwärtigung 当下具有 304,307,
313,316,320,323,372,407

Gegenwartsbewußtsein 当下意识 123,
271f.

Gegenwartserinnerung 当下回忆 70,
74,310

Gegenwartsgegenstände 当下对象
168,414

Gegenwartsprozeß 当下过程 177,274

Gehalt 内涵 3,9,17,31,34,57,67,
72, 77, 87f., 119, 122, 125, 140,
160f., 165f., 176, 186, 189, 198,
206, 219, 232, 242, 251, 301, 314,
334, 338, 353f., 361, 367f., 370f.,
373—375,377,380—383,422f.,433

Geltung 有效性 46,50,53,55—57,63,
83, 97, 166, 174, 181f., 201, 232,
357,381

Geltungsbewußtsein 有效性意识 33

Geltungsmodus 有效性样式 36f.

Gemüt 情感 87,178,216,361

Genesis 发生 24,70,72,74,76,97,
117—119, 121, 125, 137, 150, 195,
207,210,218,220,283,336,339f.,
342—345,413f.

Gerichtet-sein 指向状态 62,74,
83—85,90f.,101,364

Gesamtrelief 总凹凸形态 164

Geschichte 历史 38,219f.,339,345,
360,435,437

Gesetz 规则 72,150f.,181,185,202f.,
207, 233, 253, 263, 287, 289, 317,
331,336,339,342,344f.,381,388,
391f., 401, 409f., 412, 414, 430,
432,437

Gesetzlichkeit 规则性 143,181,320,
414

Gesetzmäßigkeit 合规则性 70,117f.,
150f., 153f., 159, 189, 283, 288f.,
333,336,338,341f.,381,385,422

Gestaltung 构形 166,192,221,342,430

Gewesene 曾在 12,68,93,96,112f.,
186,280,422

Gewesenheit 曾在性 126,194f.,200,
207,288,325

Gewesensein 曾在 189,206,353,416f.

Gewißheitsmodus 确然性样式 41,45,
48

Glaube 信仰 28f.,31,44,48,52,61,
65,86,89,99—101,103—106,114,
188,206,219,226f.,257—263,
265f.,268,282,352,364f.,368,
395,430—432

Glaubensanmutung 信仰诉求 42

Glaubensgehalt 信仰内涵 30

Glaubensgewißheit 信仰确然性 101, 109, 227

Glaubensintention 信仰意向 99, 365

Glaubensmodus 信仰样式 35, 52, 257, 381

Glaubensneigung 信仰倾向 34, 42

Gleichheit 相同性 129—135, 137, 142—145, 157, 176, 185, 190, 272, 285, 327, 389, 391, 396, 398, 401—403, 405, 407, 411f., 415, 420

Gleichheitsdeckung 相同性相合 130

Gleichheitsverbindung 相同性联结 131, 137, 397

Gleichzeitigkeit 同时性 127, 138, 289, 390

Grenze 极限 23, 113, 140, 146, 209, 267, 275, 346f., 366, 401

Gültigkeit 有效性 105, 110, 260, 275, 277

H

Habitualität 习性 360

Handeln 行动 62

Harmonie 和谐 407, 436

Herausstellung 摆明 71, 268

Heterogenität 异质性 129, 309f.

Hintergrundbewußtsein 背景意识 171, 179

Hof 晕 6, 12, 34

Homogenität 同质性 128—134, 136, 138f., 141, 144, 148, 151, 164, 175, 185, 391, 399—401

Homogenitätssynthese 同质性综合 145

Horizont 视域 6f., 12, 15, 22, 30f., 37, 39, 51, 73, 75, 78, 80, 95, 99, 107, 114, 119, 126f., 185, 198, 211, 239, 246, 281, 288f., 301, 337f., 355, 361, 376, 378f., 388, 403f., 409, 418f., 423f., 426—428, 430

Horizontbewußtsein 视域意识 388

Horizontsphäre 视域领域 178

Hyle 原素 160

I

Ich 自我 24, 38, 42, 46, 50—57, 59—62, 64f., 76f., 82, 84—86, 90, 104, 108, 115, 121, 123, 125, 131, 148—150, 152, 160—163, 166f., 177, 201, 203f., 207, 209—212, 214—216, 218f., 227f., 234, 236, 240, 242, 252, 254f., 260, 265, 272, 274f.,

283，286—288，295，306—309，
311，319f.，322f.，325f.，341，344，
351—353，358—361，364，366f.，
370，377—381，384—386，392，
395，397，405f.，408f.，411，416—
418，421，429，432—434

Ichakt 自我行为 42，59，291，306，308，
386

Ichaktivität 自我主动性 52，91，210，
252，256，360

Ichall 自我大全 382，433，436

Ichleben 自我生活 160，208，210，307，
309，361，368

Ichpol 自我极 149，166f.，360

Ichsubjekt 自我主体 19，434

Ideal 理想，观念 82，435

Idealisierung 观念化 147f.，387

Idee 观念 20—23，83，106，113—115，
200，202—206，210，218，220—222，
247，250，256，263，267，275，280，
282f.，310，319，334，339，341f.，
345，364f.，382，401，429—437

Identifikation 认同 66，133，168，171f.，
174，204，387f.，419

Identifizierung 认同 135，137，209，
229，248，321，327，394f.，401，
410，414

identische 同一的 6，17，33，52，110，
126—128，132，135，145，169，173，
176f.，248，255，273，277，284，292，
296，300f.，303，309，312，317，
321f.，325，328f.，331f.，334，348，
370，374，377，379，381，383，388，
392f.，403，406，417f.

Identität 同一性 68，112，115，142，
145，171，174，209，255，273，280，
282，295，302，325，331，373，382，
393f.，403，405，415，417，419，431

Identitätsbewußtsein 同一性意识
130，209，392，394f.

Identitätsdeckung 同一性相合 102，
113，127，172，206，280，318，395

Identitätseinheit 同一性统一 127f.，
135，145

Identitätskongruenz 同一性叠合 196

Identitätslinie 同一性线路 177，388

Identitätssynthese 同一性综合 182，
209，327，395

Impression 印象 77，94，96，169，
174—176，185，286，288，340，
365，387，397f.

inadäquat 不相即的 18，19，364

Inadäquation 不相即性 19

Individualität 个体性 143,145,303, 341,343,416f.,422

Individuation 个体化 142,301,303, 341,343,394

Individuierung 个体化 143

Individuum 个体 303,403f.,407,416

Induktion 归纳 143f.,408

induktive 归纳的 119f.,124,188, 355,381,403

Inhalt 内容 9,18,41,81,115,128, 130f.,136f.,140f.,144,146,148, 174f.,179f.,196,230,282,286, 296,301,303,313,333,357,361—363,370,376,380,389,391,398—402,415,425

Inhaltsfülle 内容充盈 302,417

Inkongruenz 不叠合 197,397

Inneneinstellung 内向态度 118

Innenintention 内意向 12

Innenhorizont 内视域 6—8,11,22, 67,106,202,205f.,261,361

Innenleben 内向生活 70,212,344

Innenwelt 内世界 126

Instinkt 本能 418

instinktive 本能的 150,178

Intendieren 意指,意向 76,85,87,429

Intention 意向 7f.,12f.,19,22f.,27, 30—33,40,43,52,61,66f.,76, 78—80,82—93,95,97—102,111, 118f.,203,226—229,231,233, 240—242,250—252,266,278f., 285,289,318,337—339,357—359,364f.,368,370f.,373,376f., 394,397,405,418f.,424,426,429

Intentionalität 意向性 29,52,57, 210,213,219,236—238,260,269, 276,283,304,318,356,358,364, 369,375,390,424

interpersonalen 交互人格的 436

Interesse 兴趣 9,23,65,122,150f., 157,166,178,218,229,241f.,275, 397f.,416—418,425,427

Intersubjektivität 交互主体性 379

Iteration 迭复 356,409

K

Kausalität 因果性 109,117,265,283, 359,386,427

Kenntnis 知识 9—11,15,41,72,97, 234,252,258,288,314,419

Kenntnisnahme 获知 7f.,25,41,85, 163,229,235,258,266

Kinästhese 动感 13f.,93,185,215,428

Klarheit 明晰性 19, 29, 74, 82, 85, 112, 156, 171, 182, 199—203, 205—207, 210, 225, 244, 267, 269f., 274f., 280, 283, 332, 345—347,361,372,382—385,431f.,436

Klärung 澄清 71, 78, 81, 86, 98f., 106, 208, 248, 251, 263, 275, 289, 310,416,432

Koexistenz 并存 126,128—130,134—137, 139—144, 157—160, 164, 175,185—187,198,200,271,287, 303, 318, 348, 363, 387f., 396f., 399f.,406,408—410,413—415,417

Kollektion 集合 418f.

Konfiguration 构形 140, 150f., 153, 161,164,185,187—191,396

Kongruenz 叠合 130,195,406

Konkreszenz 合生 152,158,162,164

Konkretion 具体性 41, 127, 138—140,165,197,324,362,414f.

Konsonanz 和谐 410

Konstitution 构造 11,19,24,26,72, 125, 128, 144, 153, 159, 161, 164, 179f.,183,193,203,210,214,216, 218—220, 229, 231—235, 238, 241—244, 252, 254, 275f., 278, 285,326,333f.,343,345,365,386, 399,403,406,412,414,419,426, 428,431—433

Kontiguität 邻接性 181, 197, 271, 408,410,427

Kontinuum 连续统 5, 25, 120, 195, 235,295,298,309,314—318,320, 323,369f.,375,391,401,425f.,428

Kontraste 对照,对照项 86,139,149f., 152,156,158f.,164,180,285,413f.

Kontrastierung 对照化 131,150,304

Kräftigung 强化 200,262,388

L

Leben 生活 23, 62, 64, 66, 70, 98, 101f.,118f.,124f.,127,144f.,170, 173,177f.,184,208,210,273,286, 308f., 326, 343, 365—368, 370, 379—381, 391, 405, 408f., 422, 424f.,433f.,436

Lebensgegenwart 生活当下 125f.,131, 343,409,416

Lebensstrom 生活流 294,366,378, 382

Lebendigkeit 活性 165—168,175, 177,182,241,387f.,411—414

Leere 空乏 5—7,12,21,67,72,79,
82f.,88,94,113,176,182,201,
206,228,236,239,241,244f.,251,
337,346f.,363,370—373,378,
389,398,420f.,423

Leerbewußtsein 空乏意识 9,36,67,
93,173,238,244,388

Leererscheinung 空乏显现 346f.

Leerform 空乏形式 173,326

Leerheit 空乏性 347

Leerhorizont 空乏视域 6,8,9,11—
15,18f.,21,26,34,37,67,174,
241f.,271,361f.,376f.,398,420—424

Leerintention 空乏意向 13,67,72,
79,99—101,197,268,336

Leervorstellung 空乏表象,65,68,
70—76,79,81,94,122,170,173f.,
177,180—182,239,243,245f.,
249,361,423,426,428

Leib 身体 13,34,70,213,215,234,
240,293f.,298f.,344,381,434f.

Leibhaftigkeit 切身性 11,35—37,88,
226,248,313,315,351

Leibhaftigkeitsbewußtsein 切身性意
识 35f.

Leiblichkeit 身体性 215,219,240,
294,299,365,434

Leistung 成就 8,20,28,32,52,54,
64f.,70,73,75,81,102,118,128f.,
135,159f.,162,172f.,178,180,
182,209,218f.,225,228,234f.,
238,241—243,247,251—253,
256f.,274,276,293f.,303,310f.,
319—321,323—325,330,340,
342,389,395,397,409,427,432

Logos 逻各斯 64,253,256,327

Lokalfeld 场域性领域 160,196

Lokalgestalt 场域性形态 143,164,
415

Lokalisierung 场域化 146

Lokalität 场域 136f.,139,143,197

M

Mannigfaltigkeit 多样性 3,23,59,
123,128,138,147,174,203,219f.,
227,244,296,386f.,389,396,423,
425,430,433f.

Material 材料 76,218

Materie 质料 89

Mehrheit 复多性 90,120f.,134,139,
142,153,190,268,271—273,285,
288,389,397,399,402

Meinung 意指 64,68,84—86,88,91f.,

99,102,104,201,246f.,249—252,257,262,311,353f.,364,373,394,419

Miterinnerung 共回忆 71,244,247

Mitgegenwart 共当下 69f.,75,79,96,158,428

Mitgegenwärtigung 共当下具有 74f.,79

Modalisierung 变式 36,39,43,48,59,66,98—100,184,219,225,228,230f.,235—240,242f.,252,254,258,358,364

Modifikation 变异 32,65,130,168f.,243,290,315,321f.,350f.,371,378,380,388,390,420

Modus 样式 20,33,35—40,42f.,49f.,57,61,66,68,82,88,91,93,97,109—111,121,131,140,166,168,173,176,180,182,196,200,206,227f.,237,241—243,245,247f.,257,262f.,274,277,279,290,310f.,315f.,321,323—326,328,330f.,339,350—353,355,363,365,369,371f.,375f.,379,381,385,390f.,407,416,420f.,426f.

Möglichkeit 可能性 6,11,15,36,39f.,

42—49,51,54,57,59,63,73,80,104f.,112f.,124,137,156,160,165,168,188,198,210,212,222,225f.,232,234,239,247,252,254,259,267,274,281,333,336,341,344,352,354—356,358,371,377,381,401—404,406,422,427,432,434,436

Monade 单子 341—345

Motiv 动机 53,55,89,162,165,178,271,354,360,384,386,401,412,425

Motivation 动机引发 13,34,42,54,75,85,107,154,188—191,258,260,264,337,343f.,350,356,386,416,427f.,431

Motivationskausalität 动机引发因果性 155,184,188

N

Naherinnerung 近回忆 112,114,279,281

Nahkontraste 近对照 411

Nahsphäre 近领域 178,382

Nahretention 近滞留 288f.,384f.

Nahsynthese 近综合 175

Nahverschmelzung 近融合 139f.

Nichtähnlichkeit 不相似性 129,399

Nichtsein 不存在 47,56,87,232,431

Noema 意向相关项 24,52,110,222, 226f.,278,304,321f.,330f.,335, 339,344

Noematik 意向相关项学说 332f.

noematisch 意向相关项的 5,13,17, 30,38,44,53,71,75,118,121, 180,182,219,221,225,247,256, 262,266,270,291,295,299,301, 320—325,327,330—334,340, 364,391,433

Noesis 意向活动 222,226,321,339, 344

noetisch 意向活动的 5,25f.,28,31, 40,53,172,225,230,255,266, 320,324f.,327,391

O

Objekt 客体 9,91,100,192,214,221, 254,295,305,332,345,349,351, 384,388,426,434

Objektivierung 客体化 161,216,219, 326,345,403

Objektivität 客体性,客观性 125,210, 214ff.,218,294,365,368,430ff.

Ontologie 存在论 220—222,344,434

ontologisch 存在论的 221,435

Ordnung 秩序 14,73,108,133—137, 139f.,143,147,153,158,177,183, 194—196,218,265,268,286,334, 340,343,348,388,390f.

Ordnungseinheit 秩序统一性 133f.

Ordnungsform 秩序形式 117,136, 139f.,145,153

Orientierung 定向 16,110,127,135, 209,278,297—299,322,331f.,346

original 原本的 4f.,15—18,20,93f., 100,168,230,232,234,239,248, 258,304f.,307,309,316f.,322, 325,327,340,369f.,374f.,379, 390,434

Originalität 原本性 12,19,30,229, 234,307,311,313,316

Originalitätsbewußtsein 原本性意识 311,324

originär 本原的 9,20,72,99,118,121, 229,273,284,286,292,313,323, 328,348,363,390

Originarität 本原性 307

Ortssystem 场所系统 295,302

P

Paarung 结对 133

passive 被动的 51—54,57—59,64f.,
70,74,76—78,85,89,98,101f.,
108,116f.,185,203,210,231,
241f.,252,254,265,271,275f.,
283,342f.,358f.,397,408—410,
425,427,429

Passivität 被动性 52,63f.,69,76f.,
82,87,89f.,93,98,101—106,115,
118,120,127,133,135,137,142,
162,208—210,216,235,252,254,
256f.,260f.,263,272,275,283,
323,327,342f.,358,360f.,364,
390,409,427

personal 人格的 216,220,386,436

Personalität 人格性 220,386

perspektivische 透视性的 3,67,171,
296f.,299

Perzeption 知觉 337,346

Phänomen 现象 27,31,33,40,42,
57f.,86,93,114,117,119—121,
131,134,137,139f.,148,163,165,
171f.,174,184f.,198f.,219,268,
282,289,299f.,325,338,348,355,
359,362,365,367,369,381,387,
410—412,420,422,434f.

Phantom 幻象 23,301—303,362

Phase 相位 8,16,18—20,29,66,72,
110,120,140—142,145,164,169,
171,186,234f.,278,303,314,316,
323,325,336,347—349,362,369,
392—394,401,426

Positionalität 立场性 66,68,86,365

Potentialität 潜能性 13,94,149,193,
244,251,337,355,361,380,424,
428

Prädikation 述谓 144,404,418,427

Präsenz 现前 159,337,369,411f.

Präsenzsphäre 现前领域 158,160,411f.

Präsentation 体现 202,434

primär 原始的,原生的 31,80,90,
153,271,273,300,322,328,403

primitiv 原始的 47,62,98,256,305,
326,330,339

Produktion 生产 276

Protention 前摄 7,66,73—75,77,79,
81,86f.,94,129,158,185—187,
197,231f.,238f.,243,246,250—
252,257,262,267,276,285,287,
289f.,292,322—327,375,377,
414,428

Q

Qualifizierung 质性化 144,146f.,352

Qualität 质性 54,56,113,141f.,275, 280,286,332,405,433
Quasi-Akte 准-行为 308
Quasi-Erfüllung 准-充实 41
Quasi-Glauben 准-信仰 365
Quasi-Wirklichkeit 准-现实性 404

R

Raumfülle 空间充盈 296f.,302
Räumlichkeit 空间性 222,295,301f.
Realisierung 实现 289
Reduktion 还原 117f.,221,255,366f., 371,381f.
reell 实项的 17,24,113,141,226,280, 293,321,335—337,354,362,393f., 426
Reiz 刺激 111,113,136,148f.,154f., 162f., 166, 236, 272, 278f., 281, 322,398,400,418f.
Relativismus 相对主义 150,151,163
Relief 凹凸形态 164,167f.,175
Reproduktion 再造 36,91,111,113f., 117,119—121,123,151,157,173, 184, 189, 193—196, 198f., 239f., 243—246, 249, 269, 271, 273f., 280f.,287,309,311,325,327,334, 336, 344, 353, 360, 371f., 382, 384f.,407,422,425
reproduktive 再造的 4,72,82,91,93, 95, 120, 123f, 172, 181, 183, 189, 192, 195f., 199f., 203, 239f., 244, 249,251,274,284,286—289,322, 330f.,366,407
Repräsentant 代现者 17
Repräsentiertem 被代现者 17
Resonanz 共鸣 406—408,410,418
Retention 滞留 8—10,36,66,72—74, 77f.,80f., 85f., 90, 93f., 111—113, 117, 123, 138, 157f., 168—170, 173f., 176, 185f., 192, 194, 196, 205, 209, 231, 235—239, 243, 245f., 249—251, 258, 278—281, 284, 288f., 315, 317, 322—328, 330f., 336, 340, 348f., 360, 370—374, 376—378, 380, 384f., 387f., 392f.,398,408f.,414,420,422—426
Retentionalität 滞留性 318,420
Rezeption 接受 410
Rezeptivität 接受性 64,66,291,357f., 360f.,409f.
Richtungssynthese 指向综合 75
Richtungsstruktur 指向结构 77f.
Rückerinnerung 后回忆 71,74,81,86,

244,310,368

S

Sache 实事 51,58,63,81,89,103,161, 196,350,358,370

Sachgehalt 实事内涵 141,383,416

sachhaltige 含有实事的 138,253

Sachverhalte 事态 53,356,410

Satz 定理,命题 19,60f.,103—105,127, 163,181,201,247,253,256,259f., 312,352,366,395

Schein 假象 98,192f.,198—201,214

Scheinbild 假象图像 119,199f.

Seelenleben 心灵生活 70,117,240, 283,294

Sein 存在 18,23f.,38,44,55,63, 87—89,92,98,109—112,126, 171,177,196,200,207—211,213, 215f.,218,221,227,229,231,233, 237f.,244—246,254,262,266, 276f.,279,292f.,341,351,355f., 358,368,371,374,377f.,381,383, 415—417,431f.,436

Seiendes 存在者 55,72,85,109f., 152,201,203,215,233,262,266, 277,334,355,366,398,416f.,431

Seinsanmutung 存在诉求 42f.

Seinsbewußtsein 存在意识 25,246, 364

Seinsdeckung 存在相合 112,279,292

Seingewißheit 存在确然性 28

Seinsglaube 存在信仰 236,365

Seinsmodus 存在样式 35,226,228— 230,234,330,351f.,384,416

sekundär 第二性的 56,80,92,98, 238,296,322,342,400,410,433

selbige 自同的 110,145,165,277

Selbigkeit 自同性 171,393f.

Selbstanschauung 自身直观 83

Selbstveranschaulichung 自身直观化 205

Selbstbewährung 自身证实 94,204, 262

Selbstdeckung 自身相合 112,280, 369,395,420

Selbsterfassung 自身把握 85,89,305

Selbsterschauung 自身观视 102

Selbstgebung 自身给予 3,67,83, 90—97,99f.,106,109,113,115, 124,173,200—210,215f.,218f., 221,250—252,266,274,277, 280—282,293,369,375,430—433

Selbstgegebenheit 自身被给予性 67,

83,86,92,114f.,205,262,281—283,369,376

Selbstgewesenseins 自身曾在 124

Selbstgriff 自身把握 88

Selbsthabe 自身拥有 83—85,96,102,383f.

Selbstheit 自身性 18,72,345,355f.

Selbstsein 自身存在 109,124,277

Selbstvorstellung 自身表象 94

Setzung 设定 44,53,367,394,419

Sinn 意义 3—6,8,11—16,18—20,22,24,26—36,38—40,42,45—47,49f.,52—54,57,59—61,63,65f.,68,71f.,76,79f.,83—86,88—93,95f.,99—105,109—111,113,120,124f.,133,137f.,142,146,148,151,166f.,170—172,174—181,184—186,193,195f.,204—206,210,213f.,219—221,225,227—237,239—255,257—260,262,265,267,274f.,280f.,292—295,299—304,306f.,310—312,314,316—334,336f.,340,343,346,350,352—355,357f.,361—370,380,384—386,390f.,394f.,399f.,402—405,407—413,421—426,429,431f.,434—436

Sinnesaufhebung 意义注销 22

Sinnesbestimmung 意义规定 12,27,296,435

Sinnesdaten 感性素材 157

Sinnesdeckung 意义相合 6,8,112,236,258,273,279,318f.

Sinnesfeld 感性领域 138f.,145f.,148,152,160,164,189,195,389,414f.

Sinnesform 感性形式 295,312

Sinnesgebiet 感性区域 138,159,180,411f.,415

Sinnesgegenstände 意义对象 152,177

Sinnesgehalt 意义内涵 19,26f.,30,33,173,181,196,262,327

Sinnesidentität 意义同一性 195f.,385

Sinnesleistung 意义成就 30,178,228,324

Sinnesmaterie 意义质料 89

Sinnesmoment 意义要素 9,19,31,182,296,349f.

Sinnesstruktur 意义结构 181,311,313,316,324,327

Sinnesvorzeichnung 意义预示 8,26

Sinngebung 意义给予 20,22,24,28,

38,214,237,245,254f.,258,292—295,303,314f.,319,321,339,343,431f.
Sinngestaltung 意义构形 216
Sinnlichkeit 感性 146,152,342,414
Sosein 如在 44,56,89,355f.,382,417,434
Spontaneität 自发性 357f.,360f.
Stellungnahme 执态 45,51—57,61,350,357f.,360f.,395
Strahl 射束 93,155,157,308,364,411,426
Streben 追求 49,58—60,62,83—89,92,148,361
Strom 流 66,103,205,208,213,234,259,309,338f.,348,353,366,393,432
Strömen 流动 160,177,204f.,316f.,320,324,386—388,398,409
Strukturtypik 结构类型学 173
Stück 部分，片段 11,57,63,72,75,82,115f.,142f.,146,169—171,197—199,202,205f.,220,226f.,238,247,252,267,269,271,274,282f.,290,307,321,349,353,362,377,384,391,393,405,420f.,427,430
Subjekt 主体 97,102,126,248,291,306,309,341,353,360,364,370,376,397,406,410,416,433—436
Subjektivität 主体性 65,118,124f.,129,210,360,368,433—436
Substrat 基底 5,26,31,255,407,434f.
Sukzession 相继 126,128,131,134—136,138—142,144,152f.,158,161,164,175,177,185,198,200,236,271f.,285,287,318,396—400,406,408—410,413—415,417—419
Synthese 综合 3,25,52,65—68,71,76—81,83,85,89f.,94,97f.,100—102,123,125—128,131—133,137,144f.,161,165,171f.,174—176,178—180,182,196,200f.,206f.,209,245—247,251,275,362f.,365,372,374,388,394—398,402,405,408,410f.,413f.,425—427

T

Tatsache 事实 118f.,123,215,233,270,355,367,437
Teleologie 目的论 219
Telos 目的 203

Tendenz 趋向 5,34,50,55,83f.,90—92,102,121,131,149—151,156,166f.,173,181,183,195,262,287,289,351,375f.,418f.,425

Thema 论题 11,24,59,69,118,148,218,222,250,363,392

transzendent 超越的 10,15—18,20,24,28,50,67,98,103,106,197,204,213,215f.,232f.,237,240f.,254f.,259,263,276,291—294,303,334,364,428,433

transzendental 超越论的 70,91,119,125f.,220—222,232f.,238,253,275,327,361f.,366—368,371,377—381,422,432

Transzendenz 超越 10,105,144,205,218,241,261,293,303

Trieb 本欲 59,178,189

Typisierung 类型化 145

Typus 类型 34,43,50,79,146,190,218,221,239,243,245,247,255f.,268,339,345,356,427

U

Überzeugung 确信 45,52,58,109,212,266,357—359

Überdeckung 遮盖 130,197,269,384

Überschiebung 搭叠 35,130f.,148,157,161,193,195f.,199,201,207,270,274,347,397,401f.,404—406,422

Übertragung 传播 151—153,158,168,180,285,370

Umwelt 周围世界 75,87,97,100f.,106,162,238,261,434

Unbewußten 无意识 154,165,167,193,385,412,415f.

Unbewußtsein 无意识 179,422

Undurchstreichbarkeit 不可抹掉性 47,110,113,280,368f.,432

Ungewißheit 非确然性 39,41f.,48,228

Unklarheit 不明晰性 70,82,113,115,200,206,230,280,283,382—384,431

Unstimmigkeit 不一致性 52,107,193,229,238,246,255,347,349f.

Unterdrückung 压制 201,413,416

unterpersonalen 亚人格的 386

Urapperzeption 原统觉 338f.

Urassoziation 原联想 151,157f.,180,182,390,408

Urbedingung 原条件 208

Urelemente 原要素 413

Urform 原形式 133, 170, 273, 286, 326, 397

Urgegenständlichkeit 原对象性 205, 408

Urgegenwart 原当下 204, 208, 375, 387f., 416, 420

Urgenesis 原发生 73

Urgeschichte 原历史 345

Urgesetz 原规则 287, 323, 338, 344, 422

Urgesetzlichkeit 原规则性 73, 319f.

Urimmanenz 原内在 209

Urimpression 原印象 7, 12, 18, 30f., 37, 66, 74, 111, 127, 158, 168—170, 174, 209, 231, 237, 258, 292, 322—325, 327, 371

Urjetzt 原现在 111, 279

Urkoexistenz 原并存 387

Urkonstitution 原构造 292

Urlebendigkeit 原活性 169

Urmodus 原样式 36f., 44, 68, 227, 243, 268, 351—353

Urordnung 原秩序 135

Urphänomene 原现象 133—135, 137—140, 172, 387f., 391

Urperzeption 原知觉 348

Urschichte 原层次 408

Urselbst 原自身 205

Ursphäre 原领域 182, 185, 205

Ursprung 起源 43, 181, 193, 225, 228, 275, 283, 330, 339, 342

ursprünglich 原初的 9f., 12, 14, 18—20, 26, 28f., 31f., 34, 36—38, 59, 66, 72, 74f., 77, 85, 90, 94, 96, 107, 111, 114, 118, 125, 127, 136, 144f., 150f., 155f., 158, 160f., 170—173, 175, 177—179, 182—187, 189, 193f., 197, 204, 206, 210, 214, 227, 229—231, 233—235, 240, 243, 248, 261, 263, 269, 271, 273, 275, 278, 281, 285—287, 290—292, 307, 313, 315f., 325, 327, 329f., 344, 355f., 358, 360, 364, 368—370, 373f., 376f., 386f., 389—391, 396—398, 407—410, 414, 416, 420f., 427f.

Ursprünglichkeit 原初性 32, 55, 77, 99, 243, 311

Urstiftung 原创立 12, 203—205, 207, 258, 323, 380

Ursynthese 原综合 129

Urteilsbegriff 判断概念 29, 56

Urteilsglaube 判断信仰 104,259
Urteilsmeinung 判断意指 108,265
Urtranszendenz 原超越 204f.
Urverbindung 原联结 390
Urvergangenheit 原过去 420

V

Variation 变更 383
Variabilität 可变更性 41
Veranschaulichung 直观化 10,40,68,
　73,78—82,198,239f.,243,245—
　247,249,271,289,373
Verbindung 联结 52,75f.,129—131,
　134f.,147,164,170,172,179,182,
　186f.,191,196,198,272,286f.,
　338,389—391,396,399f.,405f.,
　409,411f.,415
Verdeckung 遮蔽 113,131,148f.,196,
　280,384,388,426
Verdrängung 抑制,排斥 31,35,131,
　196,207,273,388,413
Verdunkelung 暗化 156,177,321,384
Vereinigung 合一化 162,418
Vereinheitlichung 统一化 151,165,
　180,190,286,393,411,414,436
Vereinzelung 个别化 403f.
Vergangenheit 过去 69—71,73f.,77,
　81f.,86,94f.,117,119,122f.,125,
　140,158,167—170,172,180,185,
　187,192—194,206,210,212—
　214,216,220,238,259,266,271,
　273f.,282,285,287f.,297,306—
　309,313,323,326,330f.,334,
　354f.,366,370,372,374—382,
　385,387f.,390,392,409,416f.,
　421—424,426,429f.
Vergangenheitsbewußtsein 过去意识
　122,290,371f.,420
Vergangenheitserinnerung 过去回忆
　69f.
Vergangenheitshorizont 过去视域 73,
　153,157,171,266,379,424
Vergangenheitssphäre 过去领域 210,
　373,382
Vergangenheitsphase 过去相位 16
Vergangensein 过去状态 69,237,248,
　275,416
Vergegenständlichung 对象化 162
Vergegenwärtigung 当下化 4,35,40f.,
　68—70,96,234f.,238—241,243f.,
　304—308,310f.,313,316—318,
　320,323,325f.,328,331,348f.,
　353,367f.,371—373,375,380,390

概念译名索引　　581

Vergessenheit 遗忘 78,80,149,154,163,360,377,420,424

Vergleichung 比较 132,143,145,328,397,401—403,405—407,419

Verhüllung 遮蔽 384,426

Verkettung 串接 134—136,144

Verknüpfung 结合 122,138,172,407,412

Verlebendigung 激活 111,279,411

Vermeintheit 被意指性 24,334

Vermutung 揣测 46,354

Vermengung 混合 115f.,193,199—201,275,282f.

Vernebelung 雾化 156,169,171,173

Vernunft 理性 62,253,340f.,431,436

Verschmelzung 融合 115,119,131,133,139—143,147—150,157—162,165,172,185,190,192,195,198f.,270,272,287,289,373,387f.,396—401,410—415,422,425

Versunkenheit 浸没状态 113f.,281,306—308

Verunklarung 含混化 156,347

Verwandtschaft 亲缘性 129f.

Vielheit 复多 121,134,142,343,395f.,

403,423

voraffektiv 前触发性的 154,165

Vorahnung 预感 8,98

Voranschauung 前直观 326

Vorbild 前像 81,94,97,186,190

Vordeutung 前示 8,29,40,42,78,232,242

Vorerinnerung 前回忆 71,74,78,94,244,247,310,330,368,379

Vorerwartung 前期待 7,30,41,67,92f.,103,190,232,243,258f.,273,323,337,378,431

Vorforderung 前要求 107,264

Vorgegebenheit 预先被给予性 254,291

Vorgriff 先行把握 86,88

Vorkommnis 事件 33,52f.,65,99,120,131,146,219,233,241,257,350,355,357f.,402

Vormeinung 前意指 40,86,93,109,246,249,257f.

Vorstellung 表象 59,66—71,73—79,84,89—91,93—95,109f.,170,173,178f.,181,186,201,225f.,239f.,242,244f.,250f.,257f.,262,277,326,361f.,428

Vorstellungsinhalt 表象内容 86,89,
    361f.
Vorstufe 前层级 196,275
Vorüberzeugung 前确信 106,261
Vorveranschaulichung 前直观化 129
Vorvergegenwärtigung 前当下化 380
Vorvorstellung 前表象 94
Vorweisung 前指 12,23,40,241
Vorzeichnung 预示 6,9f.,22,29—31,
    34,39—41,47,79—81,83,106,
    215,261

W

Wahrheit 真理 19,35,39,45,85,102f.,
    105f.,108f.,124,181f.,210,212,
    220f.,253—256,259f.,262f.,265f.,
    275f.,320,336,341,356,364,366,
    370,430,434
Wahrnehmung 感知 3—5,7—11,14,
    18—22,24—26,28—30,32,35—
    37,40—42,45,47,52,54f.,57,63,
    65,67—71,74f.,83,86f.,90,92f.,
    95—97,99f.,107,111,117,194,
    198,202f.,205,210—214,219,
    225f.,229—231,233—241,243f.,
    246—249,252,255,257f.,264f.,
    284,291—297,299—307,309—
315,319—330,337,340,348,350,
    352—355,358,362—364,368,
    370f.,373,375,378,383,389f.,
    392f.,407f.,424
Wahrnehmungsauffassung 感知立义
    30,32f.,54,270,351
Wahrnehmungsbewußtsein 感知意识
    229,316,318,348
Wahrnehmungserlebnis 感知体验 66,
    215,225f.,228,230,234f.,376,394
Wahrnehmungserscheinung 感知显现
    14,34,215,347,351
Wahrnehmungsgegebenheit 感知被给
    予性 11,238,299,369
Wahrnehmungsgegenwart 感知当下
    69,194,375,407—409
Wahrnehmungsgewißheit 感知确然性
    38,41,50,371
Wahrnehmungsglaube 感知信仰 25,
    38,64,226,230f.,354,381
Wahrnehmungsleib 感知身体 13,434
Wahrnehmungsobjekt 感知客体 169,
    292,298,319,325
Wahrnehmungsphase 感知相位 6,20,
    22,29,67,315,348,362
Wahrnehmungssinn 感知意义 27,30,

228,255,322,328,351

Wahrnehmungsurteil 感知判断 28,63, 225,227

Wahrnehmungsvorstellung 感知表象 75,225—227

Wahrscheinlichkeit 或然性 39,106, 228,252,261,352,354—356,381, 431

Weckung 唤起 75,78,80,83,85,90, 94, 112f., 121—123, 151, 154—159, 168, 172f., 175—177, 179—184,187,190—192,194,196,198, 205,271,273,278,280,283—285, 288f.,326,373,376,391,396,398, 406f.,410—413,415,421,425—428

Weckungssynthese 唤起综合 123

Weltleben 世界生活 150

Werden 生成 72f.,105,110,141,144, 152f., 157, 164, 186, 196, 218, 231—233,261,273,277,287,315, 317, 319, 326, 339, 342, 381, 384,429

Werdensform 生成形式 145

Wesen 本质 3,8,11f.,21—25,28,36, 40, 55, 66, 104f., 111, 117, 143—145,156,208,211,213,216,220f.,

226, 231, 239, 243, 253f., 259f., 266,270,273f.,276,279,283,293, 310, 313, 315, 319, 324, 338, 341, 350, 360, 363, 367, 369, 374, 381, 390,400—404,418,424,429f.,435

Wesensanalyse 本质分析 118f.

Wesenseinsicht 本质明察 120, 124, 163,181,192,256

Wesensgenesis 本质发生 339

Wesensgesetz 本质规则 10,104,119, 123,141,150,153,192,194,208—210, 252, 260, 287, 339, 421, 427, 430—433

Wesensgründen 本质根据 149,156

Wesensmöglichkeit 本质可能性 85, 154,268,398,409,432

Wesensmoment 本质要素 221,403f.

Wesensschau 本质直观 119

Wesenstypik 本质类型学 20,256,294

Wesenstypus 本质类型 212f.,255

Wesensvoraussetzung 本质前提 165

Wiedererinnerung 再回忆 25,31,36, 65,68f.,71,80,82,86,88,91,96f., 107, 110—114, 117—119, 122, 124, 129, 144, 173, 180—184, 187f., 193, 195f., 199—207, 209—

211,236,238,243,245—250,
266—270,273,278—281,283—
287,289f.,310f.,322,324,326—
331,334,340,349,358,360,365—
367,370—385,390,392,395,
407f.,421,423—426,429—431

Wiedergegenwärtigung 再当下具有 407

Wiedervergegenwärtigung 再当下化 326,331

Wiederwahrnehmung 再感知 10,111, 327,371,408

Wille 意愿 216,361

Wirklichkeit 现实性 10,24,28,45,87, 89,117,211f.,254,283,292,305, 310f.,350,356f.,403f.,435

Wissen 知识 61,295,420

Wollen 意欲 62,87,326,343,365,395

Wünschen 愿望 62,87,361

Z

Zeit 时间 62,73,81,124,126f.,135f., 143,147,202,204f.,210,214,216, 221,237,292f.,295,298,301—
303,312,314,329,331,334,343, 366f.,375,377—379,381,386, 389,391f.,394,401,416f.,422—
424,430f.

Zeitabschattung 时间映射 297,330

Zeitassoziation 时间联想 289,391

Zeitbestimmung 时间规定 301,332f.

Zeitbewußtsein 时间意识 72,77,105, 125,127f.,142,144,235,254,258, 261,314f.,344f.,378,386f.,389, 392,408

Zeitdauer 时间绵延 142,317,329, 331,374,377,394

Zeitfeld 时间领域 145,189,194f., 198f.,382

Zeitfülle 时间充盈 16,295f.,301,303

Zeitgegenstand 时间对象 16,113,126f., 142—144,292,303,314,318,331, 333f.,374,387,431

Zeitgegenständlichkeit 时间对象性 118,126,135,144,169,233,235, 317,325,334,386,389,423,429f.

Zeitgestalt 时间形态 142—144,164, 296f.,301,319,333,414f.

Zeitinhalt 时间内容 125,296,303

Zeitkonstitution 时间构造 77,118, 139,233,334,379,391,409,422

Zeitlage 时间状态 108,265,363

Zeitlichkeit 时间性 15,127,138, 220,277,301,328,333,394

Zeitlosigkeit 无时间性 392

Zeitmodus 时间样式 68,312

Zeitordnung 时间秩序 141,143,147,334

Zeitperspektive 时间透视 332f.

Zeitreihe 时间系列 187,377,390,422

Zeitstelle 时间位置 136,142—144,269,301f.,318,334f.,374,394,401,422

Zeitsynthese 时间综合 126

Zukunft 未来 21,55,69—71,73,103f.,106,125,156—158,183,185f.,208,211—214,216,225,246,251,288,297,323,326,336,355,375,379—382,387,409,416f.,424,431

Zukunftserinnerung 未来回忆 70

Zukunftserwartung 未来期待 75,246

Zukunftshorizont 未来视域 73,232,323,380,424

Zuwendung 朝向 52,84,131,148,154,166,418f.

Zweifeln 怀疑 28,37,39,45,48f.,57—60,262

人名译名索引

（人名后的数字为原著页码，即本书边码）

Aristoteles 亚里士多德 120

Berkeley 贝克莱 292

Brentano 布伦塔诺 28,29,77,226,314

Descartes 笛卡尔 300

Euklid 欧几里得 435

Goethe 歌德 233

Grundolf 格林德奥尔夫 269

Hume 休谟 96,325,365

Kant 康德 118,125,164,275f.,327,392

Meinong 迈农 226

Mill 穆勒 28

Platon 柏拉图 403

Schopenhauer 叔本华 386

Sigwart 西格瓦特 28

Stumpf 施通普夫 399

译后记

《纯粹现象学和现象学哲学的观念》本应是一部体系性著作,胡塞尔原计划出三卷。第一卷于1913年出版,就是著名的《观念Ⅰ》。但第二卷却一直停留于手稿状态,第三卷甚至只有一个写作提纲,而根本未能进一步形成书稿。1924—1925年,兰德格雷贝曾对《观念》第二卷书稿进行加工修改,尽管如此,胡塞尔也只是将其看作素材。彻底阐明其现象学方法的企图一直推动着他的研究。自1921年起,胡塞尔开始筹划其所谓"大体系"的著作,这一研究计划取代了原先三卷本《观念》的出版计划。1921年11月底,他在给英伽登的信中将这一研究计划称为"从最底层构建的现象学的基础性著作"。这个体系性著作方案的一个最重要和最富创新意义的成果就是1920—1921年冬季学期开设的"逻辑"讲座,胡塞尔后来称为"发生性的逻辑"讲座。这个著名的讲座胡塞尔在弗莱堡共开设过三次,分别是:1920—1921年冬季学期的"逻辑"讲座、1923年夏季学期的"现象学问题选讲"讲座和1925—1926年冬季学期的"逻辑的基本问题"讲座。在两次重复的讲座中,胡塞尔对讲座稿做了修订,只不过"有的改好了,有的改糟了"。这个讲座的重要性在当时就已广为称道,除了弗莱堡学术圈以外,慕尼黑现象学圈也十分关注这个讲座的进展。比如,普凡德尔的一个学生施瓦茨决定去弗莱堡学习,就是为了去听胡塞尔的这门课。对于胡塞尔来说,这个讲座的重要性在于:一方面,它拓展了现象学研究的深度和广度;另一方面,它构成"世界构造的体系现象学的根本基础"。对此,他在1920年9月写给贝尔的信中说:"我想用一种全新的精神来拟定我的逻辑学讲义:将它作为整个哲学诸原则的最具普遍性的形式原理。沿着这条主线我将达到一个体系。"(胡塞尔:《通信集》,3/3,第20页)所谓的"全新的精神"指的就是其发生分析方法的运用。

《胡塞尔全集》第11卷是对这个讲座稿的选编。主体文本付印的是1925—1926年的讲座稿;增补文本A付印的是1920—1921年冬季学期的部分讲座稿;增补文本B付印的是论题相关的三篇论文;增补文本C付印的是主体文本的附录。费莱舍尔在编辑该卷时冠以《被动综合分析》的标题。从此,这个讲座就在"被动综合"的标题下获得了一种近乎传奇性的地位。

作为一部赢得了世界性声名的著作,《被动综合分析》不仅展示了一种发生分析的方法,而且引入了发生的论题。在其中我们能看到对原初经验维度的描述分析,可以看到一种新的发生的现象学方法的具体运用。就此而言,与其处于直接的思想关联中的是胡塞尔的两部重要著作:《形式逻辑与超越论逻辑》(1929年)和《经验与判断》(1938年)。《形式逻辑与超越论逻辑》写于1928年末至1929年初,在此之前很长一段时间胡塞尔就一直怀有一个愿望,即在以前关于逻辑问题的研究手稿和讲座手稿基础上形成一个确定的文本以便公开出版。1928年,兰德格雷贝受托收集属于超越论逻辑问题范围的手稿并从速记稿中誊写出来。于是就形成了一个草稿本,这个草稿本的基本构架就是1920—1921年冬季学期的"发生性的逻辑"讲座手稿。在最初试图为兰德格雷贝这个草稿本拟定一个导言的工作中,在1928—1929年冬季短短的几个月内,胡塞尔一口气写成了《形式逻辑与超越论逻辑》。关于《经验与判断》,兰德格雷贝在编者导言中明确指出,"发生性的逻辑"讲座中包含着《经验与判断》形成的"主要线索和基本思想"。

作为胡塞尔在20世纪20年代的一系列著名讲座之一,"被动综合分析"讲座与所谓的"摩根手稿"(关于原构造和空间构造的研究稿,1920年和1921年写于摩根)和"哲学导论"讲座(1922—1923年冬季学期)、与1923—1924年冬季学期的"第一哲学"讲座和1925年夏季学期的"现象学的心理学"讲座处于同一时期,在它之前有"关于时间意识的贝尔瑙手稿"(关于时间构造和个体化的问题的研究稿,1917年和1918年形成于贝尔瑙);在它之后有"关于世界统觉学说的手稿"(出自20年代和30年代)和"关于目的论的手稿"(出自30年代)。这一系研究都与《被动综合分析》具有一种令人瞩目的问题关联。

就现象学的问题域关联而言,《被动综合分析》实际上是与胡塞尔对"交互主体性"和"个体化"问题的思考、对现象学还原和文化危机的反思处于同一时期。从历史方面看,《被动综合分析》处于胡塞尔的已出版著作的中间位置。在它之前有《逻辑研究》《内时间意识现象学》和《纯粹现象学和现象学哲学的观念(第一卷)》,在它之后有《形式逻辑与超越论逻辑》《笛卡尔式的沉思》《欧洲科学的危机与超越论的现象学》和《经验与判断》。从思想的发展方面看,《被动综合分析》超越了以《纯粹现象学和现象学哲学的观念(第一卷)》为典型代表的静态分析方法和早期时间意识研究中的形式分析原则;而这先于他对生活世界和历史问题的研究,这种研究通过对"起源"实施一种回退式的拆解分析而进行,它构成《欧洲科学的危机与超越论的现象学》的方法特征。因此,《被动综合分析》占据了胡塞尔现象学研究的历史的中点,构成连接胡塞尔前、后期思想的桥梁。

《被动综合分析》的论题是感知、再回忆和期待等直观的意识方式,胡塞尔在此致力于对被动综合的交织物的分析,即对意识流中各种流动着的事件的分析。这些分析表明,在纯粹的被动性层级内,信念的生活一再呈现出被动的意向形态,而贯穿被动生活的是不断被重新编织起来的充实的综合、一种对实现被意指的自身的直观的不断追求,这种充实的自身作为意向的目标确实具有那种对主体是真的和从此以后永久有效之物的特征。因此,胡塞尔就在被动性内确认了一种低级形态的明见性。但是,在被动性领域内不仅有明见性被给予,而且同样也有变式被给予,也就是说,任何一个自身给予都可能由于与其他自身给予的冲突而失效,而这些其他自身给予重又可能由于与其他自身给予的冲突而失效。真理无疑是最终有效性,而由于经验可能与经验发生争执,自身给予可能出现变式,似乎"绝不会达到一种最终有效性",因此,真理现在成了问题。

为了解决真理问题,胡塞尔转向内在领域,因为只有活的当下中内在的自身被给予性是不可抹掉的。但问题是,这里的自身给予是否可能是一种完全相对的东西,而这种东西根本不包含最终有效的自身或在其背后根本没有作为支撑性标准的最终有效的自身呢?更确切地说,难道情况不可能是:当某个表象在一个相应的自身给予上得到证实,而这个相应的自身给予随即通过否定被消除时,被表象之物也因此作为非现实之物被给予;但然后连这个作为标准起作用的自身给予也被消除了,因此,现实之物与非现实之物始终只是一种瞬间之物？对于作为最终有效性的真理而言，这种瞬间的有效性有何用呢？诚然，我们是以不可抹掉的确然性方式拥有瞬间的体验，但只有当我们不仅把它看作当下样式中的瞬间素材，而且把它看作同一的东西，而这同一的东西能在任意重复的再回忆中被给予时，我们所把握到的存在者才作为自在存在着的东西被意指。显然，瞬间的有效性将绝不会让我们获得真正的对象意识。在我们谈论一个真实的自身和一个最终得到证实的表象的地方，我们通过再回忆越出瞬间的意识，在再回忆中，我们一再回到同一表象，回到同一被意指对象；而另一方面，在再回忆中，我们能够一再确定或有可能确定证实性的自身是一个同一的和不可抹掉的自身。因此，为了获得绝然的明见性，亦即作为最终有效性的真理，胡塞尔诉诸对再回忆的分析。但问题是，再回忆也可能弄错，事后被摆明是幻觉。因此，分析被引向再回忆的自在的构造问题，亦即导向这样一个问题：再回忆如何辨明自身，它在何种程度上能成为最终有效性的一个源泉。通过对联想现象的描述，尤其是对唤起的分析和对搭叠、融合和再回忆领域内的争执的说明，胡塞尔得以可能解决意识过去的问题，亦即指明"内在的曾在系统的真实存在"。事实上，整个分析就是由意识流的自在问题所牵动而联结成一个整体。最终，《被动综合分析》可归结为关于"真理的起源"问题的发生现象学研究。

本书根据《胡塞尔全集》第 11 卷（E. Husserl: *Analysen zur Passiven Synthesis*, hrsg. Von Margot Fleischer, Den Haag, Martinus Nijhoff 1966）译出，翻译时还参考了 Anthony J. Steinbock 的英译本（*Analyses Concerning Passive and Active Synthesis: Lectures on Transcendental Logic*, Kluwer Academic Publishers 2001）。

汉译文本主要以宋体刊印,对于增补文本 A(付印的是 1920—1921 年冬季学期的部分讲座稿)与主体文本重复的文字则以楷体刊印,以标明重复文字的身份。文中的尖括号是编者加的,以便补足手稿中的缺文,方括号是译者为疏通文路所加。本书注释统一做成脚注,分为原注、编者注和译者注。编者注和译者注均分别标明,其余则为原注。边码为原著页码。原著没有概念索引,只有人名索引。为方便读者,译者特别做了概念译名索引,并翻译出人名译名索引。

本书的翻译始于 2004 年春,因博士论文的写作和教学工作而时断时续,2012 年底译成初稿,2014 年秋完成最后的定稿工作,历时十载有余,其间劳作的艰辛和偶得的欣喜,难以尽述。

倪梁康先生的《胡塞尔现象学概念通释》和凯恩斯(Dorion Cairns)的《胡塞尔翻译指南》为本书术语译名的勘订提供了路标。《被动综合分析》文本的导言"感知中的自身给予"部分和增补文本 B 部分"静态的现象学方法与发生的现象学方法"一文此前已由倪梁康先生译出,分别刊印于《生活世界现象学》和《中国现象学与哲学评论(第八辑)》,为本书的翻译提供了重要的参照。此外,朱刚先生和陈伟先生校阅了部分译文,指出了初译稿中的一些错讹,对本书的最后定稿多有助益,在此一并致谢!

限于译者的学养和翻译水准,译文中错讹之处在所难免,诚盼专家和读者不吝赐正。

李云飞

2014 年 8 月 28 日于广州

修订后记

《被动综合分析》中译本出版后陆续收到一些师友的零星反馈意见,译者也时有审读中译文本以备将来再版修订,但总显得漫不经心,以为来日方长。孰料,去岁夏末得知《被动综合分析》被收入商务印书馆推出的《胡塞尔文集》新系列,中译的修订再版竟不期而至了。

本次再版修订,译者逐字逐句集中审读中译文本,遇有可疑和滞碍处则对照原著仔细审校原译,查漏补遗,疏通滞拙,删削冗赘,并参酌师友意见,更正凡二百余处。本以为大功告成,但责编朱健先生寄来的一校清样恰如当头棒喝,令译者心惊。朱先生摘下专业的"眼镜",凭借自然语感通读了中译文本,审校之下,满纸勾叉。斧落徽引,匡益良多。藉其一校之力,匡正刊润之处近千数之多。在此修订期间,同济大学哲学系高松教授恰在研读《被动综合分析》中译本,时有反馈,经其斧削,更正处又增列数十条。最终,本次修订版更正处凡千数有余。总括起来,本次修订主要涉及四类更正内容:一类属于"证义"的问题,原译或未能领会原著的细微之处导致译文意义含糊,或直接错译。一类属于"证文"的问题,原译将原文看成形似的德语词,导致错译。一类属于"缀文"的问题,这方面更正之处最多,或因恪守一词一义,固定的术语表达突兀其中致使译文生硬难解,或因循原著语序导致译文滞碍或歧义。一类属于"历史遗留"的问题,对于原著中有些难以索之中文即义定名的术语,原译基本采用旧译,但这种做法有时难以体现原著的精微之处,譬如,"Instanz"一词的翻译在原译中就存在这样的问题。此外,原著中像"*dabile*"这样的拉丁语概念,译者无从索解,原译参照英译本的做法将其看成无意义的符号,直接标注原文。本次修订,译者专门就此类"历史遗留"问题商请倪梁康先生酌定,基本解决了原译在这方面存在的问题。

  本次修订更正了若干错译和误译,清理了若干译文的歧义,疏通了若干生硬滞拙的译文,并在逐字逐句审读原译文本的过程中随时删削冗赘。因此,与原译本相比,本次修订本在译文品质上有所提升;但是,译事艰难,原译本中存在的有些问题尚难以顾及。譬如,像 Einheitsbildung(原译本定名为"统一性形成")这类难以索之中文却又无旧译可循的关键术语,不在少数,一时之间无法逐一商请倪梁康先生酌定,尽管心中忐忑,却只能暂时一仍其旧。修订旨在完善,但译无止境,不可能做到尽善尽美。译者希望《被动综合分析》的修订译本能继续得到各方师友和学界同仁的不吝指正。

  最后,译者在此要感谢倪梁康先生在译名方面所给予的耐心指点,感谢高松教授提出的诸多宝贵意见,特别感谢商务印书馆朱健先生的一丝不苟的辛勤编审工作!

李云飞
2021 年 11 月 13 日于广州依云小镇

图书在版编目(CIP)数据

胡塞尔文集. 被动综合分析：1918—1926年讲座稿和研究稿 / (德)埃德蒙德·胡塞尔著；李云飞译. —北京：商务印书馆，2022
ISBN 978-7-100-20130-8

Ⅰ. ①胡… Ⅱ. ①埃… ②李… Ⅲ. ①胡塞尔 (Husserl, Edmund 1859-1938)—现象学—研究 Ⅳ. ①B516.52 ②B81-06

中国版本图书馆CIP数据核字(2021)第139477号

权利保留，侵权必究。

胡塞尔文集
被动综合分析
1918—1926年讲座稿和研究稿
〔德〕埃德蒙德·胡塞尔 著
李云飞 译

商 务 印 书 馆 出 版
（北京王府井大街36号 邮政编码100710）
商 务 印 书 馆 发 行
山东临沂新华印刷物流
集团有限责任公司印刷
ISBN 978-7-100-20130-8

2022年5月第1版　开本787×960　1/16
2022年5月第1次印刷　印张38¼
定价：198.00元